블루골드 시대,
물을 정복하라

Let there be Water
By Seth M. Siegel

블루골드 시대, 물을 정복하라

2019년 7월 5일 초판 1쇄 인쇄
2019년 7월 10일 초판 1쇄 발행

지은이	세스 M. 시겔
옮긴이	문직섭
펴낸이	김영애
편 집	김배경
디자인	이문정
마케팅	윤수미
펴낸곳	SniFactory(에스앤아이팩토리)

등록일	2013년 6월 3일
등록	제 2013-00163호
주소	서울시 강남구 삼성로 96길 6 엘지트윈텔 1차 1402호
전화	02. 517. 9385
팩스	02. 517. 9386
이메일	dahal@dahal.co.kr
홈페이지	http://www.snifactory.com

ISBN 979-11-89706-76-0 (03320)

값 23,000원

다할미디어는 SniFactory(에스앤아이팩토리)의 출판브랜드입니다.

블루골드 시대, 물을 정복하라

세스 M. 시겔 지음 | 문직섭 옮김

다할미디어

리타니 강
레바논
골란 고원
시리아
갈릴리
하이파
티베리아스
갈릴리 호
나사렛
아르무크 강
지중해
벳산
이즈르엘 벨리
키손 강
나블루스
라아나나
야르콘 강
웨스트뱅크
텔아비브
라와비
암만
리숀 레지온
(샤프단)
라말라
아슈도드
예리코
예루살렘
아슈켈론
베들레헴
가자 시티
헤브론
사해
아르논 강
가자
라파
브솔 강
하체림
키부츠
베르셰바
베르셰바 강
네게브
요르단
이집트
(시나이 반도)

이스라엘과 인근국가
웨스트뱅크와 가자 지구 국경
국제적 국경
© 세스 시겔

에일라트
아카바
홍해

0   miles   40
지도제작 : Soffer Mapping

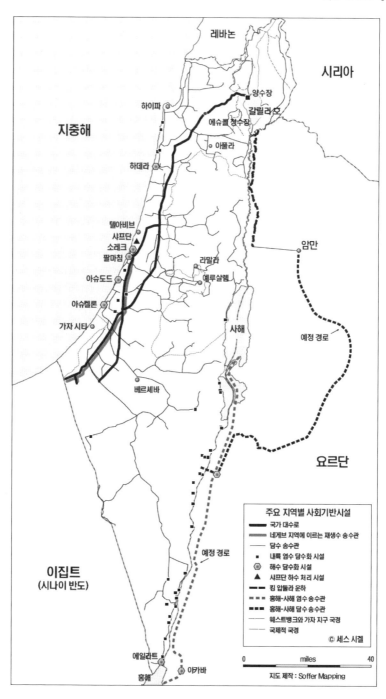

레바논

시리아

양수장

하이파
갈릴리호
에슈콜 정수장

지중해
아풀라

하데라

텔아비브
샤프단
소레크
팔마침
라말라
암만
아슈도드
예루살렘

아슈켈론

가자 시타
사해
예정 경로

베르셰바

요르단

예정 경로

이집트
(시나이 반도)

주요 지역별 사회기반시설

━━━ 국가 대수로
━━━ 네게브 지역에 이르는 재생수 송수관
──── 담수 송수관
▪ 내륙 염수 담수화 시설
◉ 해수 담수화 시설
▲ 샤프단 하수 처리 시설
━ ━ 킹 압둘라 운하
▪▪▪▪ 홍해-사해 염수 송수관
■ ■ ■ 홍해-사해 담수 송수관
──── 웨스트뱅크와 가자 지구 국경
──── 국제적 국경
ⓒ 세스 시겔

0   miles   40

에일라트
아카바
홍해

지도 제작 : Soffer Mapping

나의 아내이자 최고의 친구, 파트너이며

내게 영감을 주는 라헬 링글러에게

물에 비치면 얼굴이 서로 같은 것 같이,

사람의 마음도 서로 비치느니라

— 〈잠언〉 27:19 —

한국어판
서문

물 혁신기술 국가로 거듭나길

최근까지만 하더라도 물 부족 문제에 관한 책은 한국 실정에 어울리지 않는 것으로 여겨져 왔습니다. 몇몇 극소수의 예외를 제외하고 한국은 풍부한 수자원의 혜택을 누려왔기 때문입니다. 대다수의 한국인은 물을 충분히 공급받고 완벽한 하수 처리 서비스를 제공받았습니다. 서울과 한국에서 멀리 떨어진 세계에서 일어나는 물 부족 사태에 대한 단순한 호기심이 아니라면 한국인들에게는 물 부족 세계의 실상을 담은 책을 펼쳐 볼 이유가 없었을 것입니다.

하지만 이제 한국의 물 미래는 '현재 상태'를 유지하는 것이 아니라 물 부족 지역과 국가가 직면한 상황과 비슷해질 것 같습니다. 물 부족 사태가 다른 사람의 문제이며 우리에겐 아주 먼일로 생각될 수만 있다면, 미래의 상황은 달라질지도 모르겠습니다.

몇몇 권위 있는 기관에서 나온 보고서가 이런 주장을 충분히 뒷받침하고 있습니다. 부유한 선진 민주주의 국가들이 다가올 국내 문제에 대비하는데 많은 도움을 주는 명망 높은 조직 OECD는 현재 36개 OECD 회원국 중 2050년까지 물 부족 문제로 가장 크게 고통 받을 국가로 한국을 꼽았습니다. 이와 비슷하게 현재 국제인구행동연구소International Population Action Institute는 1인당 사용가능한 수자원을 바탕으로 한국을 물 부족 국가로 분류하고 있습니다.

그러나 한국을 세계 곳곳의 다른 나라들과 비교하며 연구해온 외부 전문가들이 염려스러운 소식을 전하고 있는데도 한국 내부에서는 물 부족 문제를 충분히 인식하지 못하고 있습니다. 한국인들은 강수량이 넗다는 이유로 앞으로 다가올 문제를 인식하지 못하고 쉽게 지나칠 수 있지만, 문제는 비가 여름에만 집중된다는 데 있습니다. 게다가 국토의 70%가 산악지대이므로, 내리는 빗물은 대수층을 다시 채우거나 저수지의 수위를 높이는 대신 바다로 흘러들어갑니다.

어느 측면에서 보면 한국은 자체적으로 이룬 성공의 희생자이기도 합니다. 인구 밀도는 높고 전국 인구의 대부분이 몇몇 대도시에 몰려 있습니다. 그런데 대부분의 도시는 무엇으로 이뤄져 있을까요? 바로 아스팔트와 콘크리트, 금속, 유리입니다. 이들은 모두 물을 흡수하지 않는 성질을 지니고 있습니다. 물론 사람들을 따뜻하고 습하지 않게 하며 날씨 조건에 상관없이 운송 수단을 쉽게 운용하는 데에는 더 없이 좋은 성질입니다. 하지만 물을 저장하는 데에는 많은 어려움이 따릅니다. 한국 도시들에 내리는 빗물 대부분은 곧바로 하수로 흘러들어가며 그곳에서 강이나 바다로 유출됩니다. 빗물이 가까운 곳에 있지만 곧 사라지는 셈입니다.

한국이 전 세계에서 칭송받는 국가이기는 하지만 한국을 진심으로 대하는 친구라면, 국가의 풍부한 물 공급과 엄청난 경제적 발전으로 모든 한국인이 공평하게 혜택받지는 않았다고 말할 수도 있습니다. 도시와 농촌 사이에는 두 지역의 격차를 줄이려는 정부의 끊임없는 노력에도 불구하고 물의 공급량과 위생 상태에서 많은 차이가 있습니다.

세계 대부분의 다른 국가들과 마찬가지로 한국은 기후 변화 문제에 직면해 있습니다. 이 때문에 강우 패턴이 무너지고 농장과 경작지, 숲이 건조해졌습니다. 지상 기온이 높아지면서 같은 양의 식량을 재배하는데 과거 몇 년 전보다 더 많은 물이 필요합니다.

하지만 희망적인 소식은 절망하기에 아직 이르다는 것입니다. 60년 전 가난한 국가였던 이스라엘이 열심히 노력하고 혁신한 끝에 번영에 이른 것처럼, 한국도 그런 길을 개척해 왔습니다. 이스라엘의 모든 경제적 발전을 뒷받침한 생각은 성공을 가로막는 물 부족 문제를 해결하는데 끊임없이 관심을 기울이지 않고서는 모든 것이 실패할 것이라는 확신이었습니다.

한국과 마찬가지로 이스라엘은 호전적이고 종교적 이념이 다른 비민주적 인접 국가의 지속적이고 극심한 군사적 위협에 직면해왔고 지금도 그런 상태에 놓여 있습니다. 한국의 경우처럼 이스라엘의 인구도 상당한 수준으로 증가했습니다. 또한 도시 중심이 급격히 성장하는 상황도 겪었습니다. 국가와 국가 예산에 상당한 압박감을 부여하는 이 모든 상황 속에서도 이스라엘은 도시나 농촌 지역에 상관없이 모든 이스라엘인에게 식수와 음식 준비, 세탁, 위생에 언제나 사용 가능한 안전하고 깨끗한 물을 확실히 공급하기 위한 예산을 늘 집행해 왔습니다. 수력발전소는 물론이고 국가 경제의 중요한 부문인 관광산업에도 필요한 물을 충분히 공급하고 있습니다.

이스라엘이 지금까지 이뤄놓은 상황은 물 문제에 집중하고 물 비용을 지불할 준비가 돼 있으면 최소한 지금은 자신이 원하는 물을 모두 공급받을 수 있다는 것입니다. 이런 상황을 더욱 증진하기 위해 이스라엘은 정치와 무관한 기술자 중심의 물관리 방식을 구축해 대부분의 물관리가 정치인의 손에서 벗어나게 했습니다. 그리고 이스라엘인은 자신의 물 사용에 대해 어떤 형태의 정부 보조금도 받지 않습니다. 도시 거주자든 농민이든 모든 사람은 취수와 정수, 수송에 따른 물 비용 전부를 지불합니다.

한국과 마찬가지로 이스라엘도 R&D와 교육을 중요하게 여기며 미래를 향한 디딤돌로 생각했습니다. 물 문제에 국가적으로 집중하며 기술 개발에 막대한 예산을 투입한 덕분에 이스라엘은 물 소비량을 줄이거나 새로운 수원을 찾아내는 물 관련 기술 부문에서 세계를 선도해 왔습니다.

한국은 주로 이스라엘에서 개발된 기술을 바탕으로 선진 담수화 산업을 발전시켰습니다. 다가올 미래에는 보다 많은 물 부족 국가들이 식수 공급을 위해 담수화 시설에 주목할 것입니다. 오늘날 이스라엘 가정 용수의 80%에 해당하는 물 공급이 담수 처리한 물로 이뤄지고 있습니다.

이스라엘은 고도로 처리된 하수 활용 부문에서도 세계를 선도하고 있습니다. 현재 처리된 하수가 식수나 가정 용수로 사용되고 있지는 않습니다. 이들 모두는 농가로 송수된 뒤 이 물로 재배할 수 있는 작물에 사용됩니다. 이스라엘은 한 번 사용했던 물을 여러 번에 걸쳐 재활용하며 사용 가능한 물의 양을 인위적으로 늘리고 있습니다.

재활용하는 물과 담수화 처리된 물의 양은 이스라엘 전체 물 사용량의 65%가 넘는 양과 맞먹으며, 이를 통해 이스라엘은 물 부족에 시달리는 인근의 팔레스타인과 요르단에 물을 공급할 수 있습니다. 웨스트뱅크 지역에 거주하는 팔레스타인인이 사용하는 가정 용수의 60%가 이스라엘에서 공급되며, 이들 중 대부분은 인공적으로 생산한 물입니다.

이스라엘의 물 관련 스토리에서 또 다른 중요한 부분은 물을 현명하게 활용하는 농업 부문을 개척했다는 것입니다. 고도로 처리된 하수로 경작할 수 있는 작물 종류가 많을 뿐만 아니라, 이스라엘은 이스라엘에서 발명하고 물 사용량을 최대 60%까지 줄일 수 있는 점적관수 활용에서 세계를 선도하고 있습니다.

두 국가 모두를 높이 평가하는 미국인으로서 나는 이스라엘에서 활용한 이 모든 기술이 한국에서도 사용 가능하다는 것을 알고 있습니다. 이스라엘과 한국은 당연히 많은 영역에서 우방이자 협력자입니다. 두 국가는 물 활용 부분에서도 그렇게 돼야 합니다. 하지만 이와 같은 협력 이전에 한국인들은 물 부족 상황을 인식하고 극복할 수 없을 것 같은 도전 속에서도 물에 관한 자급자족을 이뤄낸 이스라엘의 경험을 학습할 필요가 있습니다. 처음에는 자신들을 위해 물 부족 문제에 맞섰던 이스라엘은 이제 점점 더 메말라가는 세계를 위해 이 일을 계속하며, 이스라엘인뿐만 아니라 한국인을 포함한 전 세계인들의 보다 나은 삶을 끊임없이 추구하고 있습니다.

2019. 5.

세스 M. 시겔

목차 ——

부록

서문 | 전 세계에 닥쳐올 물 부족 위기

우리는 우물이 마르기 전까지는
물을 아쉬워하지 않을 것이다.

－ 밥 말리Bob Marley

미국 국가정보위원회NIC: National Intelligence Council는 그 명칭과 달리 비밀
작전을 수행하지 않는다. 정보기관보다는 대학교수 모임이나 싱크탱크
에 더 가까운 냉철하고 신중한 정부 기관이다. 이 위원회는 다른 정보기
관들의 정보를 취합해 정부 관료나 여러 정책 입안자가 다가오는 문제
점들을 긴 안목으로 볼 수 있게 도와주는 보고서를 작성해 발표하며 이
들 중 일부는 일급비밀로 분류된다. 이 보수적인 조직이 나중에 일부 내
용을 공개하기는 했지만, 전 세계가 장기적인 물 부족 위기에 빠져들 것
이라는 도발적 결론을 담은 일급비밀 보고서를 발표한 것은 정말 의외
였다.

　물 부족 위기의 첫 단계는 이미 감지되고 있다. 한 곳은 가뭄에 시달
리는 반면, 다른 곳은 지하수를 머금은 대수층帶水層에서 물을 지나치게

많이 끌어올려 사용하고 있으며, 어느 국가에서는 누구도 쉽게 생각하지 못한 사회적 불안 사태가 일어나고 있다는 소식을 접하는 것은 더 이상 놀라운 일도 아니다. 게다가 정보 보고서 내용이 사실이라면, 이 문제는 곧 더욱 빠르게 퍼져나갈 것이다. "정말 일어날까?"보다는 "언제 일어날까?"에 관한 문제다. 보고서는 앞으로 10년 이내에 미국과 전 세계 안보에 중요한 영향을 미치는 나라들이 '국가적 실패'를 겪을 위험에 처할 것으로 예상한다. 보고서에 담긴 유일한 의문점은 이와 같은 혼란이 얼마나 심할까, 그리고 얼마나 빨리 감지할 수 있을까라는 것이다.

물 부족 사태가 모든 곳에서 일어나는 것은 아니지만, 장기적으로 영향을 받지 않는 사람은 거의 없을 것이다. 지구 인구의 20%에 달하는 약 15억 명이 이와 같은 세계적인 물 부족 위기의 첫 희생자가 될 것이며, 이들 중 6억 명은 이미 물 부족을 경험했다. 궁극적으로 지구상 육지의 60%가 영향을 받아 변형될 것이다. 먼저, 급격히 줄어드는 물 공급 때문에 미국과 글로벌 식량시장 모두가 위기에 처하고, 이는 결국 전 세계에 걸쳐 식품 가격을 높이는 결과로 이어질 것이다.

정보 보고서는 에너지를 얻고 만들어내는 일이 물과 밀접한 관계가 있기 때문에 "물 부족 문제는 에너지 생산에 지장을 줄 것"으로 예측한다. 이런 현상은 남미 경제의 원동력인 브라질에서 이미 발생하기 시작했다. 보고서는 이어서 주요 국가의 식량 및 에너지 생산 능력이 "글로벌 식량 시장을 위험에 빠뜨리고 경제 성장을 방해하며", 우리가 예상한 대로 전 세계를 완전히 바꿔 놓을 것이라고 설명한다. 이용 가능한 에너지가 줄어들수록 경제 성장 속도는 더욱 느려질 것이며, 경제 성장 속도 둔화와 식품 가격 상승이 사회적 불안정을 초래한다는 사실은 이미 검

증된 공식이다.[1]

물 부족 위기는 머나먼 타국에서 활동하는 국제지원기구들이 감당해야 할 '개발도상국'만의 문제가 아니다. 미국의 주요 무역 상대국이며 세계 경제 강국인 중국과 인도도 머지않아 국가 경제와 정치적 안정에 막대한 영향을 미칠 수도 있는 물 부족 위기를 이미 겪고 있다. 미국의 경우 가장 시급한 서부의 주들을 중심으로 물에 관한 미래는 일촉즉발의 상태에 놓여 있다. 물 부족 현상은 완전한 물 위기 사태로 이어지며, 사는 지역과 식품 소비액, 생계 유지 수단에 관계없이 미국 내 거의 모든 사람에게 직간접적으로 영향을 미칠 것이다.

캘리포니아주 샌 호아퀸 벨리San Joaquin Valley는 첨단 농업의 중심지로 포도와 오렌지, 복숭아, 채소, 아몬드, 피스타치오를 미국 내 어느 지역보다도 많이 생산하고 있다. 하지만 이 지역 일부는 이미 물 부족 사태를 겪고 있으며 지역 전체는 물 부족 현상이 더욱 심해지는 문제에 직면해 있다. 캘리포니아 산 작물의 풍부한 공급량을 더 이상 보장할 수 없는 상태에 이른 것이다. 이런 작물의 가격은 이미 올랐으며, 한때 아무런 제한도 없었던 캘리포니아주 생활 방식에 점점 더 엄격해지는 물 공급 제한 조치까지 내려졌다.

캘리포니아주만 긴박한 위험 상황에 처해 있는 것은 아니다. 제2차 세계대전 이후, 하이 플레인즈 대수층High Plains Aquifer이라 불리는 대규모 천연 지하수 저수지는 미국의 8개 주에 걸쳐 있는 대초원지대의 농업을 뒷받침하는 주요 원동력이었다. 이 지역에서 생산한 밀과 옥수수, 콩, 보리와 같은 기본 작물은 미국 내에서 기르는 소와 닭의 사료로 쓰이고, 식품 생산에 필요한 곡물을 제공했다. 이 작물들은 미국 수출 산업의 주요 품목이기도 하다. 이들 작물에 물을 공급하는 지층에서 지나칠 정도로 많은 양의 물을 계속 퍼낸 나머지 일부 지층은 이미 메말라버렸다.[2]

하이 플레인즈 대수층의 물이 재생 가능한 자원이기는 하지만, 과도하게 물을 퍼내기 시작한 1950년대 이후로 물 저장량이 급격히 줄어든 대수층의 거대한 부분을 채우려면 수천 년 동안 내리는 비와 눈이 필요하다. 더욱 심각한 상황은 21세기 처음 몇 년 동안 물 고갈을 늦추기는커녕, 하이 플레인즈 대수층의 지하수 저장량이 20세기 전체에 걸친 취수량의 약 3분의 1에 해당하는 양만큼 더 줄어들었다는 것이다. 이런 상황은 콜로라도와 네브래스카, 캔자스, 텍사스를 비롯해 물 손실 현상이 가속화되는 여러 주들의 농민뿐만 아니라, 수백만 명에 달하는 미국인의 재정적 안녕과 삶의 질에 분명히 영향을 미칠 것이다.

후버댐을 건설하며 콜로라도강을 막아 만든 인공 호수 미드호Lake Mead의 수위가 얼마 못 가 더 이상의 양수를 허락하지 못할 정도로 낮아져 남서 지역 주들을 위한 청정 수력 발전량에 영향을 미칠지도 모른다. 캘리포니아주와 마찬가지로 애리조나주와 네바다주의 많은 지역사회는 늘어나는 인구가 공급 가능한 물의 양을 훨씬 더 앞지르며 지역 내 물 수요가 지나치게 늘어남에 따라 물 사용을 제한하는 조치를 이미 시행해 왔다.[3]

미국의 물에 관한 미래를 위협하는 것은 가뭄만이 아니다. 오염 또한 사용 가능한 자원을 제한시킨다. 한 가지 예를 들면, 플로리다주에서 가장 큰 민물 공급원인 매너티 스프링스 대수층Manatee Springs and Aquifer은 농업 관련 유출수에 오염돼 왔으며, 식수로 사용하기에 안전한 상태로 유지하려면 값비싼 처리 방식이 필요할 것이다. 물과 사회기반시설에 관한 위기는 거의 언제나 피할 수 있는 문제이며, 이런 위기를 일으키는 요소들도 정부와 기업, 시민 지도자들이 문제를 정확히 파악하고 그에 맞춘 행동을 함으로써 막아낼 수 있다. 일부 국가는 주위를 둘러싼 다른 국가들의 원활한 물 공급 실패에 영향을 받겠지만, 여전히 지속적으로 물을 공급받는 상황을 누릴 수 있을 것이다. 하지만 자원과 사회기반시설에 관한 문제를 흔히 겪는 개발도상국뿐만 아니라 많은 국가들이 경고 사인을 놓칠 것이라는 데에는 의심의 여지가 없다. 물에 관한 문제는 형편없는 통치 방식을 대변하는 것이며, 세상에는 그런 통치 방식이 많이 존재한다.

물 부족 위기의 주요 동인으로 작용하며 바로 눈앞에서 진행되고 있는 몇몇 거대 트렌드가 있는데, 대개의 경우 오랜 시간에 걸쳐 형성됐다 (이들 중 다섯 개는 아래에서 설명하고자 한다). 이 트렌드들이 곧 멈추거나 이들의 확산 속도가 늦춰질 것이라는 조짐은 전혀 없다.

인구 세계 인구는 계속 늘어나고 있다. 많은 국가들이 추락하는 출산율을 막기 위해 여러 정책들을 시행해 왔지만, 이들 정책은 대부분 국가에서 단 몇십 년 전과 비교하더라도 훨씬 더 늘어난 기대 수명에 관한 문제를 다루지는 않는다. 세계 인구는 이제 70억 명을 넘었으며 95억 명에 이르게 될 2050년까지 성장세가 멈추지 않을 것으로 예상한다. 이렇게 늘어나는 25억 명이 아무리 적게 먹고 덜 씻는다 하더라도, 기본적인 수요에 필요한 물을 추가로 찾아내고 깨끗하게 만들며 공급하는 일만 하더라도 분명히 큰 도전 과제가 될 것이다.[4]

증가하는 중산층 세계 인구는 그냥 증가하는 데 그치지 않고 보다 더 부유해지고 있다. 최근까지 빈곤에 시달렸던 수억 명의 사람들이 이미 가난을 벗어나 중산층 대열에 합류했으며, 이런 트렌드는 대체로 지속될 것이다. 2000년에는 중산층 인구가 14억 명이었다. 이 숫자는 2009년 18억 명 이상으로 늘어났으며, 2020년까지 세계 중산층 인구는 약 32억 5천만 명에 이를 것으로 전망한다. 이는 인류에게 좋은 소식이기는 하지만, 글로벌 물 공급의 관점에서는 나쁜 소식이다.

보다 풍족한 중산층이 매일 샤워를 하고 뒤뜰에 풀장을 설치하며 푸르른 잔디를 가꾸는 삶을 즐기기 시작하면서 물 소비에 관한 골칫거리가 많이 생겨나겠지만, 우리의 물 공급 체계에서 물을 훨씬 더 많이 사용하는 경우는 중산층 생활의 식습관에서 비롯된다. 극심한 빈곤 속에서 생활하는 사람들은 채소와 곡물 위주로 식단을 구성하는 경향이 있는 반면, 중산층에는 단백질 중심의 식단이 압도적으로 많다. 소고기 1파운드(약 0.45킬로그램)를 얻으려면 옥수수 1파운드를 수확하는 것보다 '17배' 더 많은 물을 사용해야 한다.

하지만 중산층이 되면서 식습관만 달라지는 것은 아니다. 이제 중산층 삶의 일반적인 부분이 돼버린 자동차와 에어컨디셔너, 컴퓨터와 다른 여러 가전제품을 사용하는 데 필요한 에너지는 거의 상상할 수 없을 정도의 물을 소비한다. 원유 1갤런(약 3.8리터)을 생산하려면 국내나 외국 어디에서 생산하든 몇 갤런의 민물이 필요하다. 천연 가스와 셰일 가스는 각 시추 현장마다 수백만 갤런의 물이 필요하다. 현재 주요 에너지 생산국인 미국은 에너지 생산을 위해 '매일' 미국 내에서만 수십억 갤런의 물을 소비하고 있다.[5]

기후 변화 기후 변화는 호수와 강의 표면 온도를 상승시키며, 이에 따라 보다 빠른 증발 현상이 일어난다.[6] 이 말은 예전과 같은 양의 물을 작물에 공급하려면 높아진 온도 때문에 더 많은 양의 물이 필요하다는 뜻이다. 비가 내리는 형태 또한 바뀌고 있다. 비와 다음 번 비 사이의 시간적 간격은 길어졌으며, 내리는 비의 강도는 더욱 강해졌다. 비가 오지 않는 시간이 길어진 탓에 토양 표층은 딱딱해졌다. 비가 오더라도 강우량의 대부분은 하수관이나 강으로 흘러들어가거나 토양 표면에 머물러 있다가 증발해 버린다. 어느 경우라도 빗물이 땅속으로 스며들지 못하므로 빗물을 잃게 되는 셈이다.

오염된 물 환경오염 또한 사용 가능한 물의 양을 감소시킨다. 인구가 많이 늘어나면서 식품 수요가 증가하고 그에 따라 많은 가축을 사육해야 하므로, 이들에게 줄 사료 재배를 위해 보다 많은 양의 비료와 농약이 필요하고, 이들 중 일부는 농업용수나 빗물을 통해 대수층의 지하수와 호수, 강으로 흘러들어간다. 셰일가스 추출과 같은 에너지 추출 기술은 많은 양의 물을 소비할 뿐만 아니라 추출 과정에 사용된 화학 첨가제가 근처에 있는 식수원 보호구역을 오염시키는 것으로 알려져 있다. 이 주장이 맞든 아니든, 전 세계에서 화학 물질이 상수도로 스며드는 것은 분명한 사실이다. 이와 같은 산업용 화합물 중 일부는 발암물질이기도 하다.[7] 물의 오염 정도에 상관없이 손상된 대수층 지하수와 호수에 발생한 피해를 원상 복구하려면 많은 비용이 들며, 불가능한 경우도 있다. 일단 상수원이 오염되면 그 상수원은 사용하지 못하며, 때로는 영원히 그럴 수도 있다.

누수 현상 마지막으로, 엄청난 양의 도시 용수가 매일 전 세계 곳곳의 도시에서 누수와 열려 있는 소화전, 절도, 부주의 등으로 사라지고 있다. 런던에서는 도시 용수의 약 30%, 시카고에서는 약 25%가 이런 이유로 없어진다. 중동 지역과 아시아의 몇몇 주요 도시는 불완전한 사회기반시설 탓에 매년 관리하는 용수의 60%까지 손실을 보기도 하며, 50% 손실은 흔히 볼 수 있는 경우다.[8] 뉴욕시는 누수로 인한 도시 용수 손실을 줄이기는 했지만, 여전히 수십억 갤런의 손실을 보고 있으며, 수리하기 힘든 어느 한 지점의 대규모 누수 현상으로 '매일' 3천5백만 갤런의 용수가 사라지고 있다. 이런 손실은 눈에 안 보일지는 몰라도 그 양은 엄청나다.

인구 증가와 보다 풍족한 생활, 기후 변화, 수원 오염, 새고 있는 사회기반시설 등의 각 도전 과제는 극복될 수 있다. 그러기 위해서는 집중과 의지, 창의성, 전문 인력, 자금이 필요하다. 모든 국가가 이와 같은 도전 과제를 다루는 데 뛰어들어야 하지만, 모든 국가가 그러지는 않을 것이라는 점은 거의 확실하다. 하지만 이 문제들은 충분히 다룰 수 있으며, 해결될 수도 있다.

늘어나는 수요와 제한된 공급량 때문에 경제 성장이 제한되거나 정치적 불안정으로 이어질 필요는 없다. 자연에서 얻는 물의 양이 부족하고 강수량이 줄어든다는 이유로 국가의 운명이 바뀔 필요도 없다. 현명하게 대처하면, 이런 한계는 오히려 국가를 보다 나은 방향으로 나아가게 만들고, 새로운 기회를 만들어 낼 수도 있다.

위기에 처한 세계를 위한 모델

이스라엘 국토의 70%는 사막지대이며, 나머지는 강수량이 적고 증발이 심한 반건조성 지대다. 1948년 건국 이래로 이스라엘 인구는 '10배' 이상 늘어났으며,[9] 이는 제2차세계대전 시대 이후 세계에서 가장 빠른 성장률 중 하나다. 이스라엘은 빈곤 상태에서 시작했지만 지금은 세계 초고속 성장 국가 중 하나로 자리 잡았고,[10] 이스라엘인은 대부분 중산층의 삶을 살고 있다. 연간 강수량은 애초부터 그리 많지 않았지만, 그동안 거의 4분의 1가량 줄었다.[11] 하지만 이렇게 불리한 기후 조건과 험난한 지형에도 불구하고,[12] 이스라엘은 물 부족 위기를 겪지 않을 뿐만 아니라 물이 남아도는 상태다. 심지어 인근 일부 국가에 물을 수출하기도 한다.[13]

《블루골드 시대, 물을 정복하라》는 어떻게 한 작은 국가가 독립하기 훨씬 전부터 물을 향한 정교한 접근 방법을 개발했는지 설명하는 책이다. 물에 관한 계획 수립과 기술적 해결 방안은 이스라엘 국가 발전의 모든 단계에서 핵심 과제였다. 물 강대국으로 자리 매김하기 전에도 이스라엘은 자신들의 물 관련 노하우를 활용해 세계 곳곳의 국가들과 관계를 구축했다.

물 문제를 심각하게 받아들이며 미리 계획을 수립하는 다른 국가들도 있는데, 호주와 싱가포르가 대표적인 예다. 미국에서는 네바다와 애리조나 같은 몇몇 주가 비록 수요를 충당하고 눈앞에 닥친 위협을 극복하기 위해 여전히 애쓰고 있기는 하지만 오래 기간에 걸쳐 물 부족에 대비한 계획을 실행해 왔다.

물론 이스라엘이 물 공급과 관련해 실행한 일 전부가 모든 국가나 사람들에게 적용되는 것은 아니다. 광활한 국토를 소유한 국가들은 규모나 지형면에서 작은 나라 이스라엘과 다르다. 사막지대가 없거나 우기가 길거나 호수 또는 강이 많은 국가들도 있다. 이스라엘이 물 관련 사회기반시설에 지출한 비용을 자국의 경제력으로 감당할 수 없는 국가도 있을 것이다. 그렇다 하더라도, 이스라엘이 실행했던 일 중 일부는 모든 국가의 물관리 방식을 변환시키는 데 도움을 줄 수 있다. 최소한 이스라엘이 물 문제에 집중하며 물에 관한 국가적 인식을 가장 최우선에 둔 자세는 지형이나 부유함에 상관없이 물 부족 문제에 직면한 모든 국가의 지도자와 시민들에게 영감을 줄 수 있다.

전 세계가 수십 년 전부터 물 부족에 대비한 계획을 수립하고 물을 절약하는 일을 시작했더라면 더 좋았을 것이다. 하지만 지금 시작하기에 너무 늦은 것은 아니다. 이제 이스라엘은 어떻게 했는지 살펴보자.

Part 1

물 중심
국가의 건설

01 | 물을 존중하는 문화

비야, 비야, 오지 마라,
다른 날에 오너라!

       - 미국 전래 동요

하늘에서 비가 내리고 또 내리네,
온종일 빗방울이 떨어지네,
한 방울 또 한 방울,
모두 손뼉 치며 반기자!

       - 이스라엘 전래 동요

지금 30대인 아야 미로니는 어릴 적 목욕하던 장면을 기억한다. 목욕을 마친 뒤 수건으로 몸을 닦고 잠옷으로 갈아 입고 나면 어머니는 곧바로 플라스틱 양동이를 목욕탕으로 가지고 와 탕 속에 남아 있는 물을 양동이에 담았다. 그러고는 양동이를 작은 마당으로 들고 나가 여전히 비눗기가 남아 있는 물을 꽃과 풀에 뿌렸다. 그러고 나서 목욕탕으로 돌아와 다시 양동이를 채우고 물을 주는 과정을 몇 번에 걸쳐 반복했다.

이런 일이 이스라엘의 중상류층 사회에서 일어나고 있었다는 사실을 모르는 사람들은 아마 개발도상국의 가난한 마을에서 일어나는 일로 생각할지도 모르겠다. 집에서 수도꼭지만 틀면 언제나 물이 나오는데도 아야의 어머니에게 물은 낭비하면 안 되는 귀중한 자산이었다. 어머니가 물을 절약하는 모습을 오랜 기간에 걸쳐 반복해서 보며 자란 아야와 두 동생들은 모든 물 한 방울이 중요하다는 교훈을 마음 속 깊이 새겼다. 일단 몸에 배이기만 하면 이는 잊기 어려운 확고한 믿음이 된다.

아야는 물에 대한 생각을 일깨워 주는 학창 시절의 일상적인 가르침도 기억한다. 모든 교실에는 아이들에게 "한 방울의 물도 낭비하지 말 것"을 권고하는 포스터가 붙어 있었다. 다른 모든 이스라엘 아이들이 그렇듯이 아야는 1장 첫머리에 소개한 이스라엘 동요를 배우고 함께 불렀다. 미국 아이들에게 비가 온다는 이유로 기뻐하며 손뼉 치도록 가르치는 것은 상상하기 어렵다. 미국 동요에서 비는 당연히 "다른 날에 오라고" 내쫓김을 당한다.

물을 절약하는 지혜는 동요에만 나타나는 것이 아니다. 아야의 어머니가 그랬던 것처럼, 어린 학생들에게 물 절약이 모든 사람의 의무라는 생각을 심어주고 이를 실천하기 위한 실용적인 수단을 가르치는 종합 교과과정의 한 부분을 차지한다. 아야의 어머니가 물을 절약하려고 나름대로 열심히 노력하겠지만, 학교 프로그램은 학생들이 부모에게 최상의 실행 방법을 알려줄 수 있도록 훈련시키기도 한다. 여느 지역 학생들과 마찬가지로 이스라엘 학생들도 위생 수업의 한 부분으로 샤워하고 양치하는 법을 배운다. 이스라엘에서는 여기에 하나 더 추가된다. 즉, 물 사용을 최소화하는 법을 배우는 것이다. 물 절약은 모든 사람이 해야 할 일이지만, 이를 실천하기 위한 교육도 모두가 거쳐야 할 과정이다.

이스라엘인 모두가 한결같은 마음으로 물을 절약하는 열성분자는 아니지만, 물을 존중하며 당연한 것으로 여기지 않아야 한다는 보편적 인식은 지니고 있다. 이렇게 물을 중요시하는 문화가 형성된 부분적인 이유는 이스라엘 국토 대부분이 사막지대이며 나머지도 반건조지대로 이뤄진 주변 환경에 있다. 가뭄은 이스라엘에서 흔히 일어나는 일이다. 그렇다 하더라도 물리적 환경만으로 물과 그 소중함을 중시하는 국가적 인식을 충분히 설명하지는 못한다.

오늘날 이스라엘의 유대인 대부분이 종교적 의식에 엄격하지 않다고 하더라도, 문화와 전통은 오랫동안 지속되는 현상이다.[1] 추방과 망명에서 국가 재건립에 이르는 2천년 동안 유대인들을 지탱시켜 온 종교적 문화는 비와 이슬의 형태로 오는 물에 대한 숭배로 가득차 있다.

2천년의 시간을 지나 지금에 이르는 동안 유대인이 해온 기도 중에는 한 해 중 특정 시기에 비를 기원하는 기도가 포함돼 있다. 이 기도는 외국에 있는 유대인들의 거주지 디아스포라 및 이스라엘 내에서 하루에 세 번 울려 퍼지는데, 기도를 올리는 그 지역에 비를 기원한다기보다는 이스라엘 영토에 비가 내리기를 바라는 관습적인 기원이다. 유대인은 지난 2천년 동안 습지나 건조지역 어디에 있든 성지의 기후 안정을 마음에 두고 예루살렘을 향해 기도를 올렸다. 아야와 그의 형제들에게 그랬던 것처럼, 이와 같은 염려는 시간이 지나면서 마음 속 깊이 배어들며 유대인 공동체의 세계관의 일부로 자리 잡았다.

기도서와 별도로 히브리 성서(구약성서)에도 물을 생각하는 방식에 대한 지침이 담겨 있다. 성경에 나오는 아주 유명한 장면 중 하나를 보면, 이스라엘의 자손인 유대인들이 방랑하며 헤매고 있을 때 모세가 마실 물을 얻기 위해 바위를 내리치는데, 거기서 엄청난 양의 물이 흘러나온다. 이 장면은 해야 할 수고를, 미묘하지만 구분해서 보여준다. 즉, 하나님이 이스라엘 민족에게 하루치 만나manna를 주며 일용할 양식을 제공하지만, 물을 얻는 일은 하나님의 인도가 있었다 하더라도 모세 즉 우리의 임무인 것이다. 이 이야기는 또 물이 생각하지 못한 곳에서 발견될 수 있고, 때로는 정통적이지 않은 기법으로 추출될 수 있다는 사실을 알려 준다.

매년 유대인의 새해인 로시 하샤나Rosh Hashanah를 바로 앞둔 시점이 되면, 〈신명기〉에 기록된 모세의 축복과 저주가 세계 곳곳의 유대교 회당에서 암송된다. "계절마다 적절한 시기"에 맞춰 내리는 비는 그야말로 축복 그 자체. 유대인의 모든 기도 중 가장 유명하다고 할 수 있는 '셰마 Shema'는 〈신명기〉 구절에서 따온 기도문으로, 하나님의 계명을 지키지 못한 벌은 비가 내리지 않는 것이며 부족한 비는 계명을 어긴 자를 "멸망시킬 것"이라는 내용을 담고 있다.

이처럼 물을 중심으로 한 사건은 성경에 드물게 등장하는 일이 아니다. 언어학적으로 보면, 히브리 성서는 습한 기운이 잔뜩 묻어나는 문서다. '이슬'이라는 단어가 35번 언급돼 있으며, '홍수'는 61번 등장하고, '구름'은 130번이나 나온다. '물'이라는 단어 자체는 히브리 성서에서 600번이나 발견된다.

'비'는 유대교 성서에서 100번 가까이 언급돼 있을 뿐만 아니라, 한 해에 내리는 첫비와 마지막 비를 구분하는 특정 히브리어 단어까지 있으며, 현대 히브리어에서도 이 단어를 여전히 사용한다. 항상 눈이 내리는 지역에 사는 에스키모에게 눈을 뜻하는 단어가 여러 개 있다면, 성지에 있는 유대인에겐 그 희소성 때문에 비를 의미하는 단어가 여럿 존재하는 것 같다.

시온주의자 정착민들이 극도로 세속화되면서 기도서나 성경을 규칙적으로 들여다보지 않았을 수도 있었다. 하지만 러시아와 폴란드처럼 비가 많이 내리는 지역과, 이집트와 근대 이라크처럼 강이 많은 곳에서 이스라엘로 이주하면서 성경과 유대인 전통에 다시 친숙해졌다. 이때부터 정착민은 회복한 이스라엘 땅에서 살아가는 자신들의 새로운 삶과 밀접히 연관된 오랜 유대인 전통에서 비롯된 물에 관한 선천적인 인식을 되찾기 시작했다.

영웅으로 추앙받는 물 전문 엔지니어

테오도르 헤르츨Theodor Herzl(1860.5.2.~1904.7.3.)은 비엔나의 법률가이자 저널리스트, 작가이며 다른 많은 시온주의 선구자와 달리 유대인 전통과 관습을 거의 알지 못했다. 그는 1894년 파리 상류층 사회에 팽배해 있는 폭넓은 반유대주의 기조를 목격하며 유대인의 영적 자각과 유사한 감정을 느꼈다. 통찰력이 있는 헤르츨은 이와 같은 감정을 경험하며 유대인이 흡수되거나 학대당하거나 두 가지 경우 모두에 희생되면서 유대인의 삶은 유럽에서 불행한 결말을 맞이할 것이라는 결론에 이르렀다. 이후 헤르츨은 길지 않은 자신의 남은 생을 바쳐 현대 정치적 시온주의 운동을 일으키는 데 헌신했다.[2]

헤르츨은 유대인 가구를 위한 정치적 지원을 구축하는 한편, 시온주의를 지지하는 에세이와 극본, 책을 썼다. 이들 중 가장 의미 있는 두 저서는 정치적 내용을 다룬 1896년의 《유대인 국가The Jewish State》와 당시 베스트셀러였던 에드워드 벨라미Edward Bellamy의 《과거를 돌아보며 Looking Backward》(1888)와 같은 스타일로 쓴 이상주의적 소설이었다. 헤르츨은 1902년에 쓴 이 소설에 독일어로 《알트누랜드Altneuland》, 즉 '오래된 새로운 땅Old New Land'이라는 제목을 붙였다.

시온주의 운동은 종교적 사역을 중심에 두지 않기 때문에 많은 사람들에게는 헤르츨의 연설과 저서, 일상적인 글들이 그 자리를 대신했다. 일반 대중들 속으로 파고든 세속적인 신성함으로 인정받은 헤르츨의 작품들은 광범위하게 번역됐으며, 글을 읽을 수 있는 모든 시온주의자들은 최소한 위에 언급한 두 가지 책은 읽었다. 1904년 헤르츨이 44세의 나이로 세상을 떠나자, 그의 통찰력은 지하에서 나오는 지침과 영감으로 여겨졌다. 수십 년이 지난 후에도 이스라엘 지도자들은 여전히 헤르츨의 말과 책 내용을 인용한다.

1898년 11월 정치적 수완이 뛰어났던 헤르츨은 독일의 마지막 황제 빌헬름 2세와 면담을 주선해 이스라엘 땅에 유대인 국가를 건립하는 데 도움을 달라고 요구했다. 황제는 헤르츨에게 시온주의 선구자들의 업적을 칭찬하며 자신이 열렬히 지지하겠다고 생각한 이유를 설명했다. 또 무엇보다도 "물과 그늘을 드리우는 나무"가 그 땅에 고대의 영광을 복원시킬 것이라고 말했다. 그로부터 4년 뒤 출간된 헤르츨의 시대를 앞서간 소설 《알트누랜드》에 등장하는 주요 인물 중 한 명은 유대인의 팔레스타인 정착을 두고 이렇게 말한다. "이 국가가 정말 위대한 미래를 맞이하려면 물과 그늘만 있으면 된다."

《알트누랜드》후반부에 등장하는 주인공 중 한 명은 물 관련 엔지니어가 가상으로 만든 유대인 조국의 영웅이 될 것으로 예상한다. 헤르츨은 이 국가의 물에 관한 미래를 상상 속에서 그리고 있다. 당시 팔레스타인에는 물 자원이 부족하거나 경작할 만한 토양이 별로 없었지만, 헤르츨은 이 땅이 물로 넘쳐날 운명과 행운을 이렇게 묘사한다. "하늘에서 내려오는 모든 물방울은 공공의 이익을 위해 활용됐다. 고대 유대인의 땅에 한때는 젖과 꿀이 더 많이 흘렀다. 팔레스타인은 다시 약속의 땅이 됐다." 유토피아적 소설이 그리는 목표는 정말 높기 마련인데, 헤르츨은 특히 물에 관한 시온주의 프로젝트를 그 기준에 맞췄다. 헤르츨의 정치적 후계자들도 그렇게 했다.

책을 통해 장려하는 일 외에도 물에 관한 문제는 다른 방법으로 시온주의 선구자들의 집단의식 속으로 녹아 들어갔다. 건국 전 시온주의 공동체에서부터 시작해 가장 오랫동안 불려온 노래 중 하나인 물을 주제로 한 노래에 맞춰 선구자들은 이스라엘 전통 원무 호라hora를 추곤 했으며, 오늘날 많은 이스라엘인은 이스라엘에서 멀리 떨어진 곳에서도 이 춤을 춘다. "마임, 마임Mayim, Mayim(히브리어로 '물, 물'이라는 뜻)"이라는 노래는 바르 또는 바트 미츠바Bar or Bat Mitzvah 파티(유대교의 소년, 소녀 성인식)나 유대인 결혼식에 가 본 사람이라면 귀에 익을 것이다. 가사는 〈이사야〉서*에

* 〈이사야〉 12:3
"너희가 기쁨으로 구원의 우물들에서 물을 길으리로다."

서 따온 것이지만, 협동 농장에서 물을 찾으려 수년간에 걸쳐 땅을 팠는데도 마른 땅 구멍만 잔뜩 만들어 내다가 1937년 마침내 물을 찾아낸 것을 기념하기 위해 곡을 붙이고 안무를 더했다.

물에 관한 획기적인 업적을 기리기 위해 곡을 붙이고 안무를 만든 다

른 노래와 민속무용들도 있다.[3] 미국에서는 이스라엘 전통 원무 호라를 유대인 축하 행사에서만 추지만, 이스라엘에서는 최근까지도 이 민속무용이 친목 도모와 운동을 위해 하는 일상적인 것이었다. "마임, 마임"과 물에 관련된 다른 노래들에 맞춰 춤을 추는 것은 도시든 농촌이든 거의 보편적인 문화적 활동이었다.

물은 또 일류 이스라엘 작가들 사이에서 명시적 또는 은유적으로 표현하는 주제로 활용됐다. A. B. 예호수아Yehoshua의 중편소설《1970년 초여름Early in the summer 1970》에서 물은 작품 전체에 걸쳐 흐르는 주제였다. 건조함은 실패한 소통과 같은 뜻으로 쓰이며, 사막은 불임과 죽음을 상징한다. 이와 비슷하게, 1950년대 예루살렘의 삶을 묘사한 아모스 오즈Amos Oz의 1968년 소설《나의 마이클My Michael》은 비를 상징적 효과로 활용한다. 비와 등장인물들의 친밀감은 항상 병행하며, 비를 기다리는 행위도 문학적인 효과를 내는 데 사용됐다. 보다 최근에는 이스라엘 소설가 아사프 가브론Assaf Gavron이 2067년 이스라엘에서의 삶에 관한 암울한 미래를 그린 소설《수갈증Hydromania》에서 물과 비를 주요 구성 장치로 활용하며 사람들이 이렇게 중요한 자연 자원을 장악하지 못하면 어떤 일이 생기는지 묘사한다.

이스라엘은 심지어 자국의 통화와 우표에서도 물을 찬미했다. 지금은 유통되지 않는 5셰켈짜리 지폐(현재 미국 달러 기준 1달러가 조금 넘는 금액) 앞면에는 이스라엘 전 총리 레비 에슈콜Levi Eshkol이 등장하는데, 지폐 뒷면에는 에슈콜 총리가 주요 역할을 한 프로젝트인 이스라엘 국가 대수로 National Water Carrier의 모습이 영광의 자리를 차지했다. 이와 비슷하게, 많은 이스라엘 우표들은 물 사용에 관한 기술적 혁신부터 현대 물 관련 사회기반시설의 기념비적 건설과 이스라엘의 영토에 존재했던 고대 물 시스템까지 물에 관한 주요 사항들을 담아 기념한다.

물은 모든 사람의 소유다

시온주의 선구자와 신생 이스라엘 국가가 내린 결정 중에서 물을 공동 자산으로 삼겠다는 결정보다 이스라엘 물 문화에 더 큰 영향을 미친 것은 없었다. 물을 개인 재산권으로 인정하는 미국과 달리 이스라엘에서는 물의 소유권과 사용이 모든 국민의 이익을 위해 일하는 정부의 통제하에 놓여 있으며, 정부는 최상의 사용처를 파악해 사용 가능한 물을 분배한다.

국가 차원의 물관리는 이스라엘의 중앙집권적 물 철학을 뒷받침하는 일련의 법률로 명문화돼 있었다. 이런 물 관련 법률은 이스라엘이 물 보호에 성공하는 데에도 중요한 역할을 담당했다.

1950년대 중반 세 법안이 이스라엘 국회 크네셋Knesset을 통과하며, 1959년 전환적인 물 관련법이 제정될 수 있는 기반을 마련했다. 1995년 통과된 첫 번째 법은 모든 국토 내에서 물을 찾기 위한 굴착을 금지했으며, 심지어 사유지의 소유주라도 허가를 받지 않고는 못 하게 했다. 사유 재산권보다 정부의 통제가 우선이었다.

첫 법안과 마찬가지로 1955년에 통과된 두 번째 법은 계량기를 통하지 않은 물 유통을 전면 금지했다. 이 법은 또한 수도를 공급하는 모든 공익 기업체가 각 가정이나 기업에 공급하는 물의 양을 측정하는 별도의 계량기를 설치할 것을 요구했다. 이와 같은 세세한 데이터 수집은 이스라엘이 정보기술IT 호황시대를 수십 년 앞서가게 만들었으며(계량 인프라는 훗날 측정할 수 없을 정도의 가치를 지닌 것으로 판명됐다), 한편으로는 국민들의 물 소비 형태에 정부가 적극적으로 개입하는 발판을 마련하기도 했다.

1957년 크네셋을 통과한 세 번째 법은 1955년 제정된 물 굴착법에서 언급한 지하수 관리와 함께 광범위한 의미에서 지표수 문제를 다루며, 강과 개천의 물뿐만 아니라 빗물까지도 정부가 관리할 수 있게 했다. 심지어 이스라엘의 가정에서 흘러나오는 하수의 소유권도 정부가 갖게 했다. 이 법은 정부의 허가 없이는 이와 같은 형태의 물을 유용할 수 없게 만들었다. 또한 농민들이 자신의 소유지에서 방목하는 가축들을 수로를 통과해 이동시켜야 할 경우에는 사전에 허가를 받도록 했다. 다시 한 번 개인의 이익보다 정부의 통제를 중요하게 여기는 법이었다.

이처럼 진화하는 중앙집권적 소유권은 1959년 제정된 물 관련법과 함께 논리적 정점에 이르렀다. 이 법은 "공공 이익을 증진하고 보호하기 위해 물을 사용하는 개인의 행동을 통제하고 제한할 수 있는 광범위한 권한"을 정부에 부여했다. 모든 물 자원은 국가의 통제를 받아야 하는 공공 재산이 된 것이었다. 토지소유권이 있더라도 소유한 땅 위나 아래, 또는 인접한 물에 대한 어떠한 권리도 주장할 수 없었다. 이에 따라 개인이나 사적인 사용은 법에 부합하는 경우에만 허용됐다. 물 관련법은 더 나아가 모든 국민이 자신에게 주어진 물을 "효율적으로 사용하고 절약할 것"을 기대한다는 내용도 명시했다.

이처럼 국가가 통제하는 방식에 대한 대중의 묵인은 정부가 극도로 사회주의적 편향을 보인 국가 건립 초기에는 이해될 수 있지만, 국가가 사회주의적 근원을 벗어나면서 물 관련법은 개정되거나 폐지됐을지도 모른다. 하지만 물 소유권은 여전히 '국민'의 소유로만 남아 있으며, 이에 따라 정부도 계속 소유권을 행사할 수 있다. 정부 소유의 산업과 자산들이 여러 번에 걸쳐 민영화된 뒤에도 물 자원을 자유 시장에서 거래하는 상품으로 바꿔야 한다는 요구는 없었다. 현재 이스라엘은 역동적인 자본주의 경제체제를 채택하고 있지만, 물에 관한 한 정부가 통제하고 중앙집중적으로 계획하는 체제를 유지하고 있다.

2000년부터 2006년까지 이스라엘 물위원회 위원장을 역임한 시몬 탈Shimon Tal은 물이 어떻게 이스라엘 정부의 완벽한 권한하에 놓여 있는지 자세히 설명하며 이렇게 말한다.

"정부는 당연히 갈릴리호(이스라엘에서 가장 큰 담수호)에 있는 모든 물을 관리하며, 모든 대수층도 통제합니다. 그런데 우기가 시작될 때 자신이 사는 집 지붕 위에 양동이를 놓아둔다고 하면, 집과 양동이가 자신의 소유라 하더라도 양동이에 담긴 빗물은 최소한 이론상으로는 정부 자산입니다. 빗물을 모을 수 있는 허가가 없으면, 양동이에 빗물을 받는 행위는 엄밀히 따지면 물 관련법 위반입니다. 일단 지면이나 양동이에 떨어지는 순간 비는 공공의 소유가 되는 것입니다."

물의 공공 소유권 정책을 시행하는 다른 국가들과 비교하더라도 이스라엘은 대부분 국가보다 더욱 전제주의적인 접근 방법을 채택해 왔다. 예를 들어 프랑스에서는 토지 소유주가 자신의 땅속에 있는 물을 다른 사람에게 해를 끼치면서 마음대로 사용할 수 있는 권한은 없지만, 1964년 프랑스 물 관련법은 자신이 속한 공동체의 합리적 접근을 막지 않는 한 토지 소유주가 그 물을 자유롭게 사용할 수 있도록 허용한다. 더 나아가 프랑스 민법은 빗물이 떨어지는 땅의 소유주에게 그 빗물의 소유권을 명백히 부여한다.

이스라엘에 거주하지 않는 사람들은 이처럼 엄격히 통제하는 법과 정책이 인기를 끌지 못할 것으로 짐작할 수도 있으며, 특히 사회주의 정당이 거의 붕괴하고 사회주의 경제를 전반적으로 부인한 국가에서는 더더욱 그럴 것으로 생각할지도 모른다. 하지만 그와 정반대 현상이 일어나고 있다. 이스라엘인들은 이와 같은 집단적 접근방식이 이스라엘이 물 보존에 성공하는 비결이라고 확신한다.

정치지리 학자이며 하이파대학교의 지리학과 설립자인 아논 소퍼 Arnon Soffer 교수는 전 세계의 물 시스템을 연구한다. 또한 철학적으로는 자유 시장 체제를 지지하며 정부 개입을 좋아하지 않는다. 하지만 그는 이렇게 말한다.

"이스라엘은 서방 국가이며 개인주의 사상을 수용합니다. 하지만, 이스라엘의 생활 공동체 기부츠Kibbutz를 중심으로 한 집단적 접근 방식이 가장 이치에 맞는 영역도 있습니다. 물에 관해서는 집단적 소유권이 정글과 같은 주변 환경 속에서도 우리가 정착할 수 있는 이유 중의 하나입니다."[4]

이스라엘인들은 그에 따른 대가를 수용했다. 수질 높은 물에 보편적으로 접근할 수 있는 권리를 제공하는 시스템을 얻는 대신 물에 대한 개인 소유권과 시장경제적 혜택을 포기했다. 공공의 선이 가장 큰 혜택이라는 믿음을 바탕으로 국민은 정부가 책임지고 물을 통제하고 규제하며 가격을 매기고 분배할 수 있는 권한을 정부에 부여한다.

이스라엘의 물관리 시스템은 오늘날 세계에서 시행하는 가장 성공적인 사회주의 정책 사례일지도 모른다.

02 | 국가 대수로

국가와 물의 관계는 인간과 혈액의 관계와 같다.

- 레비 에슈콜Levi Eshkol(이스라엘 전 총리)

지금의 이스라엘과 웨스트뱅크, 가자 지구로 구성된 팔레스타인 지역에
유대인들의 이주를 제한하는 내용을 담아 1939년 발행한 영국 정부 백서
British White Paper만큼 시온주의자의 명분을 시험대에 오르게 한 위기는 없
었다. 영국 정부는 자신들의 목적을 대부분 이뤘지만, 백서는 의도하지
않은 영향력을 발휘했다. 즉 시온주의자들이 국가의 물 자원 관리 방법을
두고 가장 광범위한 혜택을 얻는 방향으로 새롭게 생각하도록 했고, 이는
마침내 거의 25년이 지난 1964년 6월 이스라엘 국가 대수로 건설로 이어
졌다.

국가 대수로는 상상력과 대담함이 만들어낸 위업으로서 토목기술 혁
신과 다양한 자금조달 수단이 필요했으며, 이 때문에 치유하는 데 몇 년
이나 걸린 폭동과 심각한 분열 상태로 이어기기도 했다. 하지만 물에 관한

국가 사회기반시설을 계획하고 건설하는 일은 이스라엘을 보다 나은 방향으로 변환시켰을 뿐만 아니라 국가를 하나로 통합하는 데에도 기여했다.

영국 정부 당국은 제1차세계대전 종전 이후 지배해 왔던 팔레스타인 지역에서 1936년부터 3년 동안 아랍인들의 폭동을 겪었다. 소요와 유혈 사태가 일어난 표면적 이유는 점점 늘어나는 유대인 이주자였다. 아랍 폭동자들의 첫 타깃은 유대인이었지만 곧바로 영국 경찰과 군대도 그들의 집중 공격 대상이었다. 간간이 일어나던 폭동이 1939년에 이르러 비로소 잠잠해지는 듯했지만, 런던의 영국 외무부는 이런 폭동이 다시 일어나지 않을까 걱정했다.

유럽에서 곧 전쟁이 일어날지도 모른다는 염려에 휩싸여 있던 영국 관리들은 팔레스타인의 안정을 위해 그곳에 어쩔 수 없이 군대를 주둔시켜야 하는 상황을 원치 않았다. 또한 멀리 떨어져 있는 식민지에서 반항적인 행동을 할 가능성이 높은 무슬림 공동체를 주시하고 있었으며, 그 어느 누구도 팔레스타인의 소요 사태를 영국에 대항하며 독립을 지지하는 반란의 명분으로 삼을 수 없게 만들려 했다. 이런 사태들 또한 유럽 전쟁에 대비하려는 영국의 노력을 분산시키기 때문이었다. 이에 따라 영국 외무부가 관심을 둔 핵심 외교정책은 1936~1939년에 일어났던 팔레스타인 아랍인들의 폭동이 다시는 반복되지 않게 하는 것이었다.[1]

이와 같은 대영제국의 두려움은 영국 경제학자들이 유대인의 팔레스타인 이주는 지속될 수 없고, 늘어나는 이주민은 머지않아 농업과 그 밖의 여러 용도에 쓰일 물 자원을 압도할 것이라며, 1920년대 말 처음으로 표했던 염려와 서로 잘 들어맞았다. 이 경제학자들은 지리적 관점에서 볼 때 팔레스타인 전체 지역이 2백만 명 이상을 수용할 수 없을 것으로 믿었다. 1939년 당시 834,000명이었던 팔레스타인 거주자는 자연 증가율을 감안하면 한 세대 정도 뒤에 그 한계점에 다다르겠지만, 이미 그곳에 거주하는 150,000명의 유대인 인구에다 개방적인 이주정책이 더해지면 더 빨리 이를 수도 있었다. 유대인 이주를 장려하려는 시온주의자의 움직임과 영국이 오랫동안 지배하고 싶은 지역의 취약한 사회적 생태계와 제한된 물 자원 사이에 상충하는 이해관계를 감안해, 네빌 체임벌린Neville Chamberlain 당시 총리가 이끄는 영국 정부는 1939년 백서를 통해 영국의 바람대로 지역 내 아랍인 계층도 달랠 수 있는 해결 방안을 제시했다.

백서에 제시된 법령 조항은 팔레스타인으로 이주하는 유대인 수를 5년간 75,000명으로 제한했다.[2] 이처럼 연간 15,000명에 불과한 유대인 이민자 수와 자연사로 인한 감소를 감안하면 유대인 인구는 이후 5년 동안 거의 같은 수준을 유지하거나 약간 넘어서는 정도에 그칠 가능성이 높았다. 유대인 국가를 건설하려는 시온주의자의 노력은 첫걸음도 떼지 못하고 사라질 지경에 이를 수도 있었다.

당시 백서는 정치적 관점과 제2차세계대전의 나치 폭정을 벗어나려는 유럽계 유대인들에게 비극적 결말을 안긴 측면에서 폭넓게 분석돼 왔지만, 현대 이스라엘의 물에 관한 접근방식을 이해할 수 있는 소중한 출발점이기도 하다. 시온주의 지도자들에게 가장 절실하고 시급한 일은 사용 가능한 물의 양을 예측한 영국 경제학자들의 계산이 틀렸다는 사실을 입증하는 것이었다. 보다 광범위하게는 자신들의 목적을 위해서라도 유대인 지도부는 영국 경제학자들이 최대 수용 인구로 가정한 2백만 명보다 수백만 명 더 많은 인구가 팔레스타인에 거주할 수 있다는 사실에 대해 확신을 가질 필요가 있었다.

백서가 발간된 시점부터 전쟁 기간을 거쳐 1948년 5월 이스라엘 국가 독립을 선언할 때까지의 전후 기간에 시온주의 지도부는 이스라엘 영토에 물에 관한 막대한 잠재력이 있다는 사실을 입증하는 일련의 계획을 수립했지만, 이 계획들은 당시 물을 찾아내고 사용하는 방법에 획기적인 변화가 있어야만 실현될 수 있었다. 결국 영국의 관점을 바꾸거나 이주 가능한 유대인 난민 수를 증가시키는 일에 아무런 효과가 없었다. 하지만 이처럼 새로운 사고방식과 그에 따른 계획들은 지금까지 이스라엘이 항상 완벽하지는 않더라도 끊임없이 국가 전체의 물 수요를 넘어설 수 있게 만든 국가적 물관리의 개념과 실용적 토대를 마련했다.[3]

현재 팔레스타인 지역에는 1천2백만 명의 인구가 거주하고 있으며, 이들 중 약 8백만 명은 이스라엘 지역에, 나머지 4백만 명은 웨스트뱅크와 가자 지구에 거주한다. 이뿐만 아니라 이스라엘은 자체 공급망에서 확보한 막대한 양의 물을 팔레스타인 지역과 요르단에 제공하고 있으며, 심지어 피망과 토마토, 멜론 등, 재배하는 데 물이 많이 필요한 농산물을 매년 수십억 달러씩 수출하기도 한다. 영국 경제학자들이 틀렸다는 것은 말할 필요도 없는 사실이었다.

워터 맨, 심카 블라스

세상이 보다 더 공정했더라면 심카 블라스Simcha Blass의 이름은 이스라엘과 전 세계에 더 널리 알려졌을 것이다. 그의 이름을 딴 도시 광장이 생기고, 학술회의는 이스라엘에서 물의 운명을 바꿔놓은 심카 블라스의 역할을 회고하는 분석을 진행했을 것이다. 지금은 역사 속에서 거의 잊혀졌지만, 블라스는 이스라엘의 물에 대한 사고방식과 계획 수립을 선도하고 훗날 전 세계의 농업을 완전히 바꿔 놓는 데 중요한 역할을 한 인물이었다.

1930년대 초 폴란드에서 이주해 온 지 얼마 안 된 블라스는 이미 남다른 통찰력과 직관, 기술을 지닌 물 전문 엔지니어로 이름을 알리기 시작했다. 그렇다 하더라도 팔레스타인 지역 내 유대인 공동체인 이슈브Yishuv에서 물 전문가의 일은 여전히 물을 찾기 위해 시추하고 지면으로 끌어올리며, 작은 구경의 파이프를 통해 물을 가까운 거리에 보내는 등의 아주 기본적인 수준에 머물러 있었다. 영국 경제학자들의 통찰과 상관없이, 당시 물 공급 상황은 별다른 변화가 없으면 잠재적 유대인 이주자 수를 감당하기에 분명히 충분하지 않았다. 특히 아돌프 히틀러가 이끄는 나치 정부의 등장으로 유럽계 유대인들이 이스라엘의 땅으로 이주하는 문제를 그 어느 때보다 다급하게 생각하던 1933년 2월 이후 상황을 감안하면 더욱 그렇다.

시온주의 사상 때문이든, 유럽의 전쟁 광풍 속에서 단순히 안전지대를 찾겠다는 이유든, 팔레스타인 지역에 이주할 것으로 예상되는 수백만 명의 유대인들은 농업과 산업, 그리고 가정에서 일상적으로 사용할 물이 필요했다. 물의 흐름은 이주자 유입만큼 중요했으며, 두 사안은 서로 밀접한 관계에 놓여 있었다.

블라스는 유대인 정착촌 이슈브에서 가장 큰 영향력을 지닌 물 전문 엔지니어였지만 그에게는 중요한 파트너, 레비 에슈콜이 있었다. 에슈콜은 이스라엘 건국 전 시온주의 정치기구에서 요직을 역임했으며 팔레스타인의 유대인 공동체 정치 지도자 다비드 벤구리온David Ben-Gurion에게서 신임받는 원로 고문이었다. 에슈콜은 맡은 책무가 많았지만, 물에 관한 일보다 그를 더 고무시키는 일은 없었다. 이스라엘의 세 번째 총리 자리에 올랐으며, 1967년 6월 6일 전쟁 당시 이스라엘을 이끌었던 에슈콜이 결국 국가의 물 관련 주요 사회기반시설을 개발하기 위한 정치적, 제도적 체계를 만들어 내며 그 무엇보다도 더 위대한 업적을 남겼다는 것은 거의 틀림없는 사실이다.

1920년대를 시작으로 시온주의 지도부는 건국 준비기관 역할을 담당할 많은 조직을 구성했다.[4] 물에 관해서는 에슈콜이 1935년 블라스와 팀을 이뤄 수자원 공기업을 세우기 위한 몇몇 조직을 만들었으며, 2년 뒤 실제로 공기업을 설립해 메코로트Mekorot로 이름 붙였다.[5] 이 공기업은 수원을 탐사하는 일과 점점 늘어나는 유대인 정착민과 영국 관할 지역 농민들이 필요한 물을 쉽게 구할 수 있게 만드는 일을 책임지고 있었다.

메코로트가 설립되기 전에도 에슈콜은 1935년 블라스에게 나사렛과 하부 갈릴리 남쪽의 유대인 농업 지역으로 급격히 성장하던 서부 제즈렐 벨리Jezreel Valley에 공급할 새로운 수자원을 찾아보라고 요청했다. 수원을 탐색하기 위해 블라스가 시도한 몇 번의 시추가 성공하며 찾아낸 물은 곧바로 제즈렐 벨리 전체 농가에 공급됐다. 덕분에 이 지역에 자리 잡은 이주 농민들은 농장을 확장할 수 있었고, 곧이어 새로운 농장들도 생겨났다.

물을 찾아내고 필요한 곳에 보내는 일도 중요했지만, 제즈렐 벨리 프로젝트는 훨씬 더 중요한 결과를 불러왔다. 이 프로젝트를 통해 블라스는 수원에서 비교적 멀리 떨어져 있는 농장에 공급할 수자원 개발계획을 수립하는 임무를 처음 수행했다. 이후 몇 년 동안 훨씬 더 먼 거리를 대상으로 보다 원대한 계획과 프로젝트를 개발하고 실행해 나갔고, 이 과정이 축적되면서 이스라엘 내 보다 광범위한 지역에서 땅을 생산적으로 활용하고 곧 성장할 국가에 필요한 식량을 더 많이 생산할 수 있는 계기를 마련한 것이었다.

물관리 방식을 바꿔놓은 환상적인 계획

1939년 5월 영국 정부의 백서가 발간된 당시, 제즈렐 벨리에서 물 탐사가 성공했는데도 유대인 정착촌 이슈브의 농장과 가정에서 사용하는 물 대부분은 지중해 연안에 있는 마을과 농장에 파 놓은 얕은 우물에서 공급됐다. 마을마다 자기 지역에서 나오는 물만 사용할 뿐 자원을 나누거나 공동으로 사용하는 일은 거의 없었다. 당시 그 지역과 대부분 세계에서 통용되던 전형적인 물 사용 방식은 마을이나 농장이 물을 더 나은 용도로 사용할 수 있는 곳에 보내는 것이 아니라 주로 가까이에서 구할 수 있는 물만 사용하는 것이었다.

당시 사용하던 수원 중 사용 가능한 물의 양이 가장 많았던 곳은 국토의 북쪽 끝에 있었다. 그곳은 정착촌과 농장이 주로 레바논과 시리아 국경을 따라 드문드문 있기는 했지만, 물이 가장 필요한 지역은 아니었다. 대다수 인구는 이스라엘 국토의 긴 해안선 중앙에 자리 잡은 신흥 대도시 텔아비브를 중심으로 몰려 있었다. 반면 유목생활을 하는 베두인족을 제외하고는 사람이 거의 살지 않는 네게브 지역은 광활하고 아무것도 없는 사막지대였다. 그럼에도 벤구리온은 물을 발견하기만 하면 신생 국가의 농업 발전을 위한 최고의 희망을 네게브 지역에서 찾을 수 있다는 사실을 이미 확신하고 있었다. 그러나 당시 텔아비브 지역이나 네게브 사막 어디에도 벤구리온이 생각하던 인구 성장을 지탱할 만한 물이 충분하지 않았다.

블라스는 유대인 이민자 수 확대에 관한 영국 정부의 생각을 바꿔 놓을 수 있을 만큼 "환상적인 물 계획" 수립을 요청받았다. 그는 곧바로 작업에 착수했다. 블라스의 아이디어는 수량이 풍부한 북쪽 지역에서 물이 그리 많지 않은 중부와 매우 메마른 남부 지역으로 물을 공급할 대규모 사회기반시설 건설 프로젝트를 개발하는 것이었다.

1939년 7월에 이르러 블라스는 자신의 수많은 물 관련 계획 초안 중 첫 번째를 완성했으며, 이스라엘 국가가 건립되고 모든 이민 제한 조치가 풀린 뒤에도 거의 20년 동안 이를 계속 수정해 왔다. 블라스의 최초 초안은 물에 관한 국가 종합 계획으로 진화했지만, 국가 대수로를 포함해 수십 년이 지난 후에야 비로소 파악된 모든 요소들은 이미 그 초안 속에 들어 있었다. 초안 이후에 더해진 모든 내용은 조언과 정교화, 실행에 관한 것이었다.

블라스는 국가의 물 자급자족을 향한 세 단계 접근 방식을 제안했다. 첫째는 네게브 사막 지하 깊은 곳까지 시추하면 많은 양의 물을 찾아낼 수 있다는 확신에 따른 계획이었다. 그의 계획은 이 물을 곧바로 개발해 활용하며 네게브 지역에 영농 정착지 30곳까지 세우는 것이었다. 두 번째로 블라스는 텔아비브 북동쪽의 야르콘강에서 물을 끌어올려, 주로 농업용수로 활용할 네게브 지역으로 보낼 것을 제안했다. 그리고는 아직 확정되지 않은 미래의 어느 시점에 국가 전체를 양분하며 주로 지하에 건설될 사회기반시설을 통해 북쪽에서 남쪽으로 물을 송수하려고 했다. 이것이 훗날 국가 대수로로 발전했다.

블라스의 계획이 '환상적인' 요소를 갖추려면 영국이 팔레스타인 국경을 넘어설 준비가 돼 있어야 했다. 아주 가까운 거리에 있던 당시 트랜스 요르단 지역에 속한 야르무크 강Yarmouk River과 레바논의 리타니 강

Litani River에서 엄청난 양의 물이 아무 쓸모도 없이 요르단강과 지중해로 각각 흘러나갔고, 이처럼 활용되지 못하는 물에 접근할 수만 있으면, 이 슈브 정착민과 고국으로 돌아오기를 간절히 바라는 수백만의 유럽계 유대인에게 필요한 모든 물을 얻을 수 있을 것으로 생각했기 때문이었다.

그로부터 두 달이 채 지나지 않아 독일이 폴란드를 침공하며 제2차 세계대전이 발발했다. 이 전쟁 때문에 이주가 더욱 어려워졌지만, 비자만 받을 수 있으면 언제라도 떠나기를 갈망하는 유대인들이 여전히 많았다. 벤구리온은 영국이 더 많은 난민을 수용할 수 있게 만들려고 끊임없이 노력했으며, 점점 진화하는 블라스의 계획도 이러한 이주민 확대 요청의 한 부분이었다.

블라스는 자신의 아이디어를 그 어느 때보다 세밀하게 발전시키며, 이스라엘의 영토 안이나 인근에 있는 모든 수원을 추적하고 수요가 있는 모든 곳에 물이 흐르게 만드는 통합 국가 시스템 구축 가능성을 제기했다. 1943년 수정 계획안에서 블라스는 요르단강 북쪽 상류와 갈릴리 호수의 물을 모으고 여기에 온 사방으로 흐르는 개천의 물을 더하고 임시로 사용하던 연안의 관정 시스템까지 포함시키는 방안을 세밀하게 제시했다. 강의 물줄기를 돌려 로스앤젤레스까지 담수를 흐르게 만든 콜로라도 강의 엄청난 토목공사를 모델로 삼아 블라스는 이런 수원들에서 나온 물을 필요에 따라 남부지방으로 보내며 당시 인구가 많지 않았던 네게브 지역에 흩어져 있는 모든 농가까지 이르게 하는 시스템 구축 계획을 수립했다.

더 나아가 블라스의 계획은 빗물을 가두어 모으고, 하수를 처리하고 재사용하는 방식을 통해 지역 내 강의 활력을 유지하는 동시에 처리된 하수를 농업 부문에 재사용할 가능성까지 고려하고, 대수층에 보다 정밀한 시추를 시행하는 방안까지 포함하고 있었다. 비록 시도하지는 못했지만, 불라스는 지중해에서 사해까지 운하를 건설해 물의 흐름을 전환시키고 낙차를 이용해 수력발전을 일으키는 계획까지 제시했다.

블라스의 몇몇 계획이 나온 후, 마법을 부리는 물의 요정이 갇혀 있던 병 속에서 밖으로 영원히 빠져나온 듯했다. 이제 이슈브 지도부의 모든 이들은 당시의 중동 지역이나 세계 대부분 지역에서 한 번도 본 적이 없었던 물 자원 관리에 대한 통합적이고 국가적인 시스템에 힘입어 시온주의 프로젝트가 발전될 수 있다는 사실을 깨달았다.

시온주의자들은 영국이 여전히 정치적 지배자로 남아 있었더라면 정치적 자치권을 얻지 못했을지 모른다. 또한 그렇게 거대한 프로젝트를 시작하는 데 필요한 자금을 확보하지 못할 수도 있었다. 심지어 자신들이 건국할 미래 국가의 국경이 어디에 그려질지조차 모를 수도 있었다. 하지만 블라스의 계획 덕분에 시온주의자들이 현대 국가 건설과 수백만의 새로운 이주자를 수용하는 데 필요한 물 관련 사회기반시설을 구축하는 일을 한 단계 더 발전시킬 수 있었다는 것은 분명한 사실이었다.

월터 클레이 로더밀크의 베스트셀러

심카 블라스만 이스라엘의 영토를 위한 물관리 계획을 생각한 것은 아니었다. 미국 토양과학자인 월터 클레이 로더밀크Walter Clay Lowdermilk는 1938년 유럽과 북아프리카, 팔레스타인 지역의 토양을 광범위하게 조사할 목적으로 미국 농무부에 의해 파견됐다. 프로젝트의 요점은 이처럼 오래된 문명 지역의 토양에서 미국의 토양 보존 노력에 적용할 교훈을 얻을 수 있는지 알아보는 것이었다.[6] 유럽에서 전쟁이 발발하기 6개월 이상

전이며 영국 정부의 백서가 발표되기 몇 달 전인 1939년 2월 로더밀크는
이스라엘의 영토에 도착했다.

　그곳에서 목격한 장면에 로더밀크는 깜짝 놀랐다. 언덕 위에 있는 고
대 대지와 표층은 대부분 수세기 동안 내버려 둔 탓에 침식되고 지중해로
씻겨 나가버렸다. 하지만 로더밀크는 시온주의자들의 토양 개척 노력에
다시 한번 '크게 놀랐다.' 24개국을 방문하는 여정의 거의 막바지에 이르
렀던 로더밀크는 이스라엘의 땅에서 진행되던 농업 복구 노력을 자신의
긴 여정 중에 본 "가장 훌륭한 것"으로 묘사했다. 그리고는 체류 기간을
늘려 농장 300군데와 이슈브 정착지, 변경 거주지를 방문했다. 이스라엘
의 땅 내에서만 2300마일(약 3,700km) 이상을 운전했고 트랜스 요르단 지
역에서도 '1000마일'가량 운전하며 돌아다녔다. 더 많은 것을 보면 볼수
록 로더밀크는 시온주의자의 사명에 더욱 더 매료됐다. 또한, 팔레스타인
으로 향하는 아랍 이주민들과 점점 더 번창하는 아랍인의 삶, 계속 줄어
드는 아랍인 영아 사망률을 보며 유대인 정착지가 아랍인과 유대인 모두
에게 긍정적인 효과를 불러온다고 판단했다.

　미국으로 돌아온 로더밀크는 이스라엘 자체의 이익을 위해 이스라엘
의 땅에 다시 활력을 불어넣고 이를 북아프리카와 중동 지역 전체의 농
업과 경제 발전을 위한 본보기로 활용할 기회가 있다는 사실에 고무됐다.
1944년 제2차세계대전이 종전으로 향할 즈음 미국의 한 주요 출판사가[7]
로더밀크의 저서《약속의 땅, 팔레스타인Palestine, Land of Promise》을 출간했
다. 11쇄를 거치며 베스트셀러에 오른 이 책은 〈뉴욕타임스〉에 실린 기사
와 〈뉴욕 헤럴드 트리뷴〉의 신간 소개란에 "팔레스타인에서 일어나는 기
적: 유대인들이 사막으로 뒤덮였던 땅의 생산력을 회복하다"[8] 라는 제목

으로 게재된 장문의 극찬 기사를 포함해 다수의 긍정적인 서평을 받았다.

로더밀크의 저서는 농업용 관수를 위한 물 공급을 통제하고, 표층을 원상회복시키며, 수력발전소를 건설하고, 제2성전시대 마지막 유대인 국가가 존재했던 2천 년 전에 나무가 우거졌던 땅에 다시 나무를 심으며 요르단강 계곡 주변을 따라 시행된 대규모 공공 개간 프로젝트의 타당성을 입증했다. 로더밀크는 이 모든 프로젝트가 실행되면서 이스라엘의 땅은 개발에 적합한 자연 자원을 확보하며 가까운 미래에 4백만에 달하는 유대인 난민을 수용할 수 있을 것으로 확신했다.

그 당시 더욱 중요했던 사실은 지리학적으로 볼 때 팔레스타인에는 인구 수용에 명확한 한계가 있다는 영국 정부 백서의 지배적인 주장을 로더밀크가 부정하며 영국에 큰 타격을 준 것이었다. 이와 관련해 그의 저서에 이렇게 쓰여 있다.

"모든 국가의 수용 역량은 역동적이며 확장하는 개념이다. 이는 거주 인구가 자신들의 땅을 최대한으로 활용하며 경제를 과학적이고 생산적인 기반에 올려놓을 수 있는 능력에 따라 변한다."

1939년 처음 방문했을 때 이미 로더밀크는 시온주의자들이 실행하고 있는 세밀한 물 관련 기술의 사례를 직접 목격했으며 이것이 무엇을 의미하는지 이해했다. 이 지역의 미래를 매우 낙관적으로 바라보며 로더밀크는 자신의 저서를 이렇게 끝맺었다.

"개간을 추진하는 힘과 유대인 정착민이 도입한 과정들이 지속될 수 있다면, 팔레스타인 지역은 근동 지역의 다른 국가들을 크게 변환시키는 누룩과 같은 역할을 할 것이다. 일단 이들 국가의 개발되지 않은 막대한 자원이 제대로 활용되면, 2천만에서 3천만에 이르는 사람들이 현재 몇백

만에 불과한 인구가 그저 근근이 살아가는 지역에서 제대로 된 풍성한 삶
을 살아갈 수 있을 것이다. 팔레스타인(유대인 정착 지역)은 근동 지역 전체
를 지금의 황량한 상태에서 자유세계의 고귀한 곳으로 향상시켜 줄 본보
기와 실제 사례와 수단으로 역할할 수 있다."

로더밀크는 미국 대공황 시기에 프랭클린 루스벨트 대통령이 빈곤에
시달리는 미국 내 광범위한 시골 지대에 전기와 물을 공급하기 위해 강
의 물길을 바꾼 프로젝트, 즉 테네시 강 유역 개발공사TVA: Tennessee Valley
Authority를 팔레스타인 지역에서 물을 활용할 수 있는 모델로 염두에 두고
있었다. TVA에 관해 이미 알고 있었던 벤구리온은 프로젝트의 범위와 대
담함에 크게 감명받았다. 로더밀크와 마찬가지로 벤구리온도 TVA 프로
젝트가 이스라엘의 땅에서 그대로 재현될 수 있을지 궁금해했다. 하지만
TVA에 영감을 받아 벤구리온이 간헐적으로 이끌던 대규모 물 관련 프로
젝트에 관한 논의는 영국 정부 백서의 제한조치로 말미암아 급물살을 탔
다. 로더밀크는 TVA 아이디어를 채택하는데 앞장섰으며, 그가 제시한 보
다 야심찬 계획이 블라스의 계획과 다른 점도 있었지만, 근본 요소들은
이미 입증된 사실이었다.

로더밀크가 이스라엘 땅의 물에 관한 생각에 영향을 미친 건 사실이
지만, 시온주의자의 노력을 바라보는 미국 정책 입안자들의 초기 생각에
더 큰 영향력을 발휘했을 수도 있다. 로더밀크의 저서가 모든 의회 멤버
들에게 주어졌기 때문이었다. 더욱 놀랄만한 일은《약속의 땅, 팔레스타
인》이 루스벨트 대통령이 생전에 읽었던 마지막 책일 수도 있다는 것이
다. 그가 사망했을 때, 이 책이 그의 책상 위에 펼쳐진 채로 놓여 있었다.

당연히 로더밀크는 이슈브에서 유명한 인사였으며, 이스라엘 국가가
건국된 후까지 이스라엘 공과대학 테크니온Technion에서 교수로 재직하다
그곳에서 은퇴했다. 로더밀크가 주창한 이스라엘 TVA 계획은 팔레스타
인 지역이 막대한 물 자원을 확보할 수 있다는 신념을 더욱 확고히 했으
며, 물이 있으면 대규모 인구가 유입될 수 있다는 시온주의자의 아이디어
를 확인해줬다.

벤구리온에게 매우 중요했던 황무지

현재의 관점에서 볼 때, 제2차세계대전 후의 영국은 대체로 힘이 다 빠지
고, 기가 꺾였으며, 파산 지경에 이르고, 식민지들을 벗어나며 2백 년에
걸친 대영제국시대를 마감하기를 갈망하는 것처럼 보였다. 일부 지역에
서는 이런 현상이 사실이었을지는 모르지만, 영국 외무부 장관 어니스트
베빈Ernest Bevin과 영국 안보기관의 입장에서 팔레스타인은 그런 지역에
속하지 않았다. 영국은 인도에서 건너오는 물품과 페르시아 만에서 수송
되는 원유의 안전한 통과를 위해 지중해 동부를 지키고 수에즈 운하를 보
호하는 데 관심이 있었기 때문에, 베빈 장관은 팔레스타인에 계속 머무르
기로 결심했다.

운하 외에도 영국은 양대 대전 사이의 기간 동안 이라크와 지중해를
잇는 송유관을 완성하며 하이파Haifa 항구를 지정학적, 전략적 중심지로
활용했다. 영국의 원유 수송선은 하이파에서 원유를 선적한 뒤 지중해를
거쳐 영국까지 단거리 수송을 하며 말 그대로 영국 경제 회생에 기름을
끼얹는 역할을 할 수 있었다. 팔레스타인을 지배한 지 거의 30년이 지난
후에도 영국 또는 베빈 장관은 팔레스타인에 최소한 50년 더 머무를 계

획을 수립하고 있었다.[9]

시온주의 지도부의 계획은 달랐다. 경제적, 정치적 압박으로 영국을 떠나게 만드는 것은 그들에게 시간문제일 뿐이었으며, 그 시점이 되면 새로운 유대인 국가의 국경을 놓고 군사적 혹은 정치적 충돌이 일어날 수 있었다.[10] 유대인 정착지 이슈브의 지도자들이 최대한의 논리적 근거를 확보하기 위해 할 수 있는 모든 일을 다 하는 한편, 벤구리온은 네게브 지역에 특별한 관심을 보였다. 그는 영국이 팔레스타인을 떠나는 날이 오면, 네게브 지역을 유대인이 확실히 장악하기 위해 필요한 일을 하기로 마음먹었다. 이 일이 실제로 일어나기 전에, 막 태동한 UN이 이스라엘 땅의 국경을 결정하는 과제를 맡을 수도 있었다.

대부분의 관찰자에게 네게브 지역은 인간이 거주하기에 힘든 황무지였다. 냉방 시설이 없던 시절에 많은 사람들이 살기에는 너무 더웠으며, 농사를 짓기에는 너무 건조했다. 더구나 물을 구할 수 있는 수원은 전혀 없는 것처럼 보였다. 하지만 벤구리온에게 네게브 지역은 몇 가지 매력이 있었다. 이 지역은 홍해상에 있는 항구를 제공함으로써 이스라엘이 고립되는 것을 막아 줄 수 있었다. 또한 시나이 반도를 통한 이집트의 침공에 대항할 수 있는 전략적 요충지로 활용될 수 있었다. 그리고 일단 물 문제가 해결되면, 아직 인구는 많지 않지만 성장 가능성이 높은 지역과 농업을 위한 땅을 제공해 줄 수 있었다.

벤구리온은 네게브 지역에 발판을 마련하지 않으면 UN이 네게브 관할권을 시온주의자들에게 절대 부여하지 않을 것이라고 확신하며, 네게브 사막 지역을 신생 유대인 국가에 부여하다는 UN 판무관의 권고를 정당화할 수 있는 근거를 시급히 확립해야 한다고 생각했다. 그리고 이를 통해 블라스 계획의 1단계, 즉 물을 찾기 위해 네게브 지하 깊은 곳을 시추하는 일을 시험해 볼 수 있을 것이다. 하지만 먼저, 시온주의자들이 네게브 사막 지역에 대한 유대인의 권리를 확립해야 했다.

샴페인 파이프라인

1946년 유대인의 속죄일인 욤 키푸르Yom Kippur 날 저녁, 시온주의 지도부는 유대인 이주와 정착지 건설에 대한 영국의 규제를 두고 영국과 끊임없이 벌이던 다툼 중 가장 대담한 사건 하나를 마무리했다. 이렇게 극적이고 영화에나 나올 법한 사건에서 물이 중요한 역할을 담당했다.

욤 키푸르는 유대력에서 특별한 날이다. 많은 이들에게 이날은 금식과 기도, 명상을 하는 날이다. 하지만 몇몇 다른 사람들에게 1946년의 욤 키푸르는 지금껏 한 번도 해보지 못한 방식으로 영국에 대항하기 위한 마지막 준비를 하는 날이었다. 성스러운 날이 마무리되며 어둠이 내리기 시작할 때, 열한 팀으로 구성된 수송대가 북부 네게브 지역에 걸쳐 있는 미리 지정된 장소들로 향했다. 어둠을 틈타 작업을 진행한 각 팀은 최소한 하나의 구조물을 설치하며 해가 뜨기 전에 반드시 각 구조물의 지붕이 완성될 수 있게 했다. 영국 법령에 따르면, 유대인은 팔레스타인에 새로운 농장이나 정착지를 지을 수 없었지만 빠져나갈 구멍이 있었다. 즉 영국이 팔레스타인을 정복하기 전에 발효되고 당시에도 여전히 유효했던 오스만 제국법은 안전상의 위험이 없는 한 지붕이 있는 구조물을 정부가 철거하지 못하게 했다.

다음 날 아침이 되자 네게브 북쪽 둘레를 따라 열한 개의 새로운 농장이 생겨났다. 욤 키푸르 휴일이라 영국군이 경계병을 배치하지 않은 탓인지, 영국의 간섭으로 설치가 중단된 곳은 하나도 없었다. 시온주의자들에게 운이 좋게도 그해 욤 키푸르는 토요일 밤에 끝났으며 영국군은 보통 토요일 저녁을 술로 지새우고 일요일 아침은 늦게까지 잠을 자며 보냈다. 덕분에 정착민들은 농장을 설치하는 첫 번째 목적을 달성했다.

하룻밤 사이에 일어난 이런 성공에도 불구하고 열한 개의 농장 모두는 한 가지 중요한 구성 요소가 부족했다. 바로 물이었다. 각 수송대는 급수 트럭과 함께 왔지만, 그것은 임시 해결 방안에 불과했다. 상당한 양의 물을 확보하지 못하면 이 농장들은 곧 메말라 버릴 상황이었다. 급수 트럭이 일상생활과 음식 준비, 위생 시설 등에는 충분할지 모르겠지만, 심어야 할 작물은 관수용 물이 없으면 오래 버티지 못한다.

심카 블라스는 열한 개 농장을 계획한 팀의 일원으로 참여하며 이 농장들이 지하수가 있을 가능성이 높은 곳이나 수원에 연결된 송수관이 닿을 수 있는 거리 내에 자리 잡을 수 있도록 도움을 줬다. 이제 이 농장들이 오래갈 수 있을지는 그에게 달려 있었다. 블라스가 제안한 세 단계 물 계획 중 첫 번째는 네게브 지역에 가능하면 상당한 깊이로 우물을 파서 지역 내 물 공급원을 찾는 일이었다. 블라스는 시추를 시작했고, 한 사막 농장이 자리 잡은 니르 암Nir Am에서 물이 발견됐다.

하지만 블라스에게 한 가지 문제가 있었다. 물을 옮길 장비가 필요했다. 그러나 제2차세계대전 탓에 금속 제품과 기계들이 턱없이 부족했으며 공업 제품 대부분은 전쟁 물자로 투입됐다. 이 때문에 이스라엘 땅에서 계획한 다수의 블라스 프로젝트는 펌프와 파이프 부족으로 차질을 빚으며 어려움을 겪었다. 전쟁이 끝난 뒤에도 미국 내 민간 부문의 수요와 전쟁으로 파괴된 유럽을 재건하려는 노력에 따른 수요가 끝이 안 보일 정도로 이어지면서 물자 부족사태는 계속됐다. 물을 끌어올려 열한 곳 농장에 보내야 할 필요성을 예상한 블라스는 예상치 못한 공급처에서 철강 파이프를 대량으로 구매하는 협약을 조용히 체결했다.

전쟁 기간 동안, 나치의 런던 공습으로 발생한 화재를 진압하는 데 도움을 줄 목적으로 특별한 파이프들이 매립되었다. 전쟁이 끝나고 나치의 위협이 사라지자, 런던에서 이처럼 중복된 또 하나의 물 시스템은 필요 없어졌다. 블라스는 이 모든 파이프를 구매하는 계약을 조용히 진행했다. 구매 비용은 막대했지만, 당시 고품질의 파이프는 구하기가 어려웠다. 이렇게 획득한 새로운 장비를 활용해 블라스는 사막에 있는 농장들을 니르암 수원에 연결할 수 있었다. 1935년 제즈렐 벨리에서 실행했던 프로젝트와 마찬가지로, 블라스는 시온주의 이상과 곧 건국될 국가의 물에 대한 접근 방식에 지속적으로 영향을 미칠 지역 물 시스템을 구축했다.

이는 역설적인 상황으로 가득한 사건이었다. 런던 시민들을 공포에 떨게 만들려는 히틀러의 노력을 방해할 목적으로 사용되다 버려진 영국 파이프가 이제는 유대인 정착지 건설을 좌절시키려는 영국의 노력을 약화시키는 역할을 한 것이었다. 이 파이프를 구매하는 데 투입된 막대한 비용 때문에 네게브 지역에 설치된 인프라는 값비싼 샴페인을 수송하는 데 쓰일 만큼 비싸다는 사실을 빗대 "샴페인 파이프라인"으로 불렸다. 시온주의자가 네게브 지역을 장악하고 있다는 사실을 확고히 해 주기만 한다면 어떠한 비용이라도 이슈브 지도자들에게 가치가 있었으며, 특히 벤구리온에게는 더욱 그랬다.

국가 대수로 건설 비용을 마련하다

벤구리온은 자신의 생각대로 나아갔다. 1947년 UN은 전문가 위원회를 팔레스타인에 파견해 영토를 어떻게 분할해야 할지 연구했다. 네게브 지역에 미미하나마 유대인 농민들이 정착했고 다른 국가들의 보다 강력한 주장이 없었기 때문에[11] UN 위원회는 사막 황무지를 아직 국명도 정하지 않은 유대인 국가에 수여한다고 판정했으며, 이로 인해 유대인 국가 영토의 절반 이상이 쓸모없고 사람이 거주하기 힘든 것처럼 보이는 땅으로 구성됐다. 영국도 UN 대표단에 증언하며 그 영역이 전쟁으로 집과 국가를 잃고 전쟁이 끝난 2년 후에도 당시 유럽의 난민 수용소에 머무르고 있던 수많은 홀로코스트 생존자를 부양할 수 없다는 자신들의 주장을 되풀이했다.

이슈브 지도부는 항상 자신의 자리를 지키고 있던 심카 블라스를 불러와 영국의 견해를 반박하게 했다. 블라스는 자신의 세 단계 계획을 제시하며, 1단계 계획이 니르 암에서 시추한 물을 네게브 지역에 있는 열한 곳의 농장에 어떻게 공급했는지 설명했다. 그리고 여전히 상상 속에만 머물러 있던 2단계(텔아비브 야르콘 강물을 네게브 지역으로 보내는 계획)와 3단계(물이 풍부한 북부 지역 물을 끌어다 물이 부족한 남부 지역으로 보낸다는 로빈 후드 스타일의 계획)에 대한 블라스의 자세한 설명이 UN 조사관들을 설득한 듯했다. 그 결과 조사관들은 영국이 주장한 내용을 인정하지 않고, 이스라엘의 땅에서 당시 사용 가능한 것으로 증명된 물의 양보다 세 배 더 많은 수원을 확보할 수 있다는 블라스의 예상을 수용했다.[12]

이스라엘은 1948년 5월 14일 건국을 선언했고, 아랍 6개국 군대는 신생국을 침공했다. 이 때문에 모든 국민들의 시간과 초점이 국가 안보에 집중되며 물 문제는 관심 밖으로 밀려났다. 1949년 상반기에 전투 중지와 휴전협정 체결이 이뤄진 후, 유럽에 있던 홀로코스트 생존자와 한때 고국이었던 아랍 국가에서 박해에 직면한 유대인들이 이스라엘로 몰려들기 시작했다.

1948년 이스라엘이 독립을 선언한 날, 전체 인구는 806,000명이었다. 그 후 3년 반 동안, 685,000명이 넘는 이주민이 새로운 국가에 도착했다.[13] 아마도 그 짧은 기간에 기존 인구 대비 이렇게 높은 비율의 인구를 흡수했던 국가는 어디에도 없었을 것이다. 거의 두 배로 늘어난 인구를 먹여살릴 식량을 생산하고, 이주자들에게 일자리를 제공하기 위해 국가 전체에 걸쳐 새로운 농장이 설립됐다. 일상생활에 필요한 물보다는 농업용수가 절대적으로 더 많이 필요했다.

블라스의 2단계와 3단계 계획은 여전히 상세한 개념에 불과했으며, 추후에 실행할 목적으로 만들어진 것이었다. 실행에 옮기기 전에 먼저 자금 조달 방안을 확보해야 했다. 안보에 대한 부담을 지속적으로 느끼며 여러 전선에서 전쟁을 치르며, 무일푼으로 유럽과 아랍 국가에서 여전히 밀려들어오는 유대인 난민을 수용하는 데 드는 복합 비용으로 말미암아 이스라엘은 심각한 부채에 빠져들었으며 식량 배급을 실시해야 할 정도였다. 그럼에도 벤구리온과 에슈콜은 물 관련 사회기반시설 구축에 착수하기를 열망했다.

벤구리온은 생존 난민의 재정착 비용과 나치에 의해 도난당하고 파괴된 유대인 자산 가치를 합쳐 전후 서독 정부가 수십억 달러를 이스라엘에 배상금으로 지급하겠다는 배상협정을 받아들였다. 그렇게 함으로써 폭동과 내전까지 일어날 가능성이 있었는데, 이는 이스라엘 내 많은 사람들은 피에 대한 대가로 생각되는 보상금을 받고 싶어 하지 않았기 때문이다. 한때 나치정권이 통치했었던 국가로부터 무엇인가를 받는다는 사실을 두 고 이스라엘 내부에서도 격렬한 논란이 있었지만, 벤구리온은 다시 한번 자신의 길을 나아갔다. 이스라엘 의회는 근소한 표차로 독일과 맺은 협정 을 비준했다. 이제 물 관련 인프라를 비롯한 여러 사회기반시설을 구축하 는 데 필요한 자금이 마련된 것이었다.

미국 영화협회 수장을 설득하다

독일이 1953년 초부터 배상금을 지급하기 시작했지만, 이스라엘은 여전 히 북부지방에서 남부지방 네게브로 이어지는 파이프라인 구축에 필요한 중요한 요소 하나가 부족했다. 바로 확실한 물 공급이었다. 블라스는 이 용 가능한 수량이 풍부하다고 확신했지만, 적대적인 이스라엘 인접 국가 들은 자신들의 국경에도 접해 있는 물을 이스라엘이 끌어가는 것에 대해 할 말이 많았다. 요르단강과 그 지류에서 누가 얼마만큼의 물을 가져갈 수 있는지 확정짓는 협약이 필요했다.

이스라엘과 주로 시리아 사이에서 벌어지며, 때로는 요르단과 레바논 까지 개입되는 일련의 군사적 충돌이 일어난 후, 드와이트 아이젠하워 미 국 대통령은 이런 적대적 관계를 미국이 개입할 기회로 활용하기로 마음 먹었다. 물 배분이 주요 이슈였지만 제2차세계대전의 연합군 최고 사령 관 출신인 아이젠하워는 광범위한 지정학적 개념에서 생각했다. 아이젠 하워의 가장 큰 관심사는 아랍과 이스라엘 사이의 긴장 관계를 당시 소비 에트 연방이 이 지역에 개입하는 방편으로 삼지 않도록 하는 것이었다.

아이젠하워는, 물 문제처럼 기술적이지만 생명 유지에 관련될 만큼

2. 국가 대수로 ●●● 61

중요한 이슈의 해결 방안을 협상하는 과정을 통해 아랍과 이스라엘 사이

중요한 이슈의 해결 방안을 협상하는 과정을 통해 아랍과 이스라엘 사이의 분쟁과 팔레스타인 난민 문제를 둘러싼 긴장이 완전히 사라지지는 않더라도 완화될 수 있기를 희망했다. 아이젠하워는 이와 같은 갈등 관계를 해소할 협상을 이끌 대표자로 외교관 대신, 미국 영화협회 회장이자 중견 공화당원으로 국제 개발 분야에 경험이 있는 에릭 존스턴Eric Johnston을 선택해 중동 지역 특임대사로 임명했다.

존스턴은 1953년 10월 요르단강의 물을 분할하는 계획을 안고 이스라엘에 도착했다. 그 계획이 이스라엘에 제시되는 순간, 이스라엘인들은 북부 지역에서 네게브로 물을 보낸다는 모든 꿈이 존스턴의 계획과 함께 사라진다는 것을 분명히 인식했다. 다른 모든 것들 중에서도, 존스턴이 제안한 계획에는 특별히 문제가 되는 두 가지 사항이 있었다. 첫째, 존스턴은 이스라엘이 당연히 받을 만하다고 믿었던 양보다 훨씬 적고, 네게브 지역이 새로운 농장과 농지로 활기를 띠기에는 턱없이 부족한 양의 요르단 강물을 이스라엘에 분배하려 했다. 둘째, 존스턴의 관점은 요르단강의 모든 물은 그 지역의 개발을 위해 요르단강 유역에 머물러야 한다는 것이었으며, 이는 아랍 국가들도 동의하는 내용이었다. 달리 말하면, 보다 많은 물을 그 지역에서 찾아내더라도 이스라엘은 그 물을 네게브 지역으로 보낼 수 없었다.

블라스는 존스턴을 여러 지역으로 안내하며 상황을 설명하고 조언하는 역할을 맡았다. 시간이 지나면서 존스턴은 이스라엘의 국가 대수로 프로젝트를 가로막을 수 있었던 자신의 두 가지 원칙 모두에 대한 입장을 바꿨다. 첫째, '지나친 낭비 없이' 사용 가능한 모든 물 자원을 활용하는 지혜와 '지역 내에서 성장할 수 있는 작물의 양이 바람직한 분배 방식을

결정하는 최고의 기준'임을 알게 됐다. 존스턴은 또한 이스라엘 농민과 과학자들이 이전에 보지 못했던 참신한 관수 기술과 작물 관리 기법과 함께 농업에 대한 새로운 접근 방식을 설명한 프레젠테이션에 더욱 흔들렸다. 사용되지 않은 물이 쓸데없이 바다로 흘러들어가 결국 낭비된다는 사실을 깨달은 존스턴은 이스라엘에 분배할 물의 양을 크게 늘려 이스라엘이 이를 생산적으로 활용할 수 있게 했다.

존스턴은 모든 아랍 국가의 물 분야 전문 관료들이 자신의 수정 계획을 각 관련 국가의 용도에 따라 요르단 강물을 공평하게 분배하는 기준으로 인정하게 만드는 데 성공했다. 아랍 국가 중 어느 누구도 이 타협안으로 손해를 보지 않았지만, 이스라엘에게는 승리였으며, 마침내 이스라엘의 가장 야심찬 물 관련 프로젝트에 파란불이 켜졌다.

심카 블라스의 비극

돌이켜 생각해 보면, 모든 대형 사회기반시설 프로젝트는 분명히 필요하거나 불가피한 것처럼 보인다. 비용과 희생, 실패의 위험은 최소화되거나 잊혀버린다. 하지만 이스라엘은 빈곤한 국가였으며, 여전히 수많은 이주민을 수용하는 동시에 취약한 국경을 적의 공격과 침략으로부터 방어해야 하는 부담을 벗어나느라 어려움을 겪고 있었다. 멀리 내다보며 현재 공급량으로 충당할 수 없는 물 수요를 인식하려면 용기가 필요했다. 선출직 관료 대부분은 이렇게 비용이 많이 들고 복잡하며 실패할 위험이 큰 결정을 미뤘지만, 이스라엘 지도자들은 이 도전을 받아들였다. 아마도 1939년 5월 영국 정부의 백서 발간 이후 국가 대수로가 국가적 인식의 일부로 자리 잡았기 때문이었을 것이다.

　심카 블라스의 2단계 프로젝트인 텔아비브 야르콘강에서 북부 네게브를 잇는 송수관은 1955년 7월 개통됐다. 미국계 유대인들이 이 프로젝트에 필요한 자금의 3분의 2를 기부했으며, 나머지는 이스라엘 정부가 발행한 채권으로 충당했다(이 채권도 대부분 미국계 유대인들이 구입했다). 새롭게 공급되는 물 덕분에 5만 에이커(약 20만 2천 제곱미터로 서울 여의도 면적의 약 24배-옮긴이)에 달하는 사막지대가 경작 가능한 토지로 변했다. 개통 기념식은 감사 기도와 이스라엘의 유명 극단 소속 가수와 무희들의 공연으로 진행됐다. 미국 내 17개 도시 대표단과 애브렐 해리만Averell Harriman 당시 뉴욕 주지사도 기념식에 참석했다.

　이와 거의 동시에, 3단계 계획인 국가 대수로의 설계 작업이 시작됐다. 국가 대수로는 북부 지역에서 남부 지역의 네게브로 물을 보낼 뿐만 아니라 2단계 계획을 통해 남부로 끌어오는 야르콘 강물을 합치기도 한다. 이를 위해서는 토목공학상의 독특한 과제를 극복해야 했다. 모래 해안을 따라 이어지며 설계와 건설이 비교적 수월했던 야르콘과 네게브 사이의 송수관과 달리, 국가 대수로는 암석 지대를 통과하는 거대한 지하 배관 시스템을 구축해서 적대국의 공격에 취약하지 않고 다른 모든 파이프라인들처럼 수십 년간 지속될 내구성을 갖출 수 있게 건설해야 했다.

　이스라엘은 흔히 미국에서 네 번째로 작은 뉴저지주 면적에 비교되는 작은 국가이지만, 매우 다양한 기후와 고도가 존재한다. 국가적 물 기반 시설은 해수면 높이뿐만 아니라 해수면보다 700피트 낮은 위치에 있는 갈릴리 호수와 해발 3천 피트에 육박하는 예루살렘에서도 완벽히 작동해야 했다. 또한 습하고 추운 겨울과 건조하고 이글거리는 사막지대에서도 아무런 문제가 없어야 했다.

이스라엘 국토 내 거의 모든 지역이 새로운 파이프와 펌프, 밸브 등이 매립될 곳을 만드는 엄청난 땅파기 작업을 견뎌내야 했다. 상당한 불편이 예상됐지만, 유대인이나 아랍인 할 것 없이 모든 이스라엘 국민은 얼마 지나지 않아 이 불편함의 대가로 오는 혜택을 경험할 수 있었다.

하지만 블라스의 입장에서 볼 때, 자신이 이루려던 평생 과업의 정점 이라 할 수 있는 이 프로젝트가 결국에는 그리스 비극의 한 장면처럼 끝이 났다. 1950년대 초 블라스는 이스라엘 새 정부의 물 관련 문제를 담당할 특별 대표로 역할하기 위해 기존의 수자원 공기업 메코로트를 떠났으며, 이 역할에서 블라스에게 가장 중요한 이슈는 아이젠하워가 파견한 대사 에릭 존스턴과 협상을 벌이는 것이었다. 이 일은 블라스가 모든 노력을 쏟아부어야 할 만큼 힘든 것이 아니었고, 블라스 자신도 국가 대수로 건설에 보다 많은 시간을 투입하고 싶었기 때문에, 블라스를 중심으로 물 관련 계획을 수립하는 정부 소유 공기업 타할TAHAL이 설립됐다. 이 공기업은 수자원 계획에 관한 수십 건의 연구를 진행하고 제안서를 만들어냈다.

오래전부터 블라스는 국가 대수로를 건설할 날이 오면 당연히 자신이 계획 수립과 건설 과정 모두를 지휘할 것으로 예상했었다. 그의 예상과 달리, 전체 과업을 분리한 뒤 건설 부문을 블라스와 레비 에슈콜이 1937년 함께 설립하고 근무했었던 메코로트에 맡긴다는 결정이 내려졌다. 블라스는 국가 대수로가 실제로 탄생하는 장면을 부분적으로만 바라볼 수 있는 곳에서 주요 역할을 맡는 대신, 정부 직책을 그만두고 집으로 돌아가 자신의 생각이 결국 옳았다고 인정하는 연락이 오기를 기다렸다. 하지만 연락은 오지 않았다. 벤구리온을 비롯한 여러 사람이 계획 수립 업무로 돌아오라고 블라스를 설득했지만, 블라스는 거절했다.

국가적 변혁

국가 대수로는 엄청난 비용이 들어간 복잡한 파이프라인보다 훨씬 더 큰 의미를 입증했다. 이스라엘의 새로운 시스템은 물에 대한 신뢰와 접근성, 품질을 급격히 개선했을 뿐만 아니라 신생 국가를 크게 고무시키는 역할을 했다. 인간을 달에 착륙시키는 일이든, 끔찍한 허리케인을 겪은 뒤 재건하는 일이든, 예상된 기간과 예산 내에 완료한 대규모 사회기반시설 프로젝트는 보다 많은 대중에게 시민으로서의 자부심을 가져다주며 국가 정체성을 향상시킨다. 또한 공동체가 직면한 다른 도전 과제들도 쉽게 극복하고, 국가를 하나로 통합할 수 있다는 인식을 널리 퍼지게 만든다. 100개국 이상에서 모여든 이주민으로 구성된 이스라엘의 경우, 국가 대수로는 그 이상의 일을 해냈다.

국가 대수로 파이프라인은 성장하는 국가에 적합한 대규모 공공사업 프로젝트이기도 했다. 1960년대 초 이 공사를 진행한 몇 년 동안 수천 명의 인원이 굴착과 용접, 배관 작업에 동원됐으며, 그 외에도 많은 사람들이 매일 새롭게 건설되는 물 시스템에서 일했다. 이 프로젝트의 규모와 비용을 인플레이션을 감안한 국민 1인당 기준으로 살펴보면, 건설 당시 '미국 역사상 비용이 가장 많이 들어간 공공사업 프로젝트'였던 파나마 운하 건설보다 이스라엘은 여섯 배나 더 많은 비용을 투입했다. 또한 국민 1인당 기준에서 볼 때, 이스라엘의 국민 대수로는 후버 댐이나 골든게이트 브리지와 같은 미국의 상징적 공공사업보다 훨씬 더 많은 비용이 들어갔다.

국가 대수로는 이스라엘이 시막지대에 활력을 불어넣겠다는 벤구리온의 약속이 네게브 사막에서 실현될 수 있게 만들었다. 대수로 네트워크 전체에 걸쳐 1천200억 갤런의 물을 공급할 수 있는 용량 덕분에 이제 남부 지역의 건조한 모래땅에서 많은 종류의 작물을 재배하는 데 사용할 물이 확보됐다. 거주할 집과 일자리가 필요했던 많은 이주민들은 네게브 지역에 새롭게 형성된 공동체로 건너가 농민으로 일하기 시작했다.

국가의 지도도 바뀌었다. 국가 대수로가 개통되기 전까지는 텔아비브에서 자동차로 얼마 떨어지지 않은 농업 도시 레호보트Rehovot 바로 남쪽에서 사막지대가 시작됐다. 새롭게 흐르는 물줄기 덕분에 작은 국가 이스라엘은 레호보트 남쪽 50마일, 또는 더 나아가 베르셰바Beersheaba(성경에서의 지명은 브엘세바-옮긴이) 남단까지 정착지를 넓힐 수 있었다. 현재 베르셰바는 역동적이고 활기찬 도시이며 네게브 지역의 주도이기도 하다. 국가 대수로가 없었더라면 이스라엘은 사막지대의 한계를 밀어내고 대규모 인구가 그곳에서 거주하는 모습을 볼 수 없었을 것이다.[14]

국가 대수로의 성공은 영국 관료와 경제학자들이 이스라엘 인구 성장의 한계를 두고 잘못 판단했다는 점을 분명히 증명했다. 이스라엘이 물을 확보하는 데 성공한 것이 모두 국가 대수로에서 비롯되지는 않았지만, 기후 조건을 지배하고 풍부한 물을 확보할 수 있게 만든 계획 수립과 기술에 대한 존중, 결단력, 위험 감수 성향은 국가 물관리 시스템을 계획하는 일에서부터 시작됐다. 인구가 훨씬 적을 때에도 간신히 먹고 살 정도였던 국가가 이제는 과일과 채소를 자급자족할 뿐만 아니라 재배하는 데 물이 많이 필요한 고품질 농산물을 매년 수십억 달러씩 수출하고 있다.

이 수출 중 가장 큰 부분을 차지하는 농산물은 이스라엘에서 새로운 강점으로 떠오른 사막 재배와 식물 과학, 품종 개량, 유전학 연구의 결과로 생산된 것이며, 국가 대수로 완성 이후 이스라엘은 현재 이 모든 분야의 과학적 연구를 선도하는 위치에 올라 있다. 사막지대에서 물 사용이 가능해진 덕분에 대다수가 이주자 출신인 이스라엘 과학자들은 이 지역을 활용할 수 있는 새로운 방식을 생각할 수 있었다. 벤구리온의 생각이 옳았던 것으로 증명됐다. 즉 쓸모없고 황량한 사막이 생산성이 대단히 높고 가치 있는 땅으로 입증된 것이었다.

환경 운동과 이에 따른 변화는 여전히 갈 길이 멀었지만, 북부지방의 물에 접근할 수 있는 능력은 해안을 따라 파놓은 우물의 부담을 덜어줬다. 우물은 겨울비를 활용해 다시 채울 수 있으며 염도가 적은 북부지방의 물을 연안에서 끌어올린 우물물에 섞어 보다 건강한 물로 만들 수 있었다. 궁극적으로는, 국가 전체의 통합 물관리 시스템 덕분에 야외 쓰레기 폐기장과 하수를 처리하는 수로 역할을 했던 강들이 여가와 자연을 즐기는 장소로 복원될 수 있었다.

1939년 블라스가 영국 정부의 백서에 대응하며 처음 세운 계획을 시작으로 물에 관한 생각은 지역이나 지방 차원의 문제를 넘어섰다. 그 이후로 블라스의 손 안에 있든, 그의 많은 후계자들이 관장하든, 물에 관한 계획 수립과 활용 문제는 국가 전체에 대한 견해를 바탕으로 했다. 이는 이스라엘의 정체성을 발전시키는 데에도 기여했다.

국가 대수로는 사회기반시설 프로젝트 이상의 의미가 있었다. 또한 국가의 이익이 그 어느 부분의 이익보다 더 중요하다는 사상을 구체적으로 형상화한 것이었다. 모든 사람이 함께 성장하는 형태였다. 이 사상이 모든 부분에 실제로 적용되지 않았다 하더라도, 분명히 물에 관해서는 이스라엘의 통치 철학으로 자리 잡아 지금까지도 남아 있다.

국가 대수로는 1964년 6월 10일 개통됐다. 보안상의 문제 때문에 10

여 년 전 아르콘과 네게브를 잇는 파이프라인 개통을 기념했던 것만큼 화려한 기념식은 없었다. 초청받은 인사들은 일련의 소규모 행사에만 참가했고, 이들 중 몇몇은 파이프라인의 각 부분을 작동시키는 데 기여한 공로로 상을 받았다. 국가 대수로 계획을 수립하는 부문에서 블라스의 후계자로 일한 아론 위너Aaron Wiener도 초청 인사들 중 한 명이었다.[15] 월터 클레이 로더밀크는 이스라엘을 특별히 방문한 기간 동안 별도로 대수로 시설을 둘러봤다. 심카 블라스가 초청받았거나 이 조촐한 행사에 참석했다는 기록은 없다.

03 | 국가 물 시스템 관리

한 국가의 물관리 방식을 보면 그 국가의 많은 것을 알 수 있다.

- 시몬 탈(이스라엘 물위원회 전 위원장)

국가 내에 있는 물의 소유권과 통제권을 중앙 집중화시킨 포괄적 물 관련 법안이 1959년 통과되고 국가 대수로가 완성된 후, 이스라엘의 국가 물 시스템 운영은 실질적인 실행 단계로 초점이 옮겨 갔다. 강력한 법적 토대와 국가 기반 시설도 모두 중요했지만, 이스라엘인들이 국가 물 시스템을 일반적으로 경험하는 곳은 일상에서 실제로 진행되는 통제 현장이었다.

이스라엘은 처음부터 뛰어난 자질을 갖춘 규제 담당관을 활용했다. 물관리뿐만 아니라 수자원 배분에도 관심을 보이는 이해 관계자가 많다는 사실을 감안할 때, 물 관련법이 제정된 이후 수십 년 동안 물관리에 대한 비리가 전혀 없었으며, 시민들은 물 규제 담당관에 대해 극도로 만족해 왔다는 것은 정말 놀라만한 일이다. 물론 물 규제 담당관의 보고를 받는 정치인들에게 시민들이 항상 만족한 것은 아니었다.

1959년 물 관련법 제정은 물위원회Water Council의 지원하에 국가의 물 관련 정책을 개발하고 실행할 막강한 권한의 위원장 지명으로 이어졌다. 하지만 위원장이 아무리 막강하고 정치와 무관할지 몰라도, 여전히 정부 요인, 즉 정치적 인사가 위원회를 실질적으로 감독하는 역할을 맡고 있었다. 물위원회가 농무부 장관의 감독과 통제를 받았기 때문이었다.

다른 모든 국가의 농업 상황과 마찬가지로 이스라엘에서도 농민이 물을 가장 많이 소비하는 계층이며, 이 때문에 물위원회가 농무부 관리 영역에 속하는 것이 적어도 초기에는 이치에 맞았다. 하지만 이스라엘이 현대 국가로 성장하며 선진 경제권으로 진입하면서 농업정책에 연계된 물 정책에 따라 물을 분배해야 한다는 편견을 갖는 것이 점점 더 논리에 맞지 않게 됐다. 물론 물이 농민들에게 특별한 관심사이기는 하지만, 단지 그들에게만 그런 것은 아니다.

많은 정부 각료는 일부 물 분배 방식을 놓고 권리를 주장하기 시작했다. 이에 따라 물위원회는 사회기반시설 관리부Ministry of Infrastructure의 행정 관리하로 편입됐지만, 다른 많은 각료가 자기 부서의 몫을 요구했다. 이 요구들 중 일부는 좋은 정책을 위한다는 이유에서 나왔지만, 관료주의에서 비롯된 교착 상태가 점점 더 심해지면서 정치적 목적 또는 서로 충돌하는 정책 목표로 인해 세력 다툼이 벌어졌다. 당시 이스라엘 국민의 이익만을 위한 물 정책을 수립한다는 1959년 물 관련법의 목적은 정치가들의 이익에 굴복해 버렸다.

물관리 방식의 각 부분을 요청하는 정부 내 여러 부서들을 점검해 보면 행정상 문제의 범위를 알 수 있다. 재무부는 농민이 지불하는 가격을 제외한 물 가격을 책정했으며, 농민의 가격은 농무부가 설정했다(가정용 물 가격을 결정하는 역할은 내무부가 담당했다). 하수 처리는 사회기반시설 관리부와 환경보호부가 관리했으며, 물의 품질과 안전성 기준은 보건부와 사회기반시설 관리부가 함께 설정했다. 내무부는 가정용 가격을 결정하는 일 외에 지방자치단체 사이의 물 배분 업무도 관리했다. 법무부는 물 관련 분쟁을 판결하는 일에 관여했고, 국방부는 웨스트뱅크의 수자원 보안에 관련된 일을 감독했다. 외무부는 요르단과 수자원 공유에 관한 협의창구로서의 역할을 했으며, 이스라엘 국회 크네셋 산하 재정위원회에도 감독권이 있었다.

예리한 관찰자 다비드 파르가먼트David Pargament는 이 상황을 두고 이렇게 말했다. "나무를 규제하겠다는 결정을 내렸는데, 한 정부 부처는 잎을 관리하고 다른 곳은 가지를, 그리고, 또 다른 부서들은 나무껍질, 몸통, 뿌리, 나무 그늘 등을 각각 관리하는 상황을 상상해 봅시다. 그것이 바로 당시 일어났던 일입니다."

2000년대 초가 되자 내각 부서와 장관들을 이처럼 얽히게 만든 매듭을 풀려는 압박이 심해졌다. 몇몇 정치 지도자는 사심 없는 행동을 보이며 정치인이나 막강한 기득권 세력의 이익이 아니라 명백히 국가의 이익을 위한 일에 변화를 추구하기로 결정했다.

2006년 높이 평가받는 의회 조사위원회가 시스템 변화를 촉구하는 보고서를 발표한 이후 1959년의 물 관련법은 개정됐다. 물위원회는 이스라엘 물관리청Water Authority으로 이름이 바뀌었으며 실질적인 권한이 주어졌다. 의사결정 과정에서 정치적 논리를 배제하면서 새롭게 자율권을 얻은 독립 관청은 유권자에게 점수를 따거나 단지 세력을 구축하려는 정치인들에 의해 기각당할 염려 없이 결정을 내릴 수 있었다.

물 절약의 가장 효과적인 동기, 가격

건국 초기부터 세심한 물 사용은 이스라엘인이 문명 시민으로서 생활하는 핵심 원칙이었다. 집이나 농장에서 이스라엘인은 물을 조심스럽게 사용하고 점적 관수drip irrigation처럼 물 사용에 더욱 주의를 기울일 수 있는 기술 개발에 나서는 자신들의 모습을 자랑스럽게 생각했다. 몇 해에 한 번씩 가뭄이 닥칠 때마다 물을 절약하기 위해 보다 많은 노력을 기울여야 한다는 아이디어를 수용했다. 하지만 얼마 지나지 않아 이스라엘인에게 물 절약을 더 강요할 수 없는 현실적인 한계에 부딪혔다. 그 결과 이스라엘 물관리청은 모든 시민들이 사용하는 물에 대해 실제 가격을 지불해야 할 것이라고 발표했다.

이와 같은 가격 인상은 절약만을 염두에 둔 것이 아니었다. 그런 이유보다 물관리청은 물에 관한 기존 사회기반시설과 신규 시설 모두에 최대한 투자하기를 원했다. 이와 관련해 시민들에게는 물 사용료를 지방자치단체나 다른 국가 예산의 수지를 맞추기 위해 전용하지 않고, 오직 국가의 물 수요와 관련된 곳에만 쓰겠다고 약속했다.

모든 납세자들은 가격 인상을 쉽게 받아들이지 못했다. 이스라엘 물관리청의 고위 관리는 "이곳 사람들은 물의 소중함을 인식하고 있지만, 물에 비용을 지불해야 한다는 것은 이해하지 못한다"며 말을 이어갔다. "그들은 하늘에서 내리는 빗물이 공짜라고 생각합니다. 맞습니다. 그 물은 공짜입니다. 하지만, 안전하고 신뢰할 수 있으며 항상 사용 가능한 물은 그저 생기는 것이 아니며 그럴 수도 없습니다. 각 가정에 깨끗한 물을 공급할 사회기반시설을 건설하는 일은 공짜로 이뤄지지 않으며, 어느 누구도 병에 걸리지 않도록 하수를 처리하는 것도 공짜가 아닙니다. 우리를 가뭄에서 견디게 만드는 담수화 시설도 공짜로 개발할 수는 없습니다."

물 가격이 인상되기 전, 물에 부과되는 가격은 주로 물을 각 가정에 공급하는 데 필요한 양수 비용을 반영한 것이었다. 심지어 농민들에게는 물을 보내는 데 필요한 비용 전부를 부과하지도 않았다. 물값 청구에 예외 사항을 두는 것은 흔한 일이었으며 정치인은 툭하면 주요 유권자 그룹이나 선호하는 프로젝트를 위한 보조금 조항을 신설했다.

물관리청 초대 청장을 지낸 유리 샤니Uri Shani 교수는 장관들에게 이렇게 말했다. "여러분이 농민이나 장애인에게 보조금을 지급하거나, 우방 국가들에 물을 공급하고 싶어 하는 것은 괜찮습니다. 원하는 만큼 할인하거나 나눠 주세요. 하지만 여러분이 무엇을 취하고 나눠 주더라도, 정부는 여러분이 사용한 물 비용을 물관리 공기업에 보상해야 합니다." 샤니 교수는 장관들에게 무상이나 할인된 가격 또는 보조금으로 공급하는 물은 더 이상 없다고 말하며 이렇게 덧붙였다. "모든 사람에게 동일한 규정이 적용될 것입니다. 모든 사람이 물 값을 지불하게 됩니다."

전체적으로 가정용 물 가격은 40% 인상됐다. 일반 국민들은 크게 경악했으며, 논리적으로 보더라도 그럴 수밖에 없었다. 각 가정에 공급되는 물에 뚜렷한 변화는 없었다. 모든 사람이 이전과 다를 바 없는 서비스에 더 많은 값을 지불하는 셈이었다. 도로를 고치는 일처럼 사회기반시설에 투입하는 비용이 항상 정부의 몫이었다면, 이런 논리가 물에 관해서만 바뀌어야 할 분명한 이유는 없었다.

급등한 가격이 적용된 때와 거의 비슷한 시기에 물관리청은 물과 하수 처리에 관한 모든 관리권을 지방자치단체 정부에서 박탈한 뒤 어느 정파에도 속하지 않는 새로운 물관리 공익기업을 각 지방에 설립했다. 물과 하수 처리에서 거둬들이는 모든 사용료는 새로운 공익 기업에 귀속됐으며, 이 때문에 각 지방자치단체장은 자신들이 오랫동안 원하는 대로 아무런 제한 없이 사용할 수 있었던 자금을 잃고 몹시 분노했다. 이들은 지방자치 예산이 부족할 때면 언제나 물 사용료 수입으로 예산 부족분을 메꿔왔다. 보다 긴급히 우선 처리해야 할 사항들은 주민과 유권자의 주목을 받는 반면, 송수관 수리는 쉽게 연기할 수 있었기 때문이었다.[1]

물관리청은 지방에 새롭게 설립한 물관리 공기업 55개가 누수를 수리하고 서비스를 개선하며 신규 기술 탄생의 인큐베이터로 역할하고 물 사용과 비용을 절감할 방안을 생각하는 데 집중해 주기를 바랐다. 이제 모든 물 사용료 수입은 물 관련 국가 사회기반시설을 구축하는 데 필요한 자금을 마련하는 동시에 이런 목표를 달성하는 데 투입될 예정이었다.

이제까지 지방자치단체장들은 물 관련 수입 중 사용하지 않은 부분을 다른 프로젝트에 유용하며 물에 관한 문제를 해결하는 데에는 최소한의 비용만 사용하는 부당한 혜택을 누려왔지만, 새로운 물관리 공기업은 이 모든 수입을 물 프로젝트에 사용해야 하며 그렇지 않을 경우 물관리청에서 벌금을 부과받았다. 이전에 누수 현상은 대부분 세상에서 흔히 일어나는 일로 취급받았으며, 종종 비상사태가 눈앞에 닥칠 때까지 내버려 두곤 했다. 이런 문제로 도로를 파헤치는 공사는 지방자치단체장의 인기를 떨어뜨리는 반면, 누수 때문에 생긴 물 손실에는 아무런 제재가 따르지 않았다. 하지만 새롭게 설립한 물관리 공기업은 누수 현상을 줄이는 목표를 달성하지 못하면 물관리청에서 처벌을 받는다. 이제 지방자치단체장이 자신이 관리하는 도시의 공원에 매일 저녁 물을 주고 싶으면 그렇게 할 수는 있지만, 지방자치 예산으로 물 사용료를 지불해야 한다. 공공 공원의 경우라도 더 이상 '공짜'로 물을 사용할 수는 없게 됐다.

새로운 시스템하에서 높은 가격을 지불하는 계층이 가구주들만은 아니었다. 농민들도 보다 높은 가격이 부과된다는 통보를 받았다. 작물 교체에 오랜 시간이 걸리고 급격한 가격 인상으로 겪게 될 고통을 감안해 단계적으로 가격을 인상하는 일정을 놓고 농민들과 협상이 이뤄졌다. 불만족스럽기는 농민들도 마찬가지였지만, 실제 가격을 지불하기만 하면 앞으로 물을 충분히 공급하겠다는 물관리청의 약속으로 위안을 삼았다. 예전에 가뭄이 닥치면 농민들은 물 배당이 줄어드는 상황을 목격했지만, 이제는 자신들이 원하는 모든 수량을 구매할 수 있다는 확답을 받았다.

실제 가격 도입에 따라 농민과 일반 가정에서는 곧바로 사용량이 줄어드는 효과가 발생했다. 배급 제도나 물 공급 제한 없이 실제 가격 부과만으로도 가정용 물 소비자의 사용량은 16% 줄어들었다. 농민들에게도 새로운 작물로 전환하는 시간을 주기 위해 몇 년에 걸쳐 단계적으로 가격을 인상하는 일정이 필요하지 않았다. 그들은 가격 인상 일정이 발표된 후 첫 재배 시즌에 이미 물 사용 형태를 바꾸기 시작했다.

물위원회 위원장을 역임한 시몬 탈은 이렇게 말한다.

"새로운 가격 구조를 도입하기 전 몇 년 동안 우리는 지역별로 극심한 가뭄을 겪었습니다. 물위원회는 모든 사람이 물을 절약해야 하는 이유를 주제로 매우 공격적인 소비자 교육을 지속적으로 실시했습니다. 교육은 대성공이었습니다. 소비자의 물 소비량은 8% 감소했습니다. 그러고 나서 우리는 가격을 물 절약의 동기로 활용했습니다. 그야말로 하룻밤 사이에 소비자들은 몇 년간에 걸쳐 실시한 교육 덕분에 절약했던 물의 양보다 거의 두 배 많은 물을 절약하는 방법을 찾아냈습니다. 결국 가격이 가장 효과적인 동기였습니다."

혁신의 실험실 역할을 한 도시들

각 지방에 설립된 물 관련 공기업은 이스라엘 도시와 마을의 물 절약에서 기존 단체장보다 훨씬 나은 관리자로 판명됐다. 물과 하수 처리에 대한 통제권이 단체장에게서 벗어나자 지역 내 누수 현상과 용도를 알 수 없는 물 사용을 줄이려는 중대한 목표 하나가 생겨났다. 물관리청은 사회기반시설에 더 많은 투자를 하고 혁신에 보다 크게 집중하지 않는 한 기존 송수관의 누수 현상을 막을 수 없다는 사실을 확신했다. 일부 세계 유명 도시들이 40% 이상의 물을 누수로 손실을 입는다는 사실을 감안하면,[2] 2006년 이스라엘이 약 16%를 누수 현상으로 잃었다는 것은 이스라엘 물관리청에 큰 문제는 아니었다. 하지만 물관리청의 관점에서는 이마저도 수용하기 힘든 높은 수준이었다.

물관리청 소속 담수화 전문가인 아브라함 테네Abraham Tenne는 이렇게 말한다. "우리는 신규 담수화 시설 한 곳에 4억 달러 이상을 투자합니다. 국가 전체의 물 손실을 단 몇 퍼센트 포인트만이라도 줄일 수 있으면, 이렇게 절약한 물의 양은 신규 담수화 시설이 생산할 양과 맞먹습니다."

물을 절약하겠다는 굳은 마음가짐으로 물 절약을 시작하더라도 사람들은 자신에게 주어진 동기에 따라 반응한다. 언제든지 지금보다 더 잘할 수 있다는 뜻이다.

2013년까지 지방자치단체의 물 손실 비율은 11% 이하로 떨어졌으며, 이전에 매년 손실되던 양 중 거의 90억 갤런을 절약한 것이었다. 이와 같은 성공에 용기를 얻은 물관리청은 누수로 인한 손실을 7%로 낮추겠다는 새로운 목표를 설정했다. 또한 각 지방의 물관리 공기업도 이런 성공에 힘입어 물관리청이 기대하는 기업가 정신을 채택하기로 결정했다.

공익기업은 위험 부담이 높은 일이나 최첨단 혁신을 거의 하지 않는 곳으로 알려져 있다. 이스라엘 물관리청은 이런 문화를 바꾸고 이스라엘 도시들을 물에 관한 새로운 아이디어를 가늠하는 실험실로 활용하고 싶어 했다. 이를 위해 다른 첨단기업들처럼 발명가를 초빙해 새로운 개념을 제시하게 했다.

최근까지 니르 바레브Nir Barlev는 새롭게 설립된 지방 물관리 공기업의 하나인 라아나나 워터 코퍼레이션Ra'anana Water Corporation의 최고 경영자였다. 그는 첫 직장이 오페라단이었을 만큼 성량이 풍부한 굵은 목소리를 지니고 있었다. 이후 환경과학을 공부한 뒤에는 오페라에서 하수 처리로 무대를 옮겼고, 결국 지방 물관리 공기업의 가장 존경받는 경영자 중한 명이 됐다. 일을 하며 매우 만족스러웠던 것 중 하나는 텔아비브에서 그리 멀지 않은 베드타운인 라아나나 시민들이 물 사용량을 줄이는 데 참여하는 방식이었다. 이를 두고 바레브는 이렇게 말한다.

"지방 공원에 물을 주는 것은 우리 공기업이 할 일은 아니었습니다. 여전히 지방 정부가 해야 할 일이었습니다. 하지만, 어느 공원의 스프링클러가 쓸데없이 도로에 물을 뿌리면 시민들, 아니 많은 시민들이 우리에게 연락해 이를 알렸습니다. 그리고 도시의 어느 곳에서 누수 현상이 생기면 누수로 인한 물웅덩이가 미처 생기기도 전에 우리는 '수천 통'의 전화를 받았습니다."

인구가 7만 5천이 조금 넘는 도시에서 "수천 통"에 이르는 항의 전화
가 있었다는 말은 비유적 표현의 하나로 쓴 것이지만, 이를 보면 물 손실
을 막는 일에 시민들이 참여하는 정도를 알 수 있다. 라아나나에서 개인
잔디밭에 물을 주는 경우는 줄어들고 있으며 소량의 물을 사용하거나 물
이 아예 필요 없도록 개인 주택 정원을 리모델링하는 사람들은 늘고 있
다. 예전 시스템에서는 공공건물과 도시 공원이 물 사용료를 지불할 필요
가 없었지만, 지금은 지불해야 한다. 당연한 결과이지만, 공공 부문과 민
간 분야의 물 사용량이 크게 줄었으며, 이 한 도시에서만 전체적으로 거
의 30% 감소했다.

바레브는 시민들의 참여 외에 정부 프로그램 덕분에 가능해진 보다
향상된 기술 활용도 높이 평가한다. 잠재적 영향력이 큰 신기술을 사용하
는 공공기업에는 비용의 70%까지 보전하는 보조금이 지급된다. "세계 물
부족 위기는 우리가 보유한 물을 보다 현명하게 사용해야만 해결될 수 있
다"며 바레브는 이렇게 덧붙인다. "이스라엘 기술 기업들은 컴퓨터와 모
바일 폰, 의료 서비스 등을 비롯한 여러 분야에서 세상을 변화시켰습니
다. 그런 의미로 볼 때, 물 분야에서 그렇게 하지 못할 이유는 없습니다."

바레브가 공기업에 재직하며 채택한 주요 혁신 한 가지는 라아나나
시 전체에서 보편적으로 사용된 원격 검침DMR: Distant Meter Reading 기술이
다. 바레브의 설명에 따르면 이 기술은 각 가정의 수도 계량기에 연결된
가구주의 휴대전화로 4시간마다 물 사용량을 알려준다.

바레브는 "물론, 계량기 검침원이 각 가정을 방문할 필요가 없기 때문
에 우리는 그 비용을 절감했지만, 이 기술의 진정한 가치는 수신된 데이
터에 있었다"고 말한다. IBM과 이스라엘 기술기업 밀텔Miltel이 설립한 조

인트 벤처와 협업을 통해 DMR은 라아나나 지역의 수도 계량기 2만 7천 개에서 습득한 '소비 특징'을 활용한다. 이 시스템은 신용카드 회사가 신용카드 부정 사용을 알아내기 위해 사용하는 방식과 동일한 분석 기법을 사용한다. 즉 가정이나 기업체, 관공서 또는 농장이 평소 사용량 수준을 급격히 벗어나면, 지방 공기업은 누수 때문에 그럴 수도 있다고 생각한다. 바레브는 이렇게 설명한다.

"매년 일반 가정이나 기업체 다섯 곳 중 거의 한 곳에서 물 사용과 관련해 의심스런 행동이 발생합니다. 대부분 누군가가 보일러에 물을 가득 채우고 있을 때와 같은 경우에 생기는 일로 아무런 문제가 없습니다만, 만약 누수 때문에 발생했다면 우리는 누수 현장에 있는 사람보다 거의 항상 그 사실을 먼저 알 수 있었습니다."

이처럼 신속한 대응이 여전히 이뤄지고 있는 덕분에 누수 현상은 물 사용료 고지서가 어처구니없이 높게 나올 때까지 몇 달 동안 감지되지 못하고 지나갈 수는 없다. 때로는 누수 현상이 일어난 뒤 단 몇 시간 만에 감지되는 경우도 있다. 바레브는 이렇게 평가한다. "소비자는 우리가 엄청난 물 사용료 고지서에서 그들을 벗어나게 해 준 데 대해 감사하게 생각하며, 시 정부는 누수로 인한 물 손실을 더욱 줄일 수 있습니다." 누수에 의한 물 손실률의 전국 평균이 이미 11%로 낮아졌지만, 라아나나 시는 그 손실률이 6%에 불과하다.

라아나나가 지방 물관리 공기업 55개 중에서 DMR을 처음으로 사용했지만, 지금은 몇몇 다른 곳에서도 사용하기 시작했다. 바레브는 이를 두고 이렇게 말한다. "나는 10년 내에 이스라엘의 거의 모든 사람이 DMR을 사용하고, 20년 내에는 전 세계에서 보편적으로 사용할 것이라고 분명하게 예측할 수 있습니다."

라아나나가 비교적 최근에 설치된 송수관을 갖춘 상당히 젊은 도시에 속한다면, 예루살렘은 아주 오래된 역사를 지닌 도시로 물 시스템만 하더라도 수백 년 전에 만들어진 곳이다. 실제로 이곳에 있는 물관리 공기업은 고대 예루살렘이 2700년 전 기혼 샘Gihon Spring에 이르는 지하 터널을 만들어 적군의 포위 공격에 대비한 것을 의미하는 하기혼Hagihon이라는 이름으로 불린다.

하기혼은 1996년 시범 프로젝트로 시작했으며, 다른 자치단체들보다 이렇게 앞서 출발하며 유리한 위치를 차지한 것이 복잡하고 정교한 서비스를 운영할 수 있는 이유일지도 모르겠다. 이스라엘의 가장 큰 도시 예루살렘과 그 주변 지역을 관할하는 대규모 시스템의 모든 송수관에는 특성과 누수 이력이 적힌 ID 카드가 부착돼 있다. 예루살렘 하수관 내부는 미처리 하수가 땅 위로 새어나올 수 있는 틈새가 있는지 확인하기 위해 원격 조종이 가능한 로봇 카메라로 점검받는다. 송수관과 하수관은 문제가 생기기 훨씬 전에 교체되며, 이는 물관리청이 현재 충분한 자금을 지원받는 모든 물관리 공기업이 시행해 주기를 바라는 방식이다. 예루살렘 물관리 시스템의 많은 부분이 건국 전에 만들어졌고, 심지어 오스만제국 시절까지 거슬러 올라가는 것도 있지만, 이스라엘 수도 예루살렘 전체의 평균 누수율은 13% 밖에 안 되며, 이 도시 내 현대식 지역은 6%에 불과하다.

하기혼의 조하르 이논Zohar Yinon CEO는 예루살렘의 물관리보다 더 큰 임무를 맡을 준비가 돼 있으며, 이미 예루살렘 근교를 관장하고 있다. 하지만 그가 원하는 것은 보다 넓은 지리적 공간만이 아니다. 자신이 이끄는 공공기업이 물관리청의 희망대로 혁신을 위한 특별한 실험실로 역할하기를 원한다.

이논은 이를 두고 이렇게 말한다.

"나는 이곳에서 모든 종류의 혁신을 시도해 보기를 원할 뿐만 아니라 이스라엘 혁신가들이 자신의 아이디어에 대한 베타 테스트, 즉 최종적으로 시험해 보는 곳으로 우리를 활용하기를 바랍니다. 이 도시에는 사막부터 고도 800m에 이르는 산악지대까지 모든 종류의 환경이 있습니다. 고대 물관리 시스템과 현대식 시스템이 나란히 펼쳐져 있는 곳이기도 합니다. 오래전에 조성된 묘지일 수도 있는 곳을 우리가 파헤치는 것을 원하지 않는 종교 공동체가 있으며, 탐사 예정 지역을 보존하기 위해 송수관 경로 변경을 요구하는 고고학자들도 있습니다. 하지만 우리는 여기에 거주하는 모든 이들의 수요에 맞춰 고품질의 물을 공급해야 합니다. 물에 관한 새로운 아이디어를 개발하는 기업에 도움을 줄 수 있으면, 나로서도 좋고, 그 기업에도 좋으며, 이스라엘 전체에도 좋은 일입니다. 그리고 그 기업들이 자신의 혁신 아이디어를 다른 국가에 적용하면, 전 세계에도 도움을 주는 좋은 일입니다."

Part 2

대변혁

0 4 | 농장에서 일어난 혁명

30대 중반의 어느 날, 나는 우연히 아브라함 조우스키의 집
담장 근처를 지나다가 담장을 따라 늘어선 나무들 중
다른 어느 것보다 키가 큰 높이 10m 정도의 나무를 봤다.

‒ 심카 블라스

나이 59세에 자신의 모습을 재창조하며 첫 번째만큼이나 중요한 두 번째 직업을 만들어 내는 사람은 그리 많지 않다. 이스라엘에서 '워터 맨'으로 통하는 심카 블라스가 그런 이들 중 한 명이었다.

잘못된 판단일지도 모르지만, 이스라엘 국가 대수로를 계획하고 건설하는 프로젝트에서 자신의 원칙에 따라 물러난 블라스는 20년 이상 이스라엘 물 분야에서 가장 중요한 인물이었던 위치에서 조간신문을 통해 국가의 물 관련 개발상황을 체크하는 평범한 시민으로 전락했다. 스스로 반은퇴 상태로 거의 모든 시간을 보내며 몇 년을 지낸 뒤인 1959년, 블라스는 25년 이상 지난 예전에 처음으로 떠올랐던 아이디어를 다시 생각했다.

우물 파는 일을 감독하기 위해 한 농장을 방문했을 때, 당시 젊은 물 엔지니어였던 블라스는 담장을 따라 심어져 있는 나무들 사이에서 다른 나무에 비해 유난히 키가 큰 특이한 나무 하나를 목격했다. 나무들은 모두 한 종류였으며 같은 시기에 심어진 것으로 보였고, 동일한 토양과 햇빛, 기후, 강우량에서 자란 것들이었다. 블라스는 같은 무리 속에서 한 나무만 그렇게 높이 자라난 이유가 무엇일지 궁금했다.

나무 주위를 둘러보던 블라스는 나무 밑동 근처에 있는 관수용 금속 파이프에 생긴 작은 구멍 하나를 발견했다. 이 구멍을 통해 지속적으로 떨어지는 소량의 물방울이 뿌리로 흘러들어가 나무를 그 정도로 크게 자라게 한 이유일지 의심스러웠다. 그 나무의 모습은 블라스의 머릿속에 계속 남아 있었다. 몇 년이 지난 뒤 블라스는 이 모습을 떠올리며 이렇게 썼다. "나는 다른 식물들 일로 바빠졌습니다. 하지만 거대한 나무로 자라게 만든 물방울에 대한 생각에서 벗어날 수 없었습니다. 그 생각은 나를 계속 사로잡았고, 마음속 깊은 곳에 잠들어 있었습니다." 그로부터 수십 년이 지나고 자신의 삶이 혼란에 빠지며 새로운 프로젝트가 필요하게 되자 블라스는 크게 자란 그 나무가 별종인지 아니면 나무와 작물에 물을 공급하는 완전히 새로운 방식을 향한 선도자 역할을 할지 탐구해 보기로 결정했다.

원칙적으로 말하면, 작물과 과일나무는 관수 시설이 전혀 없어도 성장할 수 있다. 계절별로 예측 가능한 일정량의 비가 내리면 인공적으로 만든 관수 시설이 필요하지 않다. 하지만 작물이 자라는 곳이 비가 내리지 않는 곳일 때가 종종 있다. 비가 적당히 내린다고 하더라도 잘못된 시기에 내리거나 강우량이 항상 일정하지 않은 경우도 있다. 부족한 강우량이 농민의 계획을 망칠 가능성이 있을 때마다 농민은 호수와 강, 저수지, 대수층에서 끌어온 물을 작물에 공급하는 관수 시설을 통해 강우량을 보충해야 한다.

블라스가 탐구를 시작했을 당시에 가장 흔한 관수 형태는 경작지 전체에 물을 채우는 담수湛水, flood irrigation 방식이었다. 경작지와 고랑은 물에 잠기며, 과수원의 경우에는 나무 밑동 주위에 참호를 판 뒤 그 참호에 물을 가득 채운다.

담수 방식은 이집트의 나일강이나 고대 이라크의 티그리스-유프라테스 강 수계에서 나온 물을 중력을 활용한 수로로 물길을 바꿔 광대한 토지에 공급하는 문명이 중동 지역에서 태동했을 때부터 효과적으로 사용돼 왔다.[1] 현재 전 세계에서 담수 방식은 여전히 폭넓게 사용되고 있으며, 심지어 물이 풍부하지 않은 지역의 농장에서도 사용한다. 담수 방식의 낭비성은 수원에서 멀리 떨어져 있는 지역에서 특히 더 확연히 드러난다. 이런 곳에서는 물을 작물까지 끌어오는 데 엄청난 노력과 비용이 들고, 그럼에도 담수 방식에 사용된 물의 대부분은 뿌리에 흡수되기 전에 증발하거나 아무런 쓸모없이 토양 속으로 스며들어가 버린다. 일반적으로 담수 방식에 사용한 물의 50% 이상은 버려진다.

블라스가 실험을 시작한 1950년대 말 무렵 이스라엘은 반건조 지역인데도 담수 방식이 흔히 사용하는 관수 형태였다. 당시 농업용수는 이스라엘 전체 물 사용량의 70% 이상을 차지했으며,[2] 이는 지금도 대부분 국가에서 여전히 일반적인 현상이다. 블라스는 보다 현명한 관수 방식으로 농업용수를 단 몇 퍼센트 포인트만 절감하면, 더 많은 식량을 생산하거나 절약한 물을 빠르게 늘어나는 인구에 대비해 가정용수로 사용할 수 있을 것으로 생각했다.

당시 담수 방식에 대한 대안이었던 다양한 형태의 스프링클러 관수 방식도 비슷한 문제를 안고 있었다. 잔디에 물을 주는 스프링클러가 작동하는 모습을 본 사람은 누구라도 많은 양의 물이 길옆 인도나 물을 주려던 곳에서 멀리 떨어진 곳에 뿌려진다는 사실을 알 수 있다. 잔잔한 바람이 불거나 스프레이 노즐의 방향이 완벽하지 않을 경우에는 특히 더 그렇다. 물을 너무 많이 뿌린 부분이 생기는 한편, 충분히 뿌리지 못한 부분도 있다. 경작지에서도 비슷한 상황이 발생한다. 게다가 비행기를 이용한 공중 살수는 너무 높은 곳에서 이뤄지기 때문에 많은 양의 물이 지면에 닿기도 전에 증발해 버린다. 전문가들은 전체적으로 볼 때 스프링클러 관수 방식으로 공급한 물의 약 3분의 1이 낭비되는 것으로 추정한다.

작물에 물을 한 방울씩 공급하는 관수 방식은 증발로 손실되는 물을 줄이며 작물의 뿌리에 직접 필요한 물을 공급해 준다. 이 방식으로 절약하는 물의 양은 상당하다. 증발하거나 쓸데없이 토양으로 스며들어 낭비되는 물이 고작 4%에 불과하다.

이렇게 한 방울씩 떨어뜨리며 물을 공급하는 점적 관수drip irrigation 아이디어는 간단해 보이지만, 일상적인 사례를 보면 왜 이 방식이 엄청나게 복잡한 공학적 도전인지 알 수 있다. 가정에서 식물을 창턱에 두고 키울 때, 사람들은 보통 담수 방식이나 스프링클러 방식과 비슷한 형태로 물을 공급한다. 물뿌리개로 많은 양의 물을 화분에 붓는 형태는 담수 방식과 흡사하다. 이렇게 준 물의 대부분은 증발하거나 화분 바닥을 통해 빠져나간다. 분무 용기의 노즐을 식물의 잎이나 뿌리를 향하게 해서 물을 주는 것은 스프링클러 방식과 같은 형태다. 버려지는 물의 양이 다른 방식보다 적기는 하지만, 그래도 여전히 많은 양이 낭비된다.

그런데 창턱 위 식물에 점적 관수 방식을 흉내 내 물을 주려면, 누군가가 화분 곁에 서서 눈에 안약을 넣을 때 사용하는 점안기로 식물의 뿌리에 물을 한 방울씩 떨어뜨려야 한다. 하지만 이런 형태로는 점적 관수의 복잡성을 정확히 담아낼 수 없다. 점적 관수는 대부분 뿌리 근처의 토양에 점적기dripper를 묻어 지표면 아래에서 이뤄지기 때문이다. 점적 관수 방식을 화분에 제대로 구현하려면 점적기를 대신할 점안기를 토양 표면에서 몇 인치 정도 아래에 묻어야 한다. 하지만 그러고 나서도 땅속에 묻은 점적기가 흙으로 막히거나 뿌리가 점적기 속으로 자라나는 문제가 생길 수 있으며, 이 문제는 블라스가 실제 경작지에서 시도한 최초 실험에서도 발생해 프로젝트를 시작부터 거의 망칠 뻔했다.

블라스가 직면한 도전 과제들을 이해하려면, 창턱에 놓인 식물 하나가 아니라 한 줄에 수백 개의 식물이 심어져 있는 긴 줄이 경작지에 많이 늘어서 있고 이 모든 식물이 정확한 시간에 동일한 양의 물을 공급받아야 하는 상황을 생각해 보면 된다. 이때 물은 다양한 기온과 기후 조건에서도 공급될 수 있어야 한다. 또한 긴 줄의 끝부분에서는 시작 부분보다 수압이 낮아지기 마련이고 경작지 전체의 높낮이가 일정하지 않기 때문에 블라스와 그를 따르는 연구자들은 줄 전체에 걸쳐 수압을 일정하게 유지하고 경작지의 기울어진 정도에 따른 중력 효과를 극복할 수 있는 수단을 만들어 내야 했다.

1933년 담장을 따라 서 있던 나무들을 본 바로 그날 곧바로 점적 관수에 관한 연구를 시작했었더라면, 블라스는 일정하게 작동하는 기구를 개발하지 못할 수도 있었다. 심지어 세월이 지난 1959년에 블라스가 했던 처음 가정도 그가 발견한 유난히 키가 큰 나무 뿌리에 물을 한 방울씩 떨어뜨리던 구멍 난 파이프와 비슷한 금속관으로 만드는 것이었다. 하지만 세월의 흐름이 블라스에게는 오히려 이득이었다.

제2차세계대전이 진행되는 동안 소재 과학 분야에 혁명이 일어났다. 금속과 유리와 같은 전통적인 소재의 대체재로 플라스틱이 사용되기 시작했다. 플라스틱은 금속관의 저렴한 대체재 역할을 했을 뿐만 아니라 몇 분의 1mm에 이르는 매우 정밀한 단위로 성형될 수 있었다.

블라스의 표현처럼, 다양한 소재와 송수 시스템, 여러 종류의 나무와 식물, 각기 다른 수질로 몇 년 동안 "실험과 처절한 몸부림"의 시간을 보낸 뒤, 블라스는 두 가지를 발견했다. 첫째, 이스라엘에서 진행한 실험 장소에 상관없이, 그리고 나무나 작물의 종류에 상관없이 점적 관수는 실험 지역 인근에서 사용하던 담수나 스프링클러 관수 방식에 비해 그가 희망했던 대로 훨씬 적은 양의 물을 사용했다. 이 방식을 사용하면, 지금껏 관습적으로 사용된 물의 양을 평균 50%에서 60%까지 절약할 수 있었다.

정말 우연히 발견한 것이기는 하지만, 두 번째 발견은 물 절약보다 더 중요한 것으로 드러났다. 바로 블라스가 실행한 모든 실험에서 점적 관수를 활용한 작물의 수확량이 기존의 다른 관수 방식을 사용했을 때보다 더 많았다는 사실이었다. 보다 넓은 경작지에 추가로 작물을 심지 않고도 수확량이 늘어난다는 것은 더 많은 물 사용료를 부담하지 않고도 수확량을 늘릴 수 있다는 뜻이다. 물이 풍부한 지역에 있는 농장들도 점적 관수 방식을 사용함으로써 혜택을 볼 수 있었다. 점적 관수는 농업계 전체에 변화를 불러일으킬 잠재력을 지닌 발명이었다.

의심하는 학자들

어쩌면 모든 획기적인 아이디어에는 그 나름의 회의론자들이 있을지도 모르겠다. 만약 점적 관수가 괴팍한 블라스보다 온화하거나 악명이 그리 높지 않은 발명가에게서 탄생했더라면, 더 많이 환영받을 수 있었다. 또는 점적 관수의 성능에 관한 주장이 사람들에게서 더 많은 신뢰를 받았을지도 모르겠다. 지난 수천 년 동안 관수 방식은 크게 달라지지 않았기 때문이다. 하지만 획기적인 점적 관수 아이디어에 대해 환영받거나 축하받는 대신 블라스는 자신의 발명을 인정해 줄 수도 있었던 학계와 정부, 농업계, 기업들의 지지를 받지 못했다.

1960년대 초 블라스는 자신이 발견한 내용을 당시부터 지금까지 토양과학과 관수, 농경학 분야에서 이스라엘 최고 교육기관으로 인정받는 히브리대학교 농업학부의 학자와 교수들에게 제시했다. 그들은 대부분 블라스의 아이디어를 경멸했다. 블라스에게 더 큰 불행은 물을 절약하고, 특히 작물 수확량을 늘리는 점적 관수의 효능을 증명한 실험들을 수행했던 조교수가 아직 상급 학력에 이르지 못한 위치와 충분히 과학적이지 못한 문제 때문에 교수진의 신임을 얻지 못한다는 것이었다.[3]

그러자 블라스는 자신의 정부 측 연줄을 활용해 농무부를 접촉하며, 아몬드 농장에서 점적 관수를 활용한 일련의 실험을 실시하는 농업지도 서비스를 요청했다. 이 실험은 점적기 속으로 자라난 뿌리가 물의 흐름을 막아 물을 공급받지 못한 나무들이 죽는 사태가 발생하면서 곧바로 종료됐다. 이와 함께 점적 관수는 거의 종말에 이르렀다.

하지만 농무부 농업지도 서비스의 현장 관리자인 예후다 조하르 Yehuda Zohar가 점적기를 토양 속이 아니라 나무 밑동에 설치하는 두 번째 실험을 제안하면서 점적 관수의 미래에 행운이 찾아왔다. 두 번째 실험을 실시한 나무들은 잘 자랐다. 물 사용량은 줄었으며 어김없이 수확량은 크게 늘었다. 이 실험이 성공한 덕분에 블라스는 잃었던 자신감을 회복하고 점적 관수를 시장에 내놓을 수 있는 비즈니스 파트너를 찾아 나섰다. 제안서를 열 번 제출했는데 안타깝게도 매번 퇴짜를 맞았다.

네타핌의 탄생

하지만 또 다른 행운이 찾아오며 블라스와 점적 관수는 살아났다. 블라스가 자신의 파트너와 생산자가 될 수도 있던 자들에게서 거절당하던 바로 그 시기에 이스라엘의 몇몇 사회주의 협동 농장들은 농업 활동과 균형을 이룰 수 있는 생산 비즈니스가 필요하다는 사실을 인식하기 시작했다. 이들 중 하나가 하체림 키부츠Kibbutz Hatzerim였다. 하체림은 이스라엘이 건국 전에 네게브 사막의 소유권을 굳히기 위해 1946년 욤 키푸르 날 저녁 설립한 열한 곳의 정착지 가운데 하나였다. 아이러니하게도 이곳은 블라스가 물을 연결시키는 작업을 진행한 키부츠였지만, 이제는 물 공급이 적절하지 않다는 부분적인 이유로 비농업 비즈니스를 찾아 나선 협동 농장이었다.

블라스는 하체림 키부츠가 자신의 발명품에 보이는 관심을 무시했다. 한편으로는 발명을 판매할 희망을 거의 포기하며 "완전한 멍청이"만 관심을 보일 것으로 생각했고, 다른 한편으로는 경험 없는 키부츠 사람들이 이 발명품을 제대로 생산하지 못할 것이라고 확신했기 때문이었다. 하지만 생산 비즈니스를 찾아야 했던 키부츠 구성원 유리 베르버Uri Werber는 블라스의 때로는 거친 태도와 자신이 발명한 제품의 효능에 대한 흔들리는 믿음에도 물러서지 않았다.

베르버는 농무부 소속 현장 관리자인 예후다 조하르와 친한 사이였으며, 조하르는 발명 당사자인 블라스의 불안감에도 불구하고 점적 관수에 엄청난 가능성이 있다며 이미 베르버를 설득해 놓았다. 몇 달 뒤 블라스는 신규 설립 기업의 지분 20%를 받고 판매액에 따라 소액의 로열티를 자신과 자신의 비즈니스 파트너인 아들이 지급받는 조건으로 발명품에 대한 권리를 키부츠에 팔았고, 베르버의 끈기는 마침내 보상받았다.

베르버는 하체림 키부츠의 동료 한 명에게 신규 기업의 이름을 지어 달라고 요청했고, 그들은 히브리어로 "물방울" 또는 "방울방울 떨어뜨린다"는 의미를 지닌 네타핌으로 결정했다. 네타핌은 1966년 1월 운영을 시작했다.

네타핌Netafim이 생산한 점적 관수 장비의 최초 시장은 이스라엘 내 다른 농장들이었으며 네타핌 제품은 그야말로 거의 하룻밤 사이에 성공에 이를 정도로 훌륭했다. 곧이어 장비 수출이 뒤를 이었으며, 해외시장은 처음부터 크게 성장했다. 하지만 이런 성공에는 문제도 따랐다. 하체림 키부츠 구성원은 사회주의 사상에 충실했기 때문에 외부 직원 고용을 거부하며 생산과 판매의 모든 부분을 자신들이 직접 하겠다고 고집했다. 이로 인해 네타핌의 생산량은 한계에 부딪혔다.

1974년에 이르러 네타핌에서 근무하는 하체림 키부츠 구성원이 이스라엘과 전 세계의 비즈니스 기회를 더 이상 감당할 수 없는 지경에 이르자, 하체림은 이스라엘 일부 지역과 세계 곳곳의 주요 국가에 대한 지역별 독점 유통권을 다른 키부츠에 무상으로 넘겨주기로 결정했다. 1979년 네타핌의 성장 속도가 여전히 이들 사회주의 사업가를 압도하면서 하체림 키부츠와 그들의 첫 번째 파트너인 마갈 키부츠Kibbutz Magal는 사업 기회를 다시 한번 무상으로 이프타크 키부츠Kibbutz Yiftach와 공유했다. 이 세 키부츠 모두 네타핌의 공동 소유주가 됐다.

수익성이 높고 성장 속도가 빠른 기업의 상당 부분을 양도하며 동시에 경영권을 약화시키는 아이디어는 논리에 맞지 않는 것처럼 보인다. 하지만 하체림 키부츠의 경험 많은 고참 구성원이었고, 지금은 키부츠의 풍부한 역사적 자료 수집물의 보관을 책임지고 있으며 그녀의 작고한 남편이 네타핌이라는 기업 명칭을 만들어 냈던 루스 케렌Ruth Keren에게 이와 같은 소유권 변화는 완벽하게 타당한 논리였다. 그녀는 이렇게 말했다. "우리는 엄격한 원칙에 따라 살았으며 그중 하나는 우리가 직접 할 수 있는 일만 한다는 것이었습니다. 우리는 일꾼들을 고용하지 않습니다. 그래서 우리가 직접 감당할 수 없기 때문에 넘겨주기로 결정했습니다."

네타핌은 두 명의 파트너로도 여전히 수요를 충족할 수 없었다. 1970년대에 이르자 서로 독립된 키부츠 세 곳이 각각 점적 관수 기업을 설립하고 네타핌과 경쟁을 시작했다.[4] 자신만의 독특한 점적 관수 방식을 개발한 한 이스라엘 발명가는 미국 캘리포니아주에 기업을 설립하고 유로드립Eurodrip이라는 그리스 기업과 비즈니스 협정을 맺었다. 이스라엘에 대한 아랍의 불매운동을 존중하는 전 세계의 많은 이슬람 국가에 점적 관수 제품의 거대한 시장이 있으며, 이런 국가들은 네타핌이나 당시 네타핌의 경쟁자들과 같은 이스라엘 기업으로부터 공개적으로 구매하지 않는다는 사실을 인식한 유로드립은 제품 개발자의 국적을 드러내지 않으며 이슬람 국가에서 사업 기회를 잡을 수 있었다.

이 이스라엘 기업들과 이스라엘에 관련된 기업 모두 지금도 여전히 어떤 형태로든 활발히 사업을 운영하고 있지만, 각 기업은 본질적으로 자본주의의 유혹에 넘어갔다. 네타핌과 경쟁 관계에 있던 두 키부츠의 기업들은 점적 관수 사업을 거대 국제 기업에 매각했다.[5] 마찬가지로 하체림 키부츠의 파트너인 다른 두 키부츠도 자신들에게 주어진 기회를 활용해 많은 돈을 벌었으며, 결국 세 파트너 모두 많은 지분을 사모펀드 투자기업에 매각했다. 현재 유럽의 사모펀드 퍼미라Permira가 네타핌 지분의 60% 이상을 소유하고 있으며* 하체림 키부츠가 나머지 지분 대부분을 갖고 있다. 이스라엘에서 시작한 몇몇 점적 관수 기업이 여전히 전 세계 관수 산업을 지배하고 있으며, 이 기업들의 현재 연간 매출액은 25억 달러가 넘으며 네타핌의 매출이 그중에서 가장 많은 8억 달러를 기록하고 있다.

* 이 책의 영문판이 출간된 이후인 2018년 7월 멕시코 화학기업 멕시켐이 네타핌을 인수했다.

블라스와 그의 아들은 각자가 보유한 네타핌의 지분 덕분에 상당히 많은 돈을 벌었다. 그들은 네타핌에 참여한 세 곳의 키부츠 기업과 이익을 나눴으며 로열티 수익도 올렸다. 시간이 지나면서 블라스 부자는 자신들이 보유한 지분과 로열티 수익권을 거액의 일시불을 받고 네타핌에 다시 매각했다. 블라스는 이스라엘의 정부 연금만으로는 꿈도 꿀 수 없는 수준의 풍족한 여생을 보냈다.

하체림 키부츠도 점적 관수 덕분에 부유해졌다. 설립되고 며칠 뒤에 찍은 하체림 사회주의 농장 사진은 암석과 모래로 뒤덮인 지평선을 가르며 나무 한 그루가 서 있는 황량한 사막지대를 보여준다. 오늘날 키부츠와 네타핌 캠퍼스가 함께 있는 그 장소는 낮은 빌딩과 보도를 가로지르는 잔디밭, 많은 나무들이 늘어선 풍경을 드러내고 있다. 어느 방문자는 이 키부츠를 보면 작은 마을이 연상된다고 말했으며, 이곳에 거주하는 1천 명의 주민들은 편안한 중산층 삶을 누리고 있는 것처럼 보인다. 키부츠에서 몇 발만 벗어나면, 네게브 베두인족과 에티오피아 이민자, 이스라엘 본토박이들로 구성된 수많은 종업원들이 네게브 지역 근처에서 출퇴근하며 매일 몇 개의 근무조로 나뉘어 점적기를 생산하는 네타핌 공장이 자리 잡고 있다.

강우보다 더 훌륭한 관수 방식

심카 블라스가 점적 관수의 창조자이기는 하지만, 이와 관련해 가장 많은 열매를 맺은 발명가는 라피 메후다Rafi Mehoudar이다. 예루살렘에서만 12대에 걸쳐 살아온 가문에서 태어난 메후다는 엔지니어링과 기술 분야의 이스라엘 최고 교육기관인 테크니온 공대를 다녔다. 학부생 시절부터 발명을 시작했으며, 스프링클러 관수 방식을 개선하는 도구로 발명대회에서 상을 받기도 했다.

1972년 메후다가 군 복무를 마치고 테크니온 공대를 졸업한 뒤 얼마 지나지 않아 네타핌은 메후다를 기업 R&D 부문에 합류시키기 위해 접촉했다.[6] 평생 도시에서만 살았던 메후다는 당시 이스라엘 농장에 설립돼 있던 네타핌에 관해 들어본 적이 없었으므로 입사 제안을 거절했다. 하지만 네타핌과 로열티 조건으로 일하는 데 동의했으며, 뒤이어 일어난 일들을 감안하면 이는 아주 현명한 결정이었다. 이후 수십 년 동안 메후다는 산비탈에 있는 경작지에서도 각 식물에 떨어지는 물방울의 양을 균일하게 만들고, 블라스의 점적 도구를 보다 효과적이고 정밀한 성형 연결구로 재설계하는 등, 점적 관수를 폭넓게 개선한 많은 혁신과 업그레이드를 이뤄냈다.

메후다가 점적 관수 분야에 관여하기 전에 이미 두 가지 원칙이 확립 돼 있었다. 첫째, 점적 관수는 다른 관수 방식을 사용할 때 필요한 물의 양을 최대 70%까지 줄일 수 있다는 것이었다. 이 목표 수치가 항상 이렇 게 높지는 않으며, 이제는 40% 감소가 일반적이다.

둘째, 점적 관수는 보다 많은 수확을 올릴 수 있으며 수확품의 품질도 일반적으로 더 좋게 한다는 원칙이다. 재배 환경이나 물의 염분 함유 정 도에 상관없이 점적 관수는 거의 언제나 비슷한 환경에서 담수 또는 스프 링클러 방식으로 재배한 작물보다 더 많은 수확을 올린다. 이제는 두 배 이상 많은 수확량이 표준이다. 네덜란드가 제어 환경 아래에서 최근 실시 한 일부 연구 결과를 보면 최첨단 점적 관수 장비를 사용한 재배는 일반 노지에서 한 관수 방식에 비해 물 사용량을 40% 절감하며 최대 550% 많 은 작물을 수확했다.

네덜란드처럼 물 공급이 부족하지 않은 나라에서는 물 사용량 절감이 지금까지는 크게 중요하지 않다. 물을 경작지까지 끌어올리는 에너지 비 용의 절감은 탄소 연료를 줄이고 농장 운영 경비를 낮춰 준다는 측면에서 이득이 된다. 하지만 이런 지역에서 가장 중요한 혜택은 점적 관수가 특 히 온실 재배에서 엄청나게 많은 수확을 올릴 기회를 제공한다는 데 있 다. 농업처럼 이윤이 낮고 위험 부담은 큰 산업에서 보다 적은 비용으로 더 많이 생산할 수 있다는 전망은 농민들이 불가피하게 겪을지도 모르는 좌절에 대비한 중요한 보호 장치다.

점적 관수 방식으로 재배한 작물이 훨씬 더 많은 수확량을 만들어 내 는 이유를 메후다는 이렇게 설명한다. "담수와 스프링클러 관수 방식처럼 식물에 물을 너무 많이 주면, 뿌리가 물에 잠기며 산소가 부족해집니다. 이 때문에 식물은 스트레스를 받습니다. 그리고 나서 한동안 물을 주지 않으면, 이는 또 다른 방식으로 식물에 스트레스를 가합니다. 식물의 성장 사이클 동안 우리는 이 과정을 몇 번이고 반복합니다. 이와 달리 식물에 일정 간격으로 물을 한 방울씩 공급하는 방식은 식물을 안정시키며 식물이 가장 잘할 수 있는 일을 하게 만듭니다."

담수 방식이 어느 면에서는 우기와 건기를 흉내 내는 것과 마찬가지이므로, 점적 관수는 다른 방식보다 단순히 더 우월한 관수 기술이 아니라 강우보다도 더 낫고 일관된 방식이다.[7] 물론 점적 관수 장비가 강우보다 더 비싸다. 강우량의 예측 불가능성과 이로 인한 낮은 수확량을 기꺼이 수용할 의사가 있는 사람들은 어쩌면 이런 추가 비용을 받아들이지 못할지도 모르겠다.

조류 침입으로부터 세상을 구하다

물 사용량 절감과 수확량 증대에서 얻는 혜택 외에도 이스라엘인이 점적 관수에서 만들어 낸 혁신은 심각한 환경적 위험인 조류藻類 침입으로부터 호수와 강을 보호할 수 있다. 지나치게 많은 비료를 뿌린 경작지에 비가 내리면, 매년 전 세계에서 사용된 수백만 톤에 이르는 엄청난 양의 비료가 빗물이 흘러가는 과정을 통해 호수나 다른 민물 수원으로 씻겨 들어간다. 비료에 들어 있는 인이나 질소 성분은 자연적으로 발생하는 조류에 먹잇감을 활발하게 공급하는 원천이 된다. 여기에 며칠 간의 따뜻한 기온이 더해지면, 조류는 폭발적으로 늘어난다. 종종 호수를 뒤덮고 있는 남조류blue-green algae(1천5백여 종의 원시성 생물을 통틀어 일컫는 말)는 물속에 있는 산소를 급격히 감소시키며, 식물과 고기를 순식간에 죽게 만든다. 남조류가 크게 번식한 물은 악취를 풍기고 값비싼 정화 과정을 거쳐야만 음료수나 세탁용, 농업용 또는 레저용으로 사용할 수 있다.

오하이오주 톨리도Toledo 지역 주민 50만 명은 2014년 여름 엄청난 남조류 현상을 겪었다. 톨리도는 미국과 캐나다에 걸쳐 있는 5대호 중의 하나이며 세계에서 가장 큰 민물 수원에 속하는 이리호Lake Erie에 접해 있다. 톨리도 주민은 장 질환을 일으킬 위험이 있는 호숫물을 마시지 말고, 또한 조류에서 방출되는 독성으로 인한 발진 현상을 피하기 위해 호수에서 수영하지 말라는 주의를 받았다. 50만 명의 주민들은 이리호에 인접해 있는데도 불구하고 병에 든 생수에 의존해 생활했으며 조류 위기가 해결될 수 있을 때까지 기능상으로 사용 가능한 물은 없었다. 최근 몇 년간 이스라엘을 포함한 전 세계에 걸쳐 비료 성분이 포함된 농업 유출수와 가축 배설물 때문에 수천 건의 조류 대증식 현상이 물 공급원에서 발생했다.

점적 관수는 비료 때문에 발생한 조류 군락을 해결할 방안이 될 수 있다. 비료를 경작지에 아무렇게나 흩뿌리는 대신 점적 관수 방식은 물과 수용성 비료를 혼합해 작물에 공급한다. 이 과정을 비료fertilizer와 관수irrigation를 합성해 만든 새로운 용어, 관비灌肥, fertigation 로 부른다. 점적 관수 방식을 사용하면 작물에 공급하는 물의 양이 훨씬 적어지는 것처럼 비료 사용량도 크게 줄어든다. 이를 통해 농민은 줄어든 비료 사용량에 따른 비용 절감 효과를 볼 수 있으며, 사회 공동체는 추후에 막대한 비용을 들여 정화해야 할 환경적 재난을 포함한 비료의 악영향에서 벗어날 수 있다. 또한 깨끗한 민물이 점점 줄어들고 더욱 귀중해지는 시기에 대비해 이리 호와 같은 민물 수원을 음용 가능한 상태로 보존할 수 있다. 비료와 혼합된 물은 뿌리에 직접 방울방울 떨어져 작물에 흡수된다. 비료의 흔적이 거의 남지 않기 때문에 폭우가 쏟아져도 비료가 수로로 흘러들거나 토양 속으로 녹아 들어가 다음 세대가 사용할 지하수 공급원을 오염시킬 일은 없다.

관비 방식은 필연적으로 영양분이 둔 액체 비료를 관수에 섞어 공급하는 양액 관수 방식(영양분을 뜻하는 nutrients와 관수 방식의 irrigation을 합성한 용어)으로 이어졌다. 전 세계에서 양질의 농지가 줄어들고 있는데도 세계 인구는 계속 늘어나고 있다. 먹여 살려야 할 인구는 크게 늘어나고 식량을 생산할 땅은 줄어드는 상황에서 양액 관수 방식은 기름진 땅에서 제공되는 필수 영양분이 부족한 보통 수준 이하의 땅이나 심지어 모래사막에서도 농민이 작물을 재배할 수 있게 함으로써 이 문제에 대한 해결 방안으로 떠올랐다. 관비 방식이 비료를 작물에 직접 공급하듯이 양액 관수 방식은 작물들이 일반적으로 토양에서 얻을 수 모든 영양분과 관수를 섞어 점적 방식으로 함께 공급한다.

개발도상국 농업 전문가인 대니 애리얼Danny Ariel은 이렇게 말한다.

"밀이 서방 세계에 중요한 것처럼, 아시아 개발도상국에는 쌀이 중요합니다. 쌀은 강기슭이나 하천 주변의 편평한 지형인 범람원floodplain에서 재배합니다. 이 국가들의 인구는 계속 늘어나고 있지만 더 많은 쌀을 재배할 농지가 충분하지 않습니다. 그러나 점적 관수 기법을 사용하면 하천 지역에서 멀리 떨어진 고지대에서도 쌀을 재배할 수 있습니다. 즉 쌀농사를 짓는 농민이 하천 주변 논에서 전통적인 방식으로 재배하는 동시에 기존 논 인근에 있는 땅에서도 또 다른 쌀농사를 지을 수 있다는 뜻입니다."

점적 관수에 관한 많은 연구를 한 라피 메후다는 이렇게 설명한다.

"양액 관수 방식을 활용하면 어디에서라도 작물을 재배할 수 있습니다. 사막 모래를 이용해 작물을 제자리에 고정시킬 수만 있으면, 나머지는 양액을 혼합한 관수가 해결할 수 있습니다. 토양의 역할은 이제 더 이상 영양분을 공급하는 것이 아닙니다. 지금은 작물이 영양분을 공급받을 때까지 뿌리를 고정하는 역할만 하면 됩니다."

점적 관수로 물을 절약하는 혁신은 계속되고 있다. 유리 샤니 교수는 이렇게 표현한다. "점적 관수가 물을 절약하는 역할을 잘 하고 있으며 이는 지금도 정말 훌륭한 일이지만, 여전히 더 큰 기회가 있습니다." 샤니 교수는 히브리대학교의 토양 과학 교수로 물에 관한 끊임없는 관심을 가지고 있어, 이후 이스라엘 물관리청 초대 청장을 역임했다. 그리고는 이스라엘과 요르단, 팔레스타인 자치정부와 물을 공유하기 위한 사전 조치로 요르단 남부에서 염분을 제거한 물을 송수할 홍해-사해Red Sea-Dead Sea 프로젝트를 준비하는 과정에서 중요한 역할을 수행했으며, 현재 농업 분야의 발명가와 사업가로 활동하고 있다. 최근에는 네타핌과 협력해 점적 관수의 다음 단계로서 뿌리 근처의 토양에 설치한 뒤 작물에 물이나 영양분이 필요한 시기를 알려 주는 저렴한 기구를 개발했다.

"현재는 점적 관수를 사용할 때, 식물에 물이 필요할 것으로 우리가 생각하는 간격에 따라 물을 공급합니다. 하지만 우리가 이 간격을 잘못 추측할 수도 있습니다. 그럴 경우, 작물이 공급받은 물의 대부분은 작물 밖으로 증발해 버립니다." 샤니 교수는 자신이 개발한 새로운 시스템을 언급하며 이렇게 말한다. "이와 같은 '주문형 관수 방식'은 소비자들의 의견에 귀를 기울이는 점적 관수 형태이며, 이 '소비자들'은 바로 수십억 개의 작물에 달린 뿌리입니다."

적은 물로도 성장 가능한 식물로 품종개량하다

건국 전 이스라엘 농민들은 채소를 비롯한 여러 밭작물의 종자를 지역 내 아랍 상인들에게서 구입했다. 아랍과 유대인의 관계가 악화된 1939년 아랍 지도부는 유대인에 대한 종자와 다른 농산물의 판매 금지를 선언했다. 이에 대응해 키부츠와 유대인 농장들은 한데 뭉쳐 지역 농민에게 일정한 품질의 종자를 공급할 협동조합을 창립했다. 이 협동조합의 이름은 히브리어로 종자를 뜻하는 하제라Hazera였다.

당시 세계 곳곳에 있던 종자 생산 및 품종 개량 기업은 대부분 기업이 속한 지역 내 기후와 토양 조건에 맞는 종자를 개발했다. 1742년 프랑스에서 설립된 세계 최초의 종자개량 기업 발모랭Vilmorin은 현재 글로벌 선두 기업이기는 하지만 기업 역사의 대부분 기간 동안 프랑스의 지역 기업에 불과했다. 이와 비슷하게 하제라도 설립 직후 지역 내 병충해와 같은 특정 문제를 해결할 수 있는 다양한 종자 신품종을 개발하는 데 몰두했지만, 자신들의 고객인 유대인 농민의 큰 고민거리인 물이 부족한 환경에서도 잘 자라는 종자를 찾는데 특히 많은 공을 들였다. 적은 물로도 작물이 번창할 수 있으면, 주기적으로 찾아오는 가뭄을 극복할 수 있을 뿐만 아니라 수원에 대한 수요도 줄일 수 있었다.

1948년 독립에 뒤이어 신규 농장이 많이 등장하고 수백만 명의 이민자가 이스라엘에 도착하면서 하제라는 종자 수요를 맞추기 위해 처음에는 허둥댔지만, 1959년에는 남아도는 종자 재고를 이스라엘과 기후 조건이 비슷한 국가들에 수출하기 시작했다. 그리고 얼마 지나지 않아 세계 곳곳에 지사를 두고 각 지역 소비자의 재배 환경에 맞춘 종자를 생산하며 글로벌 비즈니스로 진화하며 연구 시설도 점진적으로 확대해 나갔다.

이스라엘 R&D가 첨단 기술, 반도체, 생명 공학, 사이버 보안 분야에서 다른 글로벌 기업의 핵심 원천으로 역할하듯이 이스라엘은 이제 작물 연구 분야의 선두주자로 올라섰다. 이스라엘 연구소는 많은 국가의 농민에게 솔루션을 제공하고 있지만, 이스라엘 농민이 필요한 방안에 대해서도 잘 알고 있다. 히브리대학교와 테크니온 공대, 벤구리온대학교를 비롯한 이스라엘의 대학교 졸업생들이 하제라 연구소뿐만 아니라 식물 유전학을 집중 연구하는 신규 이스라엘 기업 에보젠Evogene을 가득 채우고 있다. 몬산토Monsanto, 듀퐁DuPont, 신젠타Syngenta, 바이엘Bayer 같은 글로벌 종자 및 농업 기업들은 이스라엘에서 R&D 센터를 운영하거나 이스라엘 종자 기업과 합병하거나 조인트벤처를 설립했다.

이스라엘 종자개량 기업은 많은 국제 고객을 대상으로 전통적인 개량 방식과 유전자 변형 방식을 사용한 품종 모두를 연구하고 있지만, 이스라엘 농민은 GMO 종자를 전혀 사용하지 않는다. 이는 과학적 근거에 의한 거부라기보다는 시장의 민감성 때문이다. 유럽의 폭넓은 소비자 계층이 GMO 제품을 신뢰하지 않으며, 이스라엘 제품을 찾는 유럽 고객이 많기 때문에 이스라엘에서는 전통 방식으로 개량한 종자만 사용하기로 결정했다.

국내 시장을 대상으로 이스라엘 종자 기업은 작물을 재배하는 데 필요한 물의 양을 크게 줄일 수 있는 두 가지 중요한 방안을 찾아냈다. 첫째, 식물이 물을 가능한 한 효율적으로 사용할 수 있게 개량하는 방안이다. 이스라엘 종자 개량 전문가인 모세 바Moshe Bar 박사는 다음과 같이 설명한다.

"우리는 식물을 살펴보면서 무엇이 중요한 요소인지 무엇이 그렇지 않은지 생각합니다. 자라나는 식물의 모든 부분에는 물이 필요합니다. 그러므로 물이 식물 밖으로 빠져나가는 과정인 증발산이 필요 이상으로 많이 일어나게 내버려 두는 것은 아무런 의미가 없습니다."

예를 들면, 이스라엘 종자 기업은 이스라엘 농민을 위해 줄기가 짧은 새로운 밀 품종을 개발했다(지금은 다른 국가 농민들도 이 품종을 재배한다). 이를 두고 하제라에서 수석식물연구원의 매니저로 일했던 쇼샨 하란Shoshan Haran 박사는 이런 질문을 던진다. "줄기는 밀 생산을 전혀 늘리지 않습니다. 그렇다면 줄기를 자라게 하는데 물을 낭비할 이유가 있을까요?" 하란 박사는 현재 자신이 설립한 이스라엘 비정부단체 페어 플래닛Fair Planet을 이끌며 자신의 개량 기술을 활용하고 있고, 페어 플래닛은 열악한 조건에 직면한 아프리카 농민을 위해 지역 특성에 맞춘 특별한 종자 개발을 전문으로 한다.

이와 비슷하게 이스라엘 식물 유전학자들은 이스라엘 농장을 위해 잎이 적고 좁은 공간에 밀집시켜 재배할 수 있는 토마토 품종을 개발했다. 하란 박사는 이렇게 설명한다.

"우리는 토마토가 자신을 햇빛에서 보호하는 데 충분할 정도의 잎만 남겨 뒀습니다. 그리고 농민들이 가능한 한 조밀하게 심어 재배할 수 있도록 토마토 품종을 개량했습니다. 이 품종을 재배하면 더 많은 잎이나 더 긴 줄기에 물을 낭비할 필요가 없어 물 사용량을 크게 줄일 수 있습니다. 우리는 수확량, 그러니까 토마토 개수나 무게에 집중했기 때문에 토마토 식물의 다른 부분을 최소화할 수 있는 방법을 연구했습니다."

이스라엘 종자 기업은 자신들이 생각하기에 쓸데없이 긴 뿌리 부분에서 절약할 방법을 찾기 위해 일부 식물의 뿌리 구조를 개량하기도 했다.

물이 공급되지 않는 기간도 포함되는 담수 방식을 사용하면, 식물 뿌리는 낮아진 물 수위를 따라가기 위해 길게 자란다. 물을 일정하게 뿌리에 떨어뜨려 수확물의 품질도 유지하고 상당한 양의 물도 절약하는 점점 관수 방식을 활용하면 동일 품종을 담수 방식으로 재배할 때 자라는 뿌리 길이에 비해 약 3분의 1에 불과한 뿌리 길이만으로도 재배할 수 있다.

염도 높은 물에 적합한 종자

식물의 요소를 다시 생각해 보는 일 외에도 이스라엘 종자 기업은 네게브 사막 모래 아래와 중동 지역 전체에서 다량으로 발견되지만 이제껏 쓸모가 없었던 염분이 섞인 물에서도 잘 자라는 식물 품종을 개발하는 획기적이며 직관에 반대되는 아이디어도 제시했다. 농업에 사용하지 않았더라면 마시는 용도로도 사용할 수 없었던 물을 활용해 상당히 많은 양의 과일과 채소를 재배하고 수십억 달러에 이르는 농업 수출 산업을 견인함으로써 이스라엘은 자국의 민물 수원에 부담을 주지 않고도 국민들의 식생활을 개선하고 경제를 향상시킬 수 있다.

심카 블라스가 자신의 점적 관수 모델을 히브리대학교 이스라엘인 교수들에게 처음 선보였을 때, 교수들은 해결 가능성이 의심되는 기술적인 문제를 블라스가 극복할 수 있다 하더라도, 이 방식은 "물에 염화물이 조금이라도 포함돼 있으면 그 물을 흡수한 토양도 염분 성분을 함유한 땅으로 변해 황폐해지기 때문에 염분이 전혀 섞이지 않은 물, 즉 '증류수'로 관수할 때에만 성공할 수 있을 것"이라고 말했다. 이스라엘에 있는 모든 천연수의 염분 농도가 상당히 높다는 사실을 감안하면, 학자들이 블라스의 아이디어가 성공할 가능성이 없다는 사실을 블라스에게 알려주는 또 다른 방식이었을 것이다.

물론 점적 관수에 대한 교수들의 생각은 틀렸다. 게다가 자연적으로 염분 농도가 높은 이스라엘의 식수를 농업용 관수로 사용할 가능성에 대한 그들의 생각도 잘못됐다. 이스라엘의 식물 유전학자들은 염분을 희석한 물에서도 잘 자라는 멜론과 피망, 토마토, 가지를 비롯한 다양한 과일과 채소를 개발하며 점적 관수 방식을 한 단계 더 발전시켰다. 이제 벤구리온대학교과 하제라의 연구원들은 염도가 더 높은 물에서도 재배할 수 있는 멜론을 개발하고 있으며, 이는 관수에 사용하기 위해 높은 염도를 희석시키는 데 필요한 민물의 양을 더욱 줄여 줄 것이다. 이 개발에 성공하면, 염분을 흡수하는 다른 과일과 채소 개발도 시작될 가능성이 높다.

식물이 염분이 섞인 물을 흡수하면 식물의 세포 구조에 변화가 생긴다. 세포 속에 있는 물의 양은 줄어들지만 천연 당분은 증가한다. 이를 통해 당도는 높고 입에서 느끼는 질감은 더 좋아진 과일과 채소를 생산할 수 있다. 이를 두고 모세 바 박사는 이렇게 말한다.

"현재로서 유일한 단점은 생산물의 크기가 조금 작다는 것입니다. 이렇게 재배된 모든 과일과 채소의 맛은 다른 것에 비해 더 좋고 이미 시장도 이 사실을 인지했습니다."

염분을 희석하거나 약간 제거한 물로 점적 관수 방식을 사용해 재배한 농산물은 이제 이스라엘에서 많은 인기를 끌고 있으며 유럽과 아시아의 수출 시장에서도 호평받고 있다.

쇼샨 하란 박사는 곧 닥쳐올 물 부족 세상에 대처할 모델로 이스라엘을 생각하며 이렇게 설명한다.

"이스라엘 농민과 종자 기업은 아주 오래전부터 물과 물 부족 문제에 초점을 맞춰 왔습니다. 세계 어느 곳의 누구보다도 더 많은 경험을 쌓았습니다. 전 세계 농민은 머지않아 제한된 강우량이나 심지어 가뭄 속에서도 잘 자라는 작물이 필요할 것입니다. 오랜 기간에 걸친 경험을 바탕으로 이스라엘은 이런 환경 아래에서 식량을 생산하는 방법을 알고 있습니다."

하란 박사는 오늘날 이스라엘에서 작물을 가장 잘 재배할 수 있는 곳은 사막에 속해 있다며 이렇게 덧붙인다.

"이 말이 비논리적이라는 것을 잘 압니다. 하지만 사실입니다. 우리가 사용하는 종자 종류와 관수 방식 덕분입니다. 세계의 기후 변화를 감안할 때, 이스라엘이 새로운 종자와 이스라엘인의 노하우를 전 세계와 공유할 기회가 왔습니다. 점적 관수와 이스라엘이 개발한 특수 종자는 오늘날 이스라엘에서 매우 중요합니다. 얼마 지나지 않아 전 세계에서도 중요해질 것입니다."

수조 갤런에 달하는 엄청난 양의 물을 찾아내다

사막 농업의 원동력이 될 염분 섞인 물을 다루는 과정에서 이스라엘은 물이 존재하는 곳과 발견 가능한 물의 양, 최상의 양수 방법을 확인하는 지리학적, 수문학水文學적 전문성을 구축했다.

이스라엘 남부에 있는 아라바Araba 사막에서 발견되는 염분 섞인 물은 순환되지 않는 대수층에 감춰져 있다. 대수층을 둘러싼 두꺼운 암석층 때문에 비가 스며들지 않아 이 대수층에 새로운 물은 유입될 수 없다. 이곳에서 발견된 물은 적절하게 표현하면 지질시대 이전에서 온 것이며 이렇게 순환하지 않는 수원을 화석 대수층으로 부르기도 한다. 원유를 추출할 때와 마찬가지로, 광물 함유량이 높은 이 물을 끌어올리기 시작하면 저장량은 급격히 감소한다. 화석수를 품은 동굴이 매우 광활할 수도 있기 때문에 양수하는 양을 잘 통제하기만 하면 이 물을 수십 년 동안 이용할 수도 있다. 하지만 한번 없어지면 영원히 없어지는 것이다.

아미 샤캄Ami Shacham은 이스라엘의 사막 농업에 깊이 관여해 왔으며 화석 대수층 연구에 초기부터 참여했고 젊은 시절인 1959년 네게브 사막에 속한 아라바 중심부로 이주했다. "당시는 냉난방장치도 없던 시기였다"며 이렇게 말한다. "삶이 매우 힘들었습니다. 우리는 집을 짓는 동안 텐트에서 생활했습니다. 그러니 어느 여자가 이런 곳에서 가정을 꾸리고 싶어 하겠습니까?" 하지만 샤캄은 그런 여자를 어렵사리 만나 가정을 이뤘으며, 두 자녀와 다섯 명의 손주와 함께 인구가 별로 없는 사막에서 여전히 살고 있다.

아라바의 수원 관리를 오랫동안 이끌면서 샤캄은 거의 1마일 깊이의 우물을 포함한 55개의 우물 굴착 작업을 감독했고, 겨울 동안에 갑작스럽게 사막에 닥치는 격렬한 홍수 때 내리는 빗물을 가둬 둘 복합 저수지 시스템 건설도 관리했다. 그렇게 많은 우물을 통해 샤캄이 추출한 수조 갤런의 물은 전부 염도가 매우 높아 희석이나 담수화의 과정이 필요했으며, 이는 이스라엘 수자원 공기업 메코로트의 전문 분야였다. 샤캄이 수원 관리 수장으로 재직하는 동안 아라바에서 민영 농장 400개가 설립됐으며, 이들이 재배한 작물의 75%가 수출용이었다.

네게브의 벤구리온대학교에 재직했던 아리 이사르Arie Issar 교수는 아라바 지역의 모래로 뒤덮인 황무지 아래에 농업과 개발용으로 사용할 수 있는 물이 있다는 사실을 1950년대에 처음으로 주장한 인물이었다. 그는 당시를 회상하며 이렇게 말한다.

"우리가 아라바에서 굴착을 시작하자 사람들은 비웃었습니다. 하지만 현재 양어장과 작물 재배지가 들어선 아라바 중심부를 보세요. 이스라엘의 토양 아래에는 물로 가득찬 바다가 있습니다. 이곳에서부터 사하라 사막까지 수조 갤런에 달하는 물이 있습니다. 석유를 얻기 위해 수천 미터를 파내려 갈 수 있는데, 농업용수를 구하기 위해 그보다 훨씬 얕게 굴착하지 못할 이유가 있을까요?"[8]

중동의 사막지대 아래에 있는 수조 갤런의 물은 염분이 섞여 있고 식수로 부적합하다는 이유로 언제나 가치 없는 것으로 여겨져 왔다. 하지만 샤캄과 아라바의 농장 기업들은 이스라엘의 이웃 국가들이 모래 아래에 있는 염분 섞인 물을 활용해 자국의 식생활에 다양성을 더할 뿐만 농업을 기반으로 한 경제에 도움을 주거나 더 나아가 대변혁을 가할 수도 있다는 사실을 증명한다.

풍요로운 세상을 향한 도덕적 도전

점적 관수는 기술적 측면과 사회적 측면 모두에서 혜택을 준다. 물을 절약하고 수확량을 증대하며 다른 관수 방식보다 적은 에너지만 필요하므로 탄소 연료 사용을 줄여 준다. 또한 곡물을 재배할 수 있는 경작지 공급을 늘려 주고, 대수층이 악화되는 상황을 감소시키며, 조류 대증식을 지연시키거나 막아 주고, 서서히 진행되는 사막화 현상을 되돌려 놓는다. 더 나아가 점적 관수는 전 세계 기아 문제와 이에 따라 종종 발생하는 정치적 격변을 해결하는 데 도움을 주는 중요한 수단이다. 또한 보다 큰 생산 역량 구축으로 가난을 줄이며 하루 종일 물을 길어 날라야 할 의무가

줄어든 여성의 지위가 향상됨으로써 사회적 측면에서도 도움이 된다. 네
타핌의 지속 가능성 담당 최고 임원 나티 바락Naty Barak은 이렇게 표현한
다.

"점적 관수는 이 모든 도전 과제가 교차하는 지점을 총체적으로 다룹
니다."

현재 전 세계에서 관수 방식을 도입한 농업 경작지 중 약 5%만 점적
관수 또는 미세 관수Micro-irrigation 기법을 활용하고 있다. 이를 좀 더 자세
히 살펴보면, 전 세계 경작지 중 20% 이하가 어떤 형태든 관수 방식을 사
용하고 있으며, 나머지는 최소한 지금까지는 강우에 의존하고 있다. 앞으
로 강우량은 줄어들고 먹여 살려야 인구는 늘어나면서 고급 관수 기법의
시장 진출은 전 세계에서 분명히 늘어날 것이다. 하지만 관수 방식을 활
용하는 전 세계 경작지 중 미국의 많은 곳을 포함한 약 80%는 고대에서
부터 사용되고 물 낭비가 심한 담수 방식과 비슷한 형태를 여전히 사용하
고 있다.[9]

이와 반대로 이스라엘에서는 점적 관수가 일반적으로 사용되는 표준
방식이다. 관수 방식을 도입한 이스라엘 경작지의 75%에서 점적기를 지
표면이나 토양 속에 묻어 사용하는 모습을 볼 수 있으며, 나머지는 스프
링클러 방식을 쓰고 있다. 지난 수십 년 동안 이스라엘의 어느 농장도 담
수 방식을 사용하지 않았다. 점적 관수가 이스라엘에서 발명됐고 대부분
의 세계가 그 존재를 알기도 전에 이스라엘 농장이 대규모로 설치했기 때
문에 이스라엘에서 점점 관수가 광범위하게 활용된다는 사실은 이해가
간다. 이제 110개 국에서 점적 관수 장비를 어느 정도 활용하는 모습을
볼 수 있지만, 점적 관수를 이스라엘만큼 광범위하게 사용하는 국가는 없

다.[10]

　현재 전 세계에서 점적 관수를 채택하는 수준은 여전히 낮지만, 이를 활용할 농장과 경작지 수가 다음 10년 동안 크게 늘어날 것이라는 데에는 의심의 여지가 없다. 물은 점점 더 부족해지고 수확량을 늘려야 할 필요성은 너무나 절실하다. 비료 가격은 비싸고 어떤 경우에라도 비료 사용은 반드시 줄여야 한다. 전 세계에서 경작 가능한 고품질 대지의 대부분은 아니더라도 많은 부분이 이미 경작되고 있으며, 앞으로 경작할 수 있는 수백만 에이커는 토양 품질이 낮으며 이스라엘처럼 사막 토양인 경우도 있다.

　적절한 현상이지만, 점적 관수 활용이 가장 극적으로 증가한 곳은 중국과 인도이고 인도는 5백만 에이커가 넘는 경작지에서 이 기법을 사용하며 현재 이 부분 선두 주자로 올라섰다. 이스라엘 기업 난단NaanDan을 인수한 인도의 농업 대기업 제인 이리게이션Jain Irrigation은 현재 인도에서 가장 큰 점적 관수 기업이며, 네타핌은 인도에서 두 번째로 큰 점적 관수 기업이다.

　현재 부유한 국가에서든 가난한 국가에서든, 대부분의 정부는 물값이 공짜라고 할 수 있을 정도로 물 사용에 대한 보조금을 지급하고 있다.[11] 이런 보조금은 정부의 해당 재원에서만 지출되는 것이 아니다. 정부가 농장과 가정에 물을 공급하는 데 사용할 재원은 한정돼 있기 때문에 물 관련 보조금은 품질 보증을 위한 실험이나 신규 사회기반시설, 신기술 등 정부가 다른 곳에 지출할 재원까지 축내는 셈이다. 실질적으로 공짜나 마찬가지인 물을 공급하기 위한 재원은 일반적으로 그렇다 하더라도 항상 납세자의 주머니에서만 나오는 것은 아니다. 더 나은 물의 미래를 추구하는 데 사용해야 할 재원에서 나오는 경우가 많다(현재의 물 보조금 지급을 위해 물의 미래를 포기하는 셈이다).

물이 점점 더 부족해지면서 물 사용료는 가정용 수요를 관리하는 효과적인 수단이 될 것이며, 더욱 중요한 것은 농업용수 사용을 기능적으로 제한하기 위해 시장의 힘을 활용하는 방편이 된다는 점이다. 이스라엘의 경우처럼 일단 농민이 물 사용료를 부담하기 시작하면, 농민에게는 자신의 농장을 현대화하고 모든 기술을 동원해 물을 절약하며 품질 낮은 물을 정화할 동기가 생길 것이다. 다른 많은 변화 중에서도 사용료 부과는 전 세계가 담수 방식에서 점적 방식으로 광범위하게 전환하는 현상을 촉진할 가능성이 높다.

물 전문가인 유리 샤미르Uri Shamir 테크니온 공대 명예교수는 이런 말을 한다. "이스라엘은 몇몇 농업 혁명에서 중요한 역할을 해 왔습니다. 이스라엘 농업은 사용하는 민물의 양을 60% 줄였습니다. 이는 재배하는 작물과 채택한 관수 기법과 기술 발전에서 일어난 변화 덕분에 가능했습니다." 물 사용에 따른 비용 요인이 고려되기 시작하면서 낭비가 심한 담수 방식과 불합리한 작물 선택을 끝내는 데 도움을 주는 점적 관수 장비 구입은 더욱 의미를 갖게 될 것이다.

하지만 물이 시장 체제에 영향을 받게 된다는 이유와 별개로, 점적 관수는 풍족한 세상을 향한 도덕적 도전 과제인 생계형 농업의 빈곤 상태를 개선하기 위한 최상의 도구에 속하므로 세계에서 가장 빈곤한 지역에서 반드시 활용돼야 한다. 점적 관수를 활용하는 소규모 농장은 농업적 측면에서 번창할 수 있으며, 이렇게 향상된 수확량은 종종 심각한 빈곤 상태에서 벗어나는 데 필요한 경제적 발전으로 이어진다. "수십억 최하 계층"

의 삶을 개선하기를 열망하는 원조 제공 국가와 재단들의 노력과 함께 점적 관수 방식을 채택하는 행동은 오늘날 세계가 직면한 가장 어려운 도전 과제를 다루며 사람들의 삶을 광범위하게 개선할 것이다.

정부 보조금은 일반적으로 시장을 왜곡하는 경향이 있지만, 가난한 농민을 위한 기술 도입은 정부 자원을 물 보조금 지급보다 더 현명하게 사용하는 방법일 수 있다.[12] 인도 농민들은 점적 관수 방식을 채택하면 주 정부가 보조금을 지급하기 때문에 아주 광범위하게 이 방식을 채택했다. 이와 함께 식량 생산은 전반적으로 증가했으며 농민들의 수익도 늘어났다. 수자원 분배의 공평성 또한 더욱 향상됐다. 예를 들면, 인도 남서쪽 카르나타카Karnataka의 2만 9천 에이커에 달하는 지역에서는 동일 시스템에 속한 모든 농민이 같은 양의 물을 동시에 공급받을 수 있도록 점적 관수 방식의 물 흐름을 일정하게 맞추는 시스템을 사용하고 있다.

관수에 대한 수요가 점점 더 늘어나면서 담수 처리한 물과 여러 수질의 하수를 재생한 물, 염분이 섞인 화석수 또는 이 세 가지를 혼합한 물 등 다양한 수원을 이용해야 할 상황이 생기는데, 점적 관수는 이 모든 종류의 수원에서 제대로 작동한다. 여러 수질 순도에 맞춘 다양한 점적기가 개발된 덕분에 점적 관수에 사용할 수 없는 수원은 없다.

점적 관수는 또 원조 공여자가 세계에서 가장 가난한 사람들의 삶에 변화를 줄 수 있는 특별한 기회를 제공한다. 점적 관수 장비를 마련하려면 비용이 들기 때문에, 벤처 기부venture philantrophy* 에 관련된 많은 서구 자선 활동가뿐만 아니라 인도와 아프리카의 농

* 벤처 투자 기법을 기부에 적용하는 자선 활동. 금전적 지원뿐만 아니라 다양한 비非 재정적 지원까지 하는 '전략적 기부'로 투자 수익을 요구하지 않으며 소셜 벤처와 비영리단체에도 투자를 한다는 점에서 일반 벤처 투자와 다르다.

업 사업에 소액 융자를 제공하는 수많은 신규 자선 단체에 적합한 프로젝트가 될 수 있다. 저개발국가의 가나한 농부 대부분은 점적 관수 장비를 운영할 에너지원이 없다는 사실을 감안해 중력을 이용한 점적 관수 형태도 발명됐다. 소액 융자 제공 기관은 전 세계 수억 명에 달하는 생계형 농민에게 점적 관수가 어떻게 삶을 향상시킬 수 있는지 보여 주기만 하면, 이들이 점적 관수 시설을 위한 소액 융자 받기를 갈망하며 자신들의 늘어난 수확량에서 생긴 이익으로 상환하려는 현상을 보게 될 것이다. 사람들에게 물고기를 주는 대신 물고기 잡는 법을 가르치는 것이 장기적으로 그들에게 더 많은 도움이 된다는 말은 분명히 진리다.

네타핌의 지속 가능성 담당 최고 임원 나티 바락은 점적 관수가 세상을 개선할 최상의 방법이라 믿으며 이렇게 말한다.

"물에 대한 접근성은 인간의 권리이며, 우리는 이를 표현의 자유나 박해받지 않을 자유와 같은 인권만큼 중요하게 생각해야 합니다. 어쩌면 더 중요할지도 모르겠습니다. 물이 없으면 우리는 단 며칠도 더 살 수 없기 때문입니다."

나티 바락은 또 이렇게 덧붙여 말한다. "점적 관수 자체가 사람들에게 마시는 물과 위생에 필요한 물을 더 많이 주지는 않습니다. 하지만 전 세계에서 농업은 우리가 사용하는 물의 약 75%를 사용합니다. 약 10%만 식수와 요리, 청결 유지에 사용됩니다. 한 국가가 농업용수 사용을 점적 관수에서는 쉬운 목표인 15%만 줄이면, 절약한 물의 양은 사람들이 현재 사용할 수 있는 양의 두 배가 넘습니다. 이스라엘은 점적 관수 방식을 사용해 그 이상을 절약했습니다."

나티 바락은 "전 세계가 이스라엘을 실험실뿐만 아니라 영감을 주는 자로 여겨야 한다"며 이렇게 말을 맺는다. "사막 한가운데에 있는 우리 이스라엘이 할 수 있으면, 어느 누구라도 할 수 있습니다."

05 | 버려지는 하수를 물로 바꾸다

물은 부족하지 않습니다.

세상은 물로 가득 차 있지만,

대부분은 더러운 물입니다.

도전 과제는 이 물을 깨끗하게 만드는 것입니다.

— 산드라 샤피라(이스라엘 물 전문가)

이스라엘이 독립한 후 2년이 채 지나지 않은 1950년 정부 관리들은 당시로서는 엄청난 아이디어였던 하수를 활용해 이스라엘 작물 일부에 물을 대는 방안을 논의하기 시작했다. 비록 이 아이디어는 건강과 미학적 염려 때문에 곧바로 퇴짜를 맞았지만, 어쨌든 이에 대한 대화는 시작된 셈이었다.

새로운 수원을 끊임없이 찾아 나서야 할 상황에 직면한 이스라엘 정부 관리와 농민은 처음에 당했던 거절을 극복하고 수십 년간에 걸쳐 하수를 활용할 수 있는 농업 경제와 국가적 하수 처리 인프라를 구축했다. 이스라엘처럼 하수 재활용을 국가의 우선 과제로 삼은 나라는 없다. 이스라엘 전체 하수의 85% 이상이 재활용되고 있다. 현재 세계 대부분의 국가와 마찬가지로 미국에서조차 오수 재활용 비율이 무시해도 될 정도로 낮은 점을 감안하면, 앞으로 다가올 물 부족 국가에서는 농업을 비롯한 여러 용도에 쓸 중요한 신규 수원으로 고도 처리된 하수에 의지할 것이 거의 확실시된다.

한때 하수는 대부분 골칫거리였으며 심지어 환경오염의 원천이기도 했지만, 이제 이스라엘에서는 매우 건조한 지역을 위한 물 시스템과 유사한 가치로 여긴다. 그러므로 하수는 대단히 소중한 국가 자원으로 취급받는다. 지금 이스라엘 농민은 오히려 하수가 더 많았으면 하고 바랄 정도다.

하수는 싱크대나 샤워기, 목욕탕 또는 변기에서 흘러나오는 모든 것이 합쳐져 있다. 또한 대부분의 도시 거리에서 볼 수 있는 배수관을 타고 흘러내려간 빗물도 포함돼 있다. 하수는 민물 네트워크와 나란히 흘러가지만 민물과 절대 섞이지 않는 별도의 취수 및 분류 시스템으로 처리하는 것이 이상적이다. 최상의 상태는 수집한 모든 오수와 폐수를 강물에 흘러들어가기 전에 처리하는 것이며, 더 좋기로는 재활용하는 것이다. 하지만 일부 국가에서 미처리 하수는 처리되지 않은 채 하수가 생기는 원천에서 곧바로 호수나 강으로 흘러들어갈 뿐이며, 이는 강과 호수의 수역에 보건과 환경에 관련된 위험을 초래하고 그 아래의 대수층에도 악영향을 미친다.

인류 역사를 통틀어 사람들은 자신이 버린 오수와 폐기물 가까이에서 생활했으며, 종종 이들 때문에 병에 걸리기도 했다. 영국 마취과 의사 존 스노John Snow 박사가 오염된 우물을 1854년 런던에서 창궐한 콜레라의 원인으로 확인한 이후에야 비로소 오수와 식수를 분리하는 아이디어가 확립됐다. 스노 박사의 발견을 바탕으로 1858년 런던은 식수와 세탁과 다양한 가정용수로 사용할 수 있는 보다 깨끗한 상류의 물을 보호하는 한편, 악취가 일상생활을 방해하지 않을 정도로 충분히 멀리 떨어져 있는 템스강Tames River 하류 지역으로 오수를 보내기 시작했다.

이후 수십 년 동안 음료수와 생활용수 등으로 쓰는 상수와 하수를 구분하는 데 실패한 유럽 도시들이 더욱 심한 콜레라 전염병으로 고통받으면서 스노 박사의 추정이 옳다는 생각은 더욱 명백해졌다. 단순히 더러운 하수를 피하는 것만으로도 더 나은 삶의 질을 보장할 수 있을 뿐만 아니라 대규모 사망 사태를 막을 수 있다.[1] 이제 모든 곳의 도시들이 처리하지 않은 하수를 도시로 들어오는 식수원에서 멀리 떨어져 있는 강이나 바다로 보내기 시작했다. 이와 같은 중요한 깨달음 이후 하수 처리는 거의 1백 년 동안 같은 형태를 유지해 왔다.

제2차세계대전이 끝난 직후 주로 미국과 영국에서 하수를 버리기 전에 처리하는 아이디어가 확립됐지만, 그 동기는 환경오염에 대한 염려나 막 시작한 환경 보호주의에서 비롯된 것이 아니었다. 오히려 하수에 오염된 강물이 예전에 콜레라를 전염시켰던 경우처럼 처리하지 않은 하수가 소아마비를 유발한다는 잘못된 믿음에 따른 대응에서 나왔다. 소아마비에 대한 인과 관계는 발견되지 않았는데도 1950년대에 이르러 하수 처리는 현재의 기준에서 보면 원시적 형태이기는 하지만 도시 생활의 필수적인 부분으로 여겨졌다. 하수 처리 실행은 전후 각국이 번영을 이루고 정부 서비스가 전면 확대되면서 전 세계적으로 늘어났다. 오늘날 전 세계에는 10만 개 이상의 하수 처리 시설이 있다.

초기에 하수 처리는 두 과정으로 구성됐다. 먼저 물이 처리 센터 입구에 설치된 일련의 필터를 통해 흐르는 동안 쓰레기와 폐기물 잔해 같은 큰 물체를 걸러 내는 사전 처리 과정을 거친 후 1차 처리 과정이 시작된다. 이때 갈색을 띠고 악취를 풍기며 여전히 물 상태인 하수는 대형 탱크로 보내지고, 그곳에서 오수에 남아 있는 고체와 반고체 형태의 유기물이 중력 작용에 의해 탱크 밑바닥에 가라앉는다. 슬러지라고도 부르는 이 유기물을 탱크에서 제거한 후 주로 밀봉된 자루에 담아 쓰레기 매립지에 버린다. 그러고 나서 여전히 꽤 오염된 남아 있는 물은 전용 송수관을 통해 강이나 바다로 배출한다.

얼마 지나지 않아 1차 처리 과정에서도 걸러지지 않고 하수 속에 남아 있는 용해된 유기물이 수로의 산소 결핍 현상을 일으킨다는 사실이 밝혀졌고, 그에 따라 또 하나의 처리 과정이 추가됐다. 1차 처리 후, 이로운 박테리아와 많은 양의 산소가 혼합된 물질을 유기물이 섞인 물에 추가했고, 그러고 나면 하수에 남아 있던 인간의 배설물과 음식 찌꺼기 조각, 샤워 때 떨어져 나온 피부 각질과 같은 유기물을 이로운 박테리아가 먹어 치운다. 이렇게 온도가 적당하고 산소가 풍부한 환경에서 배를 잔뜩 채우고 몸무게가 무거워진 박테리아는 1차 처리 과정에서와 마찬가지로 탱크 바닥으로 가라앉고, 그곳에서 밖으로 배출된다.

이 2차 처리 과정에서 유기물 대부분이 제거되지만, 바이러스와 또 다른 유해물질이 하수에 여전히 남아 있을 수 있다. 게다가 악취는 여전히 남아 있어 2차 처리 과정을 거친 하수가 여전히 안전하거나 깨끗하지 않다는 사실을 알아야 할 사람들에게 알려 준다. 그럼에도 2차 처리한 오수는 수질이 이전보다 많이 좋아졌으며, 1차 처리 과정을 거친 오수와 마찬가지로 강과 바다로 배출된다.

1970년대 환경 문제에 관한 관심이 점점 늘어나면서 추가 처리 과정을 설치할 여력이 있는 국가와 지방 도시들은 3차 처리 과정을 도입했다. 이 과정은 바다나 강으로 배출하기 전에 하수를 염소나 자외선 복사, 또는 다른 수단으로 안전하게 소독 처리한다. 이런 과정을 통해 이제 하수가 깨끗해졌지만, 처리된 하수는 대부분 기회가 아니라 여전히 쓰레기처럼 골치 아프고 없어져야 할 사회적 비용으로 여겨졌다.

다른 국가들과 마찬가지로 이스라엘도 처음에는 하수를 처리하지 않은 채 내다 버렸다. 텔아비브와 연안 도시 거주자가 버리는 하수를 위한 전용 송수관이 건설돼 있었다. 이 송수관은 지중해로 약 800m 들어간 지점까지 연결돼 있으며 이곳을 통해 오수는 수면 3~5m 아래로 분출됐고, 조류의 영향으로 분명히 먼 바다나 해저로 흘러 나갈 것으로 생각됐다. 이스라엘의 내륙 도시들은 오수를 지중해로 내보내기 위해 인근 강에 의존했다. 이 시스템을 디자인한 엔지니어들의 최상의 희망에도 불구하고 조류 변화 때문에 때로는 엄청난 양의 하수가 연안으로 밀려들어 이스라엘 해변을 더럽히며 이스라엘 초기 관광산업을 위태롭게 했다.

1956년 텔아비브 지역의 일곱 개 지방자치 도시로 구성된 단 지역Dan Region은 이스라엘 전체 인구의 약 3분의 1을 차지했으며 배출하는 오수 비율은 그보다 더 높았다. 단 지역에서 나오는 모든 오수를 한데 모아 거대한 송수관을 통해 텔아비브에서 남쪽으로 약 13km 떨어진 사람이 거의 살지 않는 구역으로 보내겠다는 결정이 내려졌다. 그곳에서 단 지역의 오수는 "단 지역 오수"를 뜻하는 히브리어의 머리글자를 딴 샤프단Shafdan이라는 시설에서 처리될 예정이었다. 예산과 공학 기술상의 문제 때문에 이 프로젝트는 처음 예상보다 완성하는 데 더 오래 걸렸으며 1973년에 이르러서야 지역 내 모든 자치 도시의 오수를 처리할 수 있었다.

오수 처리 시설 건설이 정교했던 만큼, 시설이 완성됐을 때 확신은 없었지만 샤프단에서 처리된 오수 일부가 농업용수로 쓰일 수도 있다는 희망이 생겼다. 하지만 어느 누구도 샤프단이 얼마나 완벽하게 이스라엘의 물 공급 수준과 네게브 사막 지역의 농업과 경제 개발상황을 바꾸어 놓을지 예측할 수 없었다.

새로운 물 공급 원천

샤프단에서 남쪽으로 8km 떨어져 있으며 지중해에서 가까운 내륙에 있는 모래 언덕의 지하 30여m 지점에 대수층이 형성돼 있다. 새로운 하수 처리 방법을 모색하고 하수를 바다에 내다 버리는 당시의 흔한 방식에서 근본적으로 벗어나기 위한 계획을 수립하는 과정에서 1950년대 말 이스라엘 정부의 지리학자와 수리학자들은 2차 처리 후에도 여전히 오염돼 있는 하수를 깨끗하게 만드는 데 고운 모래가 추가 필터 역할을 할 수 있지 않을까 생각하기 시작했다. 당시의 전형적인 처리 시설처럼 샤프단은 하수의 1차와 2차 처리 과정을 위해 설립됐지만, 3차 처리 과정이 제공하는 높은 수준의 안전성과 순도까지 하수를 처리할 역량은 부족했다.

모래 필터가 제대로 효과가 있을지 확인하는 데에는 위험이 따랐다. 만약 대수층으로 스며들어 갈 하수가 부분적으로 처리되어 바이러스와 건강에 해로운 미세입자가 남아 있는 채로 6개월에서 1년 동안 모래 속을 돌아다니면 지하수 저수지는 오염될 위험에 놓이고 이 대수층에서 나온 물은 식수나 수영하는데 적합하지 않을 수도 있었다. 하지만 모래를 이용한 여과 과정이 제대로 효과를 발휘하면 모래 언덕은 샤프단에서 매일 처리하는 방대한 양의 하수를 화학제품을 쓰지 않고도 대규모로 처리

하는 방안을 제공할 수 있었다.[2]

이스라엘 엔지니어들은 모래가 처리 수단으로서 적절한 효과를 발휘하면 기대할 수 있는 몇 가지 혜택을 인식했다. 첫째, 거대한 신규 하수 처리 시설을 건설하지 않아도 된다. 둘째, 모래를 사용해 정화하고 나면, 처리 과정을 통해 얻은 많은 양의 물은 대수층에 저장되고, 필요에 따라 끌어 올려 사용할 수 있기 때문에 이런 물을 저장하기 위한 저수지를 만들 필요가 없어진다. 하지만 더욱 중요한 것은 이렇게 처리된 물이 농업 관수용으로 사용될 수 있다는 점이다.

처리 과정의 모든 부분은 대담한 생각이 필요했으며 상당한 비용이 들어가는 경우가 많았다. 단 지역의 7개 도시와 이후에 합류한 18개 도시와 마을 모두가 하수를 지역 내 처리 시설로 합치는 데 동의하게 만들고 거대한 하수 처리 공장을 건설하는 것 자체만 해도 엄청난 과제였다. 세 번째 처리 과정을 거치며 높은 품질로 재생된 물을 얻기 위해 모래 대수층 처리SAT: Sand Aquifer Treatment로 불리는 처리 과정을 시도하려는 결정은 흔히 알려진 과학적, 공학적 지혜에 도전하는 것이었다. 가장 눈에 띄는 점은 깨끗한 물로 이뤄진 대수층을 특별한 처리 과정을 거친 하수로 가득 찬 대수층으로 전환하려는 결정이 정부와 공익사업 공기업들이 거의 선택하지 않는 학습된 위험이라는 사실이었다. 기존의 수원을 더 이상 잃을 여력이 없는 이스라엘과 같은 국가에서 이와 같은 위험을 감수하겠다고 나선 것은 더욱 놀랄 만한 일이었다.

샤프단에서 일하는 엔지니어들이 직면한 이와 비슷한 또 다른 도전은 처리 후 대수층에 담긴 물이 근처에 있는 민물 대수층으로 절대 흘러들어 가지 못하게 하는 것이었다. 저장 구역에 담긴 처리된 물의 양을 지속적으로 모니터링해야 했으며, 이 대수층을 관측하고 관리할 목적으로 주변부에 특수 우물을 파야 했다. 하수를 처리한 물로 가득 찬 대수층으로 바꾸는 결정은 민물 대수층 하나를 잃는 것과 마찬가지였으며, 이스라엘은 더 많은 민물 대수층을 잃을 수 없는 형편에 놓여 있었다.

샤프단의 계획 수립과 실험이 진행되는 동안 농무부의 유력한 고위 관료 다비드 요게브David Yogev는 모래 대수층 처리 과정을 거치지 않고, 샤프단과 이스라엘 내 다른 지역의 하수 처리 시설에서 2차 처리 과정만 거친 물도 농업용수로 사용될 수 있다고 주장하기 시작했다. 하지만 다른 정부 부처 두 곳은 이 주장에 동의하지 않고 우려를 표명했다.

보건부는 2차 처리만을 거쳐 완벽하지 못한 오수에 남아 있는 유독성 물질을 흡수한 작물을 염려했다. 보건부 소속 과학자들은 작물에 흡수된 유독성 물질이 사람들에게 전달될 수 없다는 사실을 분명히 확인하고 싶어 했다. 마찬가지로 재생한 오수를 공급받은 작물이 가축 사육에 사용된다면 유해 요소가 달걀이나 우유 또는 동물 고기에 절대로 함유되지 않는다는 확신이 필요했다. 이런 염려에 대응한 광범위한 실험을 거친 후 초기에는 목화와 같은 먹지 못하는 특정 형태의 작물만 덜 완벽한 처리 과정을 거친 오수로 관수할 수 있다는 데 합의했다.

환경보호부(당시에는 '환경의 질 관리부'로 불렸다)는 다른 종류의 염려를 했다. 처리된 오수가 식용으로 절대 쓰이지 않는 산업용 작물에 사용된다 하더라도, 부처 소속 과학자들은 이스라엘의 우물과 지하수에 전혀 영향을 미치지 않는다는 사실을 분명히 확인하고 싶어 했다. 잠재적으로 유해한 미세 입자를 여전히 함유하고 있는 물을 작물에 공급했을 때, 눈에 보이지 않는 독소가 토양 속으로 스며들어가 작물 아래쪽에 있을지도 모를 대수층을 훼손하지는 않는지 확인하기를 원했다. 이렇게 주의를 기울지 않으면 처리된 오수의 무분별한 사용이 이스라엘의 중요한 지하수 대부분을 위태롭게 할 수도 있었다. 환경보호부는 수질이 서로 다른 처리된 하수를 어느 곳에서 사용할 수 있는지 정확히 보여 주는 상세한 지도를 개발했다. 대수층이 위험에 처할 수 있는 곳에서의 사용에 대한 엄격한 지침도 개발됐다. 농민들은 모든 종류의 처리된 물 사용을 위해 특별 허가를 받아야 했지만, 많은 정부 관리는 농민들이 지나친 관수 지침을 제대로 따를지 알 수 없어 오래전부터 염려를 표시해 왔었다.

하지만 모래 대수층 처리는 완벽한 세 번째 처리 과정으로 증명되며, 모든 사람들이 한시름 놓을 수 있게 했다. 6개월에서 1년에 걸쳐 모래를 통과하며 대수층으로 흘러 들어가는 동안 모든 불순물은 걸러졌으며 수질은 매우 뛰어났다. 농업용수의 새로운 수원을 찾겠다는 농무부의 희망은 이뤄졌으며, 다른 정부 부처의 오염에 관한 염려는 근거 없는 것으로 밝혀졌다. 시간이 흐르면서 교육과 재정적 지원을 받을 뿐만 아니라 처리된 하수라는 사실에 둔감해진 농민들은 이 새로운 수원에 감사하기 시작했고, 궁극적으로는 의존했다.

그 이후 지름이 1.8m, 길이가 80km에 달하는 전용 송수관이 샤프단 물 저장 구역에서 네게브 사이에 건설되며 네게브 지역 농민들에게 새로운 수원을 제공했다. 처음에는 샤프단에서 송수한 물을 사용할 수 있는 작물 종류에 제한이 있었지만, 몇 년에 걸친 실험 끝에 샤프단 물은 민물처럼 마음대로 사용할 수 있게 허용됐다. 오늘날 샤프단에서 보내는 물은 식수를 제외한 모든 용도에 사용될 수 있다.[3]

샤프단은 두 시설이 하나로 합쳐진 것이었으며, 지금도 그렇다. 중동에서 가장 규모가 크고 기술적으로 발전된 하수 처리 시설인 샤프단은 이스라엘 강과 해안의 환경 오염을 두고 점점 더 커지는 공공의 염려를 다뤘다. 하지만 샤프단은 이스라엘의 하수 처리와 농업에서 재생한 물의 역할을 다시 생각하게 만드는 다른 기능도 수행했다. 샤프단이 생긴 이후 이스라엘의 모든 지방 자치 도시는 각 도시에서 나오는 하수를 국가 개선의 자원으로 보기 시작했으며, 심지어 물 관련 사회기반시설의 비용을 낮추는 수단으로 생각하기도 했다. 그리고 농민들이 더 이상 물 배급을 놓고 서로 아웅다웅할 필요가 없어지면서 농업 방식도 바뀌었다.

현재 이스라엘은 하수의 95%를 처리하고 있으며, 나머지 5%는 정화 시스템을 거친다. 메코로트에서 하수와 재생된 물 담당 임원인 아비 아하로니Avi Aharoni는 이렇게 말한다. "이스라엘이 그렇게 많은 양의 하수를 처리하면서 하는 모든 일은 전 세계 다른 선진 국가와 크게 다르지 않습니다. 다른 국가와 차이 나고 훨씬 뛰어난 점은 이스라엘이 처리된 물을 생산적인 용도로 활용하는 수준입니다."

이스라엘은 전국 단위의 하수 처리 전용 취수 및 공급 기반 시설을 활용하며, 농민들은 처리된 물의 약 85%를 자신의 작물 재배에 사용할 수 있다. 이스라엘의 재생 하수 일부는 강의 수량을 늘려 강 상태를 건강하게 유지하는 용도로 사용되기도 한다. 또한 3차 처리 과정을 거친 하수를 산불 진화에 사용하는 계획도 수립됐다. 이스라엘 농장들은 여전히 많은 양의 민물을 사용하고 있지만, 처리된 하수는 이제 전국 농업용수의 약 3분의 1 또는 모든 용도에 사용된 물의 약 20%를 차지한다. 모두 합쳐 매년 1천억 갤런(약 3,780억 리터) 이상이 재사용되고 있다. 국가 목표는 앞으로 몇 년 이내에 재사용 비율을 90%로 끌어올리며 이스라엘에서 나오는 하수를 보다 많이 재사용하는 것이다. 다른 국가와 비교해 보면, 스페인의 재생 하수 활용률이 25%로 세계에서 두 번째로 높으며, 미국처럼 가장 부유한 국가의 재사용 비율은 10%에도 미치지 못한다. 높은 수준으로 정제된 물이 오늘날 이스라엘에서 활용되는 방식과 비슷하게 세계 곳곳의 작물 재배에 사용되는 것은 이제 시간문제일 뿐이다.

재생수는 이스라엘의 물 사정에 전환을 가져왔다. 점적 관수와 가뭄에 강한 특수 개량종자의 역할과 마찬가지로 철저히 처리된 하수는 강우량의 많고 적음에 상관없이 이스라엘이 식량 자급자족을 이룰 뿐만 아니라 주요 농업 수출국이 될 수 있게 하며 이스라엘 농업의 전망을 바꿔 놓았다.[4]

이스라엘 농업을 구한 오수 처리 사회기반시설

새로운 물 공급원을 확보하려고 빗물을 모으는 것은 의외로 비용이 많이 들고 비위생적인 방법이다. 빗방울은 땅에 닿기 전까지만 깨끗함을 유지한다. 땅에 떨어진 빗방울이 모여서 흐르기 시작하면, 특히 자동차와 트럭의 배기관에서 나온 기름과 그을음을 비롯한 다양한 오염 물질이 빗물에 섞인다. 이스라엘의 경우, 해변과 사막에서 날아온 방대한 양의 모래와 작은 자갈들도 빗물에 섞여 이동하면서 빗물의 수질 문제를 더욱 심각하게 만든다.

비록 적절한 비용으로 빗물을 정제할 수 있다 하더라도, 빗물은 여전히 신뢰할 만한 수원이 아니다. 어느 해에는 저장 가능한 용량을 넘는 너무 많은 비가 내릴 수 있으며, 농민들이 필요한 양보다 적은 비가 내리는 경우가 여러 해 동안 이어지는 더욱 염려스러운 상황도 발생할 수 있다.

재생 하수는 변덕스러운 기후와 강우량에 의존하기 않기 때문에 보다 신뢰할 수 있으며, 재생 하수를 생산하는데 필요한 모든 인프라를 감안하더라도 궁극적으로는 재생 하수가 더 저렴하다.

이스라엘은 빗물을 모아 저장하는 시설을 여전히 활용하고 있다. 하지만 이 시설들은 대부분 1980년대에 만들어졌으며 최근에는 신규 시설이 건설되지 않았다. 매년 실제로 확보한 빗물의 양보다 더 중요한 것은 이 시설들을 통해 이스라엘이 물 저장, 특히 처리된 하수 저장에 필요한 저장소 네트워크 건설에 관한 고도의 전문성과 노하우를 구축할 수 있었다는데 있다. 처리된 하수를 저장하기 위해 1995년 이스라엘 곳곳에서 건설되기 시작한 수백 개의 물 저장소는 이제 샤프단을 비롯한 전국 하수 처리 시설에서 방출하는 재생 하수를 저장하는 복합적이고 다면적인 시스템의 매우 중요한 부분을 차지한다.

유대민족기금JNF: Jewish National Fun의 이스라엘 내 물 관련 사회기반시설 구축 프로젝트를 관리 감독하는 엔지니어인 요시 슈라이버Yossi Schereiber는 이렇게 말한다. "1980년대에 이르자, 재활용하는 물이 없으면, 당시 실행하던 농업을 이스라엘에서 더 이상 할 수 없을 것이라는 사실이 더욱 분명해졌습니다." 이에 따라 샤프단 시설에서 한 걸음 더 나아가 이스라엘 내 모든 도시와 소도시, 마을이 하수를 처리한 뒤 농업용수로 재사용하도록 만들려는 결정이 내려졌다. 이를 두고 슈라이버는 이렇게 덧붙여 말한다.

"하지만 이 결정을 곧바로 실행할 수는 없었습니다. 새로운 기술을 개발하고 전국적으로 신규 인프라를 구축하며 이렇게 규모가 큰 신규 시스템 건설에 필요한 막대한 자금을 마련하는 일을 포함한 일련의 과정이 확립돼야 했습니다."

각 가정에서 전국 곳곳에 있는 처리 시설로 연결된 하수 송수관과 별도로 처리된 하수를 저장 시설로 운반할 새로운 송수관이 구축돼야 했고, 그러고 나서 저장된 물을 경작지로 보내기 위한 또 다른 신규 송수관이 추가로 필요했다. 이 물이 경작지에 항상 언제라도 도착할 수는 없지만, 농민이 필요로 할 때에는 사용할 수 있어야 했다. 게다가 이스라엘의 하수 처리 시설들에서 처리된 물의 수질이 일정하지 않았기 때문에, 각 처리 시설에서 재생한 물을 특정 작물이나 관수 지역에 따라 구분해 저장하는 저장소별 성격과 일치시켜야 했다.

하수는 매일 거의 비슷한 양이 생성되지만, 농민들은 자신이 재배하는 작물에 따라 한 해 중 특정 시기에만 물이 필요하다. 작물을 심고 물을 대는 시기가 계절별로 다르기 때문에, 재생수 저장소의 전국 네트워크는 이스라엘 전체의 유사한 물 관련 인프라 중에서 중요한 역할을 담당했다.

이스라엘과 이스라엘 농민과 협력 관계를 맺은 유대민족기금JNF의 미국 지부와 유대인 거주국의 다른 지부들은 지역 내 기부자에게서 이스라엘 물 저장소 건축에 필용한 전체 비용의 30~50%를 지원하기 위한 기금을 조성했다. 나머지 건축 비용은 이스라엘 정부와 유대민족기금 이스라엘 사무소, 이스라엘 농민의 물 협동조합에서 제공했다.

이스라엘이 점점 더 부강해지는 국가이기는 하지만, 국가 전체의 인프라 스트럭처를 주기적으로 재정비하는 데 필요한 초기 비용은 국가가 감당할 수 있는 한도를 넘어섰으며, 특히 여전히 계속되는 국방 부담을 감안할 때는 더욱 그렇다. 세계 곳곳의 개발도상국은 물 관련 사회기반 시설을 건설할 때, 미국 국제개발처USAID: United States Agency for International

Development와 같은 정부 기관과 이와 유사한 유럽의 지원 기관에서 지원을 받는 반면, 이스라엘에 대한 미국의 지원은 구체적으로 이스라엘의 군사와 안보에 필요한 사항만을 대상으로 하기 때문에 물 관련 사회기반시설에는 사용하지 못할 수도 있다.[5]

이스라엘의 물과 농촌 개발, 산림 관리, 환경 프로젝트에 대한 JNF의 국제적 지원은 이스라엘인의 삶의 질에 큰 영향을 미치고 있으며, 특히 인구가 밀집된 국가 중심부에서 벗어난 외곽 지역의 삶을 크게 변화시켰다. 이스라엘에서 아직 완성되지 않은 물 재생 시스템의 확장은 지금도 계속되고 있는 JNF의 노력과 지원자들의 후한 마음이 없었더라면 완성하는 데 더 많은 시간이 걸렸을 것이다.

관리만 적절히 하면 이 물 저장소들은 수십 년 동안 사용할 수 있지만, 비용이 많이 든다. 예를 들면, 일 년에 8억 갤런의 물이 들어오고 나갈 수 있는 저장소 1개를 건설하는데 약 1천만 달러의 비용이 필요하다. 이스라엘에는 이미 다양한 저장 용량의 저장소 230개가 있으며, JNF는 현재 담수화 기반시설에 대부분 집중돼 있는 정부 기금에서 저장소 확장에 필요한 부응 기금Matching fund*이 마련되는 대로 저장소 40개를 추가로 건설할 계획이다.

빗물과 달리 하수는 일정하고 신뢰할 수 있으며 예측 가능하다. 건설에 따른 모든 비용이나 혼란과 별도로 정부는 물 재생 국가 프로젝트를 완결하기 전에 재생된 모든 물의 사용자가 있는지 분명히 할 필요가 있었다. 이를 두고 JNF의 요시

* 매칭 펀드라고도 하는데, 여기서는 JNF의 지원금에 부응하여 정부가 별도로 마련한 기금을 말한다. 경영 분야에서는 같은 목표를 달성하기 위한 참여자(기업)의 공동 출자를 뜻하기도 하여, 재정 분야에서는 중앙 정부가 지방자치단체나 민간에 예산을 지원할 때 해당 단체의 출연 기금에 상응하는 예산을 배정하는 방식을 말한다.

슈라이버는 이렇게 설명한다. "농민은 처리된 물 사용에 따른 혜택을 교육받아야 했습니다. 처음에 농민들은 재생수 사용을 매우 꺼렸습니다."

농민들은 이스라엘이 건국한 첫날부터 농무부 물 계획 부서에서 민물을 할당받아 왔다. 히브리어로 '달콤한' 물이라고 부르는 민물을 얻을 수만 있으면 재생된 물을 원하는 농민은 아무도 없었다. 하지만 농민들에게 자신의 민물 할당량을 사용하지 않을 때마다 그 할당량의 1.2배에 해당하는 재생수를 할당하겠다는 프로그램을 통보하자, 끊임없이 물을 갈망하는 농민들은 이 프로그램에 참여하기 시작했다. 농민들은 또한 재생된 물을 크게 할인된 가격에 공급받을 수 있어 재생된 물로 바꿀 만한 동기가 더 많이 생겼다. 그리고 재생된 물 대부분의 원천 덕분에 재생수에는 질소 성분이 다량 들어 있어 이 물을 공급받는 농민들은 비료 비용을 절약할 수 있었다.

하지만 재생된 물로 바꾸게 만드는 최상의 장려책은 직접적인 재정 혜택이 아니었다. 바로, 매년 변하는 강우량과 달리 재생할 수 있는 하수의 양은 일정하며 신뢰할 수 있고, 예측 가능하다는 사실이었다. 매년 할당량이 요동치고 농민들 각자가 그 고통을 고스란히 떠안아야 하는 민물과 달리, 농민에게 약속한 재생수 연간 할당량은 변하지 않기 때문에 농민들은 재생수에 확실히 의존할 수 있었다.

이전에는 재생된 물을 자신의 경작지나 과수원에 사용하는 것에 대해 의구심을 품는 농민들이 있었지만, 지금은 어떤 이스라엘 농민도 그러지 않는다. 농민에게 물을 할당하는 업무를 관장하는 농무부 관리 타니브 로페Taniv Rophe 박사는 이렇게 말한다. "현재 재생된 물의 수질이 정말 좋고 가격은 매우 낮아 농민들이 끊임없이 재생수 할당량을 늘려 달라고 우리에게 요청할 정도입니다."

앞서 농민들에게 민물을 공급받으면 아무런 할인 없이 시장 가격 그 대로를 지불해야 한다고 통보했던 것처럼, 이스라엘은 수요와 공급의 법 칙에 따라 재생된 물의 가격을 올리기 시작했다. 로페 박사는 "농민들이 다른 모든 비용을 감안하는 것처럼 물 비용도 고려해야 한다"며 이렇게 덧붙여 말한다. "보조금이 없어지면서 농민들은 작물 선택을 보다 현명하 게 하고, 혁신적인 관수 기술을 활용해야 하며, 무엇보다도 물을 더욱 효 율적으로 사용해야 합니다."

점점 줄어드는 하수 배출량

대수롭지는 않지만, 이스라엘은 여전히 하수에 관련된 문제가 있다. 매년 만들어지는 모든 재생수를 소비할 거대 시장이 형성되고 있지만, 하수 공 급량은 인구가 늘어나는데도 줄어들기 시작했다. 간단히 설명하면 이스 라엘에서 나오는 하수량은 예전보다 줄어들고 있다.

이스라엘은 오래전부터 물을 효율적으로 사용하는 국가였다. 아이들 은 샤워 시간을 줄이고 비누칠을 하는 동안에는 물을 잠그라고 학교에서 배운다. 심지어 유아 대상 위생 교육과정 중에 이를 닦는 동안 수도꼭지 를 잠그라고 가르치는 부분도 있다. 하지만 가정의 물 절약을 문득 떠오 르는 생각에만 맡겨 두지는 않는다. 모든 가정은 수도꼭지에 유량 제한 장치를 의무적으로 설치해야 한다.

더욱 중요한 것은 이스라엘이 세계에서 처음으로 이중 물내림 변기 를 의무적으로 채택하는 국가라는 사실이었다. 이 장치는 이스라엘에서 발명한 것으로 알려져 있다. 이스라엘의 키부츠 기업인 플라손Plasson은

1973년부터 플라스틱 변기를 생산해 왔다. 1980년대에는 변기의 물내림 양을 다양하게 조절하는 기발한 아이디어로 특허를 받은 벤구리온대학교 교수에게서 그 특허를 구입했다. 플라손은 몇 년에 걸쳐 이 아이디어를 개발한 뒤 정부에 제시했다.

플라손의 대표를 역임한 사울 아쉬케나지Shaul Ashkenazy는 이중 물내림 변기 설치를 의무화해 달라고 정부를 설득하는 일은 어렵지 않았다고 말하며, 이렇게 덧붙인다. "가정용수의 약 35%가 변기 물내림에 사용됩니다. 이중 물내림 변기를 설치하면 가정은 변기로 흘러내려가는 물의 절반을 줄이며 가정에서 사용하는 민물 양의 20%까지 절약할 수 있습니다. 이스라엘 전체 가정에 있는 변기 수와 이렇게 절약한 물내림 양을 곱해 보면 상당히 많은 양입니다." 이 규정이 가정에만 적용되는 것은 아니다. 플라손에서 생산한 장치든 다른 형태든, 이중 물내림 변기는 이스라엘 내 모든 사무실과 식당, 호텔 또는 공공시설에 의무적으로 설치돼야 했다. 이스라엘 물관리청은 이중 물내림 변기와 같은 혁신 하나 덕분에 이스라엘에서 매년 1인당 약 1700갤런, 국가 전체적으로는 약 135억 갤런의 물을 절약하는 것으로 추정한다.

물 절약에 관한 소비자 교육은 비록 최근 이스라엘에서 풍부해진 물 덕분에 교육을 위한 노력과 정부 매체의 광고 비용 지출이 줄어들기는 했지만, 오래전부터 어디에서나 흔히 볼 수 있는 일이었다. 모든 이스라엘인들은 광범위한 지역에서 보이는 "물 한 방울도 소중하다"라는 광고 문구에 매우 익숙하며 이는 문자 그대로 "물 한 방울을 낭비하는 것도 유감스러운 일이다"라는 뜻으로 해석된다. 또한 슈퍼모델 바 라파엘리Bar Refaeli를 포함한 이스라엘 유명인들의 얼굴이 물 부족으로 바싹 말라가고

갈라지는 모습을 보여 주며 "이스라엘이 말라가고 있습니다"라는 슬로건을 내건 캠페인의 TV 광고 시리즈도 자주 접할 수 있다.

교육이나 이중 물내림 변기보다 소비자의 물 사용량을 크게 줄인 방법은 물 가격을 자유 시장 체제에 맡기는 것이었다. 사람들은 특히 물 가격 때문에 잔디밭이나 정원을 야생 식물이 가득한 마당으로 그냥 두거나 가정용 목재 데크로 교체하고 뒤뜰의 잔디밭 면적은 더욱 작게 만들며 물 소비량을 줄였다. 이스라엘 가정에 있는 거의 모든 관목과 나무는 물을 절약하기 위해 간단한 점적 관수 시스템에 연결돼 있다. 더 나아가 공원의 조경 대부분은 재생된 물로 관수를 한다.

정원에 뿌리는 물이 가정 내 배수관을 타고 흘러나가는 물의 양에 전혀 영향을 미치지 않지만, 담수화 덕분에 물이 풍부해진 상황에서도 사람들이 최소한 지금까지는 가정의 안팎에서 물을 조심스럽게 사용하려는 태도는 전체 국민의 사고방식이 반영된 것이다.

물내림 양이 적은 변기와 다양한 물 절약 가정용 기기는 절약을 향한 지속적인 노력과 더불어 이스라엘의 하수로 흘러들어가는 물의 양이 이전보다 줄어드는 결과로 이어졌다. 이렇게 줄어든 하수 공급량은 농민과 정부의 물 할당 담당자를 괴롭게 했지만, 처리 시설이 덜 마모되는 것을 넘어 줄어든 공급량 자체만으로도 경제적 혜택이 있었다. 이스라엘의 미처리 하수는 세계 선진국에서 발생하는 오수 중에서 가장 희석이 덜 됐고 이물질 밀도가 높기 때문에, 보통 다른 국가들과 특히 미국에서 일반적으로 배출되는 많이 희석된 하수의 경우처럼 처리하지 않아도 될 하수까지 과도하게 처리할 필요가 없어 이스라엘 하수 처리 시설의 운영 효율성은 매우 높다.

화장지마저 재활용하다

스마트한 환경 친화적 정책의 일부분으로 전 세계에서 실행되는 지속 가능한 개발과 마찬가지로 이스라엘은 하수를 가능한한 에너지 효율적으로 처리하려고 노력하며, 처리 과정에서 부산물로 나오는 천연가스를 모아 처리 시설을 운영하는 데 사용한다. 이와 같은 바이오가스는 이미 샤프단을 비롯한 여러 하수 처리 시설에 필요한 에너지의 60%를 공급하고 있다. 목표는 5년 이내에 처리 시설 자체에서 생성된 에너지만으로 처리 과정을 운영하는 것이다. 그러려면 앞으로 에너지 사용을 줄이고 하수 자체와 하수를 처리하는 과정에서 사용 가능한 에너지를 더 많이 찾아내야 한다.

에너지 절감을 추진하는 물 기술 관련 이스라엘 기업들이 점점 더 늘어나고 있다. 이스라엘이 과학 기반의 다양한 혁신 분야에서 글로벌 선두 주자로 자리 잡은 것처럼, 하수 처리 분야에서도 다수의 흥미로운 아이디어가 탄생하며 이를 바탕으로 한 기업들이 이스라엘에서 설립됐다.

에이탄 레비Eytan Levy는 오수 처리 분야에서 가장 많이 언급되는 기업 두 곳을 공동 설립했다. 이스라엘의 MIT로 불리는 테크니온 공대 출신의 화학 공학 기술자인 레비는 이 주제를 놓고 얘기할 때면 매우 들뜬 상태에 빠진다. 그는 중간중간에 하수에 관한 흥미롭고 재미있는 역사적, 과학적 얘기를 곁들이기도 한다. 레비가 처음 설립한 기업 아크와이즈Aqwise는 저렴하지만 내구성이 강하고 레고 블록보다 그리 크지 않은 플라스틱 부품을 사용해 생물학적 2차 처리 과정에 필요한 박테리아를 가두어 두는 방법을 알아냈다. 이를 통해 처리 탱크 속에 존재하는 박테리아의 밀도를 높임으로써 같은 전력량을 사용하더라도 2~3배 많은 양의 하수를 처리할 수 있다. 하수 운반에 미국 전체 전력 사용량의 약 2%가 사용되고, 2차 처리 과정 동안 박테리아에 공기를 공급하는 데에만 전력 사용량의 또 다른 2%가 소비된다는 사실을 감안할 때, 2차 처리 과정의 효율성을 높일 수 있는 역량은 재무적 수익과 환경적 이득의 두 측면에서 곧바로 효과를 나타낼 수 있다. 예산이 부족하고 공간이 제한된 공동체가 신규 처리 시설을 더 많이 건설할 필요가 없다는 점도 이에 못지않게 중요하다.

레비가 두 번째로 설립한 기업 에메프시Emefcy는 첫 번째 기업과 비슷하게 효율성을 높일 뿐만 아니라, 이로운 박테리아의 사체를 포함한 활성 슬러지의 양을 줄이는데 초점을 맞춘 제품을 보유하고 있다. 레비의 기업이 실행하는 과정은 박테리아에 속임수를 써서 박테리아가 유기 물질로 배를 채운 뒤 서로를 잡아먹게 만들어 처리 과정이 끝난 후에 남아 있는 박테리아 수를 줄여 준다. 이는 매립지로 운반해야 할 부산물이 줄어드는 결과로 이어지며, 그 자체만으로도 에너지와 환경적 측면에서 혜택을 얻을 수 있다.

보다 높은 가치 중의 하나는 에메프시의 처리 과정이 하수에 공기를 공급하는 새로운 방식을 활용해 에너지 소비를 90%까지 줄일 수 있다는 것이다. 이 방식은 하수 처리 과정과 관련이 없는 에너지 비용까지 추가로 절약할 기회를 제공하며 인구가 5천 명 이하인 곳에서 가장 큰 효과를 발휘한다. 레비는 이에 대한 한 가지 예를 들며 "만약 당신이 인구가 몇 천 명이고 골프장이 하나 있는 곳에 살고 있다면, 이 인구에서 나오는 하수는 아주 적은 전력량으로도 훌륭한 수질로 처리될 수 있다"고 설명한다. 그의 설명에 따르면, 처리 과정을 거친 물은 지역 내 정원과 골프장에 곧바로 사용될 수 있으며, 이에 따라 하수를 끌어올려 공동체 밖으로 내

보내고 정원과 골프장에 사용할 민물을 먼 곳에서 끌어오는 에너지 비용을 이중으로 지불할 필요가 없다. 이를 통해 절감하는 에너지는 하수 탱크에 효율적으로 공기를 주입하며 절약하는 에너지 양을 넘어선다.

에너지 절감 외에도 하수 처리에서 탄생한 또 하나의 산업인 자원 재생도 이스라엘 오폐수 분야 혁신가의 주목을 끌었다. 하수 처리 전문가이자 테크니온 공대 교수인 노아 가릴Noah Galil은 이렇게 말한다.

"하수가 모두 동일한 성분이라고 생각하는 것은 잘못입니다. 예를 들면, 하수가 처리 시설로 흘러 들어갈 때 가정용 식용유를 비롯한 기름 종류는 하수의 윗부분을 차지하고 있습니다. 이 기름들은 하수 처리 기계가 막히지 않도록 기름을 걷어 내는 기구로 먼저 제거된 후 버려집니다. 오늘날에는 이와 같은 기름 층이 재처리 과정을 거쳐 산업용으로 재활용할 목적으로 판매되기도 합니다."

이스라엘 기업가들은 하수 안에 추출 후 재사용할 수 있는 무엇이 더 있을까 늘 의문을 품어 왔다. 가릴 교수는 이와 관련해 이렇게 말한다. "하수에서 카드뮴과 셀레늄 같은 중금속을 분리해 판매하려는 시도가 있었지만, 아직까지 성공하지는 못했습니다."

자신을 '전임 환경운동가'로 칭하는 라파엘 아론Refael Aharon 박사는 전 세계에서 벌목된 모든 나무들을 보고 애통해 하며 펄프와 종이 산업에서 사용하는 셀룰로오스cellulose* 물질의 대체재를 어디서 찾을 수 있을까

* 수많은 포도당으로 이루어진 다당류多糖類의 하나로 식물 세포막의 주요 성분이며 섬유소라고도 한다.

생각하기 시작했다. 연구 끝에 아론 박사는 유입되는 하수에 주목했다. 하수에는 종종 현미경으로 봐야 할 정도로 미세한 화장지 조각과 세탁기에서 나온 보푸라기, 그리고 박테리아를 이용한 처리 과정에서 제거

되지 않는 버려진 과일과 채소의 조각이 가득 차 있는 것으로 밝혀졌다. 2007년 아론 박사는 어플라이드 클린텍ACT: Applied CleanTech이라는 기업을 설립했으며, 이 기업은 미처리 하수에서 발견한 놀랄 만큼 많은 양의 셀룰로오스 물질을 채취해 이 물질에 '리실로스Recyllose'라는 이름을 붙였다.

아론 박사는 이렇게 설명한다. "하수에 포함된 수많은 고형물이 셀룰로오스 섬유질로 구성돼 있으므로 하수 처리 시설은 재생품과 재활용 가능한 상품을 채굴하는 광산이 될 수 있습니다. 이는 환경 친화적이며 한없이 사용할 수 있는 재생 펄프의 원천입니다. 하수 처리 시설에서 셀룰로오스 물질을 제거함으로써 처리 용량을 30% 늘리고 에너지를 절약하며, 슬러지 처리에 필요한 공간과 비용도 줄일 수 있습니다." ACT는 자신들이 개발한 하수 광산 솔루션을 다른 몇몇 국가에 판매했다. 아론 박사는 이 시스템 가치의 2/3는 에너지와 매립지 비용의 절감에 있으며, 나머지 1/3은 채취한 리실로스 자체에 있다고 추정한다.

소금의 위험성

하수에 관한 모든 좋은 소식과 함께 잠재적으로 나쁜 소식을 연구하는 하위 전문 분야도 개발됐다. 대부분 교수와 정부 관료이지만, 농민도 일부 포함된 조사관들은 농업에 사용되는 모든 재생수가 이스라엘의 토양과 국가의 건강에 어떤 영향을 주는지 알고 싶어 한다.

한 가지 염려는 갈릴리호와 대수층에서 나오는 이스라엘의 자연수가 민물로 각 가정에 공급될 때 이미 상당히 높은 염분을 포함하고 있다는 사실이다. 이 물이 부엌과 화장실을 벗어날 즈음에는 음식 속에 든 소금이 떨어져 나오거나 싱크대에서 씻겨 나오기 때문에 염분 함유 수준이 훨씬 더 높아진다.[6] 이렇게 소금이 섞인 모든 물이 이스라엘의 하수 처리 시설로 흘러 들어간다.

하수의 2차 처리 과정은 박테리아를 제거하고, 3차 처리 과정은 바이러스와 여러 미생물을 제거하지만, 소금은 이들 처리 과정에서 제거되지 않는다. 재생수는 전국의 경작지에서 재배하는 작물에 공급되며, 물은 식물이 흡수하지만 극히 작은 양의 소금 성분이 토양에 흡수된다. 이스라엘의 농민을 비롯한 사람들은 오래전부터 토양이 얼마나 많은 양의 소금을 견딜 수 있는지 궁금해했다.

현재 이라크 남부 지방에서 형성됐던 고대 수메르 문명사회는 한때 고대 세계에서 가장 비옥한 지역에 속해 있었다. 이곳의 농업은 부의 원천이었으며 권력의 바탕이었다. 수백 년에 걸쳐 수메르 왕정은 어느 정도 염분이 포함된 물을 경작지 관수용 수로를 이용해 끌어오는 복잡한 관수 시스템을 개발했다. 발굴된 고대 메소포타미아 시대의 돌판을 보면, 어떻게 "넓은 평야가 소금으로 뒤덮이면서 검은 들판이 하얗게 변하는지" 자세히 기록돼 있다. 수메르 문명사회는 결국 몰락했다.

이스라엘의 물에서 염분을 제거한 수원 개발이 이런 문제를 해결할 방안이 될 수 있다. 현재 이스라엘 전국에서 공급하는 식수는 불과 몇 년 전과 비교하더라도 염분이 훨씬 적게 함유돼 있다. 염분을 제거한 물이 다른 어떤 수원보다 이스라엘 물 공급을 더 많이 차지하며, 소금을 거의 모두 제거한 해수 활용은 무엇보다도 각 가정으로 유입되는 소금의 양이 줄어드는 결과로 이어진다. 유입되는 소금이 줄어들면서 가정에서 유출돼 하수로 흘러 들어가는 소금의 양도 줄어드는 것이다.

물속에 든 호르몬

소금 외에도 지금은 상수도에 포함되는 약품 성분에 대한 염려도 있다. 소금과 마찬가지로 이런 성분은 하수 처리 과정에서 제거되지 않는다.

지난 백여 년간 전 세계 제약 산업이 성장하면서 의사들은 약품의 아주 적은 양만 인체에 흡수된다는 사실을 인식했다. 복용하는 약의 평균 90%, 그리고 최소한 70% 이상이 얼마 지나지 않아 몸 밖으로 배설된다.

텔아비브대학교 드로 아비사르Dror Avisar 교수는 이렇게 설명한다.

"미국 식품의약국FDA은 약이 기본적으로 인간에게 쓰여도 정말 안전하지 확인하는 테스트만 실시합니다. FDA나 환경보호청EPA 또는 그 어느 누구도 인체에서 배출된 후의 약 잔류물에 어떤 일이 생기는지 실험하지는 않습니다."

아비사르 교수는 이스라엘 교수들과 연구소가 리더십 역할을 형성해 왔지만, 아직까지는 성숙되지 않은 분야의 전문가이며 물화학자다. 이 선구자적 과학자들은 피임약에 든 호르몬 성분이 하수 처리 과정을 거치면 어떤 일이 발생하는지 파악하려 할 뿐만 아니라, 이런 화합물이 세계 모든 곳의 하수에서 발견되는 항생제나 수천가지 종류의 약 또는 개인 생활 용품과 섞이면 어떻게 변하는지 밝혀내려고 노력한다. 아비사르 교수는 이렇게 덧붙여 말한다.

"대부분의 사람들은 물의 안전성을 두고 생각할 때, 유아를 사망에 이르게 하는 병원균이 포함된 개발도상국의 물을 떠올립니다. 이건 매우 중요한 염려거리입니다. 하지만, 선진국의 경우 물에 관한 염려를 불러일으키는 다른 요인이 있을지도 모릅니다."

지난 10여 년간 물화학자들은 극히 소량이지만 약으로 인해 물속에 함유된 오염물질과 잔류물을 측정하는 기술을 쌓았다. 화합물의 양은 아주 미세한 1조분의 1단위로 측정된다.

이를 두고 이스라엘 물관리청의 수질 부문을 이끄는 사라 엘하나니 Sara Elhanany는 이렇게 말한다.

"그렇기는 하지만, 우리는 이 수치를 매우 심각하게 받아들입니다. 어느 누구도 회피하지 않습니다. 우리는 측정 결과를 자세히 관찰합니다. 하지만 물속에 든 화합물과 이 물로 재배한 작물을 섭취한 이스라엘인의 건강 상태 변화 사이의 상관관계를 아직까지 찾아내지 못했습니다."

비록 이스라엘이 자신들만의 이익을 위해 이 문제의 잠재적 위험을 파악하는 학계와 규제 전문가를 형성했지만, 아비사르 교수는 이것이 이스라엘인만의 문제라고 생각하지 않는다. 그는 "우리는 각 화합물 자체에 위험성이 있을 때, 이 화합물이 햇빛에 노출되면 더 위험해지는지, 아니면 완전히 분해되는지, 또는 다른 온도에 노출되면 어떤 영향을 받는지 모릅니다. 우리가 하수를 작물 관수에 활용하기 때문에 이 화합물이 토양 속에서 분해될 가능성도 있습니다."

개별적으로 엘하나니와 아비사르는 이것이 문제인지조차 아무도 모르고 있다는 사실을 반복해서 말하는 것이 고통스럽기는 하지만, 이 문제가 전 세계에 영향을 미치는 중요한 것일 수도 있다고 지적한다. 예를 들면, 뉴욕시를 비롯해 미국 대서양 연안에 접한 모든 도시는 하수를 처리한 뒤, 약품 잔류물이 제거되지 않은 하수를 대서양으로 흘러 들어가는 강에 버린다. 사람들은 대서양에서 잡은 생선을 먹는다. 이미 캐나다에서는 피임약 속에 함유된 에스트로겐을 삼켜 죽은 생선과 암컷 생식기가 자라난 수컷 생선이 잡히기도 했다.

　지역의 강물을 식수로 활용하는 도시들은 바다에서 잡은 생선의 경우보다 더 심각한 문제에 놓여 있을 수도 있다. 아비사르는 "라인강을 비롯한 유럽 내 여러 강에 접한 도시들은 처리 후에도 약 화합물이 완전히 제거되지 않은 하수를 강에 그대로 배출한다"고 말한다. 강 하류에 있는 도시들은 같은 강에서 물을 취수해 식수로 사용하고 난 뒤, 여기서 발생한 하수를 처리해 다시 강에 배출한다. 아비사르의 설명이 이어진다.

　"이런 물이 강을 따라 몇몇 도시를 거치는 동안 사람들이 식수 속에 들어 있는 약품 잔류물 일부를 분명히 섭취할 수밖에 없습니다. 우리는 이런 화합물의 극소 잔존량을 측정하며 잠재적 피해를 인지할 수 있는 도구를 개발했습니다만, 아직까지는 어떤 조언을 해야 할지 모릅니다. 과학은 여전히 발전 중입니다."

　엘하나니는 이스라엘이 자국민과 농업을 안전하게 지키기 위해 해야 할 모든 일을 할 것이라고 말하며 이렇게 덧붙인다. "우리는 사람들과 작물의 안전을 위해 모든 신규 하수 처리 시설이 3차에 걸쳐 하수를 처리할 것을 요구하는 값비싼 과정을 거쳐 왔습니다. 물론 비용은 많이 들겠지만, 앞으로 몇 년 내에 2차 처리만 갖춘 시설의 대다수는 3차 처리가 가능한 시설로 전환될 것입니다."

　엘하나니는 단 몇 년 전까지만 하더라도 아무도 생각하지 못했던 하수 처리 수준에 대한 가설을 제기하며 이렇게 설명한다. "어쩌면 우리가 모든 하수를 4차에 걸쳐 처리해야 하거나, 멤브레인membrane 방식, 즉 박막을 이용한 하수 처리 방식으로 전환해야 할 이유를 발견할 수도 있습니다." 테크니온 공대 소속 두 교수의 발명에 바탕을 둔 멤브레인 전문 기업 멤테크MemTech는 도시 하수에서 나노 단위의 약품 분자를 걸러 내는 방법을 이미 개발했다.

엘하나니의 설명이 이어진다. "처리된 하수의 재활용을 포기하는 문제에 대한 어떤 논의도 없습니다. 하수를 처리하고 활용하는 것이 처리 후 그냥 배출하는 것보다 사람들의 건강에 더 안전합니다. 만약 더 많은 처리 과정이 필요하면, 우리는 그렇게 할 것입니다."

재생수의 성공

재생수는 이스라엘에 농업용수의 새로운 공급원을 만들어 낸 분명한 혜택 이상의 영향을 미쳤다. 재생수에서 얻는 혜택이 없었더라면 이스라엘은 농업에 제한을 받거나 전혀 하지 못하면서 경제가 메말라 버렸을지도 모른다. 과일과 채소, 곡물 모두를 수입해야 했을 수도 있다.

물 자원은 부족하고 인구는 점점 늘어나는 건조 지역에서 재생수는 자연에서 얻는 물 자산에 의존해야 하는 압박감을 덜어 줬다. 재생수라는 추가 자원을 확보하면서 이제 이스라엘은 물의 자연 공급원을 무리해서 사용하지 않더라도 가뭄을 보다 더 잘 견딜 수 있다.

또 다른 혜택도 있다. 이스라엘 인구의 대다수는 극소수의 도심 중심을 따라 몰려 있다. 농업용수를 충분히 확보하면서 이스라엘은 중심 지역을 확산시킬 수 있다. 이렇게 확산된 외곽 지역은 현재 주로 농업 지역으로서 신규 개발 구역이 될 가능성이 있으며, 국가의 복잡한 중심 지역에서 인구를 분산시킬 수 있게 해 준다.

현재 이스라엘은 전 세계에서 50년전 보다 사막 지역이 줄어든 유일한 국가다. 이스라엘을 촬영한 위성사진은 국가 전체에 걸쳐 건설된 도시와 네게브 사막 서쪽을 가로지르는 거대한 녹색 띠의 극적인 장면을 보여 주며 이 사실을 증명한다. 다른 지역을 보면, 서서히 진행되는 사막화가 매우 건조한 다수 국가에 경제적, 사회적 문제를 일으키고 있다.[7] 사막화가 진행되면 공동체는 그 지역을 떠나고, 이에 따라 종종 사회적 혼란이 발생하며, 이들 국가의 지역별 빈곤이 악화될 수 있다. 샤프단에서 처리된 모든 재생수가 공급되는 남부 건조 지역을 비롯해 이스라엘 전체에 걸쳐 공들여 개발한 농업지대는 다른 국가들에 희망적인 모델이 될 수 있다.

그런데, 이스라엘은 오히려 하수 재활용에서 너무 성공해 버렸다. 다른 수자원과 병행해서 사용하는 이 새로운 수자원의 공급은 부족하고 수요는 더욱 늘어나면서, 농민들은 재생수에 더 높은 가격을 지불해야 한다. 한 세대 전의 농민은 민물 사용에 대한 보조금을 많이 받았지만 할당량이 너무 적어 불평했었다면, 지금 세대의 이스라엘 농민은 자연이나 대체 수원에서 자신이 원하는 만큼의 물을 확보하지만 지불해야 할 가격이 너무 높아 자신의 생산물이 세계 시장에서 너무 비싸지지 않을까 염려하고 있다. 이스라엘의 물 계획 입안자들은 오히려 높아진 사용료 때문에 모든 농장이 효율성에 집중하며, 이에 따라 이스라엘의 새로운 혁신과 신기술 개발이 촉진될 것으로 확신한다.

이스라엘은 환경오염을 줄이고 국민의 삶의 질을 개선하기 위해 하수 처리를 시작했다. 오늘날 이스라엘의 강은 예전보다 많이 깨끗해졌다. 지중해에 대한 이스라엘의 오염은 상당히 많이 줄었으며, 앞으로 더욱 줄어들 것이다. 아울러 이스라엘 대수층이 오염될 위험성은 낮아졌다. 이런 과정에서 이스라엘은 식수나 수영에 적합하지는 않지만 농업에 안전하게 활용할 수 있는 또 하나의 물 공급원을 개발했다. 기후 조건에 상관없이 모든 국가에서는 하수가 배출된다. 전 세계에서 급격히 늘어나는 물 부족 국가들은 이스라엘의 사례에서 교훈을 얻어 하수를 골칫거리에서 소중한 자원으로 바꿔 놓을 수 있다.

06 | 담수화: 과학, 엔지니어링, 연금술

정제한 해수로 사막에 물을 대는 일은 많은 이들에게 꿈처럼 보이겠지만,

다른 어떤 나라보다도 이스라엘은 자연의 질서를 변환할 수 있는

꿈을 두려워해서는 안 된다. …이스라엘이 달성해 온 모든 일은

비전과 과학, 선구자적 역량의 힘으로 이룬 꿈의 결과다.

― 데이비드 벤구리온(1956)

존 F. 케네디 대통령 암살 사건은 바이츠만 연구소Weizmann Institute의 1963년 기금 모금 행사가 맨해튼에서 열리기 2주 전에 발생했다. 케네디 대통령은 그 행사에서 기조연설을 하기로 예정돼 있었으며, 그의 갑작스럽고 끔직한 사망으로 주최측은 행사를 취소했다. 기금 모금 행사는 두 달 뒤에 열렸다. 주최자의 입장에서는 다행스럽게도 케네디의 뒤를 이은 당시 대통령 린든 존슨Lyndon Johnson(36대)이 케네디 전 대통령 대신 행사에서 연설하기로 했다.

　세계적으로 유명한 과학자이며 이후 이스라엘 초대 대통령을 역임한

하임 바이츠만이 1934년 설립한 바이츠만 연구소는 그때부터 지금까지 이스라엘 최고의 과학연구소다. 이 연구소는 이스라엘이 건국하고 1년 뒤인 1949년 하임 바이츠만이 의례적인 국가 수반으로 선출됐을 때 그의 명예를 기리며 연구소 이름을 변경했다. 연구소는 설립 초기부터 다수의 과학적 도전에 뛰어들었다. 이들 중 하나가 해수에서 염분을 효율적으로 제거하는 일이었다. 염분을 제거하는 담수화는 과학적 연구였지만, 신생 국가에 영향을 미치는 중요한 이념적, 정치적 의미도 담겨 있었다.

담수화 연구의 성공은 전 세계 유대인을 매료할 안전한 사회와 자급자족이 가능한 경제를 구축하려는 시온주의자의 목표 달성에 도움을 주며 이스라엘에 중요한 혜택을 가져다 줄 수 있었다. 빗물과 강물을 통해 자연적으로 얻을 수 있는 물이 충분하지 않았기 때문에, 점점 심각해진 이스라엘의 물 부족 상태는 국가의 경제적 활력에 장애가 될 뿐만 아니라, 이에 못지 않게 중요한, 유대인의 재정착 물결을 받아들이는 능력에도 손상을 가하는 요소였다. 지중해 바닷물을 대상으로 한 대규모 담수화는 이론상으로만 보면 아주 이상적인 해결 방안처럼 여겨졌다.

이스라엘 초대 총리이자 건국으로 이어진 여러 기관을 구축하는 원동력이었던 다비드 벤구리온은 물에 대한 생각을 하지 않은 적이 없었다. 벤구리온의 가까운 조력자이며 그 자신도 훗날 이스라엘 총리와 대통령을 역임한 시몬 페레스Shimon Peres는 벤구리온이 항상 물에 대한 얘기를 했다고 말한다. 페레스의 말에 따르면 벤구리온은 염분이 든 바닷물을 가정과 농장에서 쓸 수 있는 민물로 바꾸는 아이디어에 매료돼 있었다고 한다.

린든 존슨도 "염분을 제거한" 물에 관한 벤구리온의 깊은 관심을 공유했다. 텍사스주에서 궁핍한 삶을 살았던 존슨이 물을 바라보는 관점은 사막 지역 출신인 벤구리온의 생각과 비슷했다. 1960년 케네디 정부의 부통령으로 당선되기 며칠 전 존슨은 선거 운동 시간을 쪼개 〈뉴욕 타임스 선데이 매거진〉에 게재할 장문의 기고문을 작성했다. 이 기사는 빈곤을 퇴치하고 세계 평화를 촉진하는 수단으로 비용 효율이 높은 담수화 기법을 개발하는 데 국가가 집중할 것을 주장했다. 선거 운동이 한창 달아오를 때에는 후보자들이 수많은 공약을 제시하기 마련인데, 존슨은 이 매거진에 대중의 관심이 높은 몇몇 주제를 모두 다루는 글을 게재할 수도 있었다. 하지만 그는 '탈염수desalted water'에 관한 글을 쓰기로 마음먹었다. 이는 항상 물이 풍부한 뉴요커들에게는 어울리지 않는 기이한 주제였으며, 팽팽한 대통령 선거를 마무리하는 날에는 특히 더 어울리지 않는 것이었다.

담수화는 과학과 엔지니어링, 연금술을 합쳐 놓은 듯한 느낌이 든다. 중세 연금술사는 가치가 별로 없는 납을 훌륭한 가치를 지닌 금으로 변환시키려고 노력했다. 이와 마찬가지로 담수화 과정은 해수(또는 내륙의 염분을 함유한 물)에서 가치 없는 성분을 제거한 뒤, 생명을 구하는 엄청난 가치를 지닌 제품으로 바꾸려고 노력한다.

고대 로마인은 로마 군사들을 위해 바닷물을 정제하려 했지만, 그들의 노력은 크게 성공하지 못했다. 제2차세계대전 동안에는 미국 과학자들도 물에서 염분을 제거하거나 이와 별로 다르지 않은 소금에서 물을 추출하는 방법을 고심하기 시작했다. 하지만 이들은 완전히 다른 접근 방식과 과학적 기법이 요구되는 일이었다. 그들은 각 방법이 비용을 전혀 염려할 필요가 없는 제한된 군사적 활용에서는 의미가 있다는 사실을 깨달

았다. 하지만 바닷물에서 순수한 물을 얻는 데 엄청난 양의 에너지가 필
요했기 때문에 이 방법들을 실행하려면 적어도 당시 기술로서는 민간에
사용하기에 불가능할 정도로 높은 비용이 들었다.

존슨은 비용에 상관없이 담수화가 미국과 전 세계 미래의 한 부분을
차지할 것으로 확신했다. 그는 이 문제에 관한 연방 차원의 연구에 필요
한 자금을 확보하는데 상원 다수당의 리더로서 중요한 역할을 했으며,
대부분의 자금은 1952년 설립된 미연방 정부기관인 염수국Office of Saline
Water에 배분됐다. 상원위원들은 물에 관한 내용을 포함한 법안을 지지하
는 데 있어서 존슨을 신뢰할 수 있다는 것을 알고 있었다. 담수화 연구 내
용이 포함됐을 경우에는 더더욱 그랬다.[1]

유대인 린든 존슨

1964년 2월 존슨이 뉴욕시 월도프 아스토리아 호텔 연회장에서 1700명
에 이르는 만찬 참석자와 바이츠만 연구소 후원자를 환영하러 연단에 올
랐을 때, 한편으로는 곧바로 아랍 세계의 맹렬한 비난을 불러일으키고,
다른 한편으로는 이스라엘 자체의 담수화 노력을 상당히 활성화시킬 수
있는 프로젝트에 시동을 걸 것으로 기대한 사람은 거의 없었다. 존슨은
이렇게 말했다.

"우리는 이스라엘처럼 소금물을 민물로 전환시키는 저렴한 방법을
찾아야 합니다. 그러니 우리의 힘을 합칩시다. 미국은 이미 이스라엘 대
표자들과 소금물을 민물로 바꾸는데 원자력을 사용하는 방안을 두고 합
동 연구를 진행하기 위한 논의를 시작했습니다. 이는 우리의 과학적, 기

술적 기능에 도전 과제를 제시합니다. 하지만 기회는 엄청나게 많고, 보상은 너무나 크기 때문에 우리의 모든 노력과 에너지를 투입할 가치가 있습니다. 생명과 기회, 번영이라는 단어의 의미를 전혀 알지 못했던 사람들에게 물은 생명이며 기회이고 번영이기 때문입니다. 물은 기아를 물리치고 사막을 되살리며 역사의 흐름을 바꿔 놓을 수 있습니다."

존슨의 연설은 다마스쿠스에서 베이루트를 거쳐 카이로에 이르는 지역의 격렬한 분노에 직면했다. 한 레바논 신문 칼럼니스트는 텍사스에서 탄생한 '그리스도 제자 교회' 소속인 존슨 대통령을 "유대인 존슨"으로 칭하며, 그의 연설이 "이스라엘의 탄생을 인정하는 것을 넘어 이스라엘의 미래를 인정하는 지경에까지" 이르렀다고 말했다. 시리아 정부 신문은 이 연설을 "이스라엘을 향한 미국의 지지를 극단적으로 보여 주는 것"이라고 했다. 이스라엘을 적대시하는 국가들은 이스라엘의 물에 관한 미래 확보가 자신들의 철천지원수에게 어떤 의미인지 잘 알고 있었다.

존슨 대통령은 담수화를 중동 지역 전체를 탈바꿈시키는 핵심적인 도구로 여겼지만, 이스라엘 과학에 대한 자신의 존중과 이스라엘의 신속하고 놀랄 만한 업적을 이유로 이스라엘에 손을 뻗기로 결정했다. 존슨은 상당한 직감으로 이스라엘이 하위 동업자 위치일지라도 염분을 제거한 물을 향해 자신이 오랫동안 품어 왔던 꿈에 이르는 대안을 제시할 수도 있는 훌륭한 파트너로 여겼다.

존슨이 바이츠만 연구소 모금 행사에서 연설을 한 지 4개월이 지난 1964년 6월, 레비 에슈콜 이스라엘 총리는 이스라엘 국가 지도자로서 미국을 처음 공식 방문하며 워싱턴 DC에 도착했다. 미국 국가안전보장회의National Security Council는 존슨 대통령의 이틀 간에 걸친 회담을 위해 11개 항목의 안건을 중요도 순서에 따라 준비했다. '공동 담수화 협력'은 세 번째 안건이었으며, 미국과 이스라엘의 협력 방안 중 존슨 대통령이 환영 연설에서 언급할 유일한 사항이었다.

에슈콜 총리의 입장에서 볼 때, 물은 시온주의자 관료 체제와 정치 역학에서 자신이 부상할 수 있었던 핵심 부분이었다. 그는 이스라엘 수자원 공기업 메코로트의 설립자 중 한 명이며 건국 이전인 1930년대부터 이 기관의 수장을 역임했다. 벤구리온이 물에 관한 선지자였다고 하면, 에슈콜은 벤구리온이 자신의 꿈을 실현하기 위해 선택한 충실한 보좌관이었다. 에슈콜은 개인적이며 전략적인 이유에서 미국 대통령과 물에 관한 전반적인 사항과 특히 담수화를 놓고 대화하는 것에 매우 고무됐다.

마치 카지노에 가는 듯했다

나단 버크만Nathan Berkman은 벤구리온이나 에슈콜이 정말 바닷물에서 민물을 최소한 소비자들이 감당할 만한 비용으로 추출할 수 있다고 믿었는지 알지 못한다. 버크만은 영아 시절인 1931년 독일에서 이스라엘로 이주한 뒤, 뉴욕대학교에서 MBA를 취득하기 위해 미국에 머무른 2년을 제외하고 평생을 이스라엘에서 살았다. 1960년 학위를 받고 이스라엘에 돌아왔을 때 직장이 필요했던 버크만은 담수화에 집중하는 기관으로 당시에는 이름조차 없지만 훗날 이스라엘 담수화 엔지니어링Israel Desalination Engineering으로 불렸던 신생 정부 기관에서 일을 시작했다. 작은 정부 기관에서의 지위와 인습을 배격하고 비감상적인 자신의 성격 덕분에 버크만은 담수화가 다양한 이론적 방식을 담은 단순한 개념에서 세계적인 현실로 성장하는 모습을 볼 수 있는 완벽한 위치에 있었다.

수십 년 뒤 이스라엘의 담수화 성공이 이미 확고한 사실로 인정받았을 때, 버크만은 과거를 돌아보며 이스라엘이 염분을 제거한 물 개발에 착수한 초창기 모습을 있는 그대로 떠올렸다. 버크만은 당시를 이렇게 회상한다. "이스라엘에서 담수화를 시작한 사람은 꿈을 지닌 벤구리온이었습니다. 하지만 사실 나는 벤구리온이 자신의 담수화 꿈을 정말 가능한 것으로 믿었다고 생각하지 않습니다." 버크만은 담수화 연구 과제를 부여받은 정부 기관 요원 중 이를 실제로 믿은 사람은 아무도 없었다고 말한다.

버크만의 말이 계속 이어진다.

"당시에는 모두 다 '어떻게 될지 아무도 몰라'라는 태도였습니다. 마치 카지노에 가서 열 개의 칩을 도박판에 베팅하고는 그중 하나라도 맞기를 바라는 것과 같았습니다. 이스라엘 건국 초기에 우리는 물에 많은 베팅을 했습니다. 국가 대수로가 그중 하나였으며 비를 만드는 비구름 씨뿌리기rain-cloud seeding도 있었습니다. 그 외에도 많았습니다. 담수화가 제대로 될 것으로 확실히 믿을 수 있는 사람은 아무도 없었으며, 최소한 경제적 가격으로는 할 수 없다고 생각했습니다. 하지만 우리는 한번 시도해 보기로 결정했습니다."

버크만은 이스라엘 지도자에게 또 다른 동기도 있었다며 이렇게 덧붙여 말했다. "벤구리온과 에슈콜의 입장에서 손해 볼 일은 없었습니다. 만약 담수화에 성공하면, 이스라엘은 염분을 제거한 물을 확보하게 됩니다. 만약 실패하더라도 그들은 또 전국을 돌아다니며 이번에는 사막에 꽃이 피어나는 꿈을 심어 주는 고무적인 연설을 할 수 있었습니다."

이처럼 벤구리온의 동기와 꿈을 두고 버크만이 가볍게 비꼬는 투로
한 말은 담수화의 과학적 가능성과 사회적 영향에 대한 진심 어린 언급
이 많이 담긴 벤구리온의 일기를 보면 착각이었음을 알 수 있다.[2] 벤구리
온은 진심으로 믿었던 것 같다. 그는 또 자신과 많은 다른 사람들의 바람
대로 바닷물을 비용을 거의 들이지 않고 정제할 수 있는 획기적인 기술적
해결 방안을 제시한 아주 흥미로운 '미친 과학자'의 아이디어도 수용했
다.

이 '미친 과학자'는 건국 직전인 1947년 소비에트 연방에서 이스라
엘로 이주한 알렉산더 자르킨Alexander Zarchin이었다. 화학자인 자르킨은
1930년대 초 광활한 소비에트 연방의 물 부족 지역에 자신이 보기에 폭
넓게 적용할 수 있는 아이디어를 생각해 냈다. 바로 염분이 섞인 물을 얼
려서 소금기를 제거하는 것이었다. 하지만 자르킨이 자신의 가설을 실험
하기도 전에 그의 과학적 야망은 꺾이고 말았다. 종교적 배경을 지닌 우
크라이나 태생 유대인이었던 자르킨이 시온주의자(이는 당시 소비에트에서는
범죄 행위였다)라는 사실을 소비에트 당국이 알게 되면서 자르킨은 우랄 산
맥 서쪽의 아스팔트 광산에서 5년간의 강제노동형에 처해졌다. 자르킨이
석방되고 얼마 지나지 않아 제2차세계대전이 발발했고, 그는 소비에트
연방 '붉은 군대Red Army'에 징집됐다. 전쟁이 끝난 후 자르킨은 러시아를
떠나 곧 이스라엘 국가가 수립될 지역으로 이주하는 데 성공했다.

제2의 조국에 기여할 수 있기를 갈망하고 자신의 동결 기법이 이스라
엘의 물 문제를 해결해 줄 것으로 분명히 확신한 자르킨은 막 이주한 이
민자 신분으로서 힘들었지만 정부 관리들을 잇달아 만나고 다녔다. 1954
년 당시 신문 기사에서 "만나기 싫은 사람(성가신 사람)"으로 묘사되기도

했던 자르킨은 마침내 벤구리온을 직접 만날 기회를 잡았다. 벤구리온 총리는 과학자가 아니었지만 자르킨의 아이디어에 매우 흥미로워했다.

자르킨의 아이디어는 바닷물을 얼리면 소금이 물 밖으로 밀려나온다는 과학적 원리에 바탕을 두고 있었다. 기술적 도전 과제가 있기는 했지만, 동결된 물 결정체에서 소금이 씻기어 나올 수 있으면 염분이 제거된 얼음 형태의 물이 남는다. 바닷물에서 추출한 소금은 아무런 가치가 없으므로 비교적 단순한 기계적 처리 과정으로 다시 바다로 배출될 수 있다. 염분을 제거한 얼음이 녹으면 민물이 된다. 자르킨은 한 걸음 더 나아가 바닷물을 진공 상태의 공간에 뿌리면 가장 잘 동결된다는 사실을 통찰했으며, 이는 지속적으로 그 중요성을 발휘할 요소의 하나였다. 증기 압축에 의한 진공 동결은 이후 자르킨 방식으로 이름 붙여졌다.[3]

자르킨의 아이디어를 검토한 이스라엘 과학자들은 이 아이디어가 고가의 시험 공장을 건설하지 않고도 변환을 불러올 돌파구인지 알 수 없었다. 하지만 벤구리온은 이 아이디에 계속 자금을 지원하기로 결정했으며, 이는 예산이 넉넉하지 못한 국가로서 대담한 결정이었다. 벤구리온은 자신의 상반된 감정을 일기장에 이렇게 밝혔다. "자르킨의 발명이 실용적이지 않을지도 모르지만, 만약 성공하면 사람을 구원하는 힘을 지니고 국제적으로 가치를 발휘할 대변혁을 달성할 가능성도 있다."[4]

이스라엘 담수화 엔지니어링IDE은 자르킨의 아이디어를 개발할 목적으로 이스라엘 정부가 설립한 기관이다. 나단 버크만은 이 기관에 처음 고용된 직원들 중 한 명이었다. 이스라엘 정부는 자르킨 방식을 실험할 담수화 시설을 건설하는 비용과 위험을 분담하기 위해 시카고에 본부를 둔 물 관련 산업 기업인 페어뱅크 위트니Fairbanks Whitney와 합작 투자 계약을 맺었다. 우물을 파서 물을 끌어올리는 방식보다 비용이 덜 드는 것으로 확신했던 이 방식은 몇 년간에 걸친 계획 수립과 건설, 실험을 마친 후 도저히 수용할 수 없을 만큼 비용이 많이 드는 것으로 밝혀졌다. 자르킨은 1갤런의 물을 얻는 데 1000분의 1페니가 든다고 예측했으나 실제로는 5센트의 비용이 필요했다.

병에 든 생수 값이 휘발유보다 비싼 곳에서는 물 1갤런당 5센트가 비싸지 않을 수도 있다. 하지만 이 가격은 가정용수로도 그렇지만, 특히 작물 재배를 위한 농업용수로 쓰기에는 터무니없이 비쌌다. 이처럼 초기에 빚어진 차질에도 불구하고 자르킨이 시스템 실패의 원인을 주위에 있는 사람들이 자신의 발명을 이해하지 못했던 탓으로 돌리는 가운데, 벤구리온과 에슈콜, 미국 측 합작 기업은 몇 년 더 진행해 보기로 결정했다.[5]

마침내 자르킨은 다른 아이디어를 추진하기 위해 정부 기관을 떠나 여러 프로젝트를 잇달아 시도했으며, 프로젝트마다 사람들이 자신의 방식을 이해하지 못한다며 불평했다. 그럼에도 자르킨은 중요한 유산을 남겼다.

이스라엘 정부는 담수화 논의에서 시작해 담수화를 위해 실제로 뭔가를 하는 단계에까지 이르렀다. 여전히 미숙한 신생 분야에서 이스라엘은 이제 경험이 풍부하고 숙달된 전문가 조직을 확보했다. 더 나아가 자르킨이 사용했던 증발과 증기 압축 방식은 몇 년 뒤 다른 방식의 부분으로 다시 활용됐으며, 지난번과 달리 이번에는 대성공이었다. 자르킨에서 비롯된 기술적 전문성은 이스라엘에 유리한 쪽으로 판도를 바꿔 놓을 획기적인 요소였다.

아마도 가장 중요한 것은 담수화 프로젝트에 일찍 뛰어든 자르킨과 이스라엘 정부에 뒤이어 담수화에 많은 공을 들인 미국 존슨 대통령이 "염분을 제거한 물"에 대한 자신의 관심을 공유한 이스라엘에 주목했다는 점이다.

전쟁으로 집중력을 잃다

1964년 에슈콜의 워싱턴 DC 방문은 이스라엘이 매우 역동적이었던 시기에 이뤄졌다. 엄청난 비용이 투입된 거대한 규모의 국가 대수로가 며칠 뒤 개통할 예정이었으며, 이스라엘 경제가 도약하기 시작하고 인구가 급격히 늘어나던 시기였다. 늘어난 인구와 기업체가 복합적으로 작용하면서 이스라엘 수자원에 부담이 생기고, 국가 건립 활동과 이따금 발생하는 테러 공격을 막으며 안보를 확보하는 데 필요한 비용이 늘어난 탓에 예산은 거의 바닥을 드러낸 상태였다. 에슈콜과 외교단은 공식 방문의 특별한 기회를 활용해 당시에는 오늘날만큼 긴밀하게 서로 얽혀 있지 않았던 미국과 이스라엘의 관계를 돈독히 할 수 있다는 사실에 매우 기뻐했다. 하지만 이 방문이 이스라엘 총리에게 순전히 상징적인 의미만 있는 것은 아니었다. 에슈콜은 미국과의 회담이 이스라엘 담수화 개발에 박차를 가할 미국의 상당한 재정적 지원을 이끌어 내는 결과로 이어지기를 바랐다.

존슨 대통령은 자신이 원하는 것에 따라 거칠거나 부드러워지는 인물로 알려져 있었다. 에슈콜 총리에게는 매력적인 태도로 대했다. 이틀 간의 방문 기간 중 첫째 날 저녁에 열린 공식 만찬에서 존슨 대통령은 귀빈에게 건배를 제의하며 이렇게 말했다.

"존경하는 총리님, 바로 오늘 아침 총리께서 물은 이스라엘의 피와 같은 존재라고 제게 말씀하셨습니다. 그러므로 우리는 전도유망한 담수화

기술로 이스라엘의 물 부족 상황에 함께 대응해 나갈 것입니다. 이 기술
이 매우 건조한 중동 지역의 모든 사람에게 혜택을 줄 수 있기를 진심으
로 기원합시다."⁶ 에슈콜의 입장에서 좋은 출발이기는 했지만, 자신이 추
구하는 것에는 미치지 못했다.

　다음날 두 사람은 다시 만났다. 건배를 제의하며 말했던 것처럼, 존슨
대통령은 담수화에 초점을 맞추며 에슈콜 총리에게 이렇게 말했다.

　"우리는 이스라엘이 보다 많은 물을 확보하기를 바랍니다. 그런 이유
에서 우리는 이스라엘에 필요한 물을 제공해 줄 수 있는 담수화 프로그램
에 관한 연구에 착수할 준비가 돼 있습니다. 담수화 프로젝트가 실현 가
능한 것으로 연구 결과가 나오면, 우리는 담수화 프로젝트를 실행하는 데
도움을 제공할 것입니다."

　담수화에 필요한 두 가지 막대한 비용은 염분을 제거하는 과정에서
지속적으로 발생하는 에너지 비용과 시설을 만드는 데 들어가는 일회성
건축 비용이다. 에너지를 무제한으로 공급받고 자본 투자 프로젝트를 지
원할 예산이 넘쳐 나는 사우디아라비아 같은 국가는 대규모 담수화 시설
을 건설하고 유지할 수 있었으며, 담수화 시설이 너무 비싸고 에너지 효
율성도 떨어지는데도 실제로 이 시설을 확보했다. 당시 이스라엘에는 알
려진 에너지 자원이 말 그대로 전혀 없었으며, 담수화 시설을 운영하려면
값비싼 석탄과 원유, 가스를 수입해야 했다.

　에슈콜 총리는 건축한 담수화 시설의 분할상환 비용이 시설 운영에
필요한 모든 수입 에너지 비용에 더해지면, 이스라엘이 감당할 수 있는
범위를 넘어선다는 사실을 알고 있었다. 당시 짧은 기간에 이스라엘이 성
장과 성공을 이뤘지만, 담수화의 특히 불확실한 결과를 감안할 때 이스라

엘 예산은 대단위 산업 규모와 맞먹는 시설을 건설하는 데 들어가는 수천만 달러 또는 그 이상의 비용을 떠안을 수 없었다. 이런 이유에서 에슈콜 총리는 미국의 도움이 필요했다.

존슨 대통령은 이스라엘의 프로젝트 착수에 도움을 주기 위해 자신이 치러야 할 지정학적 대가를 에슈콜 총리가 이해해 주기를 바랐다. 당시 회담의 외교상 회의록을 보면 존슨 대통령이 이렇게 말한 것으로 나온다. "우리는 이스라엘의 담수화 프로젝트를 가능한 한 많이 지원할 것입니다. 물론 이스라엘의 공식 방문으로 인해 우리는 일부 아랍 국가들의 반발에 직면할 것입니다. 하지만 나는 그런 점을 염려하지 않습니다. 우리가 우방이라는 사실을 모든 국가에 반드시 알리는 것이 이스라엘과 미국 모두에 중요합니다. 그러므로 이 담수화 프로젝트를 추진하지 않을 이유는 전혀 없습니다."

에슈콜 총리가 얻으려는 확답은 한 가지 더 있었는데, 그것은 바로 이스라엘 담수화 시설에 대한 재정적 지원 약속이었다. 외교상 회의록에는 존슨 대통령이 명시적으로 제안했다는 기록은 없지만, 대통령을 위한 사전 회의 메모를 보면 미국이 이스라엘의 담수화 시설에 제공할 차관은 당시로서는 엄청난 액수인 1억 달러까지 가능했다. 비록 무상 원조가 아니라 차관 형태였지만 사전 회의에서 논의된 금액은 미국 정부가 염수국을 설립한 1952년부터 1960년대 초까지 이 정부 기관에 사용한 총금액보다 두 배 이상 많았다.

워싱턴 DC에서 진행된 이틀 간의 회담을 마무리하며 존슨 대통령은 에슈콜 총리와 함께 에슈콜의 부인 미리암Miriam이 워싱턴 관료들의 부인들을 위해 메이플라워 호텔에서 주최한 연회에 참석했다. 그날의 의전 주제에 맞춘 듯 여성 기자들이 연회에 많이 참석했다. 한 무리의 여기자들에 둘러싸인 채 두 정상은 농담까지 섞어가며 즐겁게 대화를 나눴다. 존슨 대통령은 기자들에게 "우리는 매우 비슷합니다. 우리 둘 다 농민 출신입니다"라고 말했다. 그리고 나서 기자단에게 "전 세계를 사막이나 가뭄이 없는 세상으로 새롭게 만들어 놓을" 담수화 부문에서 이스라엘과 미국이 함께 개발할 매우 흥미로운 신규 프로그램에 대해 설명했다.

관료주의 방식을 잘 알고 있으며 자신의 비전이 다른 계획에 희생되지 않게 하겠다고 마음먹은 존슨 대통령은 이스라엘 관리와 담수화 프로젝트의 세부적인 부분까지 완성할 협상팀을 구성하고, 이스라엘 담수화 계획에 대한 자금 지원 방안을 파악하기 위해 해외 담수화 프로그램 Foreign Desalting Program에 관한 관계 부처 위원회Interagency Committee를 설치했다. 하지만 1966년 초 존슨 행정부의 딘 러스크Dean Rusk 국무장관은 "많은 정치적, 경제적, 재정적 고려 사항" 때문에 이스라엘 담수화 시설 프로젝트가 연기됐다고 대통령에게 보고했다. 존슨 대통령은 탁월한 외교관 엘스워스 벙커Ellsworth Bnunker를 자신의 특사로 임명하기로 결정하고 그해 12월 벙커를 이스라엘에 파견했다. 벙커 특사는 이스라엘에서 에슈콜 총리에게 2억 달러 규모의 담수화 시설 건설을 제안했고, 이와 더불어 에슈콜이 건설 비용 분담과 미국 차관 상환을 두고 어떤 생각을 하는지 파악하려 했다.

그런데 담수화만큼이나 중요했던 베트남 전쟁 때문에 존슨 대통령은 1966년 말까지 대부분의 시간과 초점을 이 전쟁에 맞추고 있었다. 이에 따라 벙커를 베트남 대사로 새로 임명하며 이스라엘 정부와 담수화 아이디어를 조정할 후임자는 임명하지 않았다. 에슈콜 측에서도 물은 가장 중요한 의제가 아니었다. 중동 지역에서 전쟁의 바람이 불기 시작했기 때문이었다. 존슨 대통령이 베트남 전쟁에 몰두해 있는 것처럼, 에슈콜 총리는 1967년 6월 결국 6일 전쟁으로 확대된 사태 때문에 정신이 없었다.

1968년 1월 에슈콜은 텍사스주에 있는 존슨 대통령의 고향 집 랜치Ranch에서 환대받는 손님으로서 존슨을 다시 만났다. 이번 방문에서 담수화는 에슈콜과 존슨의 관심 사항이나 고려 대상 중 높은 순위가 아니었다. 6일 전쟁으로 확전되는 과정에서 이스라엘의 오랜 무기 공급국이었던 프랑스가 진영을 바꿔 아랍 국가와 우방 관계를 맺기로 결정했다. 에슈콜과 이스라엘 군부는 아랍 적대국을 상대로 압도적인 승리를 거두고 얻은 자신감에 차 있었지만, 아랍 국가들이 패배를 복구하고 재무장할 것을 알고 있었다. 이스라엘은 자신들만의 무기 공급원을 찾아야 했다. 에슈콜은 미국이 그 역할을 해 주기를 바랐다.

비록 존슨 대통령이 이스라엘에 무기를 판매하겠다는 결정을 미루며 에슈콜 총리를 실망시키기는 했지만, 손님을 위로하는 의미로 다른 선물을 제시했다. 존슨 대통령은 에슈콜 총리에게 미국이 이스라엘의 담수화 프로젝트에 다시 뛰어들겠다는 약속을 하며 3일간의 방문 일정을 마쳤다. 그리고 나서 곧바로 전 세계은행 총재 조지 우드George Woods를 이스라엘과 담수화 논의를 이어 갈 대표로 임명했다. 우드는 이스라엘과 협의하고 나서, 존슨 대통령이 출마하지 않기로 결정했었던 그해 11월의 대통령 선거 직후 존슨 대통령을 만났다.

이 만남에서 우드는 이스라엘에 대한 4천만 달러의 무상 원조와 1천 8백만 달러의 차관 제공을 제안했다. 이와 같은 자금 지원이 소규모 담수화 시범 시설을 건설하는 데 충분하다는 사실을 확인한 존슨 대통령은 이제 이 일을 추진할 준비가 됐다고 말했다.

퇴임하기 사흘 전, 해야 할 일이 쌓여 있는 가운데 존슨 대통령은 에슈콜 총리에게 서한을 보내 이스라엘의 담수화 계획을 추진하기 위해 했던 자신의 개인적인 노력을 자세히 설명했다. 그는 자신의 마지막 공식 통치 행위 가운데 하나로 이스라엘 담수화 시설에 필요한 자금 지원을 전부 승인해 줄 것을 상원에 요청했다고 서한에 썼다. 이에 덧붙여 자부심과 들뜬 마음을 가득 담아 이 담수화 시설이 곧 "하루에 4천만 갤런의 담수"를 생산할 것이라고 언급했다. 에슈콜은 즉시 답신을 보내며 존슨 대통령의 조치가 중동 지역의 경제 발전과 평화 확립에 중대한 역할을 할 것이라고 말했다.

세상을 바꿔 놓은 13명의 엔지니어

존슨이 약속한 이스라엘 담수화 시설 투자는 계속 연기됐다. 대통령 선거 운동 동안 이스라엘 담수화 프로젝트 자금 지원을 지지했던 대통령 당선자 리차드 닉슨은 취임하면서 존슨 전 대통령이 편성한 예산 중 집행하지 않은 자금에 대한 자신만의 계획이 있었다. 연기된 이유를 보다 적절히 표현하면, 정부 자금을 지원하는 과정은 아주 느리게 진행될 수 있기 때문이다. 특히 자금을 지원하는 쪽(여기서는 미국 염수국)과 이를 사용하는 쪽(간절한 이스라엘 정부)이 자금을 사용하는 방식을 두고 서로 다른 생각을 할 때에는 더욱 그렇다. 나단 버크만은 미국 정부가 이스라엘의 획기적인 아이디어 없이도 자금을 사용할 것이라는 잘못된 상상을 하지 않았다. 그는 당시 미국에서 자금 지원이 필요한 자체 프로젝트가 충분히 많았다고 기억한다.[7]

규모면에서는 아니더라도, 국가적 중요성에서 미국 염수국과 맞먹는 이스라엘 담수화 전담 연구 기관은 자르킨의 아이디어를 실현할 목적으로 1959년 설립된 작은 부서였다. 자르킨의 아이디어가 실현 불가능한 것으로 밝혀지고 1966년 자르킨이 이 부서를 떠났을 때, 뉴욕에서 MBA 학위를 받고 자신의 첫 직장을 시작한 지 6년이 지난 나단 버크만이 이 부서를 넘겨받았다.

버크만은 이렇게 말한다. "오늘날 담수화 부문에서 이스라엘의 역할을 보면, 초창기에 이스라엘이 했던 역할이 어땠는지 이해하기 어렵습니다. 자르킨의 아이디어가 실패한 후 우리는 또 다른 기술이 필요하다는 사실을 깨달았습니다. 우리의 직업을 잃지 않으려면 획기적인 돌파구를 찾아야 했습니다."

당시 이스라엘 담수화 엔지니어링 부서는 13명의 엔지니어로 구성돼 있었다. 경제학과 경영학을 전공했지만 엔지니어가 아니었던 버크만은 일주일에 한 번 엔지니어들과 회의를 열어 주로 새로운 접근 방식을 놓고 브레인스토밍을 하며 다른 국가에서 시도했던 아이디어를 평가하기도 했다.

버크만이 이끄는 엔지니어 팀은 이런 브레인스토밍 회의에서 나온 아이디어 일부를 개발하기 시작했는데, 당시는 바닷물에서 효율적이고 경제적으로 염분을 제거하는 확실한 방법이 아직 없을 때였다. 버크만 팀은 동결 방식과 관련 없는 자르킨 기법의 기계적 요소를 한데 모은 뒤, 증기를 만들기 위해 물에 열을 가하는 다양한 개념에 이들을 접목함으로써 에너지 효율적인 두 가지 담수화 방식을 만들어 냈으며, 현재 이 방식들은 전 세계에서 여전히 활용되고 있다.

기계식 증기 압축MVC: Mechanical Vapor Compression으로 불리는 첫 번째

방식은 신뢰도가 높으며 계획에 없던 가동 중지에 따른 비용을 경제적으로 감당할 수 없는 환경에서 사용된다. MVC는 즉시 사용 가능한 민물이 없으면 운영을 멈출 수밖에 없는 물 집약적 광산 형태의 담수화 시설을 운영하는 데 활용된다. MVC의 부정적인 측면은 일관성을 확보하기 위한 운영 비용이 너무 많이 들기 때문에 대규모 담수 생산에는 적합하지 않다는 것이다.

하지만 MVC를 둘러싼 연구는 이스라엘 담수 엔지니어링이 열에 바탕을 둔 처리 과정을 변형한 두 번째 방식을 개발하는 결과로 이어졌으며, 이 방식은 다중 효용법MED: Multi-Effect Distillation으로 불렸다. 사실 MED는 1800년대 말에 발명됐으며, 과즙을 증발시켜 천연 설탕을 얻는 공정과 같은 다양한 산업 공정에 활용돼 왔었다. 이와 비슷한 논리로 MED가 바닷물에서 담수를 추출하는 데 사용되기 시작했다.

이스라엘 담수 엔지니어링 팀의 혁신적인 MED 방식은 물에 열을 가해 증기를 만들기 위해 전통적으로 사용해 왔던 증기 챔버 대신 서로 연결된 일련의 알루미늄관을 활용했다. 이 알루미늄관이 예전에 사용한 방식이나 재질보다 열을 더 효율적으로 유지하고 전달하기 때문에 온도가 항상 높게 유지될 수 있고, 그 덕분에 담수화 과정 중간에 추가된 물을 끓이기 위한 에너지를 절감할 수 있었다. 이스라엘의 MED는 열을 바탕으로 한 다른 어떤 담수화 방식보다 에너지 사용이 적었다. 당시 여전히 진화 중이며 많은 양의 열이 필요했던 담수화 분야에서 이 방식은 에너지 비용을 줄이는 데 크게 기여했다. 하지만 1960년대 말 처음 소개됐을 때만 하더라도 많은 사람들은 여전히 이스라엘의 MED를 현실 환경에서 제대로 작동할지 확신할 수 없는 흥미로운 이론으로 여겼다.

알루미늄관을 사용하는 MED에 관한 회의론은 1980년대 중반 담수화 시범 시설이 건설되고 나서야 변하기 시작했다. 미국이 제공한 2천만 달러의 특별 무상 원조와 이에 상응하는 이스라엘의 자금을 투입한 시범 시설이 이스라엘 남부 지중해 연안 도시 아슈도드Ashdod에 세워졌다. 미국의 선물은 비록 중간에 다른 사람들에 의해 여러 번 수정되기는 했지만, 존슨 대통령이 시작해 오랜 시간을 거치며 이룬 과정의 열매였다.

자금 지원이 더 일찍 이뤄지지 않아 이스라엘이 불만스러워했지만, 미국 염수국의 꼼꼼하고 관료주의적인 처리 속도는 오히려 이스라엘에 잘 맞아 들었다.

이스라엘 담수화 시설은 1964년 존슨 대통령이 고려했던 1억 달러보다 적은 비용으로 건설됐다. 하지만 담수화를 향한 이스라엘의 이런 원대한 꿈은 미국 정부의 관료 집단을 앞으로 나아가게 하는데 그 나름의 역할을 했다. 시범 시설은 이스라엘의 담수 공급을 향상하기에는 너무 작은 규모였지만, 이스라엘 MED 방식의 효율성을 담수화 개발과 실행의 다음 단계로 증명하기에 충분한 크기였다.

자기 보존을 위해 글로벌 기업을 시작하다

알루미늄관을 활용하는 MED가 1960년대에 여전히 개발 단계에 머물러 있는 동안, 훨씬 더 시급하고 개인적인 문제가 발생할 가능성을 놓고 버크만의 염려는 점점 더 커지기 시작했다. 자르킨의 동결 기법이 실패하고 미국의 자금 지원은 곧 이뤄지지 않을 것 같은 상황에서 버크만은 이스라엘 담수 엔지니어링이 다음 해 예산 심의에서 제외될 위험에 처할지도 모른다는 두려움에 빠져들었다. 자신의 직무 유지를 간절히 바랐던 버크만은 이스라엘의 국고에 의존하지 않는 방법을 자체적으로 찾아내야만 한다고 생각했다.

1960년대 말과 1970년대 초 다른 국가들이 각국의 물 문제를 해결하기 위해 담수화 방안을 찾아 나섬에 따라 버크만은 자신이 이끄는 정부 부서가 직접 비즈니스에 뛰어들어 대단하지는 않지만 자신들 나름대로 축적한 노하우를 다른 국가에 판매하기로 마음먹었다. 버크만은 당시 상황을 이렇게 말한다.

"나 혼자서 결정했습니다. 어느 누구에게도 먼저 허락받은 게 아니었습니다. 누군가가 다음번에 우리를 볼 때 우리가 정부에 어떤 손해도 끼치지 않았다는 사실을 알 수 있도록 나는 가능한 한 드러나지 않기를 원했습니다. 또한 노하우 판매를 통해 담수화 시설에 관한 실질적인 경험을 쌓는 것도 괜찮은 아이디어라고 생각했습니다."

이 결정으로 정부 부서 한 곳이 정부 내에서 이익을 추구하는 비즈니스 단위로 바뀌었다. 버크만은 이스라엘 담수 엔지니어링의 이름을 IDE 테크놀러지로 변경하고 담수화 시설을 건설할 수 있는 이 그룹의 능력을 널리 알렸다. 얼마 지나지 않아 IDE는 스페인에 속한 작은 군도로 구성된 카나리아 제도Canary Islands에 MVC 방식의 시설을 설치하는 첫 계약을 수주했다. 당시에는 우방이었던 이란 정부와 이란의 몇몇 공군 기지에 소규모 MVC 담수 시설을 설치하는 계약이 뒤를 이었다. 이후로도 이스라엘 정부 소속 담수화 기업은 번창했다.

1980년대에 IDE는 또 다른 이스라엘 정부 소속 비즈니스 단위와 합병했으며, 이스라엘에서 민영화가 활발히 이뤄지던 1990년대에 매각됐다.[8] 나단 버크만이 점점 더 활발히 활동하는 영리 목적의 정부 기관을 감독하며 근무한 25년 동안 IDE는 300개가 넘는 담수화 시설에 대한 설계와 건설, 설치, 관리를 도맡아 하거나 최소한 이들 중 하나를 수행했다. 현재 IDE의 고위 임원인 프레디 로키엑Fredi Lokiec은 버크만 시절에 만든 시설 중 다수가 소규모였지만 "각 시설마다 우리는 새로운 방법을 시도했다"며 이렇게 덧붙여 말한다. "우리는 똑같은 방식을 사용하는 것을 절대 용납하지 않습니다. 그 당시나 지금이나 우리는 각 시설마다 무엇을 달리할 수 있을지 생각합니다."

최근 몇 년간 IDE는 전 세계에서 거대한 규모의 담수화 시설을 많이 설계하고 건설했다. 서반구에서 가장 큰 담수화 시설은 캘리포니아주 칼스배드Carlsbad에 있으며 하루 5400만 갤런의 담수를 생산하고 있다. 중국에서 규모가 가장 큰 담수화 시설(1일 담수 생산량 5,300만 갤런)과 인도 최대 담수화 시설(1일 담수 생산량 1억 600만 갤런)도 IDE가 건설한 것들이다. 중국 시설은 MED 방식 전용이며, 인도는 MED 하이브리드 방식을 사용한다. 이스라엘의 수자원 공기업인 메코로트도 작은 규모이기는 하지만 담수화 시설을 건축하거나 관리하는 분야에서 그 나름의 족적을 남겼다.

IDE는 이스라엘의 담수 공급을 개발하는 부문에서도 당연히 핵심 역할을 했다. 텔아비브에서 남쪽으로 16km 떨어진 도시 소레크Soreq에 있는 세계에서 가장 규모가 크고 현대적인 시설(1일 담수 생산량 1억 6500만 갤런)을 포함해 이스라엘의 대규모 담수화 시설 세 곳도 IDE가 건설했고, 현재 관리하고 있다.

소레크에 이르는 길

벤구리온은 곳곳에 설치된 담수화 시설이 이스라엘과 인근 지역을 완전히 바꿔 놓는 날을 꿈꾸었을지 모르겠다. 하지만 그는 비용을 전혀 언급하지 않은 채 사막에 꽃을 피우게 하는 고무적인 연설만 할 수 있었다. 그런데 무상 또는 매우 저렴한 비용으로 강우나 대수층, 갈릴리호에서 얻을 수 있는 물과 비교한 비용이 측정됐을 때 이구동성으로 외치는 반대의 목소리가 이 몽상가를 수세에 빠뜨렸다. 담수화 처리 비용이 1950년대 자르킨 방식을 활용해 처음 생산할 때와 비교해 지난 수십 년간 15배 저렴해졌지만, 1990년대 초 당시만 하더라도 여전히 값비싼 물 공급원이었다.

로넨 울프만Ronen Wolfman은 1990년대 재무부 예산 부서에서 사회기반시설을 담당하던 고위 관리였다. 그는 당시 이스라엘의 담수화 시설 건설에 격렬히 반대하는 사람들 중의 한 명이었으며, 자신이 반대했던 이유를 이렇게 설명한다. "먼저 비용이 너무 많이 들었습니다. 기술은 항상 발전하기 마련이었지만, 나는 우리가 앞으로 수십 년 동안 부담해야 할 거대 시설에 예산을 쓰고 싶지 않았습니다. 그래서 이 계획을 가능한 한 연기하기를 바랐습니다. 둘째, 우리는 여전히 하수 처리로 재생한 물을 농업에 충분히 활용하지 않고 있었습니다. 나는 재생수 사용의 열의를 꺾는 어떤 일도 하고 싶지 않았습니다. 그리고 셋째, 우리가 농민에게 물을 너무 관대하게 할당했기 때문에 그들이 엉뚱한 작물을 선택하고 있다고 확신했습니다. 작물 종류만 바꿔도 우리는 물을 많이 절약할 수 있었습니다."

예산 부서는 농민이 물 효율적인 작물을 심도록 장려하기 위해 다른 정부 기관들과 협력했다. 그 결과, 물을 많이 사용해야 하는 작물인 면의 재배 규모가 이스라엘에서 약 70% 줄었다. 또한 성장하는 데 많은 물이 필요하지 않은 작물을 찾는 과학적 연구에 보조금이 지급됐다. 정부는 전

국에서 나오는 하수를 농업용수로 재활용하기 위해 가능한 한 많이 확보
하도록 독려하는 데 전력을 다했다.

비를 바라는 기도가 하늘에 닿아 응답을 받았는지 모르겠지만, 이스
라엘에서는 몇 년에 한 번씩 겨울에 많은 비가 내렸으며, 이 또한 담수화
를 향한 움직임을 늦추는 효과를 발휘했다. 갈릴리호와 대수층에 물이 다
시 채워질 때마다 이스라엘 물위원회와 재무부 소속 정책 입안자들은 이
사실을 담수화 추진을 연기하는 이유로 삼았다.

테크니온 공대의 두 교수는 이렇게 결정을 미루고 망설이는 행동이
무책임하다고 생각하며 국가의 물 관련 우선순위를 재설정하고 싶어했
다. 담수화 전문가인 라피 세미엣Rafi Semiat 교수는 이렇게 말한다. "당시
는 기후 변화에 대한 얘기가 나오기 전이었지만, 우리는 이스라엘에 또
다른 가뭄이 닥쳐온다는 것은 단지 시간문제라는 사실을 알고 있었습니
다. 이런 가뭄들이 우리를 혼란에 빠뜨린다는 것은 피할 수 없는 사실이
었습니다."

세미엣 교수와 테크니온 공대 동료 교수인 데이비드 하슨David Hasson
은 정책 입안 과정에 영향력을 발휘해 보기로 마음먹었다. 세미엣 교수는
당신 자신들의 노력을 이렇게 설명한다. "사회기반시설이 완성되고 효과
를 내기까지 오랜 시간이 걸린다는 사실을 알기 때문에 우리는 이스라엘
지도자들이 한두 해 강우량이 많다는 이유로 물 문제 해결을 위한 첨단
기술적 솔루션이 반드시 필요하다는 결정을 미루지 않기를 바랐습니다."
두 교수는 이스라엘 담수화학회Israel Desalination Society를 설립하고 1995년
부터 연례 회의를 개최하며 담수화를 해결 방안으로 교육하고 주창해 왔다.

더욱 중요한 점은 이스라엘 내 양대 주요 정당의 지도자들이 겨울철

의 많은 강우량과 같은 상대적으로 손쉬운 해결책에 희망을 거는 행동만으로는 충분하지 않다는 사실을 믿게 된 것이었다.[9] 향후 총리직까지 올랐지만 당시에는 국가 사회기반시설 관리부 장관이었던 아리엘 샤론Ariel Sharon은 담수화 방안이 차라리 일찌감치 필수 요소가 되는 것이 낫다고 결론지었다. 샤론이 장관으로 활동하던 정부가 1999년 총선으로 교체됐을 때, 신임 재무부장관 아브라함 바이가 쇼챗Abraham Baiga Shochat은 담수화를 면밀히 연구할 필요가 있다고 독자적으로 결론 내렸다.

쇼챗은 1992년 재무부장관으로 첫 임기를 시작하며, 극심한 가뭄이 이스라엘 지역에 닥칠 때를 대비해 물 문제를 사회기반시설로 해결하는 방안을 논의하는 데 관여했었다. 그러나 재무부장관으로서의 첫 임기 동안, 강우량이 많을 때마다 담수화와 또 다른 해결 방안의 논의는 뒷전으로 밀려났다. 하지만 1999년 말 권력의 중심으로 돌아와 재무부장관 직을 다시 맡았을 때, 쇼챗은 지금이 담수화 프로젝트에 뛰어들 알맞은 시기인지를 놓고 합의를 이끌어 내기 위해 각료들을 소집했다.

프로젝트를 추진하기 전에 쇼챗은 실행 가능한 다른 대안은 없는지 확인하고 싶었다. 주목을 많이 받은 한 가지 제안은 당시 이스라엘의 정치적, 군사적 동맹국이었던 터키에서 물을 수입하는 방안이었다. 비록 오늘날의 터키는 대부분 관리 실패와 과도한 사용에서 비롯된 물 문제로 어려움을 겪고 있지만, 2001년 당시에는 여전히 남아도는 물로 수익을 올리고 싶어 하는 물 부자 국가였다. 이스라엘 군부도 이를 통해 양국 관계를 더욱 돈독히 할 수 있을 것으로 생각하며 이 아이디어를 크게 반겼다. 하지만 여러 가지 다른 방안들을 검토한 끝에 터키에서 수입하는 옵션은 가격과 수송 문제를 고려해 폐기됐다. 오늘날 이스라엘에 대한 터키의 적대감을 고려해 볼 때, 이스라엘의 물 공급을 터키에 의존하지 않기로 한 것은 지정학적으로도 현명한 결정이었다.

쇼챗과 내각 장관들로 구성된 위원회가 내려야 할 또 다른 주요 결정은 정부가 직접 담수화 시설을 건설해야 할지, 아니면 입찰 공고를 내고 엄격한 계약 지침 아래 민간 기업이 운영해야 할지 정하는 것이었다. 이스라엘은 정부 기관이 대형 프로젝트를 맡아 진행하는 오랜 역사를 지니고 있었으며, 다목적 수자원 공기업인 메코로트는 염분이 섞인 내륙의 물을 담수화하는 일에 많은 경험이 있었다.

하지만 로넨 울프만을 비롯한 예산 부서 소속 관리들은 얼마 전에 민간 기업을 활용해 고속도로를 건설한 적이 있었다. 비록 담수화 시설 건설을 지지하지는 않았지만, 울프만은 메코로트의 담수화 경험에도 불구하고 민간 기업이 메코로트나 다른 어떤 정부 기관보다 더 우월하다고 확신했다. 이를 두고 울프만은 이렇게 말한다. "정부가 민간 기업을 활용하면 프로젝트 비용을 다른 누군가에게 분담시킬 수 있을 뿐만 아니라, 민간 부문이 정부나 메코로트와 같은 정부 소유의 공기업보다 훨씬 더 좋은 결과를 낼 수 있다고 나는 확신했습니다." 키부츠에서 나고 자란 울프만은 아이러니하게도 훗날 메코로트의 CEO 자리에 올랐으며, 지금은 이스라엘의 한 대규모 담수화 시설을 부분적으로 소유한 중국계 이스라엘 수자원 기업인 허치슨 워터Hutchison Water를 이끄는 경영자 중 한 명이다.

각료들은 민간 부문을 활용하기로 결정하며 이스라엘의 IDE, 프랑스의 베올리아Veolia 등으로 구성된 컨소시엄을 선택했다. 입찰자들 중에서 프로젝트를 실행할 기업을 선택할 때, 입찰 그룹의 담수화 경험과 자금 조달 역량뿐만 아니라 25년의 계약 기간 동안 담수화 시설을 운영할 수 있는 확실한 경영 역량도 핵심 고려 사항이었다. 이 담수화 시설은 이스라엘의 지중해 연안 도시 아슈켈론Ashkelon에 건설되고 IDE와 베올리아가 함께 운영할 예정이었으며, 운영 그룹은 계약 기간이 끝나는 시점에 소유권을 정부에 다시 양도해야 했다. 그 대신 이스라엘 정부는 운영 그룹이 현금 유동성을 보장받을 수 있도록 매년 고정된 양의 담수를 구매하고 계약으로 정한 연간 구매 총액을 지급하기로 약속했다.

IDE와 베올리아는 새로운 해수 담수화 시설을 디자인하는 과정에 몇몇 중요한 의사 결정을 내려야 했는데, 그중에서 가장 중요한 것은 해수를 담수화할 때 어떤 기술을 사용할지 결정하는 일이었다. 이 프로젝트를 맡기 몇 년 전 IDE는 알루미늄관을 사용하는 MED 방식으로 담수화 세계에 변화를 불러왔으며, 다른 국가들에 건설한 수십 곳의 시설에서 이 방식을 활용하는 데 성공했다. 그러므로 아슈켈론에 건설하는 담수화 시설에도 MED 방식을 사용하는 것이 논리에 맞았다. 하지만 운영그룹은 그 방식 대신 훨씬 더 에너지 효율적이지만 IDE가 거의 경험해 보지 못한 역삼투 방식RO: reverse osmosis을 사용하기로 결정했다. 우연의 일치인지는 몰라도 역삼투는 이스라엘과 밀접한 관련이 있었다.

담수화의 거대한 약진: 역삼투 방식

바닷물에는 순수한 물과 소금, 여러 종류의 미네랄이 섞여 있다. 바닷물이 역삼투 과정을 거치는 동안 박막을 통해 순수한 물은 한쪽 방향으로 흘러가고 소금 분자는 다른 방향으로 빠져나간다. 분리되고 남은 소금 슬러시는 브라인brine(농후한 염류 용액)이라 부르며 바다로 다시 돌려보낸다. 수원에서 미네랄이나 원치 않는 물질을 걸러낼 때에도 같은 방식을 활용할 수 있다. 하지만 제거하려는 입자가 무엇이든, 이 방식의 핵심 요소는 박막, 즉 멤브레인membrane이다.

역삼투 멤브레인은 처음부터 바닷물을 염두에 두고 만들어진 것이 아니라 내륙에서 볼 수 있는 염분 섞인 물을 처리할 목적으로 고안된 것이었다. 바닷물보다 염도가 낮은 이 내륙 염수는 지질 시대 이전에 형성된 이후 다소간의 소금과 미네랄이 지하수원으로 침출될 만큼 오랫동안 어떤 형태의 손길도 닿지 않은 물을 담고 있는, 이른바 화석 대수층에서 발견할 수 있다. 내륙 염수는 강이 바다와 만날 때처럼 바닷물과 민물이 만나는 지점에서 형성되기도 한다.

미국 캔자스주에서 태어난 시드니 로브Sidney Loeb는 40대에 이른 1960년대 초 UCLA에서 당시 점점 발전하던 화학공학 분야의 박사학위 취득 과정을 시작하며, 특별히 제작한 멤브레인을 사용해 내륙 염수를 식수로 정제할 수 있는지 연구했다. 연구에 참여한 실험실 동료와 함께 로브는 순수한 물이 통과할 정도로 크지만 소금이나 녹아 있는 다른 미네랄은 걸러낼 만큼 작은 나노 크기의 구멍이 있는 멤브레인을 개발했다.

1965년 켈리포니아 주의 작은 도시 콜린가Coalinga에서 로브는 멤브레인을 실험했다. 당시 이 도시에서 사용 가능한 물은 미네랄 농도가 너무 높아 식수로 사용될 수 없었고, 콜린가에서 필요한 모든 물은 다른 도시에서 기차를 이용해 가져와야 했다. 이 실험에서 로브의 멤브레인이 이전에는 식수로 부적합했던 물을 정제하는 데 성공하면서, 실험 결과는 콜린가뿐만 아니라 담수화의 미래를 바꿔 놓았다.[10]

만약 로브가 사업가적 직감이 있었더라면, 이 역삼투 멤브레인을 시장에 내 놓았을 것이다. 하지만 로브는 특허를 출원한 뒤 아무것도 하지 않았다. 비슷한 시기에 그의 결혼 생활도 무너지기 시작했다. 당시 캘리포이나주에서는 1년 이상 별거하면 소송 없이도 이혼이 허용됐고 로브 자신도 직장이 필요했던 터라, 1996년 이스라엘에서 9개월간 진행되는 프로젝트에 참여하기로 했다. 로브는 이때 처음으로 이스라엘을 방문했으며, 이 방문을 통해 거듭났다. 9개월은 평생으로 바뀌었다.

　고국에서는 아무도 귀를 기울이지 않고 과학적으로 별 볼일 없었던 로브를 이스라엘은 생각이 깊은 자로 받아들였다. 사람들은 네게브 사막의 모래 아래에 미네랄 농도가 높은 엄청난 양의 물이 묻혀 있을 것으로 믿었다. 그곳에 있는 화석 대수층 일부가 지역 내 보잘것없는 개발에 활용되기는 했지만, 내륙의 담수화 시도는 비용이 많이 들고 어려움을 무릅쓰면서까지 할 만한 가치는 없다고 여기는 경우가 많았다. 하지만 로브의 멤브레인은 해결 방안이 될 수 있을 것 같았다. 요트바타Yotbata 키부츠에서 실시한 남부 네게브의 내륙 염수에서 염분을 제거하는 실험은 크게 성공했다. 로브는 지역 내 과학계에서 돌풍을 일으키며 유명인으로 떠올랐다.

　로브는 전문가로서 인정을 받았을 뿐만 아니라 1946년 10대 시절에 영국에서 이스라엘로 이주해 온 여성과 사랑에 빠졌다. 비록 로브가 미국에 거의 다 동화된 유대계 미국인이었기는 하지만 이스라엘을 방문한 시기에 6일 전쟁이 일어났고, 이는 로브의 가슴속 깊이 묻혀 있던 민족 정체성에 대한 그의 감정을 일깨웠다.

　로브는 이스라엘에서 거의 3년을 보낸 뒤 로스앤젤레스로 돌아와 부인과 이혼 절차를 마무리하고, 곧바로 영국계 이스라엘인 연인 미키Mickey와 결혼했다. 그런데 로브가 이스라엘에서 받았던 호평과 존경은 미국에서 통하지 않았다. 그는 미국 본토로 돌아왔을 때 어떤 교수직도 제안받지 못했고 잠깐 동안 컨설팅 기업을 설립하기 위해 노력했지만, 이 기업은 시작하자마자 사라져 버렸다. 훗날 벤구리온대학교로 발전한 네게브대학Negev Institute 학장에게서 화학공학과 교수를 맡아 달라는 요청을 받았을 때 로브는 곧바로 그 기회를 잡았다.

이스라엘로 돌아온 로브는 나단 버크만과 다른 여러 사람에게 자신이 개발한 역삼투 멤브레인을 제시했지만, 그들은 이 방식이 IDE의 MED 과정보다 더 나은 솔루션이라고 생각하지 않았다. 로브의 부인 미키는 당시 상황을 이렇게 말한다. "로브는 비즈니스에 소질이 없었으며 어떻게 자신을 PR하고 자신의 서비스를 팔지 몰랐습니다. 특허를 유지하는 기간 내내 그가 받은 로열티는 고작 1만 4천 달러였습니다. 수십억 달러 산업을 출범시킨 아이디어의 대가가 1만 4천 달러에 불과하다니, 이게 상상이나 할 수 있는 일인가요?"

좀 더 공정한 관찰자도 미키의 평가에 동의한다. 미국인으로 담수화 산업 베테랑이며 업계 전문지 〈담수화 리포트Water Desalination Report〉의 편집자인 톰 판크라츠Tom Pankratz는 로브를 이렇게 평가한다.

"시드니 로브와 역삼투의 관계는 라이트 형제와 비행기, 포드와 자동차, 그리고 토마스 에디슨과 전구의 관계와 같습니다. 분명히 많은 다른 사람들이 이 모든 것을 처음보다 더 좋게 만들기는 했지만, 토대를 마련한 사람은 바로 이들입니다. 시드니 로브는 역삼투의 아버지였습니다. 단지 다른 사람들이 받았던 명성이나 금전적 혜택을 보상받지 못했을 뿐입니다."

다른 사람들의 말에 따르면, 로브는 이례적일 정도로 친절하고 겸손한 사람이었다. 그래도 자신의 역삼투 멤브레인이 아슈켈론 담수화 시설에 채택되는 것을 살아생전에 보는 것은 자신의 평생 업적을 확인하는 자랑스러운 일이었다. 로브는 2005년 이 시설의 오프닝 행사에 참석했지만, 3년 뒤 역삼투 방식의 해수 담수화가 이스라엘과 전 세계를 어떻게 변화시키는지 보지도 못하고 세상을 떠났다. 내륙 염수에서 소금과 미네랄을 제거하는 데 제한적으로 사용되던 역삼투 방식이 현재는 담수화 산업의 지배기술로 자리 잡으며 이미 세계 전체 담수화 시설에서 처리되는 바닷물의 60%를 정제하는 데 활용되고 있다. 오래되고 낡아 가동을 중지하는 담수화 시설이 늘어나고 새로운 시설이 건설되면서 멤브레인 필터의 역할은 더욱 커질 것이다.

농업의 새벽과 같은 시기

담수화 과정을 거쳐 생산된 물은 강우나, 호수, 강 또는 대수층과 같은 천연 수원에서 얻은 물보다 항상 더 비싸며, 앞으로도 그럴 것으로 생각했다. 하지만 아슈켈론 시설은 놀라운 결과를 제시했다. 역삼투 멤브레인을 활용해 담수화 처리된 물은 청결함과 낮은 염도, 높은 청명도 측면에서 볼 때 이스라엘에서 가장 품질이 좋은 물이었을 뿐만 아니라, 내각 장관들이 담수화 추진을 결정할 때 받았던 어떤 비용 예측보다 약 50% 더 저렴한 것으로 드러났다. 이렇게 저렴한 비용을 확인한 정부는 IDE와 베올리아로 구성된 운영자에게 아슈켈론 시설의 1일 생산량을 두 배로 늘려 8천만 갤런의 담수를 생산해 달라고 요청했다.[11]

그러나 2005년 말에 운영을 시작한 아슈켈론 담수화 시설은 단지 시작에 불과했다. 해수 담수화 시설은 이스라엘의 지중해 연안을 따라 2007년 팔마침Palmachim, 2009년 하데라Hadera에 잇달아 문을 열었다.

2013년에는 대규모 담수화 시설이 소레크에서 운영을 시작했다. 팔마침과 하데라의 시설 둘 다 규모를 제외하고는 각 시설 나름의 중대한 혁신을 도입한 한편, 소레크의 시설은 공학과 재무적 독창성의 경이로움 그 자체다. 비용을 낮추기 위해 낮이든 밤이든 저렴한 전기나 심야 전기가 공급되는 시간대를 활용해 시설을 운영했다. 이런 행동은 쉬운 것처럼 들릴지 모르지만 실제로는 그렇지 않다.[12]

해변 조망이 가능한 지역에 있는 부동산은 너무나 비싸기 때문에 소레크 담수화 시설은 지중해에서 약 1.6km 떨어져 있으며, 바닷물을 취수하고 담수화 처리 후 별도 송수관에 설치된 배출 장치로 고염도의 소금물을 바다로 돌려보내기도 하는 지점에서 약 3.2km 떨어진 곳에 건설됐다. 소레크 시설과 해안 사이에 건물들이 들어선 구역이 있었기 때문에 단순히 땅을 굴착한 후 대형 송수관을 매립하는 방식으로 진행할 수는 없었다. 대신, 지중해에 이르는 경로는 중간 지점마다 장착된 잭jack으로 경로를 구성할 송수관을 들어 올린 뒤 강력한 힘으로 각 설치 지점의 땅속으로 밀어 넣는 중압 공법pipe jacking으로 건설됐다.

4억 달러의 비용이 투입된 소레크 담수화 시설은 다른 곳에서 모방하기 쉽지 않겠지만, 이 시설의 선구자적 혁신기술, 특히 에너지 관리와 절감 부문의 기술은 이후에 건설될 모든 역삼투 시설에 전수될 것이다. IDE와 중국계 이스라엘 기업 허치슨 워터가 건설한 소레크 시설은 몇 년 전만 하더라도 거의 생각조차 하지 않았던 깨끗한 수질 유지와 어류 안전을 위한 환경 보호 방안을 적용하고 있다.

아슈켈론, 팔마침, 하데라, 소레크의 담수화 시설과 메코로트가 관리하는 아슈도드 담수화 시설, 그리고 내륙 염수를 처리하는 역삼투 방식의 담수화 시설들을 통해 현재 이스라엘은 염분이 포함된 수원에서 매일 거의 5억 갤런에 달하는 담수를 생산한다. 10년 전만 하더라도 몇몇 내륙 염수 담수화 장치와 지중해에서 멀리 떨어진 이스라엘 최남단 도시 에일라트Eilat에 있는 소규모 해수 담수화 시설이 전부였다. 당시에는 가정으로 공급되는 양이 거의 제로였지만, 현재 담수화된 물 전체가 대수층과 우물, 갈릴리호와 같은 민물과 혼합된 형태가 아니라 그 자체로만 가정에 공급된다면, 이스라엘 전체에서 사용하는 가정용수의 94%와 맞먹는다.

담수화는 이스라엘에서 공급되는 물의 특성을 완전히 바꿔 놓았으며, 그 효과는 사회 전반에서 감지돼 왔다. 광범위한 담수 사용은 이스라엘의 환경과 경제, 사회기반시설, 사회 화합, 공중 보건, 그리고 심지어 팔레스타인과 요르단을 비롯한 주변국과의 관계에도 엄청난 영향을 끼쳤다. 이 모든 영역에서 이스라엘은 앞으로 더 늘어날 것 같은 혜택들을 발견하기 시작했다.

가장 분명한 사실은 새로운 수원 확보가 자연과 최근의 기후 형태 변화와 이스라엘의 관계에 변화를 주고 있다는 것이다. 이스라엘 물위원회 위원장을 역임한 시몬 탈은 이렇게 설명한다.

"우리는 이미 기후 변화 문제를 넘어섰습니다. 담수화 '자체'뿐만 아니라 우리가 하는 모든 일에 새로운 수원인 담수가 더해지면서 우리는 불리한 기후 조건에 거의 영향을 받지 않습니다. 가뭄은 성서 시절부터 중동 지역을 괴롭혀 왔습니다. 이제 이스라엘은 오랜 기간에 걸친 가뭄도 견딜 수 있습니다. 이 덕분에 농민과 기업은 자연에서 발생하는 반갑지 않은 혼란과 중단 사태를 걱정하지 않고 계획을 수립할 수 있습니다."

이스라엘의 지속적인 경제적 강세는 여전히 경기 순환과 글로벌 경제

에 따라 영향을 받겠지만, 물 부족 때문에 산업과 관광 또는 농업의 성장
이 꺾이는 일은 없을 것이다.

담수화 자체가 이스라엘의 모든 물 문제를 해결했다는 생각에 빠져들
기 쉽지만, 사실은 결코 그렇지 않다. 이스라엘에 물 안보를 확보해 준 다
양한 접근 방식과 기술의 혼합으로 해결한 것이다. 담수화가 이 혼합의
가장 가치 있는 부분일 수도 있지만, 그 자체만으로는 성공할 수 없다. 이
스라엘의 유일한 또는 대다수를 차지하는 물 공급원이 되기에는 비용이
너무 많이 들고 보안상의 위험도 너무 크다.

하지만 새롭게 생산된 이 모든 담수는 이스라엘의 수많은 안보 문제
중 하나를 다룰 수 있다. GDP에서 농업이 차지하는 비중이 그리 크지 않
고 외화 보유고가 안정적으로 자리 잡으면서 사실 이스라엘은 국내에서
재배한 작물 대신 수입 식량을 활용하며 농업 부문을 단계적으로 줄여 나
갈 수도 있었다. 이런 조치 하나만으로도 담수화 시설을 짓거나 국민들에
게 물 사용량을 줄이라고 요구할 필요성은 없었을 것이다. 하지만 이스라
엘의 전략 수립자들은 그 어느 때보다 이스라엘의 지역적 고립화와 지정
학적 불안 상황을 염두에 두고 있다. 이스라엘은 국내에서 필요한 모든
식량을 직접 재배하지는 않지만(가축용 사료의 대부분은 수입에 의존한다), 국내
재배 식량으로 자급자족을 이루거나 적절함을 유지하려 한다. 물 공급을
충분히 확보하면, 전쟁이나 통상 금지 또는 가뭄의 어떤 조합도 이스라엘
을 자국민의 식량을 구하지 못하는 사태에 빠지게 할 가능성은 매우 낮다.

아리엘 샤론과 에후드 올메르트Ehud Olmert가 총리로 재직할 때 총리
실 실장을 지낸 일란 코헨Ilan Cohen은 이렇게 설명한다. "담수화 시설을
갖춘다는 것은 우리가 다른 사람에게 의존할 필요가 없다는 뜻입니다. 국

가 예산의 다른 부분을 삭감했을 때에도 우리는 담수화에 필요한 사회기반시설을 추진했습니다. 이를 통해 우리의 운명을 지배할 수 있습니다. 이는 모든 국가에 중요한 사항이지만, 적들에 둘러싸인 우리에게는 특히 더 중요합니다."

더 나아가 이스라엘 농업은 대부분 다른 나라와 마찬가지로 식량 공급원이나 경제에 기여하는 산업 이상이다. 2.5%의 GDP 기여도를 무색하게 할 정도로 중요한 사회적 역할을 수행한다. 이스라엘 인구는 비교적 적은 수의 도시 지대에 집중적으로 밀집해 있다. 도시에는 개방된 녹지 공간이 거의 없고 어느 누구도 농장이나 경작지에서 멀리 떨어져 있지 않은 작은 국가이므로, 농업 지역은 이스라엘 자연 경관의 주요 부분을 차지한다.

농장은 국가가 미칠 수 있는 지경을 확대하고 도시의 무분별한 확산을 제한하는 데 도움을 줄 뿐만 아니라 국경 근처에 공동체를 형성하는 전통을 이어갈 수 있게 해 준다. 이 전통은 적의 침입에 대비한 안보상 완충지대를 만들기 위해 시작됐지만, 종종 경계를 넘보는 적으로 가득한 지역 내에 국경을 설정하는 역할도 한다.

새롭게 생산된 모든 물은 이스라엘 환경에 더 많은 혜택을 가져다 줄 것이다. 이미 이스라엘의 강에는 예전보다 많은 물이 흐르고 있다. 또한 새로운 물은 긴급한 현안으로 떠오른 문제, 즉 이스라엘 대수층이 지나친 양수로 점점 더 위험에 빠지는 문제를 다루는 데에도 도움을 준다.

지중해 연안의 담수화 시설 다섯 곳을 운영할 때, 이스라엘은 모든 염분을 제거하지 않음으로써 비용을 절감할 수도 있었다. 사실 염분 수준을 갈릴리호와 이스라엘의 다른 수원의 염분 특성에 맞먹을 정도로만 낮추는 방법도 그렇게 비논리적이지는 않았다. 어차피 인간은 염도가 상당히 높은 수준에 이르기 전에는 소금 맛을 못 느끼기 때문에 담수화 과정에서 염분을 그렇게 낮은 수준까지 낮출 필요는 없었다. 하지만 염분을 극도로 낮추는 담수화와 모든 수원에서 나오는 물을 한데 섞는 이스라엘의 물 공급 방식 덕분에 실질적으로 소금이 없다고 할 수 있는 아주 낮은 염도의 물을 제공함으로써 국가 전체의 소금 섭취량이 줄어들며 농업과 공중 보건에 긍정적인 영향을 미칠 것이다.

농업 관수에 사용되는 물의 염도가 낮아지면서 토양과 작물에 주는 부담은 줄어들 것이다. 사람들이 마시는 식수의 염분 함량이 줄어들면서 얻는 건강상의 혜택 외에도 담수화 처리 과정은 해안 대수층이 물을 보충하고 묽어질 기회를 제공함으로써 이곳에 들어 있는 질산염 농도도 낮추며 임산부와 태아에게도 혜택을 준다.[13]

이 모든 긍정적인 효과와 축적되는 미네랄의 양 감소로 전국의 보일러와 산업용 기계의 교체율이 낮아지는 것과 같은 또 다른 효과들은 GDP에 연간 수억 달러에 이르는 기여를 하고 담수화 비용을 이미 예상보다 낮은 수준에서 3분의 1정도 더 효과적으로 낮추며 기대하지 않았던 경제적 영향력을 발휘했다. 최근 이스라엘의 가까운 연안에서 엄청난 양의 천연 가스 매장지가 발견되고 이 가스를 담수화 시설을 운영하는데 사용할 수 있게 되면서 총비용은 계속 낮아지고 혜택은 더욱 늘어날 것이다.

이스라엘이 새로운 물 공급을 늘리면서 얻을 수 있는 무형의 혜택 한 가지는 주변국들과 협력 관계를 더욱 강화할 수 있는 기회다. 요르단과 맺은 1994년 평화협정과 팔레스타인 자치정부와 체결한 1995년 제2차 오슬로 협약에 의해 이스라엘은 각 지역에 물을 공급하고 있다. 기후 변화나 인구 증가 또는 경제 발전으로 팔레스타인이나 요르단에 새로운 물이 필요한 정도에 따라, 이스라엘의 담수화 생산 역량은 기후 형태가 변하거나 각국이 자신들만의 적절한 물 공급원 대안을 마련할 때까지는 이스라엘을 주변국의 후원자 지위에 올려놓을 것이다. 관련국들의 상호 의존 상태는 새로운 공존의 기회를 만들어 내고, 더 나아가 보다 훈훈한 관계에 이르는 전주곡으로 역할할 가능성도 있다.

이스라엘의 입장에서도 인구가 늘어나고 자연에서 공급되는 물이 줄어들기는 하지만, 이스라엘은 이제 인구 증가나 경제 발전에 필요한 물의 양에 상관없이 물에 대해 걱정할 필요가 없다는 자신감이 생겼다. 현재 추가로 건설 중인 담수화 시설은 없지만, 정책 입안자들은 필요할 때를 대비해 담수화 시설을 더 건설할 수 있는 입지를 마련해 뒀다.

처음부터 이스라엘은 풍부한 물이나 원유, 가스 형태의 에너지 같은 천연자원 없이 국가를 구축할 수밖에 없었다. 이는 지적 능력 향상과 혁신을 이스라엘 경제의 핵심 동력으로 여기고, 지역 울타리를 벗어나 보다 큰 세계로 나아가는 주요 수단으로 삼는 결과로 이어졌다. 최근 이스라엘 해안에서 발견한 천연가스와 상업적으로 타당한 가격 수준에서 개발된 적은 없지만, 네게브 사막에 상당량 매장돼 있을 것으로 추측하는 셰일 가스와 함께 이스라엘의 경제 모델은 앞으로 몇 년 내에 바뀔 수도 있다. 만약 그렇게 되면, 상당 부분 담수화로 확보한 풍부한 물은 변화 과정을 지원하며 가속화할 것이다. 이스라엘은 앞으로도 오랫동안 '창업국가'로 계속 남아 있을 가능성이 높지만, '자원국가'로 자라날 수도 있다.

이스라엘의 물 관련 기업들은 과학에 바탕을 둔 경제를 한층 더 끌어올리며 이스라엘이 담수화 부문의 글로벌 리더가 되는 데 힘을 보탤 것이다. 새로운 멤브레인부터 수요가 많지 않는 시간대의 저렴한 전기를 활용하는 방식과 대규모 담수화 시설 건설 자체에 이르기까지, 이스라엘은 이 모든 담수화 부문에서 앞서 나가는 몇 안 되는 국가 중 하나다.

전 세계 물 부족 위기는 담수화한 물을 폭넓게 활용하지 않고는 해결되지 않을 것 같다. 오늘날 이주가 점점 더 가속화되는 경향 속에서 세계 인구의 거의 절반이 해안에서 떨어진 곳에서 비교적 짧은 송수관에 의지해 살고 있다. 농업용수든 산업용수든 아니면 생활용수든, 국가와 지역은 더욱 더 기존 물 공급원에 대한 보완책을 마련할 수밖에 없다. 심지어 뉴욕시처럼 물이 풍부한 지역도 안보나 환경적 이유에 대한 대비로 담수화 시설 건설을 결정해야 할지도 모른다. 담수화 부문에서 이스라엘이 쌓아 온 경험과 노하우는 이스라엘 자체의 물 문제를 해결하는 데 도움을 주는 한편, 다른 많은 국가들이 배우려 할 가능성이 높다.

아리엘 샤론과 에후두 올메르트 전 총리의 고위 보좌관을 역임했던 일란 코헨은 담수화가 물에 대한 우리의 사고방식을 바꿔 놓을 것이라고 말하며 이렇게 덧붙인다.

"물은 이제 더 이상 자원이 아니며, 그런 식으로 생각해서도 안 됩니다. 담수화를 통해 물은 순전히 경제적 이슈가 됐습니다. 이제 '어떻게'가 아니라 '얼마에' 구하느냐의 문제입니다. 만약 물이 생산해야 할 제품이라면, 물은 오로지 비용의 문제가 됩니다. 이 비용을 지불할 용의가 있으면, 원하는 양의 물을 원하는 품질에 얻을 수 있습니다."

코헨에게 담수화의 혁명적인 성격은 이전에 일어났던 혁명을 떠올리게 한다. 그는 이렇게 덧붙여 설명한다.

"오늘날 우리에게 물은 고대 시대의 식량과 같습니다. 인간이 자신을 위한 식량을 재배할 수 있게 되면서 인식 체계의 대전환이 일어났습니다. 마찬가지로 우리가 담수화와 하수 재사용을 시작한 것도 인식 체계의 대전환이었습니다. 물을 놓고 보면, 우리는 현재 농업의 새벽과 같은 시기에 있습니다. 선사시대에 인간은 식량이 있는 곳을 찾아가야 했습니다. 이제 농업은 하나의 산업입니다. 최근까지 우리는 물이 있는 곳을 찾아다녀야 했습니다. 하지만 이제 더 이상 그렇게 해서는 안 됩니다."

현재 이스라엘에서 담수화는 유연하고 종합적이며 정밀한 물관리 방식의 한 요소일 뿐이지만, 시간이 지나면서 가장 중요한 요소로 여겨질 가능성이 높다. 담수화가 막 시작된 초창기 시절에도 벤구리온과 레비 에슈콜은 린든 존슨과 같은 실용적인 지도자와 달리 담수화가 빈곤을 퇴치하고 전 세계 평화의 원동력이 될 수 있는 방법을 꿈꿨다. 평화는 여전히 안개 속에 묻혀 있을지 모르지만, 담수화는 더 이상 꿈이 아니다.

07 | 이스라엘의 물을 새롭게 하다

강은 아무것도 하지 않는다.
다만 우리가 무언가를 강에 할 수 있을 뿐이다.

- 다비드 파르가먼트

유대인 올림픽으로 불리기도 하는 마카비아 게임Maccabia Games은 4년마다 열리며, 전 세계 최고의 유대인 운동선수들이 한데 모여 2주 동안 경기를 벌인다. 많은 유대인은 선수 또는 관람객으로 마카비아 게임에 참여하는 것을 이스라엘과 자신의 가장 중요한 평생 연결 고리로 여긴다.

1932년 첫 번째 대회가 개최되고 20년이 지난 후 마카비아 게임은, 모델로 삼은 올림픽 대회가 매번 개최지를 변경하는 것과 달리 항상 이스라엘 영토에서 열리는 글로벌 경쟁 대회의 형태를 갖췄다. 첫 마카비아 게임에는 18개국에서 온 390명의 선수가 참가했다.

두 번째 마카비아 게임은 1935년에 열렸지만, 이후 유럽에 나치주의가 부상하면서 다음 대회는 1950년까지 개최되지 못했다. 독립한 이스라엘 국가에서 처음으로 열린 세 번째 대회에는 19개국 800명의 선수가 참가했다. 이 대회는 홀로코스트 이후 전 세계 유대인이 한데 모인 첫 번째 대규모 행사였다.

1997년에 이르러 마카비아 게임은 4년마다 열리는 스케줄로 확정됐다. 이 대회의 인기는 매우 높았다. 개회식과 주요 행사를 위해 관중 5만 명을 수용하는 경기장이 텔아비브 근교에 건설됐다. 이 대회를 보기 위해 전 세계에서 관람객들이 방문했으며, 36개국에서 5천명이 넘는 선수들이 참가했다. 마카비아 게임은 또한 전 세계 유대인 사회에 대한 이스라엘의 구심적 역할을 잘 나타내는 행사였다. 하지만 1997년 대회가 열리기 전날 밤, 비극적인 일이 발생했다.

개회식을 위해 야르콘강 위에 임시 도보 다리가 설치됐고, 참가 선수와 코치들은 자국 국기를 흔들며 강 건너편에서 이 다리를 통해 경기장까지 행진할 예정이었다. 참가국은 알파벳 순서에 따라 행진을 시작했다. 다리 위에 첫 번째로 올라온 오스트리아팀은 다리를 거의 다 건넜다. 하지만 히브리어 알파벳으로 두 번째 순서인 호주팀의 거의 4백 명에 달하는 선수단의 몸무게가 다리에 더해지자 폭 18m 다리가 무너져 버렸다. 오스트리아팀 다수와 호주팀 대부분이 강에 빠졌다.

놀랍게도 어두운 강 속으로 추락한 사람들 몸통 위로 사람들이 떨어져 겹치면서, 정말 안타깝기는 하지만, 그래도 기적적인 것은 호주 시드니에서 온 볼링 선수 한 명만 추락 때 입은 부상으로 현장에서 목숨을 잃었다. 다른 수십 명은 골절이나 강물 흡입으로 병원에 이송됐고 많은 선수들이 이 사고로 경기에 참가하지 못할 정도로 부상을 당했지만, 그들은 분명 이 정도인 것만으로도 천만다행이라고 느꼈을 것이다.

하지만 다음날 아침, 선수들의 상태는 더 악화됐다. 지난 밤 동안 병원에 입원한 호주 선수 7명이 위독한 상태에 빠졌고, 그로부터 몇 주 뒤에는 건장했던 선수 3명이 사망했다. 의사와 연구원들은 곧바로 야르콘강 속에 쌓인 침전물이 심하게 오염돼 있었다는 사실을 알아냈다. 사고 당시 무너진 다리와 추락한 사람들 모두가 강바닥에 나뒹굴었으며, 물속에 빠진 그 짧은 시간 동안 선수들이 강바닥에서 생성된 유해 물질을 흡입한 것으로 보였다. 이스라엘 환경주의자들은 야르콘강을 "악취와 오물과 죽음의 올가미"라고 불렀다.

다리 붕괴는 이스라엘인에게 수치심을 안기며 자기반성을 하는 계기가 됐다. 전 세계의 유대인을 한데 모으고 환영하는 자랑스러운 국제 행사에서 이스라엘은 참가 선수와 방문객에게 안전한 환경을 제공하는 데 실패했다. 다리 설계자와 마카비아 게임 조직위원회, 이스라엘 사회 전체를 향해 비난이 쏟아졌다. 당시 정부 수장으로서 첫 번째 임무를 수행하던 베냐민 네타냐후 총리도 다리 붕괴 후에도 개회식을 강행하도록 허가했다는 이유로 비난을 받았다. 12년 뒤 네타냐후 정부에 이어 탄생한 다음 정부에서 주미 이스라엘 대사로 파견된 마이클 오렌Michael Oren은 당시 신문기자에게 이 사건은 "이스라엘 사회가 철저히 부패했다는 사실을"을 숨김없이 보여준 것이라고 말했다.

이 사건을 접한 이스라엘인들의 일반적인 반응은 처음에는 부실 공사에 대한 분노와 개회식 취소 여부에 대한 의견 충돌이 주를 이뤘다. 무너진 다리의 설계와 건설, 감리에 관계된 몇몇은 재판을 거쳐 유죄선고를 받고 징역형에 처해졌다. 하지만 이 사건은 지금까지 주로 공무원과 환경주의자들만 알고 있던 문제, 즉 "이스라엘에서 가장 인구가 밀집한 지역을 가로질러 흐르는 야르콘강이 매우 부끄러운 상태에 놓여 있으며 개선해야 할 필요가 있다는 문제"에 관한 폭넓은 관심을 불러일으켰다.

이어지는 몇 년 동안 이스라엘의 모든 강은 개선과 복원, 보수의 과정을 거쳤다. 하지만 강을 최상의 상태로 되돌려 놓으려면 더 많은 노력이 필요했다. 환경 법안과 규제 집행이 이스라엘의 강이 활력을 되찾는 데 도움을 주기도 했지만, 가장 큰 도움은 이스라엘이 새로운 수원을 개발한 것이었다. 이에 따라 물이 풍부해지고, 지금은 하수의 처리와 재활용에 대한 수요까지 끊이질 않으면서 이스라엘의 모든 강은 부담을 덜 수 있게 됐다. 강에서 끌어올려야 할 물이 줄어들고 강으로 흘러들어가는 하수가 줄어들면서 강물의 양이 풍부해진 덕분에 가장 필요한 시기에 가장 필요한 곳에서 강물의 흐름이 향상될 수 있었다.

이스라엘의 수로 개선은 마카비아 다리 붕괴 사건에서 시작한 후 장기간에 걸친 과정이었으며, 지금도 여전히 진행되고 있다. 전 세계 지역 공동체와 국가는 이스라엘이 강을 다시 생각하고 특히 강을 복원한 후 풍부해진 물의 역할을 찾는 방식을 모델로 삼아야 한다.

사람과 자연의 연결

이스라엘 영토의 환경보호주의는 성경만큼이나 오래됐고[1] 시온주의 선구자들이 이 영토에 대한 숭배를 천명하며 본토에 돌아온 것을 찬양했지만[2], 경제적 압박은 거의 언제나 환경 문제보다 우선시됐고 특히 강 보존이 세계 어디에서나 중요한 고민거리가 아니었던 시기에는 더욱 그랬다. 이스라엘의 경제적 활력이 국가의 환경적 복지보다 훨씬 앞섰던 것이었다.

이스라엘 건국 후 초반 몇십 년 동안은 강 보존을 포함한 환경보호 문제의 우선순위는 전반적으로 낮았다. 생사가 걸린 전투가 모든 국경에서 한창이고 대부분 빈곤한 이민자들이 많은 국가에서 대규모로 몰려들어오면서 정부와 사회는 안보와 경제 발전에 집중했다. 이에 반해 유대민족기금JNF은 수백만 그루의 나무를 심어 그늘을 만들고 토양이 침식하지 않게 고정시키며 이스라엘 숲에 대한 청지기 역할을 했다. 하지만 당시 이스라엘에는 JNF에 견줄 수 있을 만큼 자칭 수로 보호주의자로 주창하는 정부 기관이나 비영리단체는 없었다. 건국 후 초기에는 이스라엘의 강을 농업과 경제 발전에 활용해야 한다는 공감대가 형성됐고, 이는 오염되지 않은 강 상류에서 강물을 끌어올려 농업용 관수에 사용하는 결과로 이어졌다. 한편, 일 년 내내 동쪽에서 서쪽으로 흐르며 결국 지중해로 연결되는 이스라엘 연안의 강 하류 대부분은 개방 하수(아무런 덮개가 없이 노출된 상태로 조성된 하수)의 수로와 지역 쓰레기 매립장으로 전환됐다. 생산 기업들도 산업 폐기물이나 화학적 부산물을 가까이 있는 강에 버렸다.

원칙적으로 이스라엘의 강은 1959년의 물 관련법을 시작으로 강과 하천에 관한 1965년의 포괄적 법령에 이르는 일련의 법에 의해 보호를 받았다. 하지만 실제로는 강의 실용 가치를 위해 착취당하는 상태에 놓여 있었다.

야르콘강이 좋은 사례다. 야르콘강의 죽음의 소용돌이는 1955년 야르콘 강물로 네게브 사막 지역에 농업용수를 공급하고, 이후 1964년 국가 대수로 개통과 함께 보다 큰 시스템에 합쳐지는 심카 블라스의 2단계 계획을 실행하기 위해 아르콘강의 물길을 돌릴 때부터 시작했다. 도시화도 이 강의 쇠퇴에 영향을 미쳤다. 길이가 약 27km에 이르는 강에 여전히 흐르고 있던 적은 수량의 강물을 다른 용도로 사용할 방안이 전혀 없는 상황에서, 이 물길을 따라 점점 늘어나는 도시와 마을은 하수가 그저 골칫거리에 불과했던 시대에 생활 폐기물을 처리하는 값싼 운송 수단으로 강을 활용하는 데 만족했다.

블라스는 1950년대 초 물 활용에 관한 정부 부서를 이끄는 동안 야르콘 강물을 지나치게 많이 끌어올리는 것에 염려를 표했다. 또한 미래를 내다보며 만일 야르콘강으로 흘러 들어가는 하수의 양이 점점 더 늘어나고 하수와 자연적으로 형성되는 하류 침전물을 밀어낼 강물의 양이 계속 줄어들면, 야르콘강이 항구적인 피해를 입을 것이라고 예측했다. 블라스의 발언은 환경에 대한 염려에서 나온 것이라기보다는 야르콘강 훼손이 의도하지 않은 결과를 가져오며, 심지어 이스라엘의 가장 긴 연안 강 하부에 있는 대수층까지 못 쓰게 만들 수도 있다는 실용적 염려에서 비롯됐다.

야르콘강의 훼손을 해결하는 방법을 놓고 정부에서 논의가 이어지고 끊어지기를 반복하며 10여 년이 흐른 1988년 야르콘강을 회복시킬 계획 수립과 실행을 전담할 야르콘강 관리청Yarkon River Authority이 설립됐다. 그저 평범한 활동을 하며 몇 년을 보낸 이 관리청은 1993년 수자원 통합과 관리 전문가인 다비드 파르가먼트 박사를 영입해 조직을 관리하게 했다. 그 이후로 파르가먼트 박사는 관리청에 계속 재직중이다.

모든 강과 특히 야르콘강에 열정적인 파르가먼트 박사는 실무 전문가인 동시에 철학적 사고를 지닌 인물이다. 불룩 튀어나온 가슴과 우렁찬 목소리에 금속테 안경을 쓰고 하얀 턱수염을 풍성하게 기른 그의 모습을 처음 본 사람들은 백화점에 있는 산타클로스의 모습을 떠올린다. 그의 하얀 말총머리만 산타클로스와 유일하게 다른 점이다. 파르가먼트 박사는 호수나 강 또는 바다로 용수를 흘려보내는 대규모 육지 지역을 언급하며 이렇게 말한다.

"도시와 강 유역 사이 어디에도 실질적인 연결 고리가 없습니다. 전 세계 모든 곳의 사람들은 자연 특히, 자연적인 물의 흐름에서 단절됐습니다. 도로와 기차, 건물, 주택이 물이 흘러가는 평면을 가로지릅니다. 강 유역과 강의 지류들은 한때 모두 연결돼 있었지만, 현재는 모두가 서로 끊어진 상태입니다. 야르콘강 관리청의 과제는 강 유역과 사람들을 다시 연결시키는 일입니다."

파르가먼트 박사가 관리하는 조직은 실질적으로 야르콘강의 보존을 주창하는 자들이다. 이런 역할을 위해 그는 강을 훼손하려는 자들에 저항하며 개발을 막거나 최소한 그런 개발이 야르콘강에 필요한 사항을 충족하는 동시에 강과 강기슭을 되살리고 강의 자연 서식지를 복원하는 방향으로 인도한다. 이를 두고 파르가먼트 박사는 이렇게 말한다.

"야르콘강 관리청에 가장 좋은 시나리오는 강물을 모두 다시 채우고 어떤 개발도 못 하게 하는 것입니다. 최악의 시나리오는 이와 정반대로 개발자들이 강을 시멘트 수로로 바꿔 버리는 경우입니다. 이들 중 어느 것도 일어나지 않을 것입니다." 강의 대변자로서 그는 이렇게 자문하며 대답한다. "나는 실질적으로 무엇을 이룰 수 있을까요? 현실적인 측면에서 볼 때, 나는 우리가 정한 강물 유량과 수질의 중간쯤을 달성할 수 있을 것입니다."

야르콘강에서 여전히 양수되는 물을 보전하려면 높은 수질의 민물을 야르콘강에 쏟아부어 규칙적인 흐름을 확보해야 한다. 강의 활력과 강이 사회에 제공하는 가치를 위해 지금 이렇게 강에 공급하는 물이 농업이나 경제적 목적으로 사용될 수 있는 물이다.

파르가먼트 박사의 말이 이어진다. "우리는 강과 그 주위를 둘러싼 공원과 레저 지역에 대해 준비해야 합니다. 이스라엘은 인구밀도가 높은 작은 국가이며, 특히 야르콘강 주위의 국가 중심부에 많은 사람들이 몰려 있습니다. 한 지역에 너무 많은 사람들이 몰려들면 들수록 공원과 강과 레저 지역이 더 많이 필요합니다. 사람들은 자연과 녹지에 접근할 수 있어야 하기 때문입니다. 가뭄이 있든 없든 우리는 잔디와 나무에 물을 댈 수 있어야 합니다. 그리고 강에서 강물이 흐르게 해야 합니다."

이스라엘의 모든 강이 야르콘강처럼 회복 과정을 거친 것은 아니었다. 하지만 야르콘강은 온갖 경고와 반대, 그리고 마카비아 다리 붕괴의 후유증과 같은 고통스런 기억을 넘어 성공을 이룬 사례다.

야르콘강에서 사라진 것으로 여겼던 어종이 돌아오고, 이 고기들은 모기와 같은 해충들을 먹고 자라며 텔아비브 인근과 강을 따라 있는 다른 도시들의 해충 밀도를 낮춘다. 새들은 정어리 같은 자생 어류와 또 다른 물고기들을 잡아먹는다. 사라졌던 식물들이 다시 자라고 있다. 강둑은 달리기와 속보를 즐기는 자들과 산책하는 연인들과 소풍 나온 가족들까지 사랑하는 지역 명소로 변했다. 카약을 타는 사람들은 강가에서 얼마 떨어지지 않은 보관소에 카약을 보관할 수 있다. 유럽의 조정팀은 유럽의 강들이 얼어붙는 겨울철에 야르콘강에 와서 훈련한다.

파르가먼트 박사는 이렇게 덧붙여 말한다. "해야 할 일이 여전히 남아 있지만, 우리는 가장 광범위한 이익들에 적합한 야르콘강을 만들어 냈습니다. 환경은 존중받고 농업은 필요한 물을 얻습니다. 대중에게는 즐길 수 있는 강이 생겼습니다. 이스라엘에 있는 일부 다른 강들은 여전히 보수가 필요하며 정화하고 복원해야 하지만, 야르콘강이 성공의 모델을 제시합니다."

사막에 만든 호수

강이라고 불리긴 하지만 브솔Besor강에 물이 흐르는 기간은 일 년에 약 35일에 불과하다.[3] 겨울 폭풍을 따라 내린 빗물은 웨스트뱅크West Bank 지역의 헤브론Hebron을 적신 뒤 급격히 아래쪽으로 이동하며 고대 도시 베르셰바Beersheba 언저리를 돌아 서부 네게브 지역을 가로지르고 가자 지구를 거치며, 그곳에서 아직 남아 있는 빗물과 함께 지중해로 흘러들어간다. 매년 11월에서 다음 해 3월까지 간헐적으로 억수같은 비가 쏟아지는 기간 동안, 브솔강은 폭우로 발생한 겨울 홍수의 수로 역할을 한 번에 단 몇 시간만 한다. 강바닥은 축축한 상태로 남아 있고 어쩌면 짧은 기간 동안 진흙 상태일 수도 있지만, 사막에 있는 모든 강들이 그렇듯 잠시 동안이나마 물로 가득했던 강은 얼마 못 가 하나의 기억으로만 남는다.

1960년대에 베르셰바와 네게브 주변에 도로를 건설할 때, 이스라엘은 도로의 기반으로 쓰기 위해 봄과 여름 동안 브솔강의 흙을 굴착하는 과정에서 강 아래에 있는 많은 자갈을 발견했다. 1백 에이커가 넘는 다양한 깊이의 채굴 웅덩이가 약 80km 길이의 강을 따라 만들어졌다. 이 채굴 웅덩이는 흉물스러워 보일 뿐만 아니라 겨울 폭풍이 지나간 후에는 웅덩이 속에 물이 고이고, 이 때문에 모기 서식지로 변하면서 베르셰바와 주변 지역 사람들을 괴롭혔다.

브솔강이 대헤브론 지역과 베르셰바의 가정과 농장, 산업체에서 배출하는 하수의 수로 역할도 하므로 처리되지 않은 하수가 자갈 채굴 웅덩이 속에 가득 차는 경우가 많았고, 이들은 겨울 폭풍이 지나가도 씻겨 나가지 않았다. 이 웅덩이들은 강 주위에서 악취를 풍기는 무인 지대로 변했고, 결국 건설 폐기물과 폐가전, 심지어 잔존 가치가 전혀 없는 자동차를 버리는 쓰레기장이 돼 버렸다.

때로는 극심한 겨울 폭풍이 불어오면 강물이 둑 위로 넘치면서 반갑지 않은 침전 물질이 넘치는 물에 딸려 나와 사막의 태양 아래서 건조된 뒤, 그 자리에 그대로 남게 된다. 이렇게 강물이 범람한 지점이 이스라엘에서 네 번째로 큰 대도시 베르셰바의 실질적인 남쪽 경계가 됐다.

1996년 이와 같은 홍수가 일어난 뒤 이스라엘 정부는 마침내 야르콘강 관리청 모델을 본떠 만든 별도의 강 관리 법적 기관 11곳을 설립하는 기존 계획을 확정했다. 각 관리청은 상대적으로 중요한 강과 그 지류를 포함해 모두 31개의 이스라엘 강과 하천에 대한 관리 감독과 복원을 담당했다. 브솔강과 그 지류인 베르셰바강은 시크마 브솔강 관리청의 감독을 받았으며, 1977년 강 관리 전문가이며 경제학자인 네케미아 샤하브 Nechemya Shahaf 박사가 청장으로 취임했다.

샤하브 박사는 장기 계획이 필요했지만, 처음부터 다른 누구도 보지 못하는 가능성을 인식하고 있었다. 강 주변을 개발하는 일은 보통 강을 오염시키고 훼손하는 전조로 여기지만, 샤하브 박사는 이런 개발을 강을 구제할 수 있는 수단으로 봤다. 쓰레기 매립이나 자갈 채굴과 같은 개발은 막았지만, "모든 개발이 나쁘다"는 접근 방식을 취하지는 않았다.

샤하브 박사는 이렇게 설명한다. "물관리청이 관리청에 의례히 따르는 강과 환경 문제 이상을 다룰 것이라는 사실은 곧바로 분명해졌습니다. 관리청은 설립됐을 때부터 이미 강을 다양한 각도에서 바라보며 종합적인 접근 방식을 적용할 것을 가정하고 있었습니다."

샤하브 박사에게 이 말은 당장 강을 깨끗하게 치우고 채굴 웅덩이를 메우는 첫 번째 과제 이상을 의미했다. 샤하브 박사는 베르셰바 도시를 남쪽으로 확장해 당시 항상 홍수가 일어나던 지역에 새롭고 부유한 주거지를 만드는 방향으로 개발 계획을 다시 구상했다. 이에 대한 샤하브 박사의 설명은 이렇다. "쉽지 않다는 것을 알고 있었습니다. 그 지역은 모두가 피하는 곳이었습니다. 그렇게 끔찍한 지역에 투자할 (부동산) 개발자는 아무도 없었죠. 하지만 내 생각이 옳다면, 베르셰바에는 단지 새로운 주거지 하나만 생기는 것이 아니었습니다. 도시 자체의 새로운 이미지가 형성되는 것입니다." 샤하브 박사는 도시의 범위와 개발의 한계선이 당시 사람이 거주할 수 없었던 땅까지 확장되면서 홍수 범람 지역의 경계가 새로 그려질 것으로 믿었다.

2003년 샤하브 박사는 베르셰바가 네게브 사막의 북측 끝에 자리 잡고 있다는 상황을 고려하며 특이한 요소가 있었던 5개년 종합 계획을 완성했다. 그의 계획에는 뉴욕시의 센트럴 파크보다 50% 이상 더 넓으며 베르셰바강변 8km에 펼쳐질 거대한 공원 개발이 포함돼 있었다. 이 공원을 건설하려면 강은 복원돼야 하고 강둑은 1백 년에 한 번 있을 법한 큰 홍수에도 견딜 수 있을 정도로 튼튼하게 구축돼야 했다. 샤하브 박사는 자신의 꿈을 보다 기발한 것으로 만들어 줄 요소는 '베르셰바 리버파크'의 핵심에 들어설 364 에이커의 호수라고 말했다. 놀랍게도 당시 호수가 예정된 위치에는 사용 가능한 물이 전혀 없었다.

샤하브 박사가 찾아낸 주요 파트너 중 첫 번째는 유대인민족기금JNF의 미국 자치 조직에서 CEO를 맡고 있던 러셀 로빈슨Russel Robinson이었다. 비록 이스라엘의 '본부'에 전통적으로 연계돼 있기는 했지만, 로빈슨은 이스라엘 본부가 아직 수용할 준비가 안 된 기회를 자신의 관점에서 독립적으로 움직이는 것이 타당하다고 생각하며, 미국에 바탕을 둔 자신의 거대 자선단체를 이스라엘인 그룹과 파트너 관계를 맺도록 조종했다. 이스라엘에서 진행되는 물 관련 프로젝트 또는 모든 환경 프로젝트 중에서 미국이나 이스라엘의 JNF, 또는 세계 각국의 JNF 지부 중 한 곳 또는 이들 모두에게서 전문성과 자금을 지원받지 않는 것을 찾기는 어렵다.

로빈슨은 야망을 가질 만한 가치가 있다고 믿었던 베르셰바강 복원보다 더욱 야심찬 자신의 오랜 꿈을 이뤄줄 수 있는 촉매제를 샤하브 박사의 공원 개발 계획에서 발견했다. 그는 네게브 지역에 '극적인 변화'를 일으키는 데 영향을 미치고 싶어 했지만, 자선 사업으로 이룰 수 있는 것에는 한계가 있었다. 자신이 바라던 변화가 일어나려면 네게브 지역은 당시 20만 정도였던 베르셰바의 인구를 두 배로 늘리기 위한 최상의 출발점이 되리라고 자신이 믿었던 대규모 비즈니스와 과세 기준이 필요했다.

로빈슨은 베르셰바강의 공원이 또 다른 경제 개발과 토착민 베두인족을 포함한 지역 내 가난한 자에 대한 지원과 매년 이스라엘을 찾는 수백만의 관광객이 네게브 지역을 필수 목적지로 생각하게 만들 전략 개발이 요구되는 보다 큰 전체 그림의 한 부분이 될 수 있다고 생각했다. 로빈슨과 유대인민족기금의 미국 이사회는 먼저 미국 지부에서 수백만 달러의 초기 자금을 지원하기로 과감하게 결의했다. 시간이 지나면서 베르셰바 리버 파크와 네게브 지역 개발을 위해 미국 지부가 지원하는 선물은 수천만 달러로 늘어났다.

이 과정에서 이스라엘 정부와 이스라엘 JNF가 각각 대규모 기부금과 챌린지 보조금Challenge grant을 지원하며 합류했다. 2008년 베르셰바에서 선출된 역동적인 시장 루빅 다닐로비치Rubik Danilovich는 공원의 잔디 구역 오픈과 같은 작은 업적과 2013년 공원 내에 들어선 이스라엘 최대 원형 극장 개관식과 같은 획기적인 이정표를 격려하며 이 프로젝트의 공식 얼굴로 부상했다.

미국과 유럽의 다른 대규모 도시 공원 건설과 마찬가지로, 베르셰바 리버 파크도 장기간에 걸친 건설이 될 것이다. 성장하는 도시들이 인공 조형물로 도시 속에 자연을 구현하는 것처럼, 이 공원도 도시의 삶을 견고하게 만드는 데 도움을 줄 수 있기를 희망한다. 베르셰바에서 북쪽으로 약 16km 떨어진 나핫Nahat의 베두인시를 포함한 네게브 지역의 다른 도시들도 이미 자신들이 접한 강을 도시개조의 수단으로 활용하기 시작했다. 베르셰바 공원의 중심에 자리 잡은 호수는 2020년경 완공될 것으로 예상하며, 이 호수의 기준 깊이는 네게브 사막의 태양 열기에 의한 증발 때문에 매년 0.9m 정도 낮아지는데도 1.5m를 유지할 수 있다. 공원 내 잔디와 식물, 6천 그루의 나무에 물을 대는 수원에서 호수에 지속적으로 물을 보충하기 때문이다.

놀랍게도 겨울 폭풍 때 내려 브솔강과 베르셰바강을 타고 흐르는 빗물 중에 호수나 공원 지면으로 흘러들어가는 것은 전혀 없다. 이 빗물은 겨울 폭풍이 올 때마다 수백만 갤런의 강우를 저장하는 서부 네게브의 폭풍우 저수지로 흘러들어간 뒤 저수지 근처 작물에 재활용될 것이다.

샤하브 박사의 계획은 겨울 폭풍 때 저장하는 물 대신에 베르셰바의 가정에서 배출된 후 세 번의 처리와 정제 과정을 거친 재생 하수를 호수와 공원에 대대적으로 활용하는 것이다. 베르셰바 리버파크 프로젝트에 관여했던 전략 계획 설계자 이타이 프리맨Itai Freeman은 이를 두고 이렇게 설명한다.

"호수를 채우고 공원에 물을 주는데 사용할 물을 차라리 농업용수로 활용하는 것이 더 나아 보일 수도 있습니다. 하지만 모든 일이 그렇게까지 실용적일 필요는 없습니다. 사용 가능한 물이 충분하다면, 이제 삶의 질을 정의하는 방식을 두고 의문점이 생깁니다. 이를 놓고 자신에게 해야 할 질문으로는 '푸른 녹지 위해 누우려면 얼마나 멀리 가야 하나?', '가족이 공원의 나무 그늘 아래 앉아 쉬기 위해 얼마나 멀리까지 가야 하나?' 등이 있습니다. 이런 것들이 삶의 질에 관한 질문입니다. 더 많은 작물을 재배하는 일도 중요하지만, 삶은 그런 일보다 훨씬 더 많은 것을 포함하고 있습니다."

베르셰바를 변환시키려는 비전은 이미 현실로 나타나기 시작했다. 한때 쓰레기 폐기장이었고 향후 공원이 들어설 베르셰바시의 남부 지역을 최근에 방문한 한 방문객은 현재 건설 중인 고층 아파트 단지에 세워져 있는 광고판을 목격했다. 히브리어로 된 광고판 문구는 몇 년 전만 하더라도 상상도 할 수 없었던 다음과 같은 내용을 담고 있었다.

"베르셰바 리버 파크를 내려다보는 최고급 아파트 분양 중."

완전히 복원된 강은 아직 없다

모든 이스라엘 정부 관리들을 어깨 너머로 유심히 살펴보며 감독하는 사람은 취재 기자와 회계 부정을 전문으로 다루는 법회계사forensic accountant, 행정감찰관의 특징을 모두 다 합쳐 놓은 듯한 독자적 정부 관료인 국가 감사관이다. 정부 기관들을 감사하고 권력 남용, 예산 낭비, 저조한 성과를 조사할 수 있는 광범위한 권한을 지닌 국가 감사관은 정부에 대한 강력한 견제 기능을 실행하며, 정부가 보다 정직하고 효율적으로 운영하게 만든다.

최근 국가 감사관이 제출한 종합 보고서 중 하나는 이스라엘의 강 복원 사업 현황을 집중적으로 다뤘다. 보고서에는 찬사와 비난과 함께 개선을 위한 제안이 담겨 있었다. 국가 감사관은 이스라엘의 모든 강에서 이뤄진 주목할 만한 진전을 인정하는 한편, 진행 과정의 속도를 끌어올리기 위해 정부의 보다 많은 자금 지출을 촉구했다.

기회만 주어진다면 강은 복원될 수 있다. 충분한 시간이 확보되고 깨끗한 물을 충분히 공급하면 오염된 거의 모든 강이 다시 살아날 수 있다. 하지만 수로를 둘러싼 경제적 활동 때문에 이스라엘의 강들 중에서 원래의 자연 상태로 되돌아갈 수 있거나 그렇게 될 강은 하나도 없다. 인간의 행동과 남용으로 악화된 상태를 개선하려면 인간이 개입해야 한다. 하지만 경제적 이득과 환경 복원은 항상 균형을 이뤄야 한다.

더 많은 자금 지출과 노력이 필요하지만, 이스라엘의 강은 운 좋게도 두 가지 거시적 트렌드, 즉 환경보호주의의 부상과 하수 처리와 담수화를 위한 종합적인 국가 기반시설 개발에 혜택을 입었다.

세계 여러 다른 나라들과 마찬가지로 환경보호주의는 최근 수십 년 전까지 주요 관심사가 아니었다. 1990년대 들어서야 산업 폐기물과 화학 부산물의 안전한 처리를 요구하는 환경 법안이 통과되기 시작했다.[4] 이런 환경 법안이 점점 더 강력히 집행되면서 이전에 환경오염을 일삼았던 주체들은 생산 기술을 변경하거나 유해 요소를 포함한 하수를 배출하기 전에 현장에서 하수 처리를 할 수 있는 방법을 찾아 나섰다.

도시 하수를 처리한 뒤 농업용수로 재활용한다는 결정 또한 상당한 효과가 있었다. 비록 이스라엘의 하수 정책이 목표로 삼은 최대 수혜자가 강이 아니라 농업이었다 하더라도, 전반적인 하수 처리와 재활용은 이스라엘의 모든 부엌과 화장실에서 배출돼 강으로 흘러 들어가는 하수에 포함된 물질에 효과를 발휘했다. 수로가 물속 산소를 고갈시키는 유기물로 가득차면, 물고기와 식물은 살 수 없기 때문이다.

보다 최근에는 이스라엘이 담수화로 생산한 물을 점점 더 많이 사용하면서 강 상류에 가해지는 부담이 줄어들었다. 담수화로 생산한 물이 늘어남에 따라 강물을 보다 적게 사용하는 혜택을 누릴 수 있었다. 또한 강의 유량이 늘어나며 건강한 강의 특징인 자연적 정화 능력이 향상됐다.

새로운 환경법과 국가기반시설만큼 상당한 효과를 발휘한 것은 강을 대하는 새로운 자세였다. 환경보호정책에 따른 혜택이 폭넓게 인지되고 각 도시가 강과 도시의 상호작용에 대한 사고 전환에 성공한 다른 도시의 사례를 주시하면서 참신한 전망이 쏟아져 나왔다. 강은 보잘것없는 가치를 지닌 흉물에서 각 공동체의 시각적, 감성적 경관에 반드시 필요한 부분으로 변모했다. 지역 주민들이 레저 활동과 휴양을 위해 강으로 모여드는 현상을 부동산 개발자들도 주목하기 시작했다. 한때는 버려졌던 강 주위로 새롭게 형성되거나 복원되는 주거지도 강 재생에 따른 선순환을 더욱 가속화시켰다.

하지만 최근에 일어난 이 모든 변화에도 불구하고 수십 년에 걸쳐 가해진 피해는 짧은 시간 내에 해결되지 않을 것이다. 국가 감사관의 최근 보고서는 이스라엘 환경보호국에서 강에 관한 계획을 수립한 이후 20년 동안 상당한 성공을 이뤘다는 사실을 인정하면서도 31개의 이스라엘 강과 하천 중에서 강 수원에서 바다에 이르는 전체가 완전히 복원된 강은 야르콘강과 브솔강, 베르셰바강을 포함해 단 하나도 없다고 비판했다.

물 부자 국가

헨리 잭슨Henry Jackson 상원위원은 1970년 이스라엘 방문하며 요르단강으로 안내됐을 때, 자신이 속았다고 확신한 것으로 알려졌다. 그것이 속임수가 아니라 진짜 요르단강이라는 사실을 확인한 후 잭슨 위원은 요르단강의 세계적 명성이 '홍보 천재의 작품'이라고 말했다고 한다. 다른 시기에 요르단강을 방문한 헨리 키신저 당시 미 국무장관은 "물 자체보다 강이 더 유명하다"고 말한 것으로 알려졌다. 사실이든 아니든, 미국 상원의원과 국무장관의 발언은 세계에서 가장 유명한 이스라엘 강의 이중성을 반영하고 있다.

　요르단강은 영감과 상상, 종교적 헌신, 노예의 영가, 민요가 담긴 곳이다. '깊고 넓으며', '차갑고 냉랭한' 이 강이 바로 노랫말에도 나오는 '미카엘이 배를 저어 강변에 오른' 그 강이다. 이스라엘의 자손, 즉 유대인이 애급을 탈출한 후 광야에서 40년 동안 방황하다가 약속의 땅으로 들어갈 때 건너간 곳이며, 세례 요한이 예수에게 침례를 베푼 곳도 바로 이 강이다. 하지만 키신저 국무장관과 잭슨 상원위원처럼 실망한 많은 방문객들이 본 요르단강은 한 번의 도움닫기로 걸어서 건널 수 있는 부분이 기나긴 강 전체에 걸쳐 있는 얕은 개천에 불과하다.

　요르단강은 다른 방식으로 보면 두 개의 강이기도 하다. 북쪽과 동쪽, 서쪽에 이르는 유역에서 시작된 지류가 모인 뒤, 갈릴리호로 흘러들어가는 강의 위쪽 부분은 오염된다 하더라도, 레바논 측 상류에서 사육하는 소에서 나온 침전물이 전부인 높은 수질의 물이 흐른다. 요르단강의 아래

쪽 부분에서는 제한된 양의 강물만 갈릴리호로 흘러들어간다. 강은 남쪽으로 구불구불하게 흐르는 동안 농업 유출수와 양어장에서 나온 오염 물질, 강을 따라 조성된 이스라엘과 팔레스타인 주거지의 생활하수까지 섞이며 유량이 줄고 수질이 나빠진 채로 사해까지 이어진다. 이스라엘에서 가장 긴 요르단강은 상부와 하부 모두 합쳐 약 250km에 불과하다.

정치적으로 요르단강과 그 지류는 1950년대와 1960년대에 별도의 사건으로 이스라엘과 인근 국가 사이에 일어난 갈등의 근원이었다. 첫 번째 분쟁은 2장에서 설명했던 것처럼 1954년 아이젠하워 대통령의 특임 대사 에릭 존스턴의 중재로 해결됐다. 이 중재 결과 이스라엘과 시리아와 이 강에서 국명을 따온 요르단이 요르단 강물을 공유하는 실질적인 협정이 체결됐다.[5]

두 번째 분쟁은 요르단강의 지류를 차지하고 있는 시리아가 이스라엘의 중요한 수원을 탈취할 의도로 시행했던 물길 전환 프로젝트에서 비롯됐다. 이 프로젝트는 거의 확실하게 물에 관한 것이 아니라 시리아 통치자에게 주어질 자국 내 정치적 혜택을 위한 무력 과시였다. 어느 경우든 물길 전환 프로젝트를 완성하는 데에는 엄청나게 많은 비용이 필요했으며, 실제로 그렇지 않았지만 분쟁이 없는 평화적인 장소에 건설한다 하더라도 공학적 관점에서 볼 때 실행 불가능한 프로젝트였다.

그럼에도 불구하고 시리아는 건설에 착수했지만, 곧바로 아랍권에서 가장 강력한 국가 이집트의 지원이 끊어졌다. 시리아가 엄청난 경제적 비용과 정치적 자본을 투입해 완성하더라도 이스라엘은 마음만 먹으면 언제라도 강의 물길을 뒤집어 놓을 수 있다는 매서운 통보를 보낸 이스라엘의 단 한 번의 공격으로 1964년 이 프로젝트는 중단됐다.

비록 시리아가 공식적으로 포기한 적은 없지만, 이 프로젝트는 고려할 가치가 없는 것으로 전락했다. 1967년 6일 전쟁으로 이스라엘은 골란 고원의 점령 문제를 해결했고, 이후 이 지역을 전략적 완충지대로 계속 지배해 왔다. 골란 고원과 함께 요르단강의 주요 지류에 대한 관할권도 넘어왔으며, 이는 이스라엘과 이스라엘의 물 안보에 대한 특별한 선물로 작용했다. 골란 고원이 여전히 분쟁 지역으로 남아 있지만, 이스라엘이 안전 보장과 요르단 강물에 대한 명확한 권리 보장 없이 가치 있는 고원을 포기할 가능성은 없다.

보다 최근에는 요르단강 하부 지역이 이스라엘과 요르단의 협력과 평화를 견인하는 수단으로 역할했다. 요르단강에 국경을 접한 두 국가는 1944년 평화협정을 맺고 공유 수원의 공동 관리를 포함한 양국 관계 정상화를 이뤘다. 하지만 평화 관계를 공식적으로 맺기 전에도 양국은 요르단강 관리를 위해 암묵적으로 협력하며 '양국의 평화로 향하는 길을 열 수 있는' 신뢰를 구축해 왔다.

평화협정에 이어 요르단은 자국의 수원 관리와 공급 부문에서 이스라엘로부터 상당한 힘을 얻었다. 이스라엘은 자신의 물 공급량에서 매년 약 140억 갤런에 달하는 물을 요르단에 공급하는 데 동의했다. 더 나아가 물을 저장할 시설이 그리 많지 않았던 요르단은 자신들의 관리하에 있으며 시리아와 맞닿은 북쪽 국경을 이루는 요르단강 하부 지류인 야르무크 강에서 끌어올린 물을 갈릴리호에 저장하는 협약을 이스라엘과 맺었다. 요르단은 갈릴리호에 저장한 물을 언제든 마음대로 가져올 수 수 있었다.

양국이 강에 대한 각자의 몫으로 평화로운 국경선을 삼은 것은 매우 긍정적이지만, 요르단 하부 지역의 환경의 질은 새로운 접근 방식을 시도하지 않고는 가까운 미래에 크게 변할 가능성이 낮다. 이스라엘에 공급되는 민물의 주요 원천인 요르단강 상부는 계속 풍부한 유량을 유지한 덕분에 이스라엘에서 가장 도전적인 강에서 카약을 즐기려는 사람들에게 인기 있는 장소가 될 것이다. 이와 대조적으로 요르단강 하부는 갈릴리호에서 흘러나올 수 있는 물의 양이 상대적으로 적기 때문에 유량이 적고 유속도 느리다.

요르단강 하부를 회복시키기 위한 새로운 아이디어는 국제 물 문제에 관한 이스라엘 대사를 역임했으며 현재 상부 갈릴리Upper Galilee에 있는 텔하이대학교Tel-Hai College 물 정책 교수인 램 아비램Ram Aviram에게서 나왔다. 아비램 교수는 강의 남쪽 부분에 활력을 불어넣기 위해서는 더 많은 물이 필요하다고 확신하며 이렇게 설명한다. "통제된 강물 흐름 때문에 현재 요르단강 하부에 있는 물의 양은 1백 년 전에 비해 10%도 안 됩니다." 그의 아이디어는 갈릴리호 남쪽 끝에서 웨스트뱅크 경계가 시작되는 곳 근처까지 이르는 요르단강 하부를 복원하는 것이다.

아비램 교수는 이스라엘 도시에서 배출된 하수를 고도로 처리한 뒤 현재 농업용수로 활용하는 재생수 중 많게는 매년 50억 갤런까지 요르단강 하부로 흘려보내는 방안을 제시했다. "복원된 요르단강 하부는 취미 활동과 관광, 종교적 체험, 조류 관찰의 중심지가 될 수 있다"고 말한다. 그는 강 복원이 요르단 경제를 부양하는 역할도 할 수 있으며, 이는 요르단뿐만 아니라 이웃 국가가 번창하기를 열망하는 이스라엘에게도 좋은 일이라고 확신한다.

아비램 교수는 이렇게 덧붙여 설명한다. "이스라엘의 담수화 시설과 농업 효율성, 재생수 생산과 함께 우리는 이제 물을 생태학적 목적에 활용할 수 있습니다. 요르단강에 더 많은 물이 흐를수록 강은 더욱 건강해질 것입니다. 우리는 이제 물 부자 국가이며, 요르단에 하는 것과 마찬가지로 다른 지역에 대해서도 물 부자 국가답게 행동할 수 있습니다."

이스라엘의 강과 베르셰바 사막 근처에 만든 대규모 인공 호수로 흘러들어올 수 있게 된 물은 이스라엘이 누렸던 전환을 잘 보여준다. 이스라엘은 한때 다른 물 부족 국가들처럼 자국 내의 자연적 수원에서 지나치게 많은 물을 양수했다. 이제 풍부한 물을 확보하면서 이스라엘은 강을 재생하고 물을 바탕으로 한 레크리에이션을 개발하며 물 자산을 창조적으로 활용할 수 있다.

물 부족에 대한 해법을 곧바로 찾아내지 못하는 국가들이 앞으로 겪게 될 더 심각한 결과는 환경 악화일 가능성이 높다. 대수층은 과도한 양수로 말라 가고 강은 점점 더 오염되며 물고기를 비롯한 야생동물은 죽어가는 등 많은 불행한 결과가 이어질 것이다. 풍부한 유량을 확보함으로써 강은 활력을 되찾고 삶의 질과 함께 생활수준도 향상될 수 있다.

통합적이며 유연한 물 시스템

비록 영어 명칭은 'Sea of Galilee'이지만 사실 이곳은 바다가 아니라 호수다. 남북으로 길게 뻗어 있는 이스라엘의 가장 크고 유일한 담수 수원이고 국가 대수로에 크게 기여하는 갈릴리호는 레크리에이션의 중심이며 관광객과 기독교 순례자의 목적지이고 소규모 어업의 본거지이기도 하다. 오늘날 이 호수에서 끌어올리는 물보다 담수화 시설에서 생산하는 물이 훨씬 많으며, 담수화 시설이 갖춰지기 전에도 매년 이스라엘의 몇몇 대수층에서 양수하는 물이 갈릴리호에서 취수하는 물보다 많았다.

그럼에도 갈릴리호는 이스라엘의 물 문제를 가늠하는 척도로서, 그리고 때로는 전체 사회의 분위기를 드러내는 표상으로서 국가의 인식을 형성하는 데 크나큰 역할을 했다. 이를 두고 이스라엘 물위원회 전 위원장인 시몬 탈은 이렇게 표현한다. "이스라엘이 가뭄을 겪을 때면 모든 사람이 갈릴리호의 수위를 알았습니다. 저녁 뉴스와 일간 신문에 발표됐기 때문이었죠. 수위가 안정적인 것 같으면 모든 사람이 행복했습니다. 반대로 모두가 알고 있었던 최저 한계 수치에 가까워지면 사람들은 앞으로 일어날 일에 점점 더 신경을 곤두세우고 물 사용에 더욱 주의를 기울였습니다."

지질학적으로 갈릴리호는 수천 마일에 걸친 깊은 단층 계곡으로 이뤄진 시리아-아프리카 열곡의 한 부분이며, 이 열곡의 가장 낮은 지점이 또 다른 호수인 사해에 연결된 요르단강 하부의 끝자락에 있는 갈릴리호의 남쪽 부분이다. 갈릴리호는 해수면보다 210여 미터 아래에 자리 잡고 있다.

격차가 약 4.5m에 달하는 갈릴리호 수위의 상승과 하강은 이 호수의 활력 범위를 나타낸다. 수위가 가상으로 설정한 최고 한계점을 넘으면 호수 근처 지역에 홍수가 발생할 가능성이 높으며, 이보다 낮으면 사람들은 호수가 영구적으로 생태학적 훼손을 입지 않을까 두려워한다. 지나치게 늘어난 물은 갈릴리호 남쪽 부분에 접해 있는 요르단강 하부로 흘러가는 유량을 재빨리 늘려서 조절할 수 있다. 하지만 가뭄이 발생하면, 국가 전체가 가상의 최저 한계점을 주시하기 시작한다. 위험 발생 가능성이 있을 것으로 생각되는 수치 이하로 수위가 떨어질 때까지 호수에서 물을 퍼내며 국가의 물 미래에 어떤 일이 생길지 시험해 보려는 물관리 공무원은 아무도 없다.

호수에 미치는 위험 외에도 이스라엘의 대수층에서 지나치게 많은 물을 끌어올릴 위험도 있다. 이스라엘에는 두 곳의 주요 대수층이 북에서 남으로 이어지는 경로에 걸쳐 있다. 지중해 해안에 인접해 연안 대수층이라 불리는 곳은 수위가 낮다. 사마리아 산맥과 유대 언덕Judean Hills 아래를 따라 서쪽으로 뻗어 나가는 곳은 산 대수층Mountain Aquifer이라 부른다. 연안 대수층에서 물을 지나치게 많이 양수하면, 바닷물이 이곳으로 흘러들어간다. 산 대수층도 물을 과도하게 퍼내고 오염 물질이 유입될 위험에 놓여 있지만 바닷물에 훼손될 염려는 없다.

폐쇄된 상태에 놓인 지하 대수층과 달리, 호수처럼 지표면에 있는 물은 증발할 위험이 있다. 연간 세 계절 동안 흐린 날이 거의 없는 해수면 아래의 뜨거운 기후에서는 위험이 더욱 심각해진다. 증발은 매년 국가 전체가 소비하는 물의 양과 거의 맞먹는 물을 갈릴리호에서 사라지게 만든다. 평년 기준 약 1.5m 높이만큼의 물이 갈릴리호 표면에서 증발된다. 가뭄을 몇 년간 겪고 나면 갈릴리호는 호숫가에서 예수 시대의 유물로 믿을 만한 어선과 같은 고고학적 보물을 발견할 수 있을 정도로 바닥을 드러낸다.

현재 인구가 점점 늘어나고 경제가 활기를 띠는 상황에서도 갈릴리호는 호수의 활력을 나타내는 가상의 최고, 최저 레드라인 사이에서 수위를 유지할 수 있을 정도로 취수량을 제한하며 안정적인 상태를 유지하고 있다. 이스라엘 국가 자체와 마찬가지로 이스라엘의 민물 호수는 이제 기상 변화에 크게 영향받지 않으며 1~2년의 가뭄에도 견딜 수 있다. 갈릴리호가 최저 수위 경고 라인 아래보다 낮아지는 상황에 대한 두려움은 곧 사라지며, 이는 예전 세대만 기억하는 일이 될 가능성이 높다.

현재 갈릴리호가 여전히 국가 전체 식수의 작지만 중요한 부분을 차지하므로 호숫물에 대한 포괄적이며 과학적인 모니터링은 계속되고 있다. 미생물학자와 화학자들은 물속의 이물질과 물의 청정한 정도, 염도 등을 비롯해 점점 늘어나는 검사 항목을 놓고 늘 점검한다. 데이터 수집으로 소중한 트렌드 정보를 얻을 수 있다고 확신한 메코로트는 수십 년 동안 갈릴리호의 물을 조사하며 추적해 왔다. 확보한 모든 정보를 통해 물속의 미생물, 농약 성분, 막 시작하는 조류algae 대증식, 물 공급에 미치는 다른 여러 위협 또는 계절별로 조정된 기준에서 벗어나는 이상 현상을 식수 공급이 위협받기 전에 확인할 수 있다.[6]

호수에 대한 관찰은 또한 이스라엘의 물 관련 국가 기반시설을 확장하는 결과로 이어졌다. 1990년대 수질을 일상적으로 점검하는 과정에서 특정 미세 오염 물질이 발견된 후, 갈릴리호에서 서쪽으로 약 32km 떨어진 베트 네토파Bet Netofa에 에슈콜 정수장을 건설하는 결정이 내려졌다. 세계에서 가장 큰 정수장인 이 시설은 첨단 중앙 감시 시스템을 갖추고 호수에서 유입되는 물을 정수 처리한다. 메코로트가 관리하는 이 시설의 중앙제어실은 근무하는 직원이 그리 많지 않지만 담당 엔지니어에게 수질의 모든 변화를 알려 주는 형형색색의 모니터로 가득차 있다.

이스라엘 당국은 테러 공격에 대한 방어를 외부에 공개하지 않는 반면, 테러든 사고든 아니면 자연적 원인이든 유독성 물질이 물 공급 시스템에 침입하면 에슈콜 정수장 근무자들이 곧바로 알 수 있게 한다. 마찬가지로 조류 또는 일종의 원치 않는 이물질이 물속으로 들어가면 모니터가 즉시 경고를 내보낸다. 이와 같은 감시와 정수 과정 덕분에 이스라엘 시민들은 일반적으로 더 비싼 종류의 물에서나 찾을 수 있는 높은 수질을 수돗물에서 누리고 있다. 메코로트 소속 수생 생물학자aquatic biologist인 보니 아줄레이Bonnie Azoulay 박사는 이렇게 말한다.

"나는 많은 사람들이 수돗물보다 병에 든 생수를 더 안전하게 여긴다
는 것을 압니다. 하지만, 현미경으로 관찰하면 이스라엘에서 판매하는 생
수와 수돗물에 차이가 없습니다. 이스라엘 수돗물은 깨끗하고 안전하며,
내가 마시는 물이기도 합니다."

철저한 감시 외에도 이스라엘은 갈릴리호와 이를 둘러싼 유역에 유
입되는 물의 양을 최대화하기 위해 많은 노력을 기울이고 있다. 이러 노
력의 하나로 1950년대 말부터 겨울철 강우량을 늘리기 위해 요오드화은
silver iodide으로 인공 강우용 구름 씨뿌리기를 해왔다.[7]

1960년대까지 이스라엘은 비구름 씨 뿌리기 실험에 많은 자원을 투
입하며, 구름 씨를 뿌리는 방법과 시기에 관해 세계적 명성을 자랑하는
전문성을 구축했다. 구름 씨 뿌리기는 갈릴리호 유역의 강우량을 최대
18% 증가시키고 호수 자체에 내리는 강우를 약 10% 늘리는 것으로 알려
져 있다. 이 기술을 통해 호수에 매년 내리는 비의 양을 최대 100억 갤런
까지 늘릴 수 있을 것으로 추측한다. 메코로트가 비구름 씨 뿌리기를 실
행하며 지출하는 연간 비용이 겨우 150만 달러인 점을 감안하면, 이렇게
만들어지는 물은 매우 저렴하다.

갈릴리호 물에 대한 의존을 줄이면서 얻는 또 다른 혜택은 이스라엘
물 전체의 상태가 보다 건강해지는 것이다. 갈릴리호는 소금층 위에 자리
잡고 있으며 이 소금이 호수 물 안으로 들어간다. 게다가 염도가 높은 물
을 요르단강 하부로 흐르게 만드는 어려운 프로젝트를 실행하기 전까지
는 소금 성분이 많이 든 물을 호수로 흘려보내는 염천鹽泉들도 있었다. 이
와 같은 소금물의 유입 때문에 갈릴리호의 염분 함유량은 항상 높았다.

하수 처리 시설과 담수화 설비가 국가 전체의 물 구성 요소로 추가된

이후 갈릴리호에서 매년 양수하는 물의 양이 약 3분의 1 줄어들면서, 이스라엘에서 섭취하는 소금 양과 하수 처리 후 농업용수로 사용하는 물에 함유된 소금 양도 그만큼 줄었다. 보다 적은 양수로 예전보다 더 많이 남아 있는 호수 물은 변덕스러운 기후 형태 때문에 호수 수위가 큰 폭으로 변하는 현상을 막아 주며 갈릴리호의 생태계를 안정화하는 데 도움을 준다.

시몬 탈은 이렇게 표현한다.

"우리는 갈릴리호를 운영적, 기능적 측면에서 저수지로 바꿔 놓았습니다. 우리가 원할 때 활용할 수 있으며 건기를 대비해 물을 모아둘 수도 있는 저수지입니다. 자연에 필요한 물을 더 많이 확보하고 요르단강의 유량을 늘릴 수 있습니다. 값비싼 담수화 과정을 거친 물을 덜 쓸 수 있으며, 대수층 물 사용을 줄여 대수층에 물이 다시 찰 수 있게 1~2년간의 휴식기를 줄 수도 있습니다. 갈릴리호가 여전히 우리에게 물을 공급하는 중요한 부분이지만, 이제는 제대로 자리 잡고 회복력이 강하며 통합적이고 유연한 물 시스템의 한 부분입니다. 이제 더 이상 갈릴리호의 최저 수위 경고 라인을 걱정하며 밤잠을 못 이룰 사람은 없습니다."

Part 3

이스라엘 국경을 넘어 세계로 향하다

08 | 물 비즈니스의 세계화

물 부족은 없다.

혁신의 부족만 있을 뿐이다.

- 아미르 펠렉(이스라엘 기업가)

오데드 디스텔Oded Distel은 엔터테인먼트 산업계에서 일하는 사람처럼 보인다. 덥수룩한 머리 스타일에 금속테 안경을 끼고 따뜻한 성품을 지닌 디스텔은 정부 관리의 정형화된 이미지와는 정반대의 모습이다. 자주 웃으며 눈가에는 미소로 생긴 주름이 있다. 홀로코스트 생존자 부모에게서 태어나 이스라엘에서 자란 디스텔은 경영학을 전공한 뒤 무역 관련 업무를 중점적으로 다루는 정부 부처에서 일을 시작했으며 그곳이 그의 평생 직장이었다.

2004년 아테네 하계올림픽이 예정된 가운데 디스텔은 1998년 통상 대표로서의 일상적 업무를 수행하고 특별히 유명한 국토 안보 노하우를 하계올림픽 조직위에 판매하려는 이스라엘 기업들을 돕기 위해 그리스에 파견됐다. 아테네 파견 기간이 끝나기 1~2년 전 그는 클린테크Cleantech, 즉 친환경 기술의 빛을 어렴풋이 감지하기 시작했다. 지금은 에너지와 물, 하수가 보다 효율적이고 환경 친화적인 방법으로 관리될 수 있다는 명확한 아이디어로 자리 잡았지만, 당시만 하더라도 클린테크는 이제 막 피어오르는 아이디어였다. 디스텔은 곧바로 이스라엘이 이 부문에서, 특히 물과 관련된 부문에서 선도적 역할을 할 수 있다고 생각했다. 그는 서로 다른 분야이기는 하지만 점적 관수와 하수 처리, 담수화 분야에서 이스라엘이 갖춘 기능과 기술에 초점을 맞췄다. 하지만 이외에도 훨씬 많은 부문이 있을 거라 생각했다.

디스텔은 훌륭한 정부 관리들이라면 의례히 하는 제안서 작성에 돌입했다. 그는 몇 페이지의 보고서를 통해 클린테크가 이스라엘 비즈니스에 전반적으로 어떤 의미를 부여하며, 이스라엘 정부는 특히 물 관련 산업에 이스라엘 기업이 대규모로 뛰어드는데 어떻게 도움을 줄 수 있는지 설명했다. 관료들은 원래 성격상 새로운 아이디어에 반감을 가지기 마련인 터라 디스텔의 보고서를 본 그들의 첫 반응은 자신의 담당 영역에 초점을 맞추고 서로 떠넘기는 모습이었다. 디스텔이 깨끗한 물에 관해 얘기하면, 그 업무는 무역통상부가 아니라 환경부 관할이라는 대답을 들었다. 디스텔이 보고한 보고서에 어느 누구도 관심을 보이지 않았다.

2003년 예루살렘으로 복귀해 부처 내 새로운 직책에 임명된 디스텔은 자신의 아이디어를 열심히 설명하며 돌아다니기 시작했다. 고위 관료들을 접촉하며 이 아이디어를 실행할 적기에 이르렀다는 사실을 설득하려고 노력했다. 디스텔은 이스라엘이 물에 관한 모든 종류의 특별한 능력을 보유하고 있었고, 만일 전 세계가 이스라엘의 이와 같은 완벽한 기술을 알기만 하면 모든 사람이 이스라엘에 몰려올 것이라고 말했다.

이스라엘에는 분명 물에 관한 무언가가 있었다.

디스텔이 자신의 물 관련 아이디어를 놓고 상사에게 도움을 요청하던 바로 그 때, 바루크 부키 오렌Baruch Booky Oren도 비슷한 생각을 하고 있었다. 오렌이 네 살 때 어머니가 그의 엉뚱한 행동을 보고 붙여준 별명 부키booky로 이스라엘에서 널리 알려진 오렌은 당시 메코로트의 수장으로 막 취임했다. 자신의 경력 내내 오렌은 파괴적 사고의 소유자 또는 기업에서 흔히 말하는 변혁의 주도자로 알려져 있었다. 다양한 직업을 두루 거치며 각 직업에서 자신의 위치뿐만 아니라 몸담고 있는 조직까지 재해석하려고 노력했다.

젊은 시절 오렌은 의무적 군복무를 마친 후 먼저 생물학을 공부하고 이후 경영학도 전공했다. 미국 와튼경영대학원에서 오랜 기간의 교수 활동을 마치고 돌아온 지 얼마 안 된 오렌의 교수들 중 한 명은 이스라엘에서 컨설팅 기업 설립을 강렬히 원하며 오렌과 매우 뛰어난 다른 학생을 자신의 비즈니스 파트너로 뽑는 특이한 선택을 했다. 오렌은 천하를 얻은 것처럼 의기양양했다.

하지만 얼마 지나지 않아 오렌의 아이가 아프기 시작했고, 오렌과 가족은 이미 많이 진행된 아이의 암 치료를 위해 뉴욕으로 이주했다. 그 뒤 몇 년간 오렌의 가족 모두 불확실한 삶을 살았다. 오렌의 아이가 열세 번째 생일 직전 숨을 거둔 후, 오렌은 이스라엘에 있는 소프트웨어 기업의 마케팅 매니저로 취직했다. 정확한 연유는 모르겠지만, 이 일은 점적 관수를 개발한 네타핌의 사업개발부 부장직으로 연결됐다.

2003년 아리엘 샤론 총리가 이끄는 친 기업적이며 친 혁신적인 정부가 들어섰고 오렌은 메코로트 회장으로 스카우트됐다. 이전 직장에서 일하는 동안 품었던 그의 철학대로 오렌은 변화를 두려워하지 않고 한때는 혁신적이었던 조직을 다시 한 번 변혁시키려 노력했다. 그는 이스라엘이 첨단 기술 산업에서 성공할 수 있었던 이유가 무엇인지 자문했다. 그리고는 기술이 자신들에게 유리한 쪽으로 작동하는 법을 터득함으로써 일련의 위협에 대항하고 '더 적은 것으로 보다 많은 것'을 이뤄내야 하는 이스라엘 군대가 우선적으로 크게 기여했다는 결론을 내리며 또 다시 자문했다. 이스라엘의 첨단 기술이 군을 원동력으로 삼아 탄생할 수 있었다고 하면, 기술에 바탕을 둔 물 관련 공기업이 물 세계를 다시 생각해 볼 수 없는 이유는 무엇일까?

오렌은 직원들에게 메코로트의 엔지니어들이 마주한 모든 문제를 자신에게 보고해 달라는 지시를 내렸다. 대부분 회의적인 직원들은 문제점 리스트를 만들었고, 오렌은 이 리스트를 발명가와 창업 기업가들과 공유했다. 그리고는 이들에게 놀랄만한 제안을 했다. 메코로트의 문제를 해결하는 데 도움을 줄 수 있는 사람에게는 해결 방안의 지적 재산권과 상업적 활용에 따른 수익을 주겠다는 제안이었다. 더 나아가 그들이 이와 같은 문제 해결 아이디어를 바탕으로 기업을 설립할 수 있으며, 오렌과 메코로트는 이 기업의 발전을 위해 인큐베이터 역할도 하겠다고 제안했다.

창업 기업가들을 북돋우기 위해 오렌은 신생 기업이 개발한 제품과 서비스를 메코로트에서 테스트할 수 있게 했다. 또한 메코로트가 초기 자본을 투입할 뿐만 아니라 이 기업의 첫 고객이 되겠다고 제안했다. 이 계획이 순조롭게 진행될 수 있도록 오렌은 신생 기업이 발명품을 전 세계 공익 기업에 판매할 수 있게 도움을 주겠다는 약속도 했다. 대부분 군대 자체에 필요한 사항을 찾아내려고 하는 이스라엘군과 마찬가지로 오렌의 초점은 발명가들의 비즈니스를 구축하는 것이 아니었다. 그는 이들의 아이디어가 메코로트의 기술 활용에 박차를 가하기를 바랐다.

오렌은 자신의 생각을 이렇게 설명한다. "공익 기업은 노동조합이 좌지우지하는 인건비와 고정 간접비를 어떻게 할 수가 없습니다. 메코로트뿐만 아니라 전 세계 모든 공익 기업이 동일한 문제에 놓여 있습니다. 우리가 비용을 절감할 수 있는 유일한 방법은 기술이 주도하는 생산성 향상뿐입니다."

한 가지 걸림돌은 대부분의 공익 기업이 오렌이 합류하기 전의 메코로트만큼 보수적이라는 것이다. 어차피 물 가격이 주로 중앙 정부나 지방 자치정부에서 결정되므로 공익 기업은 혁신의 위험을 감당하는 데 따른 인센티브가 그리 많지 않다.

하지만 다뤄야 할 물 문제가 지역적이든 세계적이든, 해결 방안의 핵심은 혁신이어야 한다. 물에 대한 수요가 전 세계적으로 점점 더 늘어나는 상황이지만 재정적으로 어려운 정부는 대규모 신규 물 프로젝트를 추진할 의욕이 전혀 없다. 공익 기업과 농업 부문, 엔지니어링 분야는 모두 지금까지 해 오던 일을 계속 그대로 하려는 경향이 있으므로 혁신가를 격려하고 신규 아이디어를 신속히 채택하는 새로운 문화가 더 큰 위기가 닥치기 전에 물 문제를 해결하는 데 필요한 핵심 요소다.

오렌은 이렇게 덧붙여 말한다. "물과 관련해 '부러지지 않았으면 고치지 말라'는 사고방식이 너무나 많습니다. 기술은 현재의 물 시스템에서 훨씬 더 많은 것을 얻을 수 있는 경제적인 방법을 제공합니다. 하지만 공익 기업은 먼저 자신들이 단순한 물 공급원이 아니라 첨단 해결 방안의 일부분이 될 수 있다고 생각해야 합니다."

항상 '빅 아이디어big idea'를 추구하는 자로서 오렌은 이 아이디어가 메코로트보다 훨씬 더 큰 시장을 바라봐야 한다고 생각했다. 군대에서 영감을 얻은 첨단 산업이 이스라엘 경제의 핵심 동력이었던 것처럼, 이스라엘이 왜 물에 관한 전문성을 수출 산업으로 발전시키지 못했을까 궁금해했다. 공익 기업에 도움이 필요했지만, 농업과 소비자, 식품 산업계도 마찬가지다. 부키 오렌은 이스라엘의 거대한 차세대 비즈니스 아이디어를 뜻하지 않은 기회에 발견했다고 생각했다.

생명공학과 이동통신을 능가하는 비즈니스

그렇다고 생각해 본 적은 거의 없지만, 이스라엘은 오늘날 저개발 국가라고 부르는 제3세계 출신이다. 인접 국가와 아프리카와 아시아의 대부분 국가처럼 이스라엘도 제2차세계대전 후 탈식민지화 시기에 국가로서의 지위를 확립했다. 이집트는 1922년, 요르단과 시리아는 1946년, 인도와 파키스탄은 1947년, 그리고 이스라엘은 1948년에 각각 독립했다. 이스라엘이 다른 여러 산업들 가운데에서도 기술 분야와 생명 과학, 방위 산업의 선도자로 발전한 것은 신이 정해준 운명이 아니었다. 이들 중 일부는 운이 따르기도 했지만, 현명한 선택에서 비롯된 것들도 있다.

이스라엘 경제의 모든 주요 부분은 이스라엘의 물 관련 산업이 발전하는 데 지원 역할을 했다. 오늘날 대부분의 물 관련 창업 기업은 민간 부문 연구소에서 탄생하지만, 건국 초기에는 주로 농장 협동조합에서 성장했거나 정부 기관으로 설립됐다. 하지만 수준 높은 농업과 생산, 금융 서비스, 기술 부문이 없었더라면 이스라엘에서 물 관련 사업의 개발과 성장은 일어나지 않았을 것이다. 이 모든 부문은 독립적으로 성장했지만, 궁극적으로 이스라엘에서 물 관련 사업을 일으키는 데 함께 기여했다.

처음에 농업은 팔레스타인 지역의 유대인 공동체 이슈브의 경제 발전에 힘을 보탠 것보다 개척자적 정신을 고취하는 데 더 큰 역할을 했다. 법에 의해 땅을 소유할 수 없었고 유대교 지도자인 랍비와 기능공, 상인, 행상으로서의 전문성밖에 지닐 수 없었던 수천 년의 추방 생활을 겪은 후 유대인의 영토 시온으로 돌아온 대부분의 유대인들에게는 신유대인, 즉 땅을 갈며 자신의 정체성과 조상의 본토를 회복하는 남녀로 거듭나기 위한 사명도 함께 주어졌다. "우리는 건설하고, 이를 통해 이스라엘 영토를 재건하기 위해 왔다"라는 개척자 슬로건에 이와 같은 정신이 잘 담겨있다. 이스라엘 초기의 거의 모든 정치적, 군사적 지도자는 인격 형성기의 최소한 일부 기간을 농장에서 보냈다. 하지만 이처럼 분명한 중심적 역할에도 농업이 이스라엘 경제의 13% 이상을 차지한 적은 한 번도 없다. 오늘날 GDP에서 농업이 차지하는 비중은 3% 이하다. 그럼에도 농업은 이스라엘의 정신과 국가적 자부심의 원천으로서 중요한 역할을 하고 있다. 게다가 이스라엘의 농업 경제는 물의 효율적 사용에 중점을 둔 첨단 기술의 무대가 됐다.

이스라엘의 제조업 부문은 제2차세계대전 당시 이스라엘에 주둔한 영국군이 부대에 필요한 제품을 멀리 떨어진 전통적인 생산 기지에서 배로 실어오는 것보다 인근의 유대인 소유 공장에서 구하는 것이 더 싸고 안전하다는 사실을 알았을 때부터 크게 신장했다. 군복을 만드는 의류 부문과 식음료 부문과 당시 영국군이 테바Teva라는 작은 기업에서 구입했던 의약품 부문까지 포함한 여러 범주의 공장들이 설립되거나 크게 확장했다. 현재 테바는 이스라엘의 거대 상장 기업 중 하나다. 전쟁이 끝나고 새로운 국가가 건설되자 초창기 이스라엘에 있던 이 공장들과 여러 다른 산업들은 영국의 거대 수요에 힘입어 24시간 가동하며 급격한 성장을 이룬 덕분에 더욱 정교해졌다. 전쟁이 끝날 무렵 제조업은 이슈브 경제의 3분의 1을 차지했다. 그 결과, 정교한 물관리 장치를 생산하기 시작했을 때부터 지역 제조업자들은 어떻게 해야 할지 이미 알고 있었다.

서비스 부문은 독립 전에도 가장 큰 경제 분야였다. 경제의 절반 이상이 교육과 의료, 연구, 금융 서비스와 연관돼 있었다. 그 당시에는 어느 누구도 몰랐지만, 이런 비즈니스들과 이에 연관된 비즈니스 부문은 이스라엘이 서비스 경제로 이동하는 부유한 국가들 속에서 유리한 위치를 차지할 수 있게 해 주었다.

신흥 국가 이스라엘은 매우 가난했으며, 거의 무일푼이나 다름없는 이민자들이 급속도로 몰려드는 상황에 처해 있었다. 1948년 5월부터 1952년 말까지 인구는 두 배 이상 늘어났다.[1] 식량 배급제가 실시됐으며 경제는 독일의 보상금과 전 세계 유대인의 기부를 포함한 외국 원조에 크게 의존했다.[2] 이들 기금은 대체로 현명하게 분배됐다. 다양한 사용처 중에서도 특히 새로운 주거 공동체를 세우고, 국가 기반시설을 구축하며, 고등 교육기관을 설립하거나 확장하고, 연구 시설을 신설하며, 군대를 현대화하는 데 사용했다. 분배 과정에서 재정과 관련한 부패 행위가 보고된 경우는 거의 없었으며, 공무원들이 아주 사소한 금액 외에 정부나 기부자의 기금을 개인적으로 유용한 사고는 기본적으로 발생한 적이 없었다.

연구와 고등 교육과 국가 기반시설에 대한 이 모든 투자는 소비에트 연방이 쇠퇴하고 결국 해체되면서 1989년부터 약 1백만 명의 소비에트

계 유대인이 이스라엘로 이주해 왔던 상황을 볼 때, 매우 현명한 조치였던 것으로 밝혀졌다. 이 이민자들은 1930년대에 이스라엘 영토로 밀려들어온 독일계 유대인들처럼 대체로 교육 수준과 기술 숙련도가 높았다. 기술 혁명이 세계를 변화시키는 바로 그 시기에, 기금 투자로 이미 확립된 교육기관과 기술적으로 숙련된 원거주민과 이민자들이 더해지면서 이스라엘은 기술 혁명의 선도자로 올라서는 기회를 잡았다.

현재 이스라엘은 댄 세노르와 사울 싱어가 쓴 《창업국가》가 출간된 후, 종종 그 이름으로 불리기도 한다. 이 책은 창업기업가 문화와 기술적 사고방식을 지닌 최고 인재를 발굴하고 훈련시키는 군대와 이스라엘의 지역적 고립화로 촉발된 세계적 시각을 포함해 이스라엘이 기술 산업에서 성공할 수 있었던 몇몇 이유를 확인해 준다. 또 다른 주요 성공 요인은 이스라엘이 항상 1인당 R&D 부문 지출이 가장 많은 국가에 속한다는 사실이다. 예를 들면, 2013년 GDP 대비 영국은 1.3%, 미국은 2.8%, 독일은 2.9%, 한국은 4.15%를 R&D 비용으로 지출했다. 반면 이스라엘은 선진국 중에서 GDP 대비 국방비 부담이 가장 높은 데도,[3] GDP의 4.2%를 R&D 부문에 지출했다.

이 모든 지출은 대단한 결과를 만들어 냈다. 현재 250개 이상의 글로벌 기업이 이스라엘에 자체 시설을 두고 있다. 구글, 페이스북, 애플, 인텔, 마이크로소프트, IBM, 휴렛팩커드, 모토롤라, 제너럴 일렉트릭, 델과 같은 기업의 이스라엘 R&D센터는 그들이 본국을 벗어난 곳에 설치한 최초이거나 최대이거나 또는 유일한 연구개발 센터다.

이와 같은 R&D 기능과 창업기업가적 사고방식은 물 관련 분야에도 적용됐다. 지난 몇 년 전까지만 하더라도, 물이 더 필요하면 수원을 찾아 더 많이 시추하고 더 많이 끌어올리고 송수관을 더 많이 설치하는 식으로 공급 역량만 늘리는, 오래된 패러다임이 자리 잡고 있었다. 이에 대응하는 새로운 패러다임은 한 방울도 허투루 쓰지 않고 가능한 한 여러 번에 걸쳐 재활용하며 물 사용의 효율성을 향상시키는데 초점을 맞춘다. 물에 관한 생각을 자원 부족 문제에서 과학적 혁신 문제로 전환하려면 일반적 통념에 도전하는 기업가 정신과 문화가 필요하며, 특히 농업과 공익 기업, 국가기반시설 건설과 같은 보수적 산업에서 더욱 절실하다.

전 세계 물 관련 산업의 연간 매출은 6천억 달러에 이르러, 생명 공학과 이동통신보다 더 많고 글로벌 제약 산업에는 조금 못 미치는 수준이다. 이 연간 매출의 75%는 밸브와 파이프, 펌프 등 물 관련 공익 기업 대부분이 사용하는 '재래식' 또는 '스마트한 것과는 거리가 있는 방식'으로 창출된다. 나머지 25%는 기술과 담수화, 멤브레인, 누수 최소화, 점적 관수와 같은 분야의 첨단 제품에 의한 매출이며, 이것이 바로 물 관련 산업이 나아가야 할 미래다. 이스라엘은 이 모든 분야에서 탁월하다.

정부의 특혜를 받는 산업

부키 오렌은 자신의 새로운 아이디어를 다른 사람들에게 납득시키려면 도움이 필요하다는 것을 알았다. 메코로트를 기술 친화적 기업으로 전환하고 물 수출을 장려하는 일은 시작에 불과했다. 그는 보다 큰 꿈을 꿨다.

언제나 변혁의 주도자였던 오렌은 이스라엘 정부가 자신들의 기존 철학에 반하는 일을 해 주기를 바랐다. 즉 특혜받는 산업 부문을 만드는 것이었다. 그는 이스라엘 물 산업이 수익을 창출하는 거대 수출 산업으로 성장할 수 있지만, 이스라엘 정부가 지원만 해준다면, 자신이 상상하는 만큼의 글로벌 영향력을 발휘할 것으로 확신했다.

오렌은 막강한 재무부 예산국의 디렉터로 재임했던 오리 요게브Ori Yogev에게 도움을 요청했다. 수십 년 동안 농무부 물 계획 부서를 이끌었고 정제된 하수를 전국 단위로 재활용하게 만든 원동력이었던 다비드 요게브David Yogev의 아들로 물과 관련된 가문 출신인 요게브는 오렌의 비전을 이해하고 공감했다. 하지만, 어쩌면 극복할 수 없을 지도 모를 문제가 하나 있었다.

재무부에 근무하는 요게브의 전 동료들은 정부가 특정 비즈니스에 개입하는 방안을 냉정하게 반대했는데, 이들이 바로 정부의 특혜를 받는 산업을 만들어 내는 결정을 내려야 할 위치에 있는 사람들이었다. 재무부 관리들은 만약 한 비즈니스 부문이 거대한 성장 가능성을 지니고 있으면, 자체 능력만으로 번창할 수 있다고 말했다. 더 나아가 정부가 한 산업의 지원에 나서면, 이 산업뿐만 아니라 다른 모든 산업도 주목해야 할 것이라고 주장했다. 어쩌면 의료기기 또는 항공우주산업이 더 많은 가치를 지니고 있을지도 모를 일이었다. 아니면 이스라엘 정부는 국가 전체의 기업 문화를 창업에서 소수의 거대 기업을 선호하는 방향으로 완전히 바꿔야 할지도 모른다. 심지어 정부가 승자와 패자를 선별하는 일에 착수하고 싶어했다는 사실을 가정할 때, 물 산업이 어떤 특혜를 받아야 할 이유는 전혀 없었다.

요게브는 정부의 의견을 바꿀 수 있는 최상의 방법은 물 수출의 잠재력을 표시하는 방식을 변경하는 것이라고 결론 내렸다. 즉 물 비즈니스가 다른 모든 산업과 달라 보여야 했다. 오렌과 요게브는 총리실 실장을 지낸 일란 코헨과 담수화 공기업 IDE의 수장이었던 다비드 왁스맨David

Waxman을 비롯해 이 분야의 권위 있는 인물들을 영입했다.[4] 2005년 이들은 모두 함께 워터프런트Waterfronts라는 지원 조직을 결성했고, 요게브가 자원 봉사 형태로 조직을 이끌었다. 이 조직은 정부가 자신들의 아이디어를 다시 고려하고 외부 컨설턴트를 고용해 글로벌 경쟁력과 성공 가능성, 정부 지원으로 새롭게 탄생할 산업의 잠재적 규모를 분석하도록 설득했다.

이 과정은 성공적이었다. 분석 결과에 따르면, 적절한 조치가 곧바로 취해지지 않으면 2015년까지 전 세계 인구의 3분의 1이 물 부족 지역에서 살아갈 것으로 예상됐다. 부유한 국가와 빈곤한 국가 모두가 영향을 받는 것으로 밝혀졌다. 물 수출 잠재력은 막대했으며, 수십억 달러의 새로운 수익 창출은 확실했다.

이스라엘 재무부는 글로벌 물 산업이 거대하지만 아주 작은 부분으로 나뉘어 있는 시장이라는 사실에 깊은 인상을 받았다. 정부의 특혜를 요구할 수도 있는 다른 산업 범주와 달리, 물 산업에서는 경쟁 자체를 없애 버릴 수 있는 몇몇 거대 기업들에 의해 시장 진입이 막힐 일은 없었다. 하지만 오렌이 요구해 온 정부의 지원이 없으면 해외 거대 시장은 이스라엘의 물 관련 기업을 인식조차 못 할 수도 있었다. 신속한 지원책을 실시하지 못하는 데 따른 가장 큰 염려는 다른 국가가 이 산업에 곧바로 뛰어들어 모든 기회가 완전히 사라질 수도 있다는 데 있었다.

다행스럽게도 이 문제가 재무부에서 검토되는 바로 그때에 정부는 한 전문가를 재무부 책임자로 새롭게 임명했다. 그는 무역통상부를 이끌 당시, 정부가 물 산업에 개입하는 방안을 무역통상부가 지지하게 만들었던 인물이었다. 이제 이와 같은 전문가들로 진용을 갖춘 정부는 정부의 자금 지원으로 이스라엘 물 산업 지원에 집중할 새로운 조직을 탄생시켰다.

그리스에서 이스라엘 무역통상 관리로 파견 근무를 할 때, 물 수출을 지원하는 제안서를 처음으로 썼던 오데드 디스텔은 그 이후로도 끊임없이 자신의 아이디어를 강력히 주장해 왔다. 이런 디스텔이 새로운 정부 기관의 운영자로 요청받은 것은 당연한 일이었다.

사회주의적 농장의 자본주의적 결과

이스라엘 물 산업에 처음으로 관여한 사람들은 소수의 유대인 사회주의자와 공산주의자였다. 아이러니하게도 결국 이스라엘의 몇몇 중대한 수출 산업을 탄생시킨 자들은 반자본주의자였다.

지난 세기 말 이스라엘의 땅으로 이주한 남녀들은 대부분 원래 살던 지역에서 농사에 종사하지 않았다. 설령 그랬었다 하더라도, 각 자가 새로운 땅에서 겪는 어려움과 궁핍함이 너무나 극심한 나머지, 토지를 경작해 수확을 얻으려면 한데 뭉칠 수밖에 없었다. 집단으로 농장을 경영하면서 노동과 안전의 부담을 분담하고, 외로움과 좌절감을 완화하며, 말라리아나 다른 병에 걸리면 동료들에게 수확을 부탁할 수 있었다.[5] 시온주의와 사회주의는 그들을 새로운 고국에 정착할 수 있게 해 줬다. 획기적인 아이디어인 유대인 협동 농장 키부츠는 그렇게 해서 탄생했다. 모든 사람이 함께 일하고 개인 용품까지 포함한 모든 물건을 공동으로 소유했다.

그로부터 몇십 년이 지나 어려움이 줄어들고 국가가 건립된 이후에도 협동 농장은 더 많이 생겨났다. 모두 합쳐 거의 300개에 이르는 협동 농장이 주로 불안정한 국경을 따라 세워졌다. 이들은 농장인 동시에 테러리스트의 공격을 조기에 경고하고 억제하는 전초기지로의 역할을 했다.

협동 농장은 계속 농업에 종사했지만, 1960년대부터는 많은 농장이 공장도 만들었다. 초기에는 협동 농장에 소속된 사람들만 이 공장에서 일했다. 이후에는 외부에서 근로자를 고용하느니 차라리 키부츠 기업을 다른 농장에 매각했다. 하지만 결국에는 모든 농장들이 외부 근로자와 심지어 관리자까지 고용하며 키부츠의 삶에 변화를 불러오고 협동농장 창립 세대의 이념적 위력을 누그러뜨렸다.

필연적으로 키부츠 공장들 중에는 소속된 농장이 가장 잘 아는 농업 제품, 특히 물과 관수 방식에 연관된 제품을 개발하는 공장들이 많았다. 시간이 지나면서 몇몇 키부츠 기업은 원래 하던 농업보다 더 커졌을 뿐만 아니라 규모면에서 글로벌 기업으로 성장하기도 했다.

그런 예의 하나로 상부 갈릴리에 있는 아미아드Amiad 키부츠를 들 수 있다. 건국 초기 이스라엘의 모든 농장은 관수용 호스의 막힘 현상으로 큰 어려움을 겪었다. 작물에 물을 공급하는 이 호스의 작은 구멍이 종종 이물질이나 흙으로 막혀 물이 작물까지 미치지 못하는 경우가 발생했다. 그 결과 작물이 죽고 농장은 수확량의 전부 또는 일부를 잃기도 했다.

1950년대 말 아미아드 키부츠 소속으로 엔지니어링 전문가였던 한 농부가 흐르는 물의 압력을 이용해 호스의 막힌 곳을 뚫는 시스템을 개발했다. 이 시스템은 전기나 화학 물질을 사용하지 않았다. 경작지에서 검증된 발명품으로 키부츠가 소유하고 운영하는 유압식 필터hydraulic filter 제조 공장을 설립하기까지 그리 긴 시간이 걸리지 않았다. 1962년 아미아드 필터레이션 시스템(지금의 기업명은 아미아드 워터 시스템Amiad Water System이다)이 설립됐다.

현재 런던증권거래소 상장 기업인 아미아드는 400명 이상의 직원을 고용하고 88개국에 제품을 판매한다. 최근에는 아미아드 키부츠의 바로 아래 쪽 베이트 제라Belt Zera 키부츠에서 비슷한 비즈니스로 시작해 특이하게도 아미아드의 주요 글로벌 경쟁자로 떠올랐던 알칼Arkal을 최근 인수했다. 아미아드는 매년 R&D 비용으로 수백만 달러를 지출하며 여전히 농업용뿐만 아니라 해양 굴착 작업과 담수화 시설, 상업용 선박의 균형을 유지하는 데 사용하는 평형수ballast water 필터링을 비롯한 다른 여러 부문의 제품들을 개발하고 있다.

더욱 극적인 예로 에브론Evron 키부츠는 농민의 생명을 구할 목적으로 물 관련 비즈니스를 시작했다. 키부츠 공동체와 농장들은 대부분 적대국들과 맞닿아 있는 국경 부근에 자리 잡고 있었기 때문에 관수에 사용되는 물 밸브를 잠그기 위해 경작지로 가는 과정에서 적군 저격수의 총에 맞을 수도 있었다. 하지만 밸브를 원격으로 여닫을 수 있으면 긴장과 갈등이 고조된 시기에도 경작지에 물을 계속 댈 수 있었다.

키부츠를 설립하고 거의 30년이 지난 1965년 에브론 키부츠는 농업을 넘어서는 비즈니스로 확장하기로 결정했다. 키부츠 멤버 중 한 명이 계량기에 연결된 밸브를 개발한 발명가를 알게 됐고, 에브론 키부츠는 미리 설정한 양의 물이 계량기를 통과하면 전기식이 아니라 유압식 과정을 활용해 물의 흐름을 잠그도록 설계된 그의 발명품을 사들였다. 이 제품이 안정적으로 작동할 수 있도록 몇 년에 걸쳐 노력한 후 당시 이 제품 하나밖에 없었던 에브론 키부츠 기업은 히브리어로 수도꼭지를 뜻하는 단어 'berez'와 측정을 뜻하는 'mad'를 합친 버마드Bermad라는 이름으로 제품을 판매했다. 버마드 기기를 활용하면 필요한 양의 물을 정확히 줄 수 있으며, 한 방울의 물도 쓸데없이 낭비할 일이 없었으므로, 이는 물 사용이 제한된 세계의 농민들에게는 소중한 혜택이었다.

버마드 기기의 글로벌 판매는 1970년에 시작됐다. 제품에 대한 수요는 대단했으며 에브론 키부츠가 공급하는 관수 제품의 종류를 확장하고, 더 나아가 전기, 가스, 수도 등의 공공재용과 소방용 조절 밸브까지 공급하는 결과로 이어졌다. 버마드 제품은 88개국에서 판매되고 있으며 600명의 직원이 버마드에 근무하고 있다. 버마드는 에브론 키부츠와 파트너로 참여한 또 다른 협동 농장 자르Saar 키부츠가 공동으로 소유하고 있다.

오늘날 여러 비즈니스 부문에서 키부츠가 운영하는 공장을 볼 수 있는데, 대다수 제조 공장은 농민의 관심 사항과 동떨어진 물 영역에서 운영되고 있다. 달리아Dalia 키부츠는 자동 물 계량기를 생산하는 아라드Arad의 본거지다. 크파 하루브Kfar Haruv 키부츠가 시작한 아리ARI라는 기업은 물 관련 공기업과 여러 다른 용도에 쓰이는 고급 금속 밸브를 판매한다. 크파 브룸Kfa Blum 키부츠가 운영하는 갈콘Galcon은 가정과 공원을 위한 저렴한 잔디 살수용 기술을 제공한다. 마간 미카엘Magan Michael 키부츠는 닭의 배설물 때문에 쉽게 녹스는 닭장용 값싼 철제 급수기를 대체할 플라스틱 성형 제품을 생산하는 플라손이라는 기업을 설립했다. 하지만 이 기업은 원래 설립 목적을 훨씬 넘어서는 규모로 확장됐다. 현재 직원 수가 1,200명이 넘으며 이 중 물내림 변기를 포함해 수많은 배관 부품을 생산한다.

물의 모든 측면과 양상을 다루는 기업들

키부츠 기업 외에도 정부 기관으로 출발한 두 공기업 타할(물 관련 사회기반시설 부문)과 IDE(담수화 시설 부문)는 각각 매년 수억 달러의 수익을 올리며 글로벌 기업으로 성장했다.(두 기업 모두 이 책의 다른 부분에서 자세히 다루고 있

다) 여전히 정부 소유 기관인 물 관련 국가 공기업 메코로트도 여러 다른 업무를 수행하는 가운데 지중해 북동부의 작은 섬나라 키프로스Cyprus의 담수화 시설부터 멕시코의 수질 개선에 이르기까지 물 관련 프로젝트의 운영자로서 국제 비즈니스 부문을 소규모로 운영하고 있다.

하지만 이스라엘 물 산업계 내 약 200개에 달하는 젊은 기업에서 "다음 할 일은 뭘까?"라며 웅성거리는 소리가 들려오고 있다. 부키 오렌의 말에 따르면, 이 기업들이 투자받은 자본은 거의 20억 달러에 달하며, 이 모든 투자가 지난 10여 년 동안에 이뤄졌다고 한다. 지금도 기술에 바탕을 둔 신규 물 관련 기업이 매달 몇 개씩 등장하는 것 같다. 아이디어를 제시하는 수준에 머무른 탓에 자금 지원을 받지 못해 본격적으로 시작조차 못 하는 기업도 일부 있지만, 실제로 프로젝트에 착수한 기업들도 많다. 또한 관심을 끌고 자금 지원까지 받았지만, 이스라엘 외에는 시장을 개발하지 못한 기업들도 있다. 이 기업들 중 몇몇은 한 세대 전에 시작한 네타핌과 플라손, 버마드가 했던 것처럼 글로벌 기업으로 성장할 가능성도 있다. 첨단 기술 분야에서 시작한 이스라엘의 창업 문화는 에너지와 광고, 섬유처럼 전통적으로 저수준 기술만 필요한 산업까지 퍼져 나갔으나 이제는 물 산업으로도 확산됐다.

물은 부엌 싱크대나 샤워기에서 나오는 물을 넘어, 보다 많은 것을 의미한다. 물은 식량 공급과 가정 및 사업체에 전력을 공급하는 에너지, 도시 아래로 흐르는 하수의 핵심 부분을 차지하고 있다. 물의 사용과 공급에 관한 거의 모든 측면과 양상을 다루기 위한 창업 기업들이 연이어 등장하고 있으며, 이들은 종종 물과 에너지 모두를 절감할 수 있는 솔루션을 제시하기도 한다.

군 복무 시절 레이저 기술을 배운 한 발명가는 제임스 본드 영화에나 나올 법한 장치와 함께 아틀란티움Atlantium이라는 기업을 설립했다. 2006년부터 아틀란티움의 경영진으로 재직 중인 로템 아라드Rotem Arad는 이렇게 말한다.

"이스라엘을 보면 광선 부문에서 정교하고 숙련된 기술을 많이 보유하고 있습니다. 이스라엘은 의료 기업에서 레이저를 활용합니다. 레이저 제모의 세계를 창조했고 이스라엘 군대에서도 늘 레이저를 사용합니다. 그러므로 아틀란티움은 무에서 유를 창조한 것이 아닙니다. 이 기업의 창업자들은 더 적용할 곳이 없는지, 그리고 그 부분을 어떻게 상업적으로 활용할 수 있을지 알아내려고 노력했습니다."

식음료 부문도 기회로 떠올랐다. 식음료 생산을 위한 물 정제는 필수적이면서도 비용이 많이 들며 많은 양의 에너지가 필요한 과정이다. 이와 같은 에너지 사용은 기업의 수익뿐만 아니라 환경에도 영향을 미친다. 아틀란티움은 스테인리스강 케이스에 든 석영관 제품을 생산한다. 레이저 대신 자외선램프를 사용하지만, 개념은 동일했다. 석영이 자외선 파장을 포착한 뒤 이 빛을 물속에 든 미생물에 직접 비춘다. 잠시 뒤 미생물은 활동을 멈추고 물은 안심할 수 있는 상태가 된다.

물은 종종 염소를 활용하는 다른 과정으로도 정제되는데, 그럴 경우 화학적 잔유물이 음식이나 공장의 하수에 남을 수 있다. 아틀란티움 장치는 염소를 사용하지 않으므로 화학적 잔유물이 전혀 없다. 에너지 절약에 더해 화학물질까지 걱정할 필요하는 방식은 환경에 두 배로 혜택을 주는 셈이다.

아틀란티움의 석영관과 금속관은 현재 150개국 이상의 식음료 공장에서 볼 수 있다. 이 관은 초바니Chobani와 다논Danone과 같은 식품 기업의 요구르트와 유제품에 사용할 물을 살균하는데 사용되며 표준 살균 방식에 비해 에너지를 97% 줄여 준다. 아틀란티움의 실린더는 코카콜라, 펩시, 슈웹스Schweppes의 청량음료와 코로나, 칼스버그의 맥주, 네슬레와 유니레버의 음료수, 그리고 이들보다 덜 유명한 수많은 브랜드의 물을 정제하는 데에도 쓰이고 있다. 최근에는 제약 기업과 발전소, 양식 기업, 지방자치단체의 물 관련 공익 기업들도 아틀란티움 제품을 사용하기 시작했다.

흔치 않은 공공과 민간의 협력 형태

이스라엘의 물 산업에서 많은 관심을 받는 사람 중에는 늦은 나이에 이 산업으로 전향한 인물이 있다. 그는 여전히 자신이 물에 관련된 사람이 아니라고 생각하며 주위를 둘러싼 다른 모든 '배관공'과 달라 보이기 위해 애쓰고 있다. 아미르 펠렉Amir Peleg은 성공한 이스라엘 기술 전문가이며 자신이 설립한 데이터 분석 기업을 2008년 마이크로소프트에 매각하기도 했다.[6] 새로운 기회를 찾던 중 그저 재미삼아 유럽에서 열린 물 산업 무역박람회를 참관했다. 박람회장 내에 펠렉이 방문하는 곳마다 파이프와 하드웨어는 넘쳐 났지만 소프트웨어는 보이지 않았다.

  펠렉은 당시를 이렇게 기억한다. "물론 기업들은 온갖 종류의 데이터를 사용합니다만, 내가 본 기업 중 어느 누구도 모든 데이터를 통합해 활용하지는 않았습니다. 당시는 환경 문제를 해결하는 청정 기술이 막 시작된 시대였을 뿐만 아니라 클라우드 컴퓨팅과 빅 데이터가 태동한 시기였습니다. 나는 여기에 뭔가 사업거리가 있을 거라는 예감이 들었습니다."

이스라엘인들은 자신이 성장해 온 기후 환경과 물 부족에 관한 지속적인 교육 덕분에 물 문제에 대해서는 타고난 정서가 있다. 펠렉이 여전히 구상 중인 아이디어를 기술 산업계와 금융 산업계 친구들과 논의하기 시작했을 때, 그들 모두는 펠렉의 아이디어가 시도할 만한 가치가 있다고 동의하면서도 동시에 아예 시작조차 하지 말라고 강력히 권고했다. 펠렉은 이렇게 설명한다. "친구들 중 한 명은 물 산업계에서 기업 하나를 스타트업 수준에서 벗어나게 할 시간이면 기술 산업계에서는 다섯 개 기업을 졸업시킬 수 있다고 내게 말했죠. 물 관련 스타트업이 수익을 올리고 매각되기까지 첨단 기술 기업보다 훨씬 더 많은 시간이 필요하다는 뜻이었습니다."

그럼에도 펠렉은 뜻을 굽히지 않고 강행했다. 전 세계 도시의 물 공급 시스템에서 발생하는 누수 현상이 엄청난 양의 물 손실과 그에 따른 에너지 손실의 원인이 되는 상황을 보며 펠렉은 지금 자신에게 스스로 붙인 별명처럼 '첨단 기술 배관공'이 되겠다고 결심했다. 물 관련 공기업들에서 쏟아져 나오는 수많은 과거와 현재의 데이터를 한데 모아 분석한 끝에 펠렉은 물에 젖은 지면이나 송수관 파열과 같은 전통적인 수단으로 누수 지점이 발견되기 몇 주 전에 이 지점을 정확히 찾아내는 수학적 공식을 만들어 낼 수 있었다. 펠렉은 자신의 기업에 타카두TaKaDu라는 근사한 이름을 붙였다. 이 이름은 뭔가를 상징할 것처럼 들리지만, 실제로는 아무 뜻도 없다.

타카두의 기본 아이디어는 특정 지역에 대한 물 흐름과 송수관이 파열될 가능성이 높은 상황, 온도, 그리고 수천 종류에 이르는 입력 데이터 등 물 관련 공기업이 보유한 많은 양의 기존 데이터를 취합해 하나의 프로필을 작성하는 것이다. 신용카드의 부정 사용 범죄를 이례적인 구매 형태로 찾아내는 것처럼 타카두는 수집한 데이터를 활용해 종종 누수의 전조 현상이 되는 특이점을 찾아낸다. 이는 또한 물 관련 공기업이 누수 지점을 정확히 파악해 도로 굴착과 그에 따른 비용과 불편함을 최소화하는 데 도움을 준다.

타카두의 첫 고객인 예루살렘의 물 관련 공기업 하기혼Hagihon은 그저 평범한 고객이 아니었다. 타카두의 비즈니스가 아직 아이디어 수준에 머물러 있을 때, 하기혼은 타카두의 실험 대상이 되는 데 동의했다. 지금도 여전히 고객으로 남아 있는 하기혼이 이처럼 실험 대상을 자처하면서 처음에 누렸던 혜택은 타카두가 얻었던 것에 비하면 미미했다. 하기혼 엔지니어들은 제품을 보다 쉽게 사용할 수 있고 물 관련 공기업에 더욱 가치 있는 것으로 만드는 방법에 대해 끊임없이 조언했다. 타카두는 이 조언들에 호응하며 자신들의 소프트웨어 사용자 인터페이스를 다시 디자인했다.

하기혼은 타카두의 지분이나 미래의 가격 인하를 요구하지 않았다. 그들은 이스라엘 물 관련 기업이 순조롭게 출발했다는 사실에 만족했다. 하기혼의 조하르 이논Zohar Yinon CEO는 공공과 민간 부문 사이에서 흔치 않은 협력 관계가 전개된 상황을 놓고 이렇게 말한다.

"하기혼은 스마트 기술을 활용하는 혜택을 얻었지만, 그보다 더 중요한 것은 창업 기업이 발명에서 상업적 출시에 이르는 기간 동안 죽음의 계곡을 헤쳐 나가는데 도움을 줬다는 사실입니다."

타카두 시스템은 이미 이스라엘의 다른 도시뿐만 아니라 영국과 스페인, 포르투갈, 호주를 비롯한 전 세계 여러 국가에 설치돼 있다. 이 국가들의 공공 기업은 현재 타카두 시스템을 누수 감지용을 넘어선 용도로 사용한다. 이 시스템의 예측 능력 덕분에 공공 기업의 관리자들은 사용량이 급증하는 때가 언제인지 미리 알 수 있으며, 이를 통해 보다 나은 계획을 수립할 수 있다.

타카두처럼 하기혼을 실험장으로 삼은 또 다른 이스라엘 기업으로 하이드로스핀HydroSpin이 있다. 수력 발전은 보통 폭포나 거대한 강에서 이뤄지는 청정에너지 중의 하나다. 타카두의 알고리즘이나 아틀란티움의 석영에서 비추는 빛과 달리, 하이드로스핀이 찾아낸 아이디어는 너무나 보잘것없고 뻔한 것이어서 이를 접한 사람들은 '누구라도 그렇게 생각할 수 있어!'라는 반응부터 보일 정도였다.

하이드로스핀은 평범한 일반 송수관을 통해 흐르는 물을 활용한다. 물은 흘러가면서 아주 작은 회전 휠과 부딪친다. 이때 휠은 강이 수력 발전소를 통과할 때와 같은 방식으로 극히 적은 양이지만 전류를 생성한다.

하이드로스핀 발전기는 다가올 시장 수요를 다룬다. 현재 개발 중인 물 관련 시스템은 물의 양과 수질 문제를 지속적으로 관찰하는 기능을 포함할 것이다. 이를 달성하기 위해 시스템의 초점은 물을 공급받는 수원의 첫머리에 있는 제어실에서 송수관을 따라 설치된 모든 종류의 측정 장치와 센서로 옮겨 갈 것이다. 분석 가능한 데이터가 많을수록 물은 더욱 믿을 만하고 깨끗해질 수 있기 때문이다. 여기서 확보한 데이터는 송신기를 통해 중앙통제실로 보내진 후 분석 과정에 들어간다. 이런 데이터 확보에 관련된 측정 장치, 센서, 송신기에 전력을 공급하기 위해 도시와 지방자치 당국은 송전선이나 초장기 수명의 배터리를 사용하는데, 두 방식 모두 문제점이 있다.

송전선을 이용하는 방식은 전통적 에너지에 의존하는 것이다. 이런 에너지를 더 많이 사용할수록 비용은 더 많이 들고 환경 훼손은 더 심해진다. 배터리는 초장기 수명을 지니고 있다 하더라도 결국은 소진될 것이고, 종종 배터리를 교체하는 과정에서 도로와 보도를 굴착해야 하고, 그에 따라 비용이 발생하고 불편함이 생긴다. 하이드로스핀이 개발한 소형 수력 발전기는 영속적이고 재생 가능한 에너지를 활용하며 두 문제 모두를 해결한다.

물 문제의 한 부분을 다루는 혁신적인 생각 외에도 하이드로스핀은 이스라엘이 물에 관해 성공할 수 있었던 또 다른 핵심 요소를 보여준다. 바로 이스라엘 수석과학관실OCS: Office of Chief Scientist의 인큐베이터 프로그램을 통해 하이드로스핀이 자금 지원을 받은 것이었다. 수석과학관실의 프로그램은 정부 산업 정책 중 최상의 사례로 꼽힌다.

수석과학관실은 한때 통상산업노동부로 불렸던 이스라엘 경제부 Ministry Of Economy 소속이다. 인큐베이터 프로그램은 기술력이 뛰어나고 일거리가 필요한 소비에트계 유대인이 이스라엘로 밀려 들어오고 얼마 지나지 않은 1991년 시작됐다. 막 이주한 유대인 교수와 과학자들에게 할 일이 필요했다. 이에 따라 이스라엘 정부는 아이디어를 바탕으로 기업을 설립하는 데 도움을 줄 수 있는 현명하고 효율적인 체계를 제시했다.

어디에 투자할지를 결정해야 하는 힘든 과정을 피하고 싶었던 이스라엘 정부는 다른 기관이 이를 파악하게 만드는 프로그램을 만들었다. 이 프로그램에서 인큐베이터는 OCS와 협력 관계를 맺고 OCS에서 자금 지원을 받아 집행하기 위해 설립된 기업을 뜻한다. 인큐베이터로 선정되려면 재정적 능력과 창업 기업가에게 조언과 지도를 해 줄 수 있는 기술, 실험실과 사무실을 제공할 수 있는 역량, 잠재적 전략 파트너와 생산적 관계를 구축할 가능성을 보여 주는 과거 이력 등을 기준으로 치열한 경쟁 과정을 거쳐야 한다.

이런 경쟁 과정을 거친 후 인큐베이터로 선정된 재정 능력을 갖춘 개인이나 기업은 조금만 더 다듬으면 벤처 자본가의 관심을 끌지도 모를 흥미로운 아이디어를 확인하고 걸러내는 역할을 한다. 인큐베이터는 수많은 투자 기회를 평가한 후 고려할 만한 최상의 아이디어만 OCS에 제시한다. 그러고 나면 OCS는 독립적인 외부 전문가를 고용해 인큐베이터가 선정한 후보 아이디어가 기술적 가치가 있는지, 성공을 이룰 바탕이 될 가능성이 있는지 확인한다.

OCS에서 인큐베이터 프로그램을 이끌고 있는 요시 스몰러Yossi Smoler는 이렇게 말한다. "우리는 모든 후보자를 검토하기를 바라지도 않을뿐더러 내부에 그럴 만한 자원도 없습니다. 인큐베이터가 우리를 대신해 대부분의 일을 해 주기를 바랍니다. 우리와 함께 인큐베이터도 투자에 참여해야 하므로 우리는 그들이 투자 가치가 있는 아이디어만 우리에게 제시할 것으로 생각합니다. 우리는 가능한 한 많이 '예스'라고 말하고 싶습니다." 실제로 인큐베이터가 추천한 창업 기업가의 75% 이상이 OCS에서 자금 지원을 받는다.

두 번의 검증 과정을 통과한 창업 기업가는 OCS로부터 2년에 걸쳐 50만 달러 또는 총 R&D 비용의 85% 중 적은 금액을 지원받는다. 인큐베이터는 고정 간접비와 R&D 예산의 15%를 부담해야 한다. 3년 차에도 보조금을 받을 수는 있지만, 그럴 경우 창업 기업가와 인큐베이터는 아이디어를 제대로 된 사업으로 만들어야 하며, 그러지 못하면 아이디어 추진은 중단된다.

일단 창업 기업가가 제품이나 서비스를 판매하기 시작하면, 이스라엘 정부는 로열티 3%를 징수하되 직접 보조금이 상환되는 시점까지만 받는다. 행정 비용을 받거나 이윤을 공유하지는 않는다. 정부는 창업 기업에 대한 어떤 소유권도 갖지 않으며 창업 기업가와 인큐베이터가 지분을 나눠 갖는다.

수석과학관실의 인큐베이터 프로그램과 유사한 형태로 물WAter과 기술TECHnology을 뜻하는 영어 단어를 합쳐 와테크WaTech로 이름 붙인 메코로트가 운영하는 비즈니스 개발 프로그램이 있다. 와테크는 메코로트의 문제에 대한 해결 방안을 제시하는 창업 기업가에게 도움을 주겠다는 부키 오렌의 아이디어가 발전한 형태다. 오렌이 상상했었던 바로 그 프로그램 형태와 똑같이 메코로트는 약 30개의 스타트업 기업에 자금 일부를 지원하고 아이디어 개념을 실험할 장소를 제공했으며, 종종 스타트업이 생산한 제품의 첫 고객이 됐다. 이 또한 오렌이 제안했던 방식 그대로다. 더 좋은 현상은 초보 기업이 자신의 제품을 최상으로 활용할 수 있는 방법을 충분히 생각하도록 도와줘야 할 임무를 부여받은 메코로트 소속 엔지니어들이 와테크가 선정한 기업들을 충분히 배려해 준다는 점이다.

와테크 프로그램의 최근 사례로 멤테크MemTech를 들 수 있다. 이 신생 기업은 테크니온공대에 재직 중인 노련한 두 교수의 아이디어로 탄생했다. 화학 공학자인 라피 세미엇Rafi Semiat 교수와 유기 화학자인 모리스 아이젠Moris Eisen 교수는 물을 정수하기 위해 사용하는 멤브레인이 끌어당겨야 할 물을 오히려 밀어낸다는 사실에 주목했다. 그들은 멤브레인 구조를 새롭게 제작하는 방법을 고안해 물이 새로운 멤브레인을 훨씬 쉽게 통과하게 함으로써 엄청난 에너지 비용을 절감할 수 있다는 것을 확인했다. 새롭게 제작한 멤브레인이 하수 처리 과정의 비용도 크게 줄일 수 있는 획기적인 제품이라고 확신하는 이들도 있다.

메코로트는 멤테크에 초기 실험 자금을 지원했을 뿐만 아니라 더욱 중요한 지원 방안의 하나로 수천 시간이 넘는 메코로트 선임 엔지니어들의 소중한 시간을 제공하며 이 기업이 실험 과정을 최적화할 방법을 충분히 생각할 수 있게 도움을 줬다. 메코로트는 멤테크의 판매액에 따라 소액의 로열티를 받기로 했지만, 와테크 대표 요시 야코비Yossi Yaacoby는 이렇게 설명한다.

"메코로트는 돈 때문에 이 프로그램을 하는 것이 아니었습니다. 우리는 훌륭한 기술에 접하기 위해 이 일을 했고, 그 결과 에너지를 매년 보다 더 효율적으로 사용하며 우리의 과정은 더욱 스마트해지고 있습니다. 이런 결과 중 일부는 메코로트 엔지니어에게서 나왔지만, 우리가 힘을 북돋아 준 발명가에게서 비롯된 것도 있습니다."

물 산업의 미래 트렌드

2013년 텔아비브에서 열린 2년 주기의 국제 물 관련 전시회에서 이스라엘 정부의 물 산업 수출 진흥 부문을 이끄는 오데드 디스텔은 1만 5천 명의 방문객을 맞이했다. 전시회에 참가한 이스라엘 물 관련 기업 200여 개를 보기 위해 92개국을 대표하는 250명의 공식 방문단이 찾아왔다. 이 기업들 중 다수는 설립한 지 불과 몇 년밖에 안 됐으며, 일부는 아직까지 한 번도 제품을 판매한 적이 없는 기업이었다.

디스텔과 오렌을 비롯한 이스라엘의 물 산업계 선구자들이 이스라엘의 불 수출산업을 생각하기 시작했을 당시만 하더라도 이스라엘의 물 관런 수출액은 7억 달러에 불과했다. 현재는 22억 달러에 이르며, 여전히 훌륭한 아이디어로 넘쳐나는 오렌은 가까운 장래에 100억 달러 수출에 이르지 못할 이유가 없다고 말하며 "그렇게 되면 이스라엘과 전 세계 모두에 이로운 일"이라고 덧붙인다.

디스텔은 보다 냉철한 성격이지만, 오렌 못지 않게 낙관적으로 전망하며 이렇게 말했다.

"다른 산업과 마찬가지로, 물 산업에서도 성공하는 기업과 실패하는 기업이 있으며 그저 그런 기업도 있을 것입니다. 하지만 물 산업의 미래 트렌드에는 의심의 여지가 없습니다. 물에 관한 기술이 물 관련 공공 기업과 도시 및 지방의 행정 당국, 농업 부문을 전환시킬 것입니다. 이스라엘 기술은 이 모든 부문에서 선두주자입니다."

이스라엘 총리실 실장으로 재직했으며, 오렌이 정부를 설득해 결국 디스텔이 이끄는 물 관련 부서를 설립하는 데 도움을 줬던 일란 코헨은 역사적인 관점과 미래에 대한 냉철한 관점 모두를 제시하며 이렇게 설명했다.

"우리는 고대 느밧인Nebaten과 히브리인이 물을 정교하게 사용했던 곳에 살고 있습니다. 오랜 망명 기간 동안 우리는 조상들의 기량을 잃었지만, 우리가 이 땅에 다시 돌아오면서 우리의 기억을 되살렸던 것 같습니다. 젊은 국가로서 이스라엘은 새로운 산업을 창조해야 했고, 고립된 국가로서 창의적으로 생각할 수밖에 없었습니다. 그러지 않았더라면 우리는 살아남지 못했을 것입니다. 이제 나는 우리가 성공할 것이라는 데 대해 전혀 의심하지 않습니다. 우리는 관련 산업과 기관들이 한데 모인 물에 관한 '클러스터'로 자리 잡았습니다. 전 세계는 이제 이스라엘이 세계의 물 문제를 해결할 답을 확보하고 있다는 사실을 알고 있습니다."

09 | 이스라엘, 요르단, 팔레스타인의 물 문제 해결 방안

목마른 이웃이 있다는 것은 바람직한 일이 아니다.

– 에일론 아다르

아랍과 이스라엘 사이의 분쟁은 결코 끝이 나지 않을 갈등처럼 보일 때도 있다. 하지만 이스라엘 인접 국가들의 물 수요가 점점 더 늘어나면서 지역 내 역학 구조에 변화가 생길 가능성이 있다. 오랫동안 물은 이스라엘과 인근 지역 국가들이 비공식적으로 의사소통하는 경로로 역할하며 함께 머리를 맞대고 논의할 기회를 제공했다. 중동 지역의 물 수요가 늘어나면서 자국의 이익을 추구할 필요성이 지역 내 국가들을 서로 더 가깝게 만드는 동력이 될 수도 있다.

요르단과 팔레스타인 모두 이스라엘의 수원을 나눠 쓰고 있다. 이들 세 국가는 대수층과 강을 함께 소유하는 공동 운명체이며, 그에 따라 모두를 위한 해결 방안을 찾으려 한다는 측면에서 자연적인 협력자라 할 수 있다. 별도의 물 시스템에 놓여 있지만, 동일한 기후와 토양 조건을 지닌 지역 내 많은 다른 국가들은 이미 물 부족 문제에 시달리고 있다. 그들은 얼마 지나지 않아 높은 인구 증가율과 만성적인 관리 부실, 허술한 계획, 상당한 강우량 감소 때문에 지금껏 겪어 보지 못한 물 부족 상황에 직면할 것이다. 이 문제에 대한 한 가지 확실한 해결 방안은 이스라엘과 협력하는 것이다.

이스라엘은 이 책에서 설명했던 많은 단계를 이미 거친 끝에 이제 물 강국으로 자리 잡았다. 수십 년에 걸친 계획과 희생 덕분에 현재 이스라엘인 모두는 물 사용료를 지불할 수만 있으면 자신이 필요한 깨끗한 물을 마음껏 얻을 수 있다. 이스라엘은 또한 현명한 물 관련법을 통해 혜택을 받고 있으며, 잘 훈련된 대규모 규제 담당자와 공공재 관리자 진용도 갖추고 있다. 이스라엘 교수와 과학자, 기업가가 도입한 첨단 기술에 힘입어 이스라엘의 물 안보는 점점 더 굳건해지고 있다.

이스라엘은 이미 요르단과 팔레스타인에 물을 수출하고 있으며, 종종 이스라엘 국내에서 부과하는 가격보다 낮은 가격에 공급한다.[1] 하지만 이스라엘 인근의 아랍 국가들은 물 부족에 시달리는 중산층의 경제적 삶의 기준을 끌어올리려면 훨씬 더 많은 물이 필요하다. 그들에게 다행스럽게도 이스라엘은 더 많이 공급할 수 있는 물을 보유하고 있을 뿐만 아니라 물에 관한 교육과 기술 지원까지 제공할 수 있다. 세계적 수준의 교육기관을 통해 지역 전체에 있는 교수와 대학원생들이 물 관련 주제를 연구하는 근거지로 역할할 수도 있다. 현재 일부는 이스라엘에서 연구를 수행하고 있으며, 더 많은 사람들이 그렇게 할 수 있으며, 또 그렇게 해야 한다.

팔레스타인에도 이스라엘의 수질 개선에 도움을 주며 이스라엘이 관심을 보일 만한 부분이 있다. 웨스트뱅크 지구의 주요 팔레스타인 도시들은 유대 언덕과 사마리아 산맥에 자리 잡고 있다. 팔레스타인 가정과 기업에서 배출하는 하수는 보통 처리되지 않은 채 강을 통해 언덕 아래로 이동하고 하수가 흘러 들어와 오염된 강들은 곧이어 이스라엘 영토를 통과하는데, 애초에 하수가 배출되는 지점에서 처리했더라면 오염은 쉽게 막았을 것이다. 이와 비슷하게, 가자 지구에 거주하는 팔레스타인인들은 매일 많은 양의 처리되지 않은 하수를 지중해로 배출하며 해안을 따라 설치된 이스라엘의 첨단 담수화 시설에 문제를 일으키거나 손상을 입힐 수도 있다. 이처럼 이스라엘과 웨스트뱅크의 팔레스타인이 대수층을 공유할 뿐만 아니라 요르단과 이스라엘도 요르단강과 사해를 공유한다. 비록 이스라엘이 요르단이나 팔레스타인의 협조 없이도 자국에 필요한 물을 공급할 능력을 갖추고 있지만, 이들 세 국가의 협력은 수원을 보호하는 측면에서 이스라엘에도 이득이 된다.

세 국가가 물에 관해 협력해야 할 또 다른 이유가 있다. 현재로서는 정치적 연결 고리가 끊어진 것으로 보이지만, 항상 그럴 필요는 없다. 물에 관한 대화가 신뢰 구축 조치의 수단이 될 수 있으며, 이는 일부 다른 분쟁 분야에서 진전을 이루는 기회로 이어질 수 있다. 관계가 개선된다면, 분명 물에 관한 이슈가 그러한 전환에 큰 역할을 했을 것으로 확신할 수 있다. 아무튼 아랍과 이스라엘의 모든 분쟁이 하나의 대타협으로 해결될 수 없다 하더라도, 최대한 많은 사람을 위해 가능한 한 많은 면에서 삶의 질을 최대한 큰 폭으로 개선하는 것이 여전히 중요하다.

보통 갈등이 오랫동안 지속되면 될수록 관계국들의 입장은 더욱 견고해지며 갈등 해소는 보다 더 어려워진다. 물의 경우, 팔레스타인과 오랜 기간에 걸쳐 곪을 대로 곪은 갈등은 정확히 그 반대의 효과가 있었다. 최종적인 국경 확정과 난민, 보안, 현재 드러난 예루살렘의 상황과 같은 오늘날의 다른 논쟁과 마찬가지로 한때는 해결할 방법이 없었던 문제에 대한 해결 방안이 세월의 흐름과 더불어, 특히 이스라엘의 기술 발전을 통해 제시됐다. 여전히 새로운 땅을 만들어 내거나 도로가 자리 잡은 거주지로 난민을 돌려보낼 수는 없지만, 이스라엘은 새로운 물을 만들어 낼 수 있는 능력을 증명했다. 이스라엘이 물에 관한 상황을 전환시켰던 것처럼 팔레스타인도 그렇게 할 수 있으며, 특히 이스라엘이 팔레스타인의 그런 노력에 협력한다면 더 빨리 바꿔 놓을 수 있다.

보다 강화된 협력이 없는 상황에서도 몇 년간에 걸쳐 팔레스타인 물 문제의 해결 방안을 찾는 데 도움을 준 경험이 있는 한 이스라엘 물 전문가는 이스라엘의 풍부한 물이 지역 내 이스라엘의 존재를 거부하는 국가를 포함한 이웃 국가들에게 이미 마음의 평안을 제공했을 것으로 확신한다. 이스라엘 물위원회 위원장을 역임한 시몬 탈은 이렇게 설명한다.

"지역 외부에 있는 사람들이 우리와 팔레스타인을 볼 때, 그들 눈에는 갈등만 보입니다. 물론 일부 갈등도 있습니다. 하지만 이것만 보는 행동은 잘못된 것입니다. 팔레스타인이 우리의 이웃이 되면, 교육이나 발전된 기술뿐만 아니라 물 자체에서 그들에게 큰 혜택이 주어집니다."

시몬 탈은 물 부자 국가 이스라엘에 팔레스타인이 바로 접해 있다는 사실과 '대부분 인식하지 못하지만 이 근접성에 따른 혜택'을 가리키며 이렇게 말한다.

"나는 팔레스타인이 이스라엘의 통제를 받기로 선택하거나 그렇게 해야 한다고 주장하지 않습니다. 하지만 물 부족 지역은 이스라엘의 점점 더 강해지는 물 안보에 편승할 기회 자체를 하나의 보험증권으로 봐야 합

니다. 가자 지구나 웨스트뱅크 지역에 있는 팔레스타인인은 가뭄이 아무
리 극심하거나 자신들이 물에 대해 어떤 일을 하더라도 이스라엘의 물 저
수량이 현재처럼 풍부하기만 하면, 자신들이 물 없이 지낼 일은 결코 없
다는 사실을 알고 있습니다."

이스라엘의 지배하에 놓인 물

이스라엘의 웨스트뱅크 지역 통제는 1967년의 6일 전쟁 결과로 시작됐
다. 이는 또 팔레스타인이 지역 내 지하수에 접근하는 계기가 되기도 했다.

　이스라엘이 막 장악한 지역을 살펴봤을 때, 그들은 이스라엘의 현대
식 물 공급망을 구축하기 이전에 사용하던 것을 떠올리게 하는 물 공급
시스템을 지역 내, 특히 웨스트뱅크에서 발견했다. 건국 이전의 이스라
엘처럼 웨스트뱅크는 지리적 지역과 심지어 지역 특성에 따라 나뉘어 있
었다. 한 지역의 물은 농업적, 경제적, 가정용 수요가 더 많을 수 있는 다
른 지역으로 양수되지 않았다. 1948년부터 이스라엘이 전쟁에서 승리한
1967년까지 웨스트뱅크를 지배했던 요르단은 지역 내에 수백 개의 우물
을 팠지만, 좁은 송수관과 약한 펌프로만 연결돼 있었다. 우물에서 나오
는 물은 거의 없었으며, 있다고 하더라도 대부분 우물 근처에서 농업용수
로 사용됐다.

　작은 구경의 송수관과 형편없는 종합 계획을 제외하더라도, 1967년
웨스트뱅크의 물 시스템은 초기 단계에 머물러 있었다. 수질은 일정하지
않고, 수원이나 시기에 따라 다르며, 오염으로 사용하기에 부적절한 경우
도 종종 있었고, 물의 양도 계절별로 달랐다. 중력을 기반으로 하는 수로
(일부는 2천 년 전 로마 시대에 만들어진 것도 있었다)를 이용해 근처의 샘에서 마

을로 물을 보내는 시스템이었다. 저수조 역할을 하는 다양한 크기의 웅덩이가 있는 집이 많았으며, 사람들은 가족이 다음 해에 쓸 물을 얻기 위해 겨울 동안 내리는 비를 이 웅덩이에 보관했다. 성서 시대에 나오는 것처럼, 도자기 항아리에 근처 샘물을 담은 뒤 항아리를 손에 들거나 머리에 이고 집으로 운반하거나 관수를 위해 소규모 계단식 밭으로 가져가기도 했다.

1967년 6월 웨스트뱅크 지역의 708개 도시와 마을 중 수도 시설을 갖춘 곳은 단 네 곳뿐이었다. 당시 약 60만 명에 달하는 웨스트뱅크 전체 인구 중 현대식 배관 시스템에 연결된 인구는 다 합쳐서 겨우 10% 정도였다. 이스라엘은 예전부터 있었던 샘물은 여전히 원래 소유자의 자산으로 인정한 반면, 이스라엘의 물 공급 시스템을 위해 취했던 조치와 비슷하게 웨스트뱅크의 새롭게 판 우물에서 나오는 물은 지역 주민 모두의 공동 재산으로 만들었다. 이스라엘의 이런 조치는 자국의 물 공급을 보완하기 위해 팔레스타인 물 일부를 확보하려는 동기에서 비롯됐다고 주장하는 사람들도 있었지만, 원칙적으로는 팔레스타인의 보다 큰 공익을 위해 취한 행동이었다.[2]

현재 웨스트뱅크에 거주하는 팔레스타인 240여만 명(1967년 대비 4배 늘어난 인구) 중 약 96%는 각 가정에 송수관으로 공급하는 수돗물을 사용하고 있다.[3] 이 수돗물의 절반 이상이 이스라엘 내 시스템으로부터 공급되며 대부분 높은 수질을 유지한다.[4] 벤구리온대학교 물관리 교수인 아론 탈Alon Tal은 이렇게 말한다.

"나는 팔레스타인에 물을 공급한 이스라엘의 행동, 특히 지난 10년에서 15년간의 물 공급에 놀랄 만큼 높은 점수를 주고 싶습니다. 소수를 제외한 모든 팔레스타인인은 가정까지 공급되는 깨끗하고 안전한 물을 이용하고 있습니다." 물론 아론 탈 교수의 발언은 팔레스타인과 오랫동안 학문적, 직업적으로 관련이 있으며, 더 나아가 팔레스타인 국가 건설을 적극적으로 지지하는 정당 소속으로 최근 이스라엘 국회위원 선거까지 출마했던 사람의 입장에서 나온 것이다. 그의 말이 이어진다. "비록 팔레스타인인은 공급받는 물의 양과 수압에 대한 불평이 당연하다고 주장했지만, 수질과 공급량은 아랍권 대부분 국가와 심지어 동유럽권보다 더 훌륭합니다."

정치? 아니면 실용주의?

이스라엘과 팔레스타인 사이의 물 문제 해결에 놓인 한 가지 큰 걸림돌은 많은 시간이 흐른 뒤 팔레스타인 자치정부PA가 이스라엘과 힘을 합쳐 팔레스타인의 물 수요에 대한 실용적 해결 방안을 찾는 대신, 물을 이스라엘에 대항하는 정치적 주장의 강화 수단으로 활용하기로 한 결정이었다. 엄밀히 따지면 PA가 웨스트뱅크와 가자 지구의 팔레스타인인을 다스리는 자치정부이지만 2007년 이후 가자 지구는 PA의 정치적 라이벌인 하마스가 장악해 왔다. 최근 물을 정치 쟁점화한 상황의 핵심은 팔레스타인 내부의 정치적 경쟁 구도라 할 수 있다.

근본적으로 이스라엘의 존재 자체를 부정하는 성향을 지닌 하마스의 부상은 이스라엘이나 PA가 가자 지구의 물 문제를 적절히 다루지 못하게 만든다. 게다가 보다 온건한 팔레스타인 자치정부도 이스라엘과 대립할 수 있다는 사실을 대중에게 보여 주도록 압박하며 팔레스타인 정치 내부에 또 다른 영향을 미친다.[5] 2008년을 시작으로 PA는 물 문제를 이스라엘과 협력하지 않는 주요 분야의 하나로 선택했으며, 이 조치는 2010년 이후 더욱 강화됐다.

　이에 대한 팔레스타인의 공식 설명은 정치적 경쟁 구도를 전혀 언급하지 않는다. 그 대신 PA는 2008년 이전 웨스트뱅크에 거주하는 팔레스타인인과 이스라엘인을 위해 이스라엘과 협력했던 사실에도 불구하고 이제는 거주민 공동체에 혜택을 제공하는 물이나 하수에 관한 자신들의 모든 프로젝트가 팔레스타인 자치정부의 영토 조정 주장에 정당성을 부여한다고 믿는다. 팔레스타인 자치정부가 수립되고 이스라엘이 웨스트뱅크에서 시행하는 모든 신규 물 프로젝트에 대한 거부권을 팔레스타인에 부여하고 그에 대한 대가로 이스라엘도 팔레스타인의 물 프로젝트에 대한 거부권을 확보한 1995년부터 이스라엘과 PA는 각자가 시행하는 물 프로젝트에 서로의 승인이 필요하다는 사실에 암묵적으로 합의했다. 하지만 이와 같은 합의는 최근 팔레스타인이 보다 정치적인 방식으로 접근한 물 관련 정책으로 무효화됐다. 보다 일반적인 관점에서 볼 때 팔레스타인 자치정부의 물 정책이 물처럼 가장 기본적인 사항에 관련된 이스라엘의 인도주의적 사고에 도전하며 이스라엘의 명성을 손상하는 데 그 목적이 있다 하더라도, 이런 정책은 분명히 웨스트뱅크 정착민에 대한 어떤 서비스 중단보다 팔레스타인인의 안녕에 더 많은 손해를 입힌다.

　이와 같은 서로의 승인 중단이 팔레스타인인에게 손상을 입힌 한 예는 웨스트뱅크의 신설 도시 라와비Rawabi를 이스라엘 관할 수로에 연결하는 프로젝트를 이스라엘이 오랫동안 승인하지 않은 사태에서 볼 수 있다. 라와비는 팔레스타인의 비즈니스 거물 바샤르 마스리Bashar Masri가 영감을 받아 디자인한 도시이며, 웨스트뱅크에서 처음으로 민간이 개발한 계획도시다.

중산층을 대상으로 마스리가 설계한 계획도시 라와비는 단계적으로 건설 중이며, 마스리가 소유한 토지 위에 완공되면 약 3만 명이 거주할 것으로 예상한다. 하지만 몇 년 뒤 모든 단계가 건설되면 최대 15만 명을 수용할 수 있는 도시로 성장할 수 있다. 라와비는 이미 웨스트뱅크 고용 시장의 근원으로서 팔레스타인인에게 수천 개에 이르는 신규 민간 부문 일자리를 제공할 잠재력을 갖추고 있다. 그런 면에서 라와비는 대부분 해외 기부로 형성된 공공 부문 일자리 일색이던 팔레스타인 경제를 끌어올릴 원동력이라 할 수 있다.

하지만 마스리의 프로젝트는 이스라엘과 팔레스타인의 정치적 충돌의 희생양이 됐으며, 라와비에 수로를 연결하려면 오래전부터 지켜온 외교적 의례에 따라 양국이 만나 협의해야 한다는 이스라엘의 주장도 피해를 입었다. 팔레스타인 자치정부는 원칙적으로 이스라엘과 웨스트뱅크 사이의 어떤 프로젝트라도 의제에 포함되면 회담 개최를 거부했다.

이와 같은 비공식적 갈등이 발생하면서 마스리는 이미 건설한 아파트의 판매 계약을 매듭지을 수 없었다. 건설은 더디게 진행됐고 신규 건축은 중단됐다. 마스리는 물이 아파트에 공급되고 소유주가 최종 매입 잔액을 지불하기도 전에 프로젝트를 유지하기 위한 이자 비용이 라와비의 미래에 심각한 손상을 입히지는 않을까 더욱 염려했다.

하지만 마스리가 '이스라엘 미디어'를 통해 이 상황을 알리는 캠페인을 실시하면서 믿기 어려운 해결 방안이 생겼다. 라와비는 이스라엘 중산층 가족과 크게 다르지 않은 꿈을 지닌 팔레스타인에 대한 도움을 희생하면서까지 외교적 의례를 지키려는 이스라엘 관료주의의 상징으로 떠오르며 상당한 논쟁을 불러일으켰다. 예전 같았으면 단순한 행정적 절차로 가능했던 라와비에 대한 송수관 연결은 1년 이상 지연된 2015년 2월 베냐민 네타냐후 이스라엘 총리의 지시에 따라 마침내 개통됐다.

결국 팔레스타인 자치정부가 철학적, 정치적으로 편협한 논쟁에서 승리하고, 이스라엘은 일부 국제 미디어의 나쁜 평판에 시달리는 동안, 수백 가구에 이르는 팔레스타인 가족은 오랫동안 새 집으로 이사하지 못했고, 건설 현장에서 일하던 팔레스타인인은 개발 회사의 현금 흐름 개선을 이유로 해고당했으며, 마스리가 설립한 투자 기업은 도산의 위기에 놓였다. 효과를 알 수 없는 정치적 전략 때문에 평범한 팔레스타인인들이 피해를 입은 사례였다.

다수의 팔레스타인 물 전문가는 정상적이지 못한 조치, 즉 물 문제에 관해 이스라엘과 협력하지 않는 팔레스타인 자치정부의 정책에 반대하지만, 공개적으로 반대의사를 표시하는 사람은 거의 없다. 오랜 기간에 걸쳐 지역 내 물 문제를 놓고 이스라엘인과 함께 일했던 한 팔레스타인은 자신의 생각을 이렇게 말한다. "팔레스타인인과 이 지역의 물 문제를 해결하려면 함께 일하는 방법밖에 없습니다. 우리 팔레스타인이 이스라엘과 협력을 거부함으로써 혜택을 얻는다는 아이디어는 현명하지 못합니다. 실제로 우리의 이익에 반하는 생각입니다."[6]

벤구리온대학교 아론 탈 교수는 이렇게 지적한다.

"팔레스타인의 물 수요에 대처하려면 물을 담당하는 팔레스타인 관리들에게 지금껏 나타내기를 꺼려왔던 일정 수준의 실용주의가 필요합니다. 그들은 물을 정치 쟁점으로 삼으며, 팔레스타인인이 매일 겪는 물 문제를 해결할 방안을 논의하기보다는 권리를 주장하는 데 치중했습니다.

자신들이 할 수 있는 시점에서 할 수 있는 부분을 떠맡으려는 대신 모든 것을 이스라엘 탓으로 돌리려 합니다."

이 지적에 대한 응답으로 정부 관리를 포함한 일부 팔레스타인인은 이스라엘과의 협조에서 얻는 혜택을 인정하면서도 곧바로 정치적 맥락에서 대화를 이어 간다. 팔레스타인 물관리청의 고위 관리인 알모타즈 아바디Almotaz Abadi는 이런 입장을 내 놓는다.

"팔레스타인은 이스라엘에서 많은 첨단 기술 사례를 배웁니다. 우리는 이스라엘을 방문해 이스라엘의 물과 하수에 대해 공부합니다. 이를 통해 팔레스타인 관리자와 물 전문 엔지니어의 사고방식이 크게 향상됩니다. 하지만, 이런 것을 지나치게 과장할 필요는 없습니다. 긍정적인 효과는 아주 작은 부분에 그칩니다. 나머지 전부는 물을 점령하기만 하면 해결되기 때문입니다. 우리는 우리의 물을 관리할 수 있습니다."

가자 지구의 심각한 물 문제

가자 지구가 뉴스에 등장하는 대부분의 경우는 몇 년마다 한 번씩 이스라엘과 벌이는 소규모 전쟁 때문이다. 하지만 가자 지구 거주자의 행복에 가장 큰 위협은 아마도 그들에게 몇 년 이내에 상상할 수 없을 정도의 물 부족 위기가 찾아온다는 사실일 것이다. 더 늦기 전에 대처하지 못하면 곧 닥쳐올 위기는 이곳의 삶의 질을 영구히 바꿔 놓을 환경 재앙으로 이어질 것이다.

웨스트뱅크의 불만이 수압과 부족한 물의 양에만 집중된다고 하면, 최소한 각 가정에 공급하는 물의 수질은 항상 좋으며, 드물게 예외는 있지만 마시기에 안전하다는 뜻이다. 하지만 지중해 해안을 따라 있으며 웨

스트뱅크에서 가장 가까운 곳이 40여 마일 떨어져 있는 작은 지역 가자
는 웨스트뱅크 물 시스템에 연결돼 있지 않다. 두 지역은 민족 정체성과
정치적 염원으로 한데 묶을 수 있을지 몰라도 지리적으로는 떨어져 있다.
이스라엘인과 팔레스타인인은 모두 가자 지구의 물 문제가 심각하며 앞
으로 더 나빠질 수 있다는 데 동의한다.

깊은 대수층과 다수의 수원을 지닌 웨스트뱅크와 달리 가자 지구는
대부분의 물을 보통 다공성 구조의 토양에서 겨우 수십 피트 아래에 있는
얕은 대수층에서 공급받는다. 남부 해안 대수층이라고도 부르는 이 얕은
대수층은 우물을 파서 물을 끌어올리기는 수월하지만, 지표에서 민물로
스며드는 오염물질에 쉽게 노출된다.

가자 알아즈하르대학교Al-Azhar University의 수문학자인 유세프 아부 마
일라Yousef Abu Mayla는 팔레스타인인의 농업이 어떻게 가자 지구에 곧 닥
쳐올 물 부족 위기에 원인을 제공했는지 설명한다. "가자 지구의 실업률
은 높고, 이 때문에 농업에 종사하는 사람들이 많습니다. 이들은 주로 물
을 낭비할 뿐만 아니라 비료가 대수층으로 흘러들어가게 만드는 비효율
적인 관수 기법을 사용합니다." 가자 지구는 사용 가능한 물의 65%를 대
부분 도시 지역에서 이뤄지는 농업에 활용하며, 이미 과도한 부담을 받고
있는 수원을 더욱 압박한다.

잘못된 농업 관리는 대수층을 악화시키는 일부 요인일 뿐이다. 아부
마일라 교수는 가자 지구에서 가장 큰 도시이며 전체 인구 180만 명의 3
분의 1이 거주하는 "가자시는 일 주일에 한 번 내지 두 번만 물을 공급한
다"고 말하며 이렇게 덧붙인다.[7] "이 상황에 대처하기 위해 거의 모든 아
파트 건물은 필요한 물을 자체적으로 해결하려고 우물을 팝니다." 아부

마일라 교수는 모두 합쳐 1만 2천 개 이상의 우물이 가자 지구에 있으며 이들 중 2천5백 개만 허가와 검사 과정을 거쳤을 것으로 예측한다. 이처럼 많은 우물은 대수층에서 물을 너무 많이 양수하는 결과로 이어지며, 마일라 교수가 가자 지구 우물의 거의 대부분이 그럴 것으로 확신하는 부적절한 우물 굴착 때문에 오염 물질과 불순물이 대수층으로 슬며들기도 한다.

가자 지구의 물 공급에 미치는 또 다른 위협은 하수 처리 실패다. 매일 약 2천 4백만 갤런의 하수가 사람들의 분뇨를 한데 모아둔 곳에 더해지거나 처리되지 않은 채 지중해로 버려진다. 가자 지구에 축적된 하수 중 많은 부분은 가축들의 임시 축사에서 흘러나온다. 일부 하수는 지면을 통해 대수층으로 스며들어 가자 지구의 식수원을 더욱 오염시킨다.

하지만 가자 지구에서 사용할 물의 미래에 가장 심각한 문제는 토양으로 침출되는 비료나 오염 물질, 또는 사람의 배설물이 아니다. 바로 가자 대수층으로도 불리는 남부 해안 대수층이 액체의 특성을 연구하는 과학 분야인 수리학 법칙의 피해자로 전락했다는 점이다. 연간 강우량이 대수층을 다시 채우는 속도보다 더 빨리 민물이 대수층에서 양수되면서 내륙 민물과 짠 바닷물 사이의 연약한 장벽이 무너지기 시작했다. 과도하게 물을 퍼낸 해안 대수층은 단순히 물을 비워 내기만 하는 것이 아니라 계속 균형을 맞추려하므로 민물이 빠져나간 공간을 바닷물로 채운다. 결국 대수층의 염도가 높아질 수밖에 없다.

바닷물이 침입하는 속도는 점점 더 빨라진다. 팔레스타인 물관리청의 청장을 역임한 파델 카와쉬Fadel Kawash는 이 상황을 이렇게 설명한다.

"가자 지구 수원의 96%는 염분을 포함하고 있으며 몇 년 안에 모든 수원은 바닷물과 맛이 같아질 것입니다. 현재 대수층에서 끌어올린 거의 대부분의 물은 가자 지구 곳곳에 있는 소규모 담수화 시설의 처리 과정을 거쳐야 합니다. 하지만 이것만으로는 충분하지 않습니다. 물 자체가 오염돼 있기 때문입니다. 담수화 처리 과정은 소금을 제거하지만 사람들이 마시는 물속에 든 오염물질까지 제거하지는 못합니다.”

가자 지구는 세계에서 인구 증가율이 가장 높은 곳 중의 하나다. 이스라엘인이 가자 지구에 정착한 1967년부터 이 지역을 떠난 2005년까지 가자 지구 인구는 약 35만 명에서 120여만 명으로 늘어났다. 이 인구수는 2020년까지 2백만 명이 넘을 것으로 예상한다. 실제로는 그렇지 않지만, 가자 지구에 높은 수준의 물관리 방식과 장기 계획이 있다고 하더라도 감당하기 힘들 정도의 높은 인구 증가율은 민물과 하수 처리의 필요성에 더욱 압박을 가할 것이다.

2007년 6월 이후 아주 짧은 기간에 이슬람 원리주의 조직 하마스가 쿠데타로 권력을 장악했을 때, 가자 지구의 물관리 방식은 지역 내 수질과 함께 하강 궤도에 접어들었다. 이는 대담한 조치를 취하지 않으면 몇 년 내에 가자 지구에서 식수로 사용할 수 있는 자연수가 더 이상 없을 것이라는 사실을 더욱 분명히 했다. UN의 연구에 따르면, ‘대수층에 대한 되돌릴 수 없는 손상’이 빠르면 2020년에도 일어날 수 있다고 한다. 모든 불법 우물을 폐쇄하고 대수층에서 물을 끌어올리는 행위를 즉시 중단한다 하더라도(실제로는 거의 상상할 수 없는 일이다), 가자 지구의 주요 수원이 고염도 수준에서 완전히 회복하려면 여전히 수십 년이 걸릴 것이다. 그러나 UN 보고서는 가자 지구가 곧바로 대처하지 못하면 대수층을 ‘수세기 동안’ 사용하지 못하는 상황에 이를 수도 있다고 예측한다.

많은 팔레스타인인은 가자 지구 물 문제의 주요 원인은 이스라엘이 가자 지구로의 수입을 제한하고 사람들의 자유로운 가자 지구 출입을 막은 데 있다고 주장한다. 또한 이스라엘의 반박이 있기는 했지만, 물 관련 사회기반시설의 손상은 2008년 이후 이스라엘군이 가자 지구에서 전개한 군사 작전 탓이라고 주장하기도 한다. 하지만 그들의 주장이 모두 사실이라 하더라도, 이 주장들은 이스라엘이 선도적 역할을 하지 않고는 가자 지구의 물 부족 위기를 합리적으로 해결할 방안이 없다는 사실을 더욱 강조할 뿐이다.

이집트가 통치하던 지역을 1967년 이스라엘이 점령하면서 시작된 이스라엘의 가자 지구 지배 기간 동안 이스라엘은 가자 지구 내 이스라엘인 정착민과 농장에서 사용하는 양과 동일한 양의 물을 자신들의 수원에서 가자 지구로 공급하는 데 동의했다. 2005년 이스라엘이 이 지역에서 철수하고 팔레스타인 자치정부로 통치권이 넘어간 이후에도 이스라엘은 가자 지구의 물을 더 이상 사용하지 않는데도 불구하고, 그리 많지 않지만 예전과 같은 양의 물을 계속 공급했다. 보다 최근에는 공급량을 두 배로 늘리는 데 합의했다. 그러나 두 배로 늘어나더라도 자가 지구에 곧 닥쳐올 물 부족 위기와 사회적 붕괴를 완화하기에는 충분하지 않을 것이다.[8]

단기간에 가자 지구의 물 부족 문제를 해결할 수 있는 유일한 길은 이스라엘이 자체 시설에서 담수 처리한 물을 가자 지구에 대량으로 공급하는 방안이다. 이 방안은 이스라엘과의 어떤 관계 정상화에도 반대하며 그런 이유로 이스라엘과 비즈니스 접촉을 전혀 하지 않기로 결정한 하마스에 이념적 문제를 일으킨다. 그럼에도 팔레스타인 관리들은 가자 지구에 물을 공급할 담수화 시설을 가자에 건설하고 그런 뒤에 이스라엘을 가로

질러 웨스트뱅크의 팔레스타인인에게 이르는 송수관을 건설하는 방안을 더 선호한다고 말한다.

팔레스타인 물관리청 청장을 역임한 파델 카와쉬는 자신의 생각을 이렇게 설명한다. "하마스가 담수화 시설을 위한 자금을 마련하고 건설하며 관리할 수 있다 하더라도, 여전히 이스라엘과 협력할 필요가 있습니다. 물론 자신들이 결코 그러지 않겠다고 맹세한 일이기는 하지만 말입니다. 가자 지구의 담수화 시설은 이스라엘에서 전력을 추가로 구입해야 할 것이며, 시설 운영과 가자 지구의 물 시스템 개발에 필요한 이스라엘의 기술 지원까지 수용해야 할 것입니다. 이스라엘은 전 세계 곳곳의 국가에서 담수화 시설을 건설하고 운영하면서 우리가 보유하지 못한 많은 기술적 전문성을 구축했습니다."

이스라엘을 절대 인정하지 않겠다는 맹세를 뒤집어야 하는 일 외에도, 하마스는 이스라엘에 대한 추가 공격이나 가자 지구에서 이스라엘로 침입하는 행동을 하지 않겠다는 맹세도 해야 할 것이다. 담수화 시설이나 하수 처리 시설과 같은 민간 시설에 쓰일 뿐만 아니라, 무기 제작 또는 군사 시설 구축에도 사용될 수 있는 시멘트와 금속 파이프와 같은 제품을 자유롭게 수입할 수 있는 권리를 하마스에 허용할 가능성을 검토하기 전에 이스라엘은 가자 지구로 수입된 어떤 제품도 자신들에 대한 전쟁을 벌이는 데 사용되지 않는다는 것을 확인하고 싶어 할 것이다. 아직까지 하마스는 이스라엘을 인정하지 않는 자신들의 태도를 변경하거나 가자 지구를 비무장지대로 만드는 데 동의하지 않았다.

문제와 그에 대한 해결 방안은 분명하다. 즉 이스라엘의 담수 처리된 물이나 조건이 맞을 때 가자 지구에 자체적으로 건설한 담수화 시설을 통해 가자 지구는 물 부족 사태에서 벗어나고 시민들에게 닥칠 더 많은 불행한 사태를 피할 수 있다. 한편 이스라엘은 가자 지구에 물을 판매할 수 있고, 보다 바람직한 방법으로 가자 지구의 하수와 이스라엘에서 담수처리한 물을 맞교환할 수 있다. 이 하수를 처리해 만든 재생수를 가자 지구에 인접한 서부 네게브의 농업용수로 사용하며 이스라엘과 팔레스타인, 농업과 환경 모두에 혜택을 줄 수 있다.

하지만 아무 일도 하지 않으면 재앙에 이르게 될 것이다. 가자 지구 사람들은 식수와 세탁과 농업에 사용할 물을 구하지 못할 것이다. 처리되지 않은 채 지중해에 버려지는 가자 지구의 하수량은 더욱 늘어날 것이다. 이스라엘은 비록 직접 초래한 일은 아니지만 자신들의 문전에서 발생하는 인도주의적 문제에 직면할 것이며, 이는 거의 분명히 이스라엘 정부에 정치적, 안보적 상황을 더욱 복잡하게 만드는 문제를 일으킬 것이다. 그리고 아무것도 하지 않으면, 결코 회복할 수 없는 환경 재앙이 곧 일어날지도 모른다.

훈련 요원에 대한 교육

1990년대 초부터 이스라엘과 팔레스타인 자치정부의 각 농무부는 팔레스타인인을 위한 여러 주제를 다루며 이스라엘에서 실시할 교육 프로그램을 설계하기 시작했다. 이 교육과정의 거의 모든 부분은 물과 상당히 깊이 연관돼 있었다. 1950년대부터 세계 곳곳의 개발도상국과 1980년대 초부터는 이집트에서도 교육 프로그램을 실시해 왔던 이스라엘은 1968년 웨스트뱅크와 가자 지구를 점령하고 곧바로 두 지역에서 교육 프로그램을 시작했다. 이는 이미 다른 곳에서 효과를 발휘한 교육 프로그램을 팔레스타인인에게 확장하는 형태였다.

교육과정은 이스라엘 농무부 소속으로 전 세계 거의 모든 개발도상국에서 교육을 실시했던 국제농업개발협력센터CINADCO: Center for International Agriculture Development Cooperation가 이스라엘 외무부의 협조를 받아 개발했다. 이스라엘과 팔레스타인의 합동 교육 프로그램의 목적은 다른 여러 분야 중에서도 특히 효율적 물 사용과 내륙 염수, 관수 기법, 처리된 물의 재사용 분야에서 이스라엘이 구축한 실질적인 경험을 팔레스타인의 물 관련 전문가와 농업 전문가들과 공유하는 데 있었다.

CINADCO와 이스라엘 외무부는 팔레스타인 자치정부와의 조정으로 한 번에 20~25명의 그룹으로 구성한 팔레스타인 농학자와 물 엔지니어를 비롯한 전문가들을 초청해 5일 내지 6일 간의 교육을 실시했다. 교육 참가자는 이스라엘 호텔에 머물었고, 그룹 단위로 이스라엘 곳곳을 여행하기도 했다. 교육은 일 년에 8~12회에 걸쳐 실시됐고, 교육과정은 각 그룹의 경험과 필요에 맞춰 조정됐다. 교육은 강의실과 현장 방문으로 진행됐고, 팔레스타인인이 현지에 있는 알 악사 사원에서 이슬람교의 휴일인 금요일에 기도를 올리고 문화적 종교적으로 관심이 있는 이슬람 유적을 방문할 수 있게 하는 '예루살렘의 금요일' 행사도 포함하고 있었다.

CINADCO와 이 조직의 지원 활동을 오랫동안 이끌었던 즈비 허만Zvi Herman은 이렇게 말한다. "이 교육 프로그램에는 정치적 계획이나 목적이 없었습니다. 목표는 팔레스타인인에게 가장 도움이 되는 일을 해서 그들의 삶이 개선되고 그들이 번창할 수 있게 하는 것이었습니다. 이 외에 다른 혜택이 따른다면, 그건 더욱 좋은 일이었죠."

프로그램의 목적은 참가자들이 '역량을 구축'하고 웨스트뱅크나 가자 지구로 돌아가 자신이 배운 내용을 다른 사람들과 공유하게 하는 것이었다. 허만의 말이 이어진다. "이 프로그램은 훈련 요원을 위한 교육이었습니다. 나는 우리 교육과정이 직접 참가자 외에도 팔레스타인인 수천 명의 삶에 영향을 미쳤다고 생각합니다."

2010년 이스라엘과 팔레스타인 관계에서 물 문제의 정치 쟁점화가 일상적 현실로 나타나면서 팔레스타인 농무부는 교육 참가자가 이제 더 이상 이스라엘에서 교육을 받을 수 없다고 이스라엘에 통보했다. 허만은 이스라엘 정부가 지원하고 이스라엘에서 실시하는 교육에 참가하는 행동이 이스라엘의 점령을 상징적으로 인정하고 수용하는 모양새가 될 수 있다는 사실을 전달받았다. 이를 두고 허만은 이렇게 설명한다. "매우 안타까웠지만, 우리는 교육 프로그램을 중단했습니다. 항의의 뜻으로 그런 것이 아니라, 현장 경험을 얻지 못하면 교육을 효과적으로 진행할 수 없다는 인식에서 나온 조치였습니다."

CINADCO의 교육 프로그램이 중단됐을 즈음에 이스라엘은 자신들의 물 전문성을 이번에는 팔레스타인인과 요르단인 모두에게 제공할 또 다른 수단을 찾아냈다. 1996년 12월 이스라엘과 국제 후원자에게서 자금 지원을 받는 중동 지역 협력 조직 한 곳이 표면상으로는 지역 내 담수화 기술 활용을 촉진하기 위한 것이었지만, 실제로는 아랍과 이스라엘의 협력을 이끌어 내기 위한 수단으로서 오만Oman에 담수화 연구 시설을 설립하기로 결정했다. 이 연구 시설의 정식 명칭은 중동해수담수화연구센터MEDRC: Middle East Desalination Research Center이지만, 설립 당시부터 MEDRC(발음은 메드릭)으로 불렸다.

2008년 MEDRC 설립자들은 이 조직의 미션을 확대해 팔레스타인과 요르단의 물 전문가들이 이스라엘의 기술적 전문 분야인 하수 처리와 해수 및 내륙 염수의 담수화 기술을 배울 수 있게 도움을 주는 데 초점을 맞췄다. CINADCO 프로그램과 비슷한 교육과정들이 만들어지고 2010년 이스라엘에서 교육이 시작됐다. 두 교육 프로그램의 중대한 차이는 팔레스타인과 요르단의 전문가들도 MEDRC의 강사진으로 참여한다는 것이었다. 이런 차이점 때문인지, 아니면 지역 조직이 제공한다는 구실 때문인지는 몰라도 팔레스타인 자치정부는 교육에 참가하는 데 동의했다. 현재 교육은 매년 1~2회 실시되며, 이는 CINADCO의 경우보다 연간 8~10회 줄어든 것이다.

교육 프로그램과 물에 관한 이스라엘과 팔레스타인의 또 다른 협력 방안에도 관여했으며 이스라엘의 물 외교관으로 활약했던 나다브 코헨 Nadav Cohen 대사는 이렇게 평가한다. "MEDRC 교육과정에는 두 가지 큰 혜택이 있었습니다. 첫째, 팔레스타인과 요르단의 물 문제를 해결할 유일한 방안은 담수화와 하수 재사용이라는 사실을 모든 사람들이 알게 된다는 것입니다. 이를 통해 양국의 물 전문가들은 문제를 정확히 파악하고 단 며칠 사이에 무엇을 해야 할지 개략적이나마 알 수 있습니다. 둘째, 정치적 상황 때문에 팔레스타인 자치정부의 물 관리자들이 양측 모두에 관련된 문제를 논의하기 위한 만남을 거부하는 바로 그 시기에, 우리가 다국간의 교육 회의나 또 다른 활동을 구실로 일 년에 몇 번씩 이스라엘과 요르단에서 그들과 한데 모여 공식적인 회담에서나 논의했을 법한 사안들을 비공식적으로 논의할 수 있었다는 것이었습니다. 우리가 목격했듯이, 물에 관한 지역 내 협력은 다른 분야의 상호 의사소통을 구축하거나 강화하는 데 도움을 줄 수 있습니다."

코헨은 정상화에 반대하는 팔레스타인 자치정부의 여러 수사학적 발언이 있었는데도 MEDRC가 제공하고 이스라엘 전문가가 가르치는 교육과정에 참가하기를 열망하는 팔레스타인과 요르단의 물 전문가들이 줄어든 적이 없다는 사실을 지적한다.[9]

CINADCO 교육과정과 마찬가지로 MEDRC 교육 참가자는 본국으로 돌아가기 전 아랍어로 기록한 많은 정보가 든 서류철과 함께 이스라엘 기념품 몇 개를 지급받는다. 늘 그렇듯이 교육 수료식은 온기로 가득하다. 메코로트의 하수 처리와 재사용 부문을 이끌고 있으며 교육 강사 중 한 명인 아비 아하로니Avi Aharoni는 자신이 가르친 한 참가자로부터 며칠 뒤 받은 이메일 내용을 공개했다. "나의 훌륭하신 강사님……. 잘 지내시나요? 강사님은 저에게 진정한 친구이자 선생님이자 형제와 같습니다. 강사님과 모든 사람에게 정말 감사하다는 말을 전하고 싶습니다. 우리는 이스라엘에서 좋은 교육을 받았고 많은 도움이 됐습니다. 강사님과 더 많은 시간을 함께 보낼 수 있으면 좋겠습니다. 다시 한번 정말로 고맙고 또 고맙습니다."

요르단과 이스라엘, 팔레스타인이 한데 뭉치다

이스라엘이 물에 관한한 팔레스타인의 미래를 개선하는 데 핵심 역할을 하는 한편, 요르단은 저개발 국가로서 훌륭한 물관리 방식을 확립하려 진지하게 노력하는 본보기이다. 특히 최근에는 이들 3개국 모두가 공유하고 있는 지역 내 물의 특성을 개선하는 일에서 중요한 파트너이기도 하다. 여전히 물에 관한 일련의 도전에 직면해 있지만, 요르단은 장기 계획과 지역 통합이 한 국가의 물에 관한 전망을 개선하는데 영향을 미칠 수 있다는 사실을 잘 보여준다.

요르단의 물 부족 문제에 대처하는 한 가지 핵심 요소는 이스라엘과 함께하는 삶을 다른 어떤 아랍 국가도 하지 않았던 수준으로 수용했다는 것이었다. 이스라엘은 자국 인구가 빠르게 늘어나고 경제가 활황인 상황에서도 매년 140억 갤런에 달하는 물을 요르단에 공급한다. 이스라엘이 이렇게 하는 부분적인 이유는 양국 간에 맺은 1944년 평화협정이었으며, 또 한편으로는 이스라엘의 동부에 접한 이웃 국가를 보다 강하게 만드는 데 도움을 주는 정책이 현명하다고 생각하는 데 있다. 더 많은 물 공급은 요르단의 경제와 삶의 질에 도움을 준다. 이스라엘의 국경 중 가장 긴 부분을 접한 요르단의 안정과 친서구적 성향은 이스라엘에 큰 이득이 된다.

요르단이 이스라엘과 암묵적 연합 관계를 맺게 한 것이 비단 물 문제만은 아니지만, 물은 분명 중요한 원동력이었다. 양국은 정보와 안보 문제를 공유하고 있으며, 최근 이스라엘이 지중해에서 발굴한 천연가스 일부를 요르단이 구매할 가능성 또한 양국의 경제 관계를 돈독히 하는 데 도움을 줄 것이다. 하지만 양국의 물에 관한 협력은 그 역사가 오래됐다.

오랜 기간 동안 이스라엘은 요르단을 위해 갈릴리호에 물을 저장해왔다. 요르단 내에 적절한 천연 저수 시설이 없기 때문이다. 이스라엘과 요르단은 사해와 요르단강 일부를 공동 관리하기도 한다. 이처럼 중요한 역사를 바탕으로 요르단과 이스라엘의 결속은 양국(어쩌면 팔레스타인까지)을 더욱 결합시킬 수 있는 대담한 신규 프로젝트 덕분에 머지않아 상당한 수준으로 강화될 가능성이 높다. 바로 수십 년 동안 수십억 달러가 투입될 예정이며, 지역적 중요성을 지닌 사회기반시설 건설 프로젝트다.

이 프로젝트는 홍해의 해수를 담수화 처리한 뒤 삼국 간에 분배하거나 거래하는 아이디어를 바탕으로 한다. 이와 함께, 사해에서 일어나는 환경 재앙의 가속화를 막기 위해 막대한 노력을 기울이는 동시에 지역간 협력을 위한 새로운 플랫폼을 만드는 시도도 있을 것이다.

사해는 이름이 잘못 지어졌다. 바다가 아니라 호수이기 때문이다. 1930년대를 기점으로 지역 내 유대인과 아랍인 인구가 급격히 늘어나면서, 요르단강의 물은 주로 농업용 관수로 전용됐다. 해를 거듭할수록 요르단강에서 흘러 내려오는 물이 줄어들고 고온 지역인 탓에 지속적으로 증발 현상이 일어나면서 사해는 물 양이 감소하고 줄어들기 시작했다. 지난 15년간 염분 함유가 높은 사해의 표면 지름은 예전에 비해 약 3분의 1 줄었으며, 깊이는 약 8피트 낮아졌다. 지금은 매년 약 3.5 피트씩 낮아지고 있다.

이스라엘과 요르단과 팔레스타인 자치정부는 최근 중동 지역의 한 야심찬 물 관련 프로젝트로 각국을 위한 새로운 수원을 만들어 내고, 사해도 안정화시키기 위해 서로 협력했다. 이 프로젝트는 이들 3개국의 협력이 있어야만 성공할 수 있고, 프로젝트의 잠재력을 완전히 달성하려면 수십 년의 기간이 걸리기 때문에 물을 바탕으로 한 개척자적 개념은 물뿐만 아니라 공존을 위한 지속적인 수단으로 역할한다. 홍해-사해 송수 프로젝트Red Sea-Dead Sea Conveyance Project로 이름 붙은 이 프로젝트는 홍해에서 끌어온 바닷물을 담수화 처리하는 시설을 이스라엘 최남단 도시 에일라트Eilat와 국경을 접하고 있는 요르단 남부 항구 도시 아카바Aqaba 근처에 건설하는 일을 포함하고 있다.

일반적으로 담수화는 바닷물에 든 염분을 제거하고 그 과정에서 남은 염도가 아주 높은 소금물을 대개의 경우 바다로 다시 배출한다. 하지만 홍해에는 손상되기 쉬운 산호 생태계가 있으며, 아카바나 에일라트에 대규모 담수화 시설 건축이 제안될 때마다 담수화 후 배출되는 대량의 소금물이 산호에 미칠 잠재적 영향을 놓고 항상 환경적 염려가 제기됐다. 사해에 더 많은 물이 필요하므로, 줄어들고 있는 사해의 염도가 담수화 후 배출된 가장 염도가 높은 소금물보다 이미 거의 두 배 정도 높은 상황에서, 홍해의 바닷물을 담수화하고 남은 소금물을 사해로 보내는 방식이 프로젝트의 1단계에서 제기되는 환경적 염려를 해결한다고 가정하면,[10] 최소한 언뜻 보기에는 모든 면에서 현명한 해결 방안처럼 보인다.

이스라엘이 이 프로젝트에 참여하지 않았더라면, 요르단은 자국 내 담수화 시설을 단독으로 건설하지 못했을 것이다. 홍해는 요르단이 접한 유일한 바다이지만, 요르단의 물이 필요한 곳으로부터는 너무 멀다. 요르단의 인구와 농업은 대부분 아카바에서 북쪽으로 멀리 떨어져 있고, 고도가 최대 3천 피트에 이르는 고지대에 밀집돼 있다. 홍해 바닷물을 요르단의 가장 큰 도시 암만Amman까지 대량으로 보내면 이미 발생한 비교적 높은 담수화 비용에 감당할 수 없을 정도로 많은 수송 비용이 더해질 것이다. 하지만 사해에서 멀지 않은 곳에서 사막 농업 산업을 크게 번창시키고 있으며 새로운 민물 원천을 잘 활용할 수 있는 이스라엘이 개입하면 요르단은 이스라엘과 물을 맞교환하는 방식으로 요르단에서 물이 가장 필요한 곳에 물을 공급할 수 있다.

이스라엘은 홍해 바닷물이 담수화 과정을 거치는 근처에서 담수화된 물을 공급받고, 그에 대한 대가로 홍해보다 암만에 훨씬 더 가까운 북부 지방 갈릴리호에 저장해둔 민물을 요르단에 공급할 수 있다. 이와 같은 맞교환 방식으로 요르단은 물을 끌어오는 데 필요한 엄청난 비용을 절약할 수 있으며, 자금을 지원하는 은행과 다른 투자자들에게 이 프로젝트를 더욱 매력적으로 보이게 할 수 있다.

팔레스타인도 이 프로젝트에서 할 수 있는 역할이 있지만, 정치적 측면에서 의미가 있다 하더라도 물의 관점에서 볼 때 그렇게 중요하지는 않다. 팔레스타인 자치정부를 이 프로젝트에 참여시키면, 팔레스타인은 상당한 양의 새로운 물을 이스라엘의 지중해 담수화 시설에서 끌어와 웨스트뱅크에 공급할 수 있고, 동시에 요르단은 이스라엘과의 공공연한 경제적 협력 관계에 필요한 의미 있는 정치적 보호막을 얻을 수 있다.

이스라엘 물관리청 청장을 역임했고 홍해-사해 프로젝트의 주요 설계자인 유리 샤니 교수는 이 상황을 이렇게 설명한다. "새로운 수원을 얻고 사해 환경에 도움을 주는 혜택도 있지만, 이와 같은 거래 관계를 구성하는 논리는 누구나 다른 사람의 도움이 필요하며, 모든 사람이 자신에게 피해를 입히지 않고서는 자신의 의무 실행을 중단할 수 없다는 것입니다. 만일 요르단이 우리 몫의 물을 이스라엘로 흐르지 못하게 하면, 우리는 암만에 대한 물 공급을 중단할 수 있습니다. 우리 각자가 마찬가지입니다. 우리 모두는 한데 얽혀 있습니다. 성공과 실패를 함께 하는 상황에 놓인 것입니다."

요르단과 이스라엘, 팔레스타인이 다른 국가 관료들의 개입 없이 이 거래 관계를 맺었다는 사실이 특히 더 주목할 만하다. 세계은행과 몇몇 국가, 특히 프랑스 정부가 수백만 달러에 달하는 프로젝트 타당성 조사를 위한 자금 지원에 힘을 보탰지만, 3개국은 공동으로 기부자를 찾아 나서고, 물을 어떻게 분배할지 함께 논의하며, 이처럼 복잡한 프로젝트의 각 단계에서 흔히 발생하는 많은 문제를 서로 머리를 맞대고 해결해 나갔다.

외부에서 강요한 평화가 오래 지속되는 경우는 거의 없다. 요르단과 이스라엘, 팔레스타인이 외부의 손길 없이 서로 협력할 수 있는 더 많은 방법을 찾는 과정은, 이들 3개국이 한 분야에서 신뢰를 구축한 사례를 다른 분야에도 적용하고 물에 관한 지역적 관점을 개선하는 데 도움을 줄 것이며, 이외에도 훨씬 더 많은 부분에서 도움이 될 것이다.

현재 상황에 변화를 주다

베들레헴대학교 알프레드 아베드 라보Alfred Abed Rabbo 교수는 물 과학을 연구하는 환경 화학자이며, 그의 표현에 따르면 이스라엘 교수와 대학들과 특히 대수층 오염 분야에서 함께 일한 '폭넓은 경험'을 지니고 있다. 라보 교수는 "자신이 정치인이 아니라 교수"라고 말하며 이렇게 덧붙인다.

"나는 이스라엘과 팔레스타인 모두에게 도움이 되는 해결 방안을 찾고 있습니다. 지금 우리가 함께 조치를 취하지 않으면, 20년 이내에 웨스트뱅크의 물은 모두 사라질 것입니다. 이 문제를 해결하지 않고 팔레스타인이 어떻게 도움을 받을까요? 정치가 모든 것을 빼앗아 가버렸습니다."

중동 지역 물 문제에 대한 상식적인 해결 방안을 찾는 일에 정치가 개입한 것을 두고 분개하는 이들이 많다. 하지만 정치가 사회에서 재화와 서비스 분배를 결정하는 방식이라고 하면, 물처럼 그렇게 소중한 필수품을 거래할 때 정치가 개입하지 않을 수 없다. 그렇다면 목표는 가능한 경우에 정치를 개입시켜 갈등 해소에 도움을 주고, 가장 낮은 환경적, 재무적 비용으로 가능한 한 많은 사람이 물을 사용할 수 있게 만드는 것이다. 희망적인 소식은 물을 제외한 다른 갈등 분야는 현재로서 다루기 매우 힘들 것으로 보이지만, 물에 관한 관계를 개선해 나가는 방법에 대해서는 새로운 사고방식이 많이 생기고 있다는 것이다.

　이들 중 한 가지는 다양한 당사자들이 물에 대한 사고방식을 바꾸는 것이다. 벤구리온대학교 에일론 아다르Eion Adar 교수는 이렇게 말한다.

　"물을 국가적 정체성이 아니라 하나의 상품으로 생각하기 시작하면, 우리는 다양한 형태로 물을 교환하거나 교역하거나 사고 팔 수 있습니다. 이스라엘은 담수화 처리한 물을 일정 금액을 받고 가자 지구의 팔레스타인인에게 판매할 수 있습니다. 아니면 팔레스타인인이 활용하지 않고 대수층으로 흘러 들어가는 가자 지구의 미처리 하수와 맞교환할 수도 있습니다. 이스라엘에서는 하수를 활용할 곳이 있기 때문입니다. 이스라엘은 이를 처리한 뒤 가자 지구 근처에 있는 농장에 공급할 수 있습니다."[11]

　팔레스타인 자치정부의 물 담당 고위 관리인 알모타즈 아바디는 가자 지구의 담수화 시설보다 더 큰 것을 꿈꾼다. 가자 지구에서 시작해 이스라엘을 가로질러 웨스트뱅크까지 이어진 송수관을 통해 가자 지구에서 담수화 처리된 물이 웨스트뱅크에 대량으로 공급되는 모습을 보고 싶어 한다. 아마디가 그렇게 언급하지는 않았지만, 이 송수관은 1950년대와 1960년대에 이스라엘이 건설해 큰 효과를 발휘했던 국가 대수로와 비슷한 형태가 될 것이다.

　아다르 교수는 가자 지구에서 담수화 처리한 물을 공급받는 아이디어에 열광하며 이렇게 말한다. "가자 지구는 자체적으로 활용할 담수화 시설과 하수 처리 시설을 가능한 한 빨리 마련해야 합니다. 로켓 폭탄과 지하 터널을 이용한 공격이 중단되면, 팔레스타인이 가자 지구에 자체 시설을 건설하도록 권장하지 않을 이유가 없습니다. 그때까지는 이스라엘의 담수화 시설과 하수 처리 시설이 가자의 물 부족에 대한 최상의 해결 방안을 제공할 것입니다."

아다르 교수는 가자 지구의 자체 시설을 지지하는 점은 같지만, 자신의 접근 방식이 팔레스타인 고위 관리 아마디의 생각과 어떻게 다른지 설명한다. "만약 가자 지구에 담수화 시설이 있으면, 가자 지구는 매우 흥미로운 기회를 가질 수 있습니다. 팔레스타인은 가자 지구에서 담수 처리한 물을 가자 지구 근처의 이스라엘 남부에서 사용할 수 있도록 우리에게 보내고, 그에 대한 대가로 우리는 이스라엘 서부의 산 대수층에서 양수한 물을 웨스트뱅크에 더 많이 보낼 수 있습니다. 하지만 팔레스타인이 해수면과 같은 높이에 있는 가자 지구에서 물을 끌어올린 뒤 이스라엘을 가로질러 고도 600m가 넘는 고지대까지 이어진 송수관을 통해 웨스트뱅크로 보낸다는 아이디어는 그 비용을 생각하면 이치에 맞지 않습니다. 이런 수송 비용은 웨스트뱅크에 공급하는 물에 불필요한 비용만 더해 줄 뿐입니다. 우리 이스라엘은 고립화된 상태였기 때문에 국가 대수로를 건설했습니다. 그럴 필요가 없다면, 어느 누구도 그렇게 해서는 안 됩니다."

아라바 연구소Araba Institute 클라이브 립친Clive Lipchin 박사는 민물 문제가 웨스트뱅크의 가장 큰 염려거리라고 생각하지 않는다. 그 대신 그곳에서 배출되는 하수와 이를 처리한 재생수에 초점을 맞추며 이렇게 설명한다.

"웨스트뱅크에서는 민물의 3분의 2를 농업용수로 사용하며, 그중 많은 양이 비효율적으로 사용됩니다. 이곳에 거주하는 팔레스타인인은 배출하는 모든 하수를 농업용수로 재사용 가능한 수준으로 처리하기만 하면 가정에서 사용할 민물을 충분히 확보할 수 있을 것입니다. 만약 현재 농업용수로 쓰이는 민물의 20%만 가정용수로 전환할 수 있으면, 웨스트뱅크 주민들은 가까운 미래에 사용할 수 있는 양보다 훨씬 많은 민물을 확보하게 될 것입니다."

립친 박사는 또 팔레스타인이 물을 놓고 볼 때 이스라엘처럼 재생수를 가장 중요한 요소로 생각하는 관념을 기르면, 이스라엘 정착지들과 협력하는 방안에 대한 팔레스타인의 관점이 바뀔 것이라고 믿는다. 현재 이들 정착지들 중 일부는 하수 처리 시스템을 갖추지 않고 있다. 이를 두고 립친 박사는 이렇게 말한다.

"팔레스타인이 하수를 자신들의 경제를 강화하는 기회로 여긴다면, 인근 정착지에 대한 하수 시설 연결을 정착이나 점령의 인정 또는 수용이 아니라 자신들의 대수층을 위협하는 오염을 줄이고 새로운 수원을 확보할 기회로 볼 수 있습니다. 그렇다고 국경 설정이나 정착지 이전에 관한 협상을 중단할 필요는 없습니다. 정치적 해결 방안과 물 문제 해결 방안은 분리될 수 있습니다."

팔레스타인의 거의 모든 물 담당 관료와 학계는 웨스트뱅크에 하수 처리 시설을 건설할 필요성에 동의하지만, 팔레스타인 자치정부가 탄생한 1993년 웨스트뱅크의 행정 관할권이 분리되면서 뜻하지 않게 발생한 지리적 문제가 부분적으로[12] 이들의 생각을 가로막고 있다. 팔레스타인과 이스라엘의 국경 설정에 대한 최종 합의가 이뤄질 때까지, 가자와 웨스트뱅크의 번화한 인구 밀집 중심지로 A 구역과 B 구역으로 불리던 지역의 관할권이 팔레스타인 자치정부에 주어졌고, 웨스트뱅크의 저개발 지역인 C 구역은 이스라엘의 행정과 보안 통제를 받았다.

팔레스타인인이며 이스라엘 벤구리온대학교 대학원생인 레일라 하쉬웨Leila Hashweh는 이 상황을 이렇게 설명한다. "우리 지역의 하수와 오염된 물은 인구가 가장 많이 밀집돼 있고 건물이 가득 들어선 웨스트뱅크의

A 구역과 B 구역에서 배출됩니다. 그런데 그곳에는 하수 처리 시설을 건설할 공간이 없습니다. 이를 해결할 방안은 처리 시설을 팔레스타인 대도시에 가까우면서도 거주자가 많지 않은 웨스트뱅크의 C 구역에 건설하는 것입니다."

이스라엘이 영토를 설정하는 최종 협상에 앞서 C 구역의 구성 개념을 바꾸려 하지 않는 이유는 충분히 이해되지만, 이 지역의 행정적 분할은 이스라엘인과 팔레스타인인 모두가 하수 처리 시설을 추진하지 못하게 막고 있다.[13] 양측의 입장을 잘 이해하며 이들 모두에 정통한 한 미국인 옵서버는 웨스트뱅크를 A, B, C 구역으로 신중하게 분할한 상태를 흩트리지 않고도 3차 처리 과정을 갖춘 하수 처리 시설을 건설하고 재생된 물의 저수 시설까지 만들 수 있는 C+라는 신규 구역을 조성하자고 제안한다. 짐작건대 C+ 구역의 모든 부분이 결국 팔레스타인 국가 영토에 포함될 것이므로, 이와 같은 양보로 더 나쁜 상황에 빠질 자는 없다.

웨스트뱅크 일부 지역을 C 구역으로 지정한데 따른 또 다른 문제는 이스라엘과 팔레스타인이 이전에 맺은 합의에 따라 이 구역에 대한 치안 통제권이 팔레스타인 자치정부에 없다는 데 있다. 이스라엘이 C 구역에 설치한 송수관에 팔레스타인 절도범이 침입해 웨스트뱅크 전체에 공급될 물 중 일부를 훔쳐 가고, 그 결과 송수관 내 수압이 낮아지며, 여기에 연결된 웨스트뱅크 고지대의 많은 가정들은 자신들이 마땅히 받아야 할 물보다 적은 양을 공급받는 사태가 발생할 수도 있다.

물과 환경에 관한 지역 내 지속 가능한 해결 방안을 찾는 데 집중하는 조직으로 자칭하는 환경 단체 에코피스 중동EcoPeace Middle East의 이스라엘 측 공동 디렉터인 기돈 브롬버그Gidon Bromberg는 이와 같은 사태를 이렇게 설명한다.

"팔레스타인 경찰은 C 구역에서 범행을 저지르는 물 절도범을 추격할 권한이 없습니다. 동시에 테러 공격과 주요 범죄를 감시해야 할 압박감에 직면해 있는 이스라엘 경찰과 군대는 물 절도를 자신들의 시간을 투입할 가치가 없는 사소한 일로 여기는 경향이 있습니다. 그 결과 송수관에 침입하는 절도범 중 체포되는 이들은 극히 소수에 불과하며, 사람들은 자신의 몫에 못 미치는 물을 공급받는 사태에 이르고, 형편없는 물 서비스로 고통받는 팔레스타인인은 기본적인 서비스 제공도 못 하는 팔레스타인 자치정부를 향해 점점 더 많은 불만을 터뜨립니다."

브룸버그는 이스라엘 측의 일방적인 양보를 제안하며 이스라엘이 팔레스타인 경찰의 물 절도범 추적을 허락하거나, 그럴 수 없다면 이스라엘 경찰이 보다 철저히 감시하는 것이 해결 방안이라고 말한다.

물과 환경 운동가로서 브룸버그는 다른 지역적 평화 문제에 앞서 물에 관한 문제를 먼저 다룰 뿐만 아니라 이스라엘과 팔레스타인의 역학 관계에 변화를 줄 수단으로 물을 활용할 것을 오랫동안 요구해 왔다. 자신이 속한 조직의 노력 중 하나는 양측 영토에 접해 있지만, 최초 상호 협정에 따라 현재 이스라엘에 더 많은 이득을 주는 대수층의 천연 수원을 두고 이스라엘이 팔레스타인에 대담한 의사를 표시하게 만드는 것이다.

브룸버그는 대수층의 물과 이스라엘이 많은 비용을 들여 담수화 과정으로 재생한 물을 구분하며 이렇게 말한다. "현재 이스라엘에는 물이 너무나 풍부하므로 이스라엘은 자국 내에 있는 자연수를 팔레스타인에 더 많이 나눠 줄 수 있습니다. 무엇보다도 우리는 이 물을 가장 낮은 '정치적 비용'으로 나눌 수 있습니다. 이스라엘에 물이 넘쳐나기 전에는 더 많은 물을 나눠 주면 이스라엘 농민과 가구들이 물을 더 적게 받아야 했습니다. 하지만 오늘날 이스라엘은 어느 유권자에게도 희생을 요청하는 일 없이 더 많은 물을 나눠 줄 수 있습니다."

실제로 브룸버그는 대수층 물을 팔레스타인에 더 많이 나눠 주는 행동에는 인도주의적 가치 외에 엄청난 정치적 가치도 있다고 확신하며, 이렇게 덧붙여 말한다.

"물 관련 합의는 팔레스타인 자치정부에 많은 이득을 안겨 줄 수 있습니다. 이는 이스라엘과 협력하면 더 많은 물을 공급받을 수 있지만, 협력을 거부하면 아무것도 변하지 않는다는 사실을 팔레스타인인에게 알려 줍니다. 물에 관한 협상을 통해 이스라엘은 갈등을 해소하려는 우리의 진정성을 세계에 알릴 수 있습니다. 우리는 어느 누구도 우리에게서 기대하지 않은 것을 제공하는 셈이지만, 그러는 과정에서 그들과 우리 모두에게 이득이 됩니다. 더 나아가 이와 같은 물 합의 결과를 본 사람들은 이제 팔레스타인이 평화 협상 과정을 진전시키기 위해 어떤 조치를 취할 준비가 돼 있는지 물어볼 수도 있습니다."

중동 지역 평화 정착을 위한 광범위한 아이디어가 때로는 정치적 관점에서 보면 비현실적으로 보이기도 하지만, 정치와 경제 발전, 물 사용과 환경 문제를 한데 잇는 대단한 아이디어가 하나 있다. 아라바 연구소의 클라이브 립친 박사는 현재로서는 설득력이 없는 것처럼 들릴지 모르겠지만 이스라엘과 팔레스타인을 넘어 더 많은 지역까지 영향을 미칠 기회가 있다고 믿는다. 그는 요르단을 포함한 지역 전체를 대상으로 지금은 대부분 사라진 상호 의존성을 높임으로써 각국의 물 수요뿐만 아니라 더 많은 부분에서 돌파구를 만들어 낼 방안을 찾고 있다며, 이렇게 설명한다. "이스라엘과 요르단, 그리고 미래의 팔레스타인 국가 모두가 지역의 물을 공유하고 있습니다. 각국이 물이나 하수에 하는 모든 조치가 다른 국가에 영향을 미칠 것입니다."

립친 박사는 팔레스타인이 자주권의 상징적 의미가 아니라 보다 큰 자기 이익을 추구하라고 제안한다. 그의 설명이 이어진다.

"팔레스타인은 자신들만의 에너지와 물의 공급망을 개발할 필요가 없습니다. 지역적 접근 방식을 통해 이스라엘과 요르단, 팔레스타인 각자가 기여할 중요한 부분이 따로 있습니다. 요르단의 90%는 사람이 살지 않는 지대이며 대부분 햇빛을 많이 받는 곳입니다. 이런 점을 미루어 볼 때 요르단은 태양광 발전 전력망에 적합한 지역으로서 이를 위한 대지를 제공할 수 있습니다. 팔레스타인은 웨스트뱅크 산악 지대에 내리는 빗물과 함께 자신들이 보유한 양질의 농업용지를 제공할 수 있습니다. 가자 지구에 담수화 시설이 들어서면, 팔레스타인은 또 이를 통해 지역 전체에 기여할 수 있습니다. 그리고 이스라엘은 담수화한 물과 대수층에서 안전하게 취수하는 기술을 포함해 자신들이 개발한 물 관련 기술을 제공할 수 있습니다."

립친 박사는 이에 덧붙여 설명한다. "이와 같은 과정을 통해 이스라엘은 요르단에 물을 공급하고, 요르단은 청정 에너지를 이스라엘에 공급합니다. 팔레스타인은 대수층을 보호하며 고품질의 수확물을 더 저렴한 가격으로 이스라엘과 요르단에 공급하고, 이에 따라 양국은 자신들의 수원을 농업용수에 덜 사용하게 됩니다. 이는 갈릴리호에서 끌어올리는 물의 양을 줄이고 요르단강 하류를 복원하는 데에도 도움을 줍니다."

립친 박사는 이렇게 결론짓는다. "무엇보다도, 어느 누구도 자신의 민족 정체성을 포기할 필요가 없습니다. 나는 여전히 이스라엘인이며, 그는 여전히 팔레스타인인 사람이거나 요르단 사람입니다. 하지만 민족주의 원칙은 시간이 지나면서 우리 모두의 경제와 평화로운 공존에 혜택을 주는 지역주의로 대체될 것입니다."

10 | 이스라엘의 물 외교

국가는 우주항공산업 없이도 살 수 있지만,

물 없이는 살 수 없다.

– 오데드 디스텔(이스라엘 물 담당 정부 관리)

이스라엘만큼 외교적 고립을 심하게 겪었던 국가는 거의 없다. 이에 대한 부분적 대응으로 이스라엘은 물 관련 노하우를 활용해 외교적 고립 문제를 다루려 했으며, 이를 통해 다른 국가와 관계를 구축하거나 강화하는 경우도 종종 있었다. 자신들의 경험과 기술을 다른 국가와 공유함으로써 이스라엘은 물을 외교적, 상업적 관계 확립의 중요한 수단으로 삼는 동시에 전 세계 국가들의 물 상황을 개선하는 데 기여했다.

이스라엘의 물 관련 전문성이나 기술을 활용한 모든 국가가 유엔에서 이스라엘의 입장을 지지하는 것은 아니지만, 물을 통한 외교에 힘입어 이스라엘은 국제적 접촉을 크게 확대할 수 있었다. 150개 이상의 국가들이 자국의 물 관련 문제를 해결하는 데 도움을 주는 이스라엘 정부나 기업 또는 NGO 등의 역할을 환영하면서 이스라엘의 물 외교는 세계 공동체 내에서 이스라엘의 유대 관계를 완전히 바꿔 놓았다.

이스라엘이 외교적 지원과 개입에 물을 이렇게 활용하는 방식은 국가를 건립한 거의 첫날부터 사용돼 왔다. 중국의 경우, 이스라엘의 물 전문성은 오랫동안 얼어 붙어 있던 이스라엘과의 외교 관계를 베이징 중앙정부가 전환시키는 데 특별하고 핵심적인 역할을 했다. 오늘날 중국과 이스라엘이 많은 분야에서 공동 관심사를 드러내며 협력하고 있지만, 모두가 인정하는 중국의 물 문제 해결을 위한 이스라엘의 지원만큼 양국 관계를 강화하는 데 크게 역할한 부분은 거의 없다.

중국이 이스라엘과 외교적 관계 수립을 거부하는 방침은 냉전 시대 반서구적 동맹 내에서 중국의 역할이 커지면서 시작됐다.[1] 중국은 1949년 독립한 후 곧바로 시작된 이스라엘의 외교적 접근을 거절했다. 베이징의 공산당 정부는 이스라엘과 이념적, 실용적 분야 모두에서 접촉을 거부했다.

공산주의 진영의 리더로서, 이념적으로 중국은 베이징의 주요 정치적 적수인 미국과 이해관계를 같이하는 작은 국가 이스라엘과 관계를 맺지 않으려 했다. 하지만 1971년 미국과 중국 사이의 해빙기가 시작된 후에도 중국은 실용적 이유로 이스라엘과의 관계 형성을 계속 묵살했다. 첫째, 성장세에 놓인 중국 경제에 필요한 아랍 원유의 안정적인 공급이 확실히 이뤄지기를 바랐다. 또한 중국은 UN에서 아랍 국가와 긴밀한 관계를 유지하고 있었기 때문에, 아랍 동맹국의 반감을 사거나 중국의 계획에 대한 그들의 지지를 약화시킬 수도 있는 위험을 감수하려 하지 않았다.

하지만 시간이 지나면서 중국은 이스라엘도 중국에 필요한 것을 보유하고 있다는 사실을 깨달았다.

비록 중국이 대수층과 호수, 강에서 사용할 수 있는 엄청난 물 자원을 보유하고 있었지만, 물 관련 문제는 중국 대부분 지역을 괴롭혔다. 몇몇 문제만 보더라도 중국이 직면한 도전의 규모를 가늠할 수 있다. 중국 북부는 매우 건조하고 농사를 짓기 힘든 지역이며 다른 곳의 많은 농업 지역도 물 자원 사용이 효율적이지 못하며 대부분 낭비가 심하다. 국가 기반시설은 이미 수용 한계를 넘어선 상태이며, 누수 현상으로 엄청난 양의 물을 손해 보고 있고 하수 처리는 일반적으로 적절하지 않다. 법과 규제의 관점에서 보면, 느슨한 환경 관련법 집행은 물과 대기가 더욱 오염되는 현상을 막지 못하며, 중국의 많은 민물 원천이 심하게 악화되는 결과로 이어진다.

양국의 면적과 인구에서 보이는 엄청난 차이에도 불구하고 중국은 이스라엘에서 중국의 수원을 관리할 수 있는 방법의 모델을 발견했다.

1983년 말과 1984년 초에 중국은 지원 프로젝트보다는 스파이 영화에나 나올 법한 한 장면처럼 이스라엘 물 엔지니어 팀이 비밀리에 중국에 와서 베트남 국경 인근의 중국 남중부 지역에 있는 광시성廣西省의 협동농장을 조사할 수 있게 했다. 이스라엘 조사팀은 중국 농민들이 광시성 지역의 토양과 기후에 잘 맞을 것 같은 이스라엘 종자를 사용하고 또 점점 관수 방식으로 바꿀 것을 제안했다. 중국은 이 제안에 동의하면서도 관수 장비와 종자 포장에서 이스라엘이 원산지임을 나타내는 모든 표시를 제거해 달라고 요구했다.

그로부터 3년 뒤 중국은 또 다시 비밀리에 이스라엘의 수문학자와 지질학자로 구성된 다른 팀을 초청해 고비 사막 남부에 있는 우웨이武威 지역의 반 건조 기후에 적합한 관수 계획을 수립하는 데 도움을 받았다. 이 지역 농민은 이미 지역 내에서 끌어올 수 있는 모든 물을 사용하고 있었지만, 주로 경작지 전체에 물을 채우는 비효율적인 담수湛水, flood irrigation 방식을 쓰고 있었다. 이스라엘팀은 점적 관수 기법으로 경작지에 물을 공급하라고 제안했다. 또한 재배하는 작물이 그 지역의 조건에 어울리지 않는다는 사실에 주목한 뒤, 지역 내 사용 가능한 물에서 잘 자라는 대체 품종도 제시했다. 한 걸음 더 나아가 이스라엘팀은 이 지역 내에 그동안 한 번도 이용한 적이 없는 상당한 양의 지하수 자원이 있다는 것을 발견하고는, 이 새로운 물을 취수하고 농민에게 송수하는 방법 모두를 알려 줬다.

그 후 얼마 지나지 않은 1990년대 초 중국은 이스라엘에 외교적 관계 구축을 위한 절차를 밟자고 제안했다. 물론 중국의 입장에서 물 이외에 다른 동기도 있기는 했지만, 물은 다시 한번 양국 거래의 핵심 사안이었다. 중국은 이스라엘이 관수와 물 활용 분야의 전문가를 베이징 중앙 정부에 파견하고 자신들은 관광산업 전문가를 이스라엘에 보내는 방안을 제안했다. 이런 제안을 가능케 한 전제는 이스라엘에 대한 첫 번째 공개적 인정이 대사 교환과 같은 정부 대 정부의 형태가 아니라, 이스라엘이 베이징 정부에 기여하는 핵심에 물이 존재하는 민간 사회 대 민간 사회의 형태로 이뤄진다는 것이었다. 이스라엘은 이스라엘 과학원Academy of Science 소속 인물을 대표로 파견해 사무실을 개설할 것을 권유받았으며, 이는 아마도 중국이 이런 방식을 통해 국내 대중의 반응과 아랍 세계에 미칠 외교적 여파 모두를 가늠할 수 있었기 때문인 것으로 보인다.

이스라엘 대표로 임명된 요시 샬헤벳Yosi Shalhevet은 이스라엘 농무부의 수석 과학자 임기를 막 마친 상태였고, 권위 있는 정부 연구 기관인 볼 케니 연구소Volcani Institute에 오랫동안 관여했던 경험을 지니고 있었다. 중국에 도착한 뒤 곧 바로 중국 학계 인사들을 비롯한 여러 사람을 만나기 시작했다. 샬헤벳이 방문하는 모든 곳의 반응은 당시 중국의 공식 언론 매체에서 일반적으로 게재하고 방송하는 이스라엘에 대한 적대적 뉴스 보도와 정반대였다.

샬헤벳은 당시 상황을 이렇게 전한다. "교수든 농업 관계자든, 내가 만나는 모든 사람은 나와의 만남에 매우 들떠 있었습니다. 그들은 이스라엘에 대한 긍정적인 인상만 갖고 있었습니다. 내가 이스라엘에서 왔다는 말을 들은 거의 모든 사람은 '유대인, 현명한 사람, 똑똑한 유대인'이라고 말했습니다. 나는 내가 알버트 아인슈타인과 관련이 있는지 묻는 질문을 여러 번 받았습니다. 언론을 통해 접하는 이스라엘 관련 뉴스에도 불구하고, 모든 이들은 이스라엘을 칭송하며 우리가 중국인과 마찬가지로 고대 문명인이었다는 사실을 높이 평가하는 것처럼 보였습니다. 그들이 놀라움을 금치 못했던 유일한 사항은 이스라엘이 정말 작은 나라라는 것이었습니다. 그들은 이스라엘 전체 인구가 중국 호텔 한 곳에 모두 투숙할 수 있을 정도라고 농담하기도 했습니다."

중국에 도착하고 일 년 뒤 샬헤벳은 베이징에서 관수 기법에 관한 학술 컨퍼런스를 주최했고 이스라엘 학자 열 명과 중국 교수 수십 명이 컨퍼런스에 참가했다. 샬헤벳은 당시를 이렇게 설명한다. "중국과 이스라엘 그룹이 공식적으로 접촉한 첫 번째 모임이었습니다. 이 컨퍼런스를 하고 1년이 채 안 된 시점에 나는 중국과 이스라엘이 외교적 관계를 수립하는 기념식에 참석했습니다."[2]

1992년 1월 이후로 중국에 이스라엘 대사가 늘 주재해 왔지만, 중국 국민이며 지방 공산당 서기를 역임한 후아겅 판Huageng Pan은 중국에서 가장 강력한 이스라엘 옹호자일지도 모르겠다. 물론 그는 물과 많은 관련이 있다. 정계를 떠난 뒤 후아겅 판은 에너지 절약 시스템과 정수 장치를 생산하는 기업을 설립했다. 2010년 거의 우연히 이스라엘 방문을 초청받은 후아겅은 이스라엘의 물 관련 기술에 연관된 기업과 교수들을 만날 기회를 달라고 요청했다. 이 방문을 통해 그는 중국의 수많은 물 문제를 고치는 데 필요한 요소들이 이스라엘에 있다는 사실을 깨달았다.

그 이후로도 여러 번 방문했지만, 이스라엘을 처음 방문한 이후 이스라엘 물 기술을 중국에 도입하기 위해 기업을 설립했고, 지금은 지방과 중앙 정부의 재정 지원을 받아 이스라엘 기업이 중국 현지에 진출할 수 있도록 이스라엘 물 기업을 유치할 산업 단지를 조성하고 있다. 후아겅 판은 문화적으로 볼 때, 중국인이 자신의 파트너를 파악하는 데 시간을 많이 들이는 편이므로 이스라엘 기업은 현지 진출을 통해 중국 전역에서 온 관리에게 자신의 기업을 알릴 기회를 가질 수 있다고 말한다. 그는 중국의 호수와 강을 정화하고, 현재 물 공급원으로 독소를 내보내는 쓰레기 매립지를 개선하며, 하수를 처리하고, 관수 기법을 다시 생각하게 만드는 중요한 비즈니스 기회와 함께 양국이 확고한 관계를 구축할 것으로 예상한다.

후아겅 판은 통역자의 도움을 받아 자신의 생각을 이렇게 전한다. "중국은 자국에 도움을 줄 수 있는 이스라엘의 해결 방안뿐만 아니라 이스라엘이 대단한 국가이며 이스라엘의 정신에서 중국이 배울 점이 많다는 믿음을 바탕으로 이스라엘을 높이 평가합니다. 이스라엘 사람은 중국인이 본받을 만한 훌륭한 인성과 특성을 지니고 있습니다. 중국 어디를 가더라도 모든 사람이 중국과 이스라엘의 제휴를 긍정적으로 생각합니다. 물에 관한 문제에 이스라엘의 해결 방안을 사용해야 할 이유를 설명하는 것은 결코 어렵지 않습니다."

물에 관련된 이스라엘의 선진 기술로 중국이 혜택을 볼 수 있다고 믿는 사람은 후아겡 판뿐만이 아니다. 2013년 5월 베냐민 네타냐후 총리가 이끄는 이스라엘 대표단이 베이징 톈안먼 광장에 도착해 리커창 중국 총리를 만났다. 대표단에 속한 한 이스라엘 관료는 당시 자신들의 도착 광경을 이렇게 묘사한다. "나는 중국이 이스라엘을 인정하지 않으려 했던 때를 여전히 기억하고 있습니다. 그렇지만 대표단이 베이징에 도착하며 받은 열렬한 환영을 보며 양국의 관계가 분명히 바뀌었다는 사실을 알 수 있었습니다."

이스라엘 관료의 설명이 계속 이어진다. "톈안먼 광장 전체가 중국과 이스라엘의 국기로 뒤덮였습니다. 정말 감동적이었죠. 우리는 회담을 위해 인민대회당으로 안내됐고 양국 대표단은 서로를 마주 보며 앉았습니다. 중국은 이스라엘을 자신들과 동격으로 여기며 정중히 대접했습니다."

이스라엘 대표단이 중국으로 떠나기 전, 네타냐후 총리와 고위 간부들은 중국 대표단과의 회담을 여는 개회사에서 이스라엘이 '하급 파트너'로서 중국의 물 문제 해결에 도움이 될 만한 가치 있는 제안을 하는 데 동의했다. 하지만 네타냐후 총리는 이와 같은 내용을 담은 짧은 연설을 할 기회를 얻지 못했다. 중국 측 주최자가 오히려 네타냐후 총리에게 그런 제안을 했기 때문이었다. 당시 대표단의 일원으로 첫날 회의에 참석했던 한 이스라엘 관리는 당시 상황을 이렇게 설명한다. "리커창 총리는 우리에게 따뜻한 인사말을 건네며 회의를 시작했습니다. 곧이어 중국은 이스라엘이 물관리에 대한 노하우와 뛰어난 물 관련 기술을 보유하고 있다는 사실을 잘 안다고 말했습니다. 그러고 나서 중국에는 물 문제로 고통 받는 지역이 많으며 이 부분에서 양국이 협력할 일이 있기를 희망한다고 말하며 자신의 발언을 마무리했습니다."

양국 정상이 같은 생각을 하고 있다는 사실에 고무된 네타냐후 총리는 중국 소도시 한 곳을 선택해 이스라엘 기업으로 구성된 컨소시엄이 그 도시의 물 관련 사회기반시설 전체를 다시 구축하는 방안을 제안했다. 제안에 함축된 의미는 이 프로젝트가 성공하면 다른 도시들로 확대될 수 있다는 것이었다. 이 제안에 대한 화답으로 리커창 총리는 회의에 참석한 정부 각료 한 명을 지정해 소도시 선정을 지원하라고 지시하면서, 인구 백만 명 정도의 작은 도시에 초점을 맞춰 선정하라는 말로 이스라엘 대표단의 웃음을 자아냈다. 이 웃음의 의미를 설명하며 네타냐후 총리는 이렇게 말한 것으로 알려져 있다. "리커창 총리님, 이스라엘을 통틀어 인구가 백만 명인 도시는 없습니다. 우리에게 인구 백만 명의 도시는 작은 도시가 아닙니다."

2014년 11월 말 이스라엘과 중국의 합동 선정위원회는 베이징에서 남동쪽으로 300마일(약 480km) 떨어진 산둥성에 있으며 인구 백만 명이 약간 넘는 서우광시壽光市를 중국과 이스라엘의 물 관련 협력 관계에서 첫 실험을 실시할 도시로 선정한다고 발표했다. 인구 외에도 이 도시와 주변 지역이 처해 있는 다양한 형태의 물 문제들이 이 도시를 선정한 논리적 배경이었다. 이 프로젝트는 정수와 하수 처리뿐만 아니라 도시 주위의 많은 농장에 적용할 효율적인 관수 기법까지 다룰 예정이다. 또한 서우광시에 인접한 제지공장을 비롯한 여러 공장에 특화된 물 처리 시스템도 필요할 것이다. 15개에서 20개에 이르는 이스라엘 기업으로 구성한 컨소시엄은 이스라엘 기술을 활용해 이 도시의 물 사용 방식을 다시 생각하고 개량하는데 도움을 줄 것이다.

이 프로젝트에 깊이 연관된 한 이스라엘 고위 관료는 이렇게 말한다. "나는 너무 앞서가는 것을 원하지 않지만, 우리가 이곳에서 프로젝트를 잘 수행하면 중국 전역에 있는 도시의 물 시스템을 다시 구축하는 데 참여할 기회를 잡을 수 있을 것을 생각합니다. 그렇게 되면, 이스라엘 기업에 상당한 수익을 줄 뿐만 아니라 앞으로 오랫동안 중국과 이스라엘이 보다 긴밀한 관계를 유지하는 결과로 이어질 수 있습니다." 그가 지적한 대로 "중국에는 정말 많은 도시들이 있다."

이란 구조에 나선 이스라엘

이란이 핵 프로그램 문제로 언론에 등장하지만, 정작 이란의 안녕을 가장 크게 위협하는 요소는 경제 제재나 이슬람교 수니파와 시아파의 대립이 아니다. 오히려 이란에서 물이 점점 더 부족해지고 있다는 사실이 가장 큰 위협이다. 이 문제가 너무 심각한 나머지 사회적 불안과 경제적 혼란, 심지어 인구 유출 사태까지 상상할 수 있을 정도다. 〈알-모니터Al-Monitor〉의 보도에 따르면, 최근 한 이란 정부 고문은 이란 인구의 70%에 해당하는 최대 5천만 명의 이란인이 물 부족 때문에 강제로 고국을 떠나야 할지도 모른다고 예측했다.

물 문제는 잘못된 관리 방식에서 비롯되며, 이란은 많은 물 문제를 안고 있다. 지하수원은 비를 통해 자연적으로 다시 채워질 수 있는 한계를 넘어 지나치게 많이 사용돼 왔으며, 이대로 가면 머지않아 많은 대수층이 사용할 수 없는 지경에 이를 것이다. 이란은 세계에서 농업 부문의 물 낭비가 가장 심한 곳 중 하나다. 대부분 국가가 사용 가능한 물의 약 70%를 농업용수로 사용하는데, 이란은 90%가 넘는다.[3] 그럼에도 이미 식량이 부족한 상태에 이르렀으며, 이런 상태는 앞으로 더 심해질 것으로 전망된다.

이란의 기후는 대부분 매우 건조하거나 반 건조성이며, 이는 말 그대로 강우량이 그리 많지 않다는 뜻이다. 국가 전체에 있는 우물의 절반 이상이 불법적으로 굴착된 것으로 알려져 있고, 현재 이들 중 다수가 오염된 상태이며 어쩌면 대부분이 그럴 가능성도 있다. 산업 시설의 2/3 이상은 자신들이 배출하는 폐수를 처리하지 못하고 있으며 심지어 화학제품 공장을 포함한 생산 공장들은 폐기물을 이란 수로에 버리고 있다. 이란은 하수의 60% 이상을 처리하지 않은 채 배출해 지하수와 강과 호수를 오염시키고 있다. 기후 변화는 전반적으로 희망적이지 못한 물 전망을 더욱 악화시킬 가능성이 높다.

이란을 방문해 이런 문제들을 인지하고 이스라엘이 이런 문제 대부분을 극복했다는 사실을 알고 있는 방문자라면 이란 이슬람공화국이 이스라엘에 대한 적대감을 없애고 이스라엘 전문가들을 초청해 물관리 부문에 도움을 받는 것이 현명한 태도라고 결론지을 것이다. 상상 속에서나 나올 법하고 거의 불가능한 얘기로 들리겠지만, 이란 국왕은 실제로 이와 같은 일을 1960년에 서서히 시작했고, 1962년에는 강력히 추진했다. 수많은 이스라엘 수문학자와 물 엔지니어, 계획 설계자 등이 이란의 물 관련 탐사와 사회기반시설에 관여했으며, 1962년부터 1979년 이슬람 혁명 때까지 이란에서 시행한 물 프로젝트 대다수는 이스라엘인이 관리했다.

이스라엘의 입장에서 볼 때, 이란과의 연합은 최소한 협력 관계가 지속되는 동안은 지정학적으로 아랍 국가들의 적대감을 상쇄하는 동시에 이스라엘의 지역적 고립화를 약화시키는 역할을 했다.

큰 인기를 끌던 영화 〈아르고Argo〉만큼 극적이지는 않았지만, 이스라엘 물 전문가 팀을 이끌던 아리 이사르Arie Issar 교수는 이란 국왕이 폐위되기 직전인 1979년 테헤란에서 이스라엘로 향하는 마지막 직항편 바로 앞 항공편을 타고 이란을 빠져나왔다. 그는 자동차를 몰고 공항으로 향하면서 이란 수도의 거리가 대혼란으로 뒤덮이는 장면을 목격했다. 이 여행이 고대부터 내려온 이란의 낡은 송수 시스템을 긴급히 보수하려는 인도주의적 프로젝트의 일원으로 1962년부터 시작한 많은 이란 방문의 마지막이 될 것 같았다.

고대 페르시아에는 지하수원에서 물이 필요한 경작지까지 약간 경사를 이루며 파놓은 '카나트qanat'라 불리는 지하 수로를 활용하는 중력 기반의 정교한 관수 시스템이 있었다. 테헤란에서 북서쪽으로 거의 100마일(약 160km) 떨어진 카즈빈주Qazvin Province는 1962년 대규모 지진으로 큰 피해를 입었다. 2만 명이 넘는 이란인이 사망했고, 3백여 마을이 폐허로 변했으며, 처음 설치한 때로부터 2,700년이 넘는 수로 체계가 무너졌다. 카즈빈주는 테헤란과 그 이외 여러 지역에 채소와 과일을 공급하는 광활한 농경 지대를 품고 있었다. 지진 이후 농민들은 농업에 필수적인 물을 구하지 못했다.

한편 이란 국왕은 이미 오래전부터 이스라엘과 관계를 구축해왔었다. 이란은 자신들이 일부 아랍 국가의 그릇된 행동으로 피해를 입을 가능성이 높다고 믿었으며, 이스라엘을 이에 대항할 소중한 세력으로 생각했다.

이란 국왕은 또한 농업과 물, 그리고 아이러니하지만 원자력 부문에서 이스라엘이 이룬 과학적 발전에 깊은 인상을 받았으며, 1960년 유엔 식량농업기구FAO에 이란을 도와줄 물 전문가 파견을 요청했고, 국왕의 동의 하에 이스라엘 기술자 3명이 파견됐다. 카즈빈주에 지진이 일어났을 때, 국왕은 이미 물에 관한 계획 수립과 탐사 부문에서 드러난 이스라엘의 정교함을 알고 있었다.

지진에 의한 비상 상황에서 이스라엘은 물 엔지니어를 파견해 카나트가 복구될 수 있는지 확인해 달라는 요청을 받았다. 정밀 검사를 한 결과 카나트 수로는 효율적인 비용으로는 복구할 수 없을 정도로 손상돼 있었다. 복구가 가능하다 하더라도, 카나트 수로는 고대 페르시아 시대의 이상적인 관수 방식이었을지 모르겠지만, 현대 농업에는 더 이상 적합하지 않았다. 이스라엘 전문가들은 이란 정부 관리와 농민들에게 무너진 카나트를 포기하고, 자신들이 이스라엘에서 했던 것처럼 깊은 관정을 굴착할 것을 강력히 권고해 동의를 얻어냈다. 이를 계기로 물에 관한 이란과 이스라엘의 관계가 급속도로 발전했다.

카즈빈에서 관정 굴착을 시작하고 얼마 지나지 않아 이스라엘 물 엔지니어는 경작 과정에서 보다 적은 물을 사용하면서도 수확량을 늘릴 수 있는 방법을 지역 농민들에게 가르쳐 주겠다는 제안을 했고, 이란 정부는 이를 긍정적으로 받아들였다. 더 나아가 이스라엘 엔지니어와 이란 농민 간의 소통 영역은 경작할 작물에 대한 조언과 수확물의 판매 방법 등으로 늘어났다. 카즈빈 지역의 인구 대다수가 이스라엘 엔지니어와 교류했으며 이스라엘인들은 그곳에서 자신의 국적과 종교를 굳이 감출 필요가 없었다.

슈무엘 아버바흐Shmuel Aberbach는 지진이 발생했을 때 이란 국왕의 초청으로 이란에 파견된 유엔 식량농업기구 소속 이스라엘 전문가 중 한 명이었다. 지질학자이며 지하수 전문가인 아버바흐는 지진이 발생한 직후 카즈빈을 방문해 이 지역에 새로운 관정을 굴착할 장소와 방법에 관한 계획을 수립하는 데 힘을 보탰다. 이후 17년 동안 이란의 거의 모든 지역을 수십 번에 걸쳐 방문하며 이란 수문학자들을 알게 됐고, 때로는 훈련시키기도 했다. 이 모든 시간 동안 아버바흐는 소비에트 연방의 냉전 상대국 모두를 싫어한 어느 이란 공산주의자의 퉁명스럽고 즉흥적인 발언을 제외하고는, 단 한 번도 이스라엘에 반대하거나 반 유대주의적인 사건을 겪지 않았다고 말한다. 또한 테헤란에서 열린 이란과 이스라엘의 축구 경기 때 터져 나온 응원을 제외하면, 이란에 파견된 수십 명의 이스라엘인 지인들에게서 이스라엘을 비방하는 목소리를 들었다는 보고를 받은 적도 없었다. 이란을 마지막으로 방문한 1978년 이후 수십 년이 흐른 지금도 아버바흐는 이란에서 일할 때 만났으며 대다수가 망명 생활 중인 이란인들과 여전히 긴밀한 관계를 유지하고 있다.

미국 코넬대학교에서 수학한 엔지니어이며 이란에 파견됐던 또 다른 이스라엘인 모세 가브린거Moshe Gablinger 박사도 이란 초청자와 자신의 관계를 두고 비슷한 생각을 한다. 평생 이어지는 관계를 형성하지는 않았지만, 그가 이란인과 했던 교류는 언제나 호의적이고 화기애애했다고 말하며 이렇게 설명한다. "우리가 이란인의 집에서 어울린 적은 한 번도 없었지만, 매우 친하게 지냈습니다. 이란 수문학 전문가를 만나 식당에서 저녁을 먹는 일은 전혀 특이한 경험이 아니었습니다."

이란에서 모든 물 탐사와 관정 굴착 작업을 맡고 있던 이스라엘 전문가인 이사르 교수는 도시에서 멀리 떨어진 이란의 외딴 곳으로 갔을 때 동행한 이란 수문학자들이 지역 주민에게 자신을 소개하던 장면을 이렇게 기억한다.

"그들은 내가 알고 있는 지식을 나누기 위해 이스라엘에서 왔다고 말했습니다. 나는 언제나 환영받았으며 지역 주민이 급히 준비한 특별한 식사에 초대받았습니다. 내가 겪은 유일한 문제는 카페트가 놓인 마루에 앉아 양고기 구이와 쌀밥을 나이프와 포크도 없이 먹어야 했던 것이었습니다."[4]

이란 물 전문가의 재능은 일반적으로 그리 높지 않았다. 가브린거 박사는 이렇게 기억한다. "그렇게 많은 원유에도 불구하고 당시 이란은 가난한 국가였으며, 교육 시스템은 적절한 물 전문가를 길러낼 만한 수준이 아니었습니다. 나와 함께 일해야 할 사람들은 성격이 좋았지만, 기술적으로는 상당히 뒤떨어지고 정교하지 못했습니다." 이사르 교수는 수문학자와 기술자 들을 훈련하는 프로그램을 도입하고 지질학, 수문학, 화학 강의를 개설했다. 슈무엘 아버바흐는 대수층에 남아 있는 물의 양을 예측하는 모델 개발에 필요한 고등 수학을 이란 수문학자와 지질학자에게 강의했다.

이스라엘 손님을 환대하는 이란의 태도는 지금은 상상초자 할 수 없는 감동까지 자아냈다. 카즈빈 지역의 상점 주인들은 새로운 고객과 보다 잘 소통하기 위해 히브리어를 배우기도 했다. 가브린거 박사는 지역 상인과 대부분 히브리어로 교류했다고 기억한다. 더 나아가 1960년대 중반과 말에 이르러 더 많은 이스라엘인이 카즈빈 지역에 도착하면서 지역 내 한 건물 전체가 이스라엘 어린이 60명을 대상으로 이스라엘 교사가 히브리어로 수업하는 학교로 개조되기도 했다. 더욱 놀라운 것은, 1967년 6일 전쟁에서 이스라엘이 아랍 3개국 군대를 완전히 제압하고 얼마 지나지 않아 이란 국왕이 카즈빈 지역에 파견된 아리 이사르 교수와 그의 팀을 방문해 이란에서 달성한 이스라엘의 업적을 인정하는 의사 표시를 했다는 사실이었다.

국왕은 다른 분야의 전문성을 지닌 이스라엘 대표단의 이란 방문을 촉구하고, 이란 관리와 과학자를 이스라엘에 보내기도 했다. 일부 이란 물 전문가들은 이스라엘의 고등 기술을 배우기 위해 이스라엘 체류 기간을 연장하기도 했다. 양국의 상업적, 정치적 유대 관계는 더욱 깊어지고 넓어졌다.

1973년부터 이란 국왕이 폐위되기 직전까지 이란 주재 이스라엘 대사를 역임했던 유리 루브라니Uri Lubrani는 당시 상황을 이렇게 기억한다.

"이란 사회에서 우리가 파고들 수 없었던 유일한 부분은 확고한 종교 지배층이었습니다. 그 외 부분에서는 모두 환영을 받았습니다. 모든 이란인은 매우 종교적인 성향을 지니고 있거나, 최소한 그런 분위기의 가정에서 자랐습니다. 당시 이란 공산주의자들도 이슬람교 의식을 잘 알고 있을 정도였습니다. 하지만 종교 지도자를 제외하면, 어느 누구도 종교적 차이 때문에 이스라엘인을 멀리 하지는 않았습니다. 우리는 나름 열심히 노력했지만, 종교 지도자들은 우리를 받아들이려 하지 않았습니다. 팔레스타인 해방기구PLO 의장 아라파트는 망명 중인 이란 종교 지도자 아야톨라 호메이니와 영리하게 친분 관계를 구축했고, 호메이니는 이란 종교 행정부에 우리 이스라엘인과 절대 접촉하지 말라는 의사를 명확히 밝혔습니다."

이란 성직자 계층의 관점에도 불구하고, 이스라엘이 카즈빈 지역에 참여해 이룬 첫 성공은 이란의 다른 많은 주와 지역에서의 성공으로 이어졌다. 이스라엘 정부 소유의 물 엔지니어링 기업으로 "이스라엘을 위한 물 계획 수립"을 뜻하는 히브리어 단어들의 머리글자를 따 이름붙인 타할TAHAL은 이스파한Isfahan과 반다르 압바스Bandar Abbas와 같은 이란 주요 도시의 물과 하수 시스템 건설을 감독하고, 함단Hamdan과 케르만샤 Kermanshah주와 같은 지역 전체를 위한 가정용 물 시스템과 관수 시스템을 개발해 달라는 요청을 받았다. 이란에서 두 번째로 큰 도시 마슈하드 Mashhad가 도시 전체 가정에 조리용 가스를 공급할 시스템이 필요했을 때에도 이란 정부는 타할에 시스템 개발을 부탁했다.

물 분야에 관련된 다른 이스라엘 정부 기업들도 이란에 초청받았다. 이스라엘의 물 관련 국가 공기업 메코로트는 여러 사업을 맡았는데, 특히 이스라엘에서 했던 것처럼 이란 전역에서 물을 탐사하고 카스피 해의 이란 쪽 부분에서 진행하는 대규모 프로젝트를 진행해 달라는 요청을 받았다. 이스라엘 정부 소유 기업으로 이스라엘에서 주요 건설 프로젝트를 수행했던 솔렐 보네Solel Boneh 또한 이란 전역의 댐 건설과 주요 도시의 사회기반시설을 맡아 진행했다.

담수화 아이디어를 창출하기 위해 설립된 이스라엘 정부 기업 IDE는 1968년경 획기적으로 에너지를 절감할 수 있는 처리 과정을 개발하고, 이 개념을 실세계 환경에서 실험할 방법을 찾고 있었다. 거의 동시에 이란 공군은 자신들의 기지에 사용할 안전하고 깨끗한 물을 확보할 수 있기를 원했다. 아리 이사르 교수는 테헤란 주재 이스라엘 대사관 소속 무관 야아코브 님로디Yaakov Nimrodi 대령이 이 상황을 이스라엘의 물 전문성을 활용해 이란과 이스라엘의 군사적 관계를 더욱 강화할 기회로 여겼다는 것을 기억한다. 님로디 대령은 이란의 IDE 초청을 주선했다. 이후 수십 년 동안 IDE는 이란 공군 기지 36곳과 이란의 다른 지역 16곳에 소규모 담수화 시설을 설치했다.

IDE가 담수화 시설을 이란에 설치하기 시작한 지 거의 40년이 지나고 이란 이슬람공화국이 이스라엘과 유대 관계를 단절한 뒤 오래 기간이 지난 2007년 IDE 고위 임원 프레디 로키엑Fredi Lokiec이 유럽의 한 무역전시회에 참가했을 때 이란인 엔지니어 한 명이 그에게 조용히 다가왔다. 이란 엔지니어는 오래전에 이스라엘이 이란에 설치한 담수화 시설이 여전히 사용되고 있으며, 이란 기술자들이 이란에 이스라엘 시설과 똑같은 것을 건설할 수 있도록 이들 중 하나를 분해해 모방하려 했다고 로키엑에게 말했다. 그는 또 이란 기술자들이 모방한 시설을 작동시키는 데까지는 성공했지만, 이스라엘의 시설만큼 좋게 만들지는 못했다고 말했다.

1979년 이란 혁명 이후, 호메이니와 그의 지지자들은 이란 국왕을 지지했던 것으로 생각되는 이란 정부 관리를 비롯한 많은 이란인에 대한 집단 재판을 개최했다. 바하이교Bahai faith를 믿는 사람들도 위험에 빠졌으며, 심하게 핍박받았다. 아리 이사르 교수와 슈무엘 아버바흐에게는 이란 물 산업계에서 함께 일했던 이란인 친구와 동료들이 있었는데, 이들 중 몇몇은 바하이교도이지만 대부분은 이슬람교도인데도 이란 혁명이 일어난 첫날 고국을 탈출한 뒤 여전히 망명 생활중이다. 비참한 일이지만, 이사르 교수와 아버바흐는 알고 있던 이란 물 담당 관리들이 여전히 알려지지 않은 범죄를 이유로 처형당했다는 소식도 들었다. 이스라엘 물 전문가들이 추방당하고 많은 이란 전문가들이 망명하거나 처형당하면서 이란 물 산업계는 이란에 닥칠 물 재앙의 씨를 뿌리는 사태에 지속적으로 노출됐다.

저개발 100개국을 돕다

1950년대 말부터 이스라엘은 물과 관수에 관한 기법을 저개발국과 공유하기 시작했으며, 특히 처음에는 아프리카 지역에 집중했다. 예전에 강국들의 식민지였으며 아직 개발이 덜 이뤄진 국가들과 유대 관계를 강화하면서 최소한 처음에는 외교적 혜택과 통상에 따른 이득을 기대할 수 있었지만, 이 지역에 집중한 것은 주로 이타적인 이유였으며 이스라엘의 시온주의 철학에서 비롯됐다.

시온주의 토대를 확립한 선지자 테오드로 헤르츨이 1902년 발표한 정치적 소논문 겸 소설인 《알트누랜드》에서 주인공은 아프리카인이 '유대인만 가능할 수 있는 공포로 가득한 문제'에 빠져 있기 때문에 유대인은 유대 국가 건립에 뒤이어 아프리카인을 도와야 한다고 주장한다. 헤르츨 소설의 주인공은 "유대인 국가 복원" 후, 다음 과제는 "아프리카계 흑인들의 국가를 복원하는 길을 닦는 것"이라고 말한다.

이스라엘 건국 지도자 세대는 이념적으로 헤르츨의 인도를 받았으며, 그의 충고를 가슴에 새겼다. 1950년대에는 이스라엘 자체도 여전히 개발도상국이었지만, 사회주의자이고 시오니스트이며 이스라엘 초대 총리인 다비드 벤구리온은 이렇게 말했다. "제2차세계대전 이후의 신생 독립국들은 비록 나눠줄 수 있는 것이 거의 없더라도 유대감과 아이디어뿐만 아니라 어려움까지도 공유해야 합니다."

1958년 당시 이스라엘 외무장관 골다 마이어Golda Mabovitz는 부처 내에 아프리카를 비롯한 개발도상국들이 물과 관수, 농업, 교육, 여성 지위에 관한 문제를 극복하도록 지원하는 임무를 맡은 부서를 설립했다. 부서의 명칭은 대략적으로 번역하면 '국제협력센터'를 뜻하는 히브리어 단어의 머리글자를 따서 만든 마샤브MASHAV였다. 이 부서를 통해 해외로 파견된 특사들은 대부분 농부와 엔지니어들이었으며, 이들 중 다수는 제2차세계대전 당시 영국군의 유대인 여단 소속으로 영국 위임통치 시절 경제적으로 개발되지 못했던 영국 식민지에서 근무하며 경험을 쌓은 참전군인들이었다.

마샤브와 이스라엘은 초창기에 아프리카 국가뿐만 아니라 아시아와 남아메리카 국가에서 따뜻한 환영을 받았다. 이스라엘은 미국과 유럽의 원조 프로그램이 예전에도 그랬고 지금도 그렇게 하고 있는 것과 달리, 현금 원조나 차관은 제공하지 않겠다는 방침을 분명히 했다. 예후다 애브너Yehuda Avner 대사는 이렇게 설명한다. "우리는 우리의 노력을 개발 협력으로 불렀으며 결코 원조라고 부르지 않았습니다. 교육과 훈련으로 도움을 주려고 간 것이지 재무적 지원으로 도움을 주려는 게 아니었습니다."

마이어 장관이 아프리카에 집중하면서 마샤브 프로그램은 단 몇 년 만에 아프리카에서 크게 확산됐으며, 물과 여러 다른 분야의 수백 명에 이르는 이스라엘 전문가가 아프리카 대륙에 거주하며 교육을 실시했다. 1969년 이스라엘 총리로 취임한 골드 마이어는 마샤브와 마샤브의 아프리카 프로그램이 필요한 지원을 반드시 계속 받을 수 있도록 했다.

애브너 대사는 "이스라엘과 골드 마이어 당시 총리에게는 분명히 가슴 아픈 사건이었지만," 1973년 욤 키푸르 전쟁의 결과에 따라 사하라 이남의 모든 아프리카 국가가 아랍 연맹과 이슬람국가기구Organization of

Islamic Countries의 강권으로 이스라엘과 외교적 관계를 단절했다고 말한다. 마샤브의 지원을 받으며 아프리카에 머물고 있었던 이스라엘 전문가들은 모두 추방됐다. 애브너 대사는 이렇게 설명한다. "이스라엘의 입장에서도 나쁜 상황이었지만, 골다 마이어 총리에게는 개인적인 트라우마로 작용했습니다. 그녀는 아프리카 프로그램을 메시아처럼 생각하며 열정을 쏟았는데 모든 것이 물거품이 돼 버렸습니다." 마이어 총리와 이스라엘에도 그렇지만, 이 사태는 프로그램의 지원으로 실시하던 물과 관수 방식의 개선과 식량 프로젝트를 갑자기 중단해야 하는 많은 아프리카인들에게 불행한 상황 전환이었다.

1980년대에 들어서자 일부 아프리카 국가는 이스라엘과 유대 관계를 재개하겠다는 의사를 표시했다. 1989년 에티오피아가 관계를 복원했으며, 이스라엘 물 전문가와 여러 다른 분야의 전문가가 돌아오기를 열망하던 나머지 사하라 이남 국가들도 1993년 이스라엘과 팔레스타인의 오슬로 협정 이후 이스라엘과 다시 관계를 맺었다. 오늘날 이스라엘은 아프리카 29개국을 포함한 전 세계 100개국 이상의 전문가에게 물관리와 관수 방식을 비롯한 여러 분야의 훈련 프로그램을 제공하고 있다. 이스라엘에서 실시하는 프로그램이 대부분이며, 나머지는 초청한 국가에서 실시되고 있다. 물과 관수에 관한 훈련 프로그램 전체는 여전히 마샤브 지원 프로그램의 최대 40%까지 차지한다.

11년 동안 마샤브 부서를 이끌며 수많은 개발도상국을 방문했던 하임 디본Haim Divon 대사는 마샤브 프로그램을 이렇게 평가한다. "개발도상국을 위한 미국과 유럽의 프로그램이 이스라엘 프로그램보다 더 세련되고 정교할 수도 있습니다. 하지만 이스라엘의 모든 프로그램은 실제 현장에서 이뤄지기 때문에 더 많은 자극과 영감이 될 수도 있습니다. 우리는 이 모든 국가에 우리가 지난 50년 동안 물과 여러 다른 분야에서 달성한 업적을 보여줄 수 있습니다. 이스라엘은 성공한 모델인 동시에 이 국가들이 실제로 도달할 만한 수준에 있습니다. 미국과 같은 시스템을 보면, 지원을 받는 국가가 그 수준에 결코 이를 수 없을 것이라는 생각이 듭니다."

마샤브가 설립된 이후 130개국에서 온 27만 명 이상이 마샤브 프로그램에 참여했다. 디본 대사의 설명이 이어진다. "이는 많은 숫자입니다. 하지만 충분한 먹거리와 물도 없고 미래도 보장받지 못한 채 살아가는 수십억 명과 비교하면 정말 아무것도 아닙니다. 여전히 해야 할 일이 엄청나게 많이 남아 있습니다."

가장 가난한 국가를 돕다

현재 이스라엘의 물 관련 기술과 제품이 전 세계 150개국 이상에서 사용되고 있지만, 이스라엘 공기업 타할TAHAL은 개발도상국의 물과 그에 관련된 활동에 특별히 집중해 왔다. 그 결과 어느 이스라엘 기업보다도 이 국가들에 더 많이 진출하고 더 많은 영향을 미쳤다. 타할의 노력은 세계에서 가장 가난한 수억 명의 삶의 질을 개선하는 데 기여했다.[5]

타할은 이스라엘에서 시행할 복잡한 물 관련 프로젝트의 계획 수립과 설계를 위해 이스라엘 정부가 1950년대 초에 설립한 공기업으로 시작했다. 하지만 1950년대 말에 이르러 이스라엘에서 개발할 거의 모든 주요 프로젝트가 완성되자, 어떻게든 해고 사태를 피하기 위해 타할은 식민지로부터 최근 독립한 국가들에 고위 임원을 보내 이스라엘에서 자신들이

해 왔던 일이 이들 국가에도 적용될 수 있는지 알아봤다. 결과는 긍정적
이었다.

500명으로 구성된 타할 조직은 1960년대 중반까지 아프리카와 아시
아, 남아메리카 전체에 직원을 파견해 주요 도시의 물 공급망과 하수 처
리 시설 개발에 관여하고, 개발도상국의 대규모 농업 지대에 대한 관수
계획 설계에 참여했다.

일부 국가에서는 진출 후 몇 년 지나지 않아 타할의 존재가 너무나 중
요한 나머지, 타할이 현지 국가의 준 정부 부서로 역할하기도 했다. 몇몇
아프리카 국가 정부는 미래의 소중한 혜택을 기대하며 타할을 초청해 타
할이 직접 관련되지 않은 국가 기반시설 구축 프로젝트에 대한 자문까지
구했다. 이처럼 중추적이고 친밀하기까지 한 역할 덕분인지는 몰라도, 이
스라엘 정부 소속 지원 요원들이 욤 키푸르 전쟁 이후 아프리카에서 추
방당한 이후에도 타할은 아프리카에서 진행한 자신들의 일이 물리적으로
파괴되는 경우를 본 적이 없었다.

이처럼 많은 프로젝트에서 실행한 자문 역할은 타할을 초청 국가에
매우 유용한 존재로 만드는 데 그치지 않고, 타할의 전문성을 확장하는
결과로 이어졌다. 이 덕분에 타할은 훗날 저렴한 설계와 토목 공사만 하
는 기업에서 보다 고가의 건설과 조달, 관리 프로젝트를 수행하는 기업으
로 성장할 수 있었다. 자문 역할은 또 타할의 미션을 크게 확장하는 토대
를 마련하기도 했다. 물과 하수, 관수 기법에만 집중돼 있던 타할의 업무
범위가 여러 다양한 프로젝트 중에서도 특히 환경과 기업식 영농과, 더
나아가 최근에는 천연 가스 부문의 사업 기회까지 추구하는 형태로 확장
됐다.

1990년대에 들어서자 이스라엘 정부는 영국 마가렛 대처 수상의 민영화 정책을 모델 삼아 국영 항공사와 모든 국영 은행, 독점 전화국을 포함한 이스라엘 정부 소유 공기업을 매각하기 시작했다. 1996년 타할도 매각됐으며, 이는 신규 독립 기업으로 크게 성장하는 계기로 이어졌다. 오늘날 타할은 1,200명의 직원을 고용하고 주로 개발도상국 30개국의 수십 건에 달하는 프로젝트에 집중하며 2억 5천만 달러 이상의 수익을 올리고 있으며, 이전에는 다른 국가들에서도 많은 프로젝트를 수행했다. 여전히 이스라엘 내에서는 물 관련 프로젝트의 약 70%를 디자인 경쟁을 통해 수주하고 있지만, 다른 개발도상국의 물 프로젝트 건설을 맡기 위해 경쟁을 벌이지는 않는다.

타할의 사르 브라차Saar Bracha CEO는 이런 말을 한다. "타할의 성공은 타할과 이스라엘의 연관성에서 비롯됩니다. 이스라엘이 흔치 않은 방식으로 물을 찾아내 사막에 꽃을 피웠다는 사실을 모든 사람이 알고 있습니다. 또한 이스라엘이 더 적은 물로 보다 많은 수확을 올리는 특별한 관수 기법을 사용했다는 것도 알고 있습니다. 그러므로 사람들이 이스라엘의 물 관련 업적을 생각할 때, 비록 그들이 타할의 정확한 역할을 알지 못하더라도, 타할은 당연히 이스라엘이 이룬 많은 훌륭한 업적에 대한 공로를 일부 인정받습니다. 우리가 물이 필요한 국가를 방문해 보면, 우리가 함께 일한 적이 한 번도 없더라도 그들은 이미 우리를 알고 있습니다. 이스라엘이 달성한 업적을 알기 때문입니다."

때로는 타할과 이스라엘의 연관성이 이 기업의 확장에 부정적으로 작용하기도 했다. 1940년대 말 이스라엘과 인도 양국이 1년 미만의 차이로 독립한 이후 40여 년 동안 인도는 수많은 물 관련 문제에도 불구하고,

중국과 마찬가지로 이스라엘과의 모든 통상적, 외교적 관계 수립을 거부했다. 인도는 서구 진영에 반대하는 비동맹운동을 선도한 세 국가 중 하나다. 이 운동에 인도와 함께 참여한 아랍 국가들에 대한 존중과 이스라엘과의 유대 관계가 인도의 거대한 무슬림 집단을 격앙시킬지도 모른다는 염려에 따라 인도는 이스라엘의 외교적 접근을 거부했다.

지금도 여전히 인도가 유엔에서 이스라엘의 이익에 반하는 투표를 하는 경우도 종종 있기는 하지만, 양국을 돈독한 관계로 이끌어 준 통상과 국방 문제를 통해 양국은 현재 긴밀한 관계를 유지하고 있다.[6] 하지만 양국이 교역을 시작한 1980년대 말 이전만 하더라도 인도는 이스라엘과 어떤 형태의 접촉도 거부했다. 양국은 1992년 외교적 관계를 수립했고, 타할은 1994년 인도에서 첫 번째 프로젝트를 수주했다.[7]

그 이후 타할은 인도 물 시스템의 상당 부분을 현대화하는 데 큰 역할을 해 왔다. 라자스탄Rajasthan주와 구자라트Gujarat주에서 주 전체에 대한 종합 계획을 개발하고, 안드라프라데시Andhra Pradesh주와 타밀나두Tamil Nadu주의 관수 기반 시설을 구축하고 시행하며, 아삼Assam주의 하수 처리 시스템을 설계하고 건설한 타할은 인도 주들과 제휴한 세계은행이 주관하는 경쟁 과정을 거쳐 이 프로젝트들을 수주했다.

최근 타할은 인도의 주요 물 관련 공기업 일부분을 맡아 운영하는 비즈니스 부분에서도 가능성을 나타냈다.[8] 지방 공익 기업 운영은 일반적으로 정부의 기능이지만, 세계 곳곳의 다른 정부와 마찬가지로 인도는 여러 사회기반시설 중 특히 도로와 교량 부문에서 공공과 민간의 합작 모델을 시험한 적이 있었다. 2012년 인도는 주요 물 관련 공기업을 영리 목적의 민간 기업이 운영하면 더 나은지 검토해 보기로 결정했다.

타할은 예루살렘의 물 관련 공기업과 인도의 사회기반시설 관련 공기업 등과 합작 관계를 맺고, 2013년 인도의 수도 델리에 있는 물 관련 공기업과 새로운 협정을 체결했다. 델리는 영국이 인도 아대륙sub-continent(대륙보다는 작지만 섬보다는 큰 땅덩이를 말한다)을 장기간에 걸쳐 식민지배하던 말기에 인구 80만 명을 예상하며 설계했던 도시다. 1947년 영국이 떠난 이후로 도로와 전력 용량, 수도시설이 많이 추가됐지만, 현재 1,600백만 이상으로 늘어난 인구를 이 도시의 사회기반시설로는 감당할 수 없었다.

델리 전역의 시민들은 급수 트럭에서 구입해야만 물을 사용할 수 있는 경우가 많다. 합작 사업에 참여한 타할과 파트너 기업들은 총인구수 1백만이 넘는 두 지역, 즉 세련되고 수준이 높은 바산트 비하르Vasant Vihar와 복잡하고 가난한 메라울리Mehrauli에서 물 관련 공기업을 다시 정의하고 구축하며 운영하는 일에 투입됐다. 이 시범 사업이 성공하면 비슷한 프로젝트가 델리의 다른 지역과 어쩌면 인도의 다른 도시까지 확대될 것이다. 타할의 입장에서는 개발도상국 도시의 물 관련 공기업 운영을 자신들의 사업 영역에 추가할 수 있게 된다.

인도 진출이 허용되기 몇 년 전 타할은 다른 지역에서 일을 시작한 적이 있는데, 1975년부터 25년 동안 네팔의 히말라야 산맥 하부에서 프로젝트를 진행했다. 그곳에서 타할의 임무는 바이라하와Bhairahawa시와 석가모니 탄생지인 룸비니Lumbini시의 빈곤한 지역 농민들이 새로운 수원을 사용할 수 있도록 지하수원을 개발하고 관수 시스템을 구축하는 것이었다.

타할에서 고위 임원으로 근무했던 모세 가브린거 박사는 당시 상황을 이렇게 설명한다. "그곳의 환경은 상상할 수 없을 정도로 끔찍했습니다.

길도 없고 전기도 들어오지 않았습니다. 우리에게는 가장 원시적인 생활 환경이었습니다. 어느 날 아침 우리 팀의 한 멤버는 잠에서 깨어나 자신의 방 안에 있던 뱀을 본 적도 있었습니다." 가르린거 박사는 타할에 근무하면서 남아메리카 10개국과 아프리카 5개국을 포함한 세계 많은 국가에 파견됐으며, 아프리카 가나에서는 타할의 지역 대표로 일했지만, 네팔에서 지낸 첫 해와 비슷한 경험을 한 적은 없었다고 말한다. "2000년 그 지역을 떠날 때 즈음에 우리는 그곳에서 실행한 관수 프로젝트가 이제껏 한 것 중에서 가장 성공적이었다고 말할 수 있었습니다. 이를 통해 수많은 가난한 사람들의 삶을 바꿔 놓았습니다."

가브린거 박사는 자신이 '비참한 지역'이라 부르는 곳까지 마다하지 않는 타할과 여러 이스라엘인의 의지가 세계 곳곳의 물 개발 프로젝트에서 이스라엘이 성공한 주요 이유라고 확신한다. 프로젝트를 실행할 지역이 아무리 미개발된 상태라 하더라도, 이스라엘인들은 과업을 기꺼이 맡는다. 풍족한 중산층 출신으로 미국 아이비리그대학에서 엔지니어링 박사학위까지 받은 가브린거는 타할 임직원을 비롯한 이스라엘인들이 지금까지 한 일을 할 수 있게 만들었던 세 가지 요인이 있다고 생각한다.

이를 두고 그는 이렇게 설명한다. "첫째, 이스라엘 국내에서 실행하는 것보다 더 큰 도전 과제를 원하는 뛰어난 재능을 가진 사람들이 많았습니다." 단, 자신은 그런 사람에 속하지 않는다는 겸손함을 보이며 설명을 이어간다. "이스라엘을 고국으로 여기는 자들이지만, 이스라엘에서 해야 하는 프로젝트에만 자신을 제한하려 하지 않았습니다. 특히 대부분의 물 관련 기반시설이 구축되고 사막에서까지 물이 흐르기 시작한 이후에는 더욱 그랬습니다."

두 번째 요인은 이스라엘과 시온주의, 유대 전통에 대한 자부심이었다. 이에 대해 가브린거 박사는 이렇게 설명한다. "우리는 어디를 가든 우리가 이스라엘에서 왔고, 유대인이라는 사실을 사람들에게 알리려 했습니다. 우리의 노력과 업적을 통해 우리는 모든 사람들에게 이스라엘인이 한 일이 무엇인지 알려 줄 수 있기를 원했습니다. 그리고 우리는 이스라엘에서 왔기 때문에 어디를 가더라도 항상 최선을 다하는 모습을 보여야 한다고 우리 스스로에게 요구했습니다. 타할이 이스라엘과의 연관성으로 혜택을 입었다고 하면, 우리는 이스라엘의 명성도 우리의 업적을 통해 분명히 더 높아질 수 있기를 바랐습니다."

가브린거 박사는 앞서 설명한 두 가지 요인만큼 중요한 세 번째 요인으로, 약간 다른 형태이기는 하지만, 이타주의 정신을 꼽으며 이렇게 덧붙여 말한다. "우리는 문명의 이기라고는 흔적도 볼 수 없는 지역으로 가서 그들을 위해 눈물을 흘리며 가슴 아파합니다. 가난한 사람과 빈곤한 국가를 돕고 그들의 삶의 질을 개선할 수 있다는 것을 매우 영광으로 생각했습니다. 전 세계 사람에게 도움을 주고 싶어 하는 우리의 감정은 성경에 나오는 계명과 거의 같은 것이었습니다."

아프리카 물 시스템을 원격 관리하다

이스라엘 정부와 이스라엘 기업들은 개발도상국에서 이룬 이스라엘의 물 관련 혁신을 독점하는 일이 거의 없다. 시반 야아리Sivan Ya'ari의 경우가 좋은 예다. 야아리는 자신의 의지력에서 뿜어져 나오는 기운을 바탕으로 대부분의 결과를 이뤄 내며 자신의 힘만으로 엄청난 경지에 오른 사람이다. 체구가 작은 이 30대 이스라엘인이 현재 의지력을 발휘하는 곳은 이노베이션 아프리카Innovation: Africa 또는 I:A로 알려진 설립한 지 얼마 안 된 NGO다. 이 NGO는 태양열 발전과 이스라엘 기술을 활용해 주로 아프리카의 외딴 곳에 있는 작은 마을에 깨끗한 물과 전력을 공급하는 데 도움을 주고 있다.

이스라엘에서 태어난 야아리는 어린 시절 그녀의 부모를 따라 프랑스로 이주했다. 미국에서 대학을 다녔으며, 학비를 벌기 위해 일거리를 찾다가 패션 청바지 기업인 죠다쉬의 소유주 중 한 명을 소개받고는 아프리카 생산 공장의 출고 검사 담당으로 채용됐다. 이 업무를 맡았던 전임자들과 마찬가지로 야아리는 자신이 알고 있던 이스라엘과 유럽과 미국에서의 삶과 아프리카를 방문하며 봤던 삶의 극심한 차이에 몹시 놀랐으며, 무엇보다도 깨끗한 물과 전기 같은 기본적인 필수품이 부족하다는 사실에 특히 더 그랬다.

이와 같은 경험은 그녀의 마음을 움직였고, 어떤 일로 이어질지 몰랐지만, 아야리는 국제에너지관리 분야에서 학위를 받기 위해 대학원에 진학했다. 이는 곧 여름방학 동안 UN이 제공하는 세네갈 외딴 지역에서의 단기 업무로 이어졌고, 야아리는 그곳에서 고장 난 물 펌프를 봤으며, 펌프가 고장 나지 않았더라도 이를 돌리는 데 필요한 경유 비용을 감당할 수 없는 마을 주민들을 만났다. 야아리는 당시 상황을 이렇게 설명한다. "펌프가 바로 거기에 있었지만, 사용할 수 없었기 때문에 그들은 결국 몇 km 떨어진 곳까지 구멍을 파서 마을까지 더러운 물을 끌어와야 했습니다." 야아리는 이 모습이 매우 고통스런 경험이었다고 말한다.

뉴욕으로 돌아와 학업을 계속한 야아리는 이스라엘로 귀국하기 전에 '이노베이션 아프리카'를 설립했다. 그녀의 아이디어는 이 조직을 통해 태양열 물 펌프뿐만 아니라 태양열 발전 설비와 병원용 백신 보관 냉장고를 보급하는 일이었다. 2009년 1월 어느 정도 기금을 마련한 아야리의 모금 활동 이후 아프리카 우간다의 푸티Putti 마을이 이노베이션 아프리카의 첫 번째 태양열 물 프로젝트 대상지로 선정됐다. 여러 다른 마을이 뒤를 이었고, 현재는 아프리카 7개국에서 프로젝트가 진행되고 있다.

아직까지는 이노베이션 아프리카의 우간다 프로젝트가 깨끗한 물이 부족한 수백만 우간다 주민 중 극소수에게만 혜택을 주고 있지만, 이 NGO는 아프리카 일부 국가 지도자의 주목을 끌었다. 루하카나 루군다 Ruhakana Rugunda 우간다 총리는 인터뷰 진행자에게 야아리와 이노베이션 아프리카의 노력과 업적을 고맙게 생각하며 "이런 활동이 이스라엘과 우간다의 협력 관계를 잘 보여준다"고 말했다.

세 아이의 어머니이며 이스라엘 전역에서 직원 150명이 근무하는 뉴욕 스타일 네일숍의 전국 체인을 창업한 야아리는 현재 '단' 수만 명에게만 손길이 닿아 안타깝게 여기는 물 프로젝트를 상당한 수준으로 확장할 계획을 갖고 있다.

물을 찾아내는 일은 야아리가 생각했던 것만큼 어렵지는 않았다. 이에 대한 그녀의 설명이다. "아프리카에는 알고 보면 지하수가 아주 많이 있습니다. 어디에서 찾아야 할지만 알면 됩니다. 아프리카 물 지원 프로그램이 직면한 더 큰 문제는 지원 전문가들이 마을을 떠나자마자 물 시스템이 망가지기 시작하고 주민들의 사정은 시스템 설치 이전보다 더 나아진 게 없다는 것입니다." 야아리는 모든 물 시스템을 이스라엘에서 원격으로 관리하는 스마트 기술을 활용해 이 문제를 극복하기로 결정했다.

이노베이션 아프리카는 다른 지원 조직에서 설치한 물 시스템이 항상 직면하는 문제인 고장이나 공공기물 파손 또는 도난에 영향 받지 않을 것으로 보이는 시스템 개발에 성공했다. 이 시스템의 개념은 믿을 수 없을 정도로 단순한데, 바로 이런 식이다. 즉 수질이 뛰어난 지하수의 위치를 찾아낸 뒤 디젤 엔진으로 작동하는 천공기를 이용해 지하수원까지 굴착한다. 그러고 나서 물 펌프를 굴착한 구멍 속으로 넣는다. 펌프 작동에 필요한 전기를 충분히 생산할 만한 크기의 태양열 전지판을 설치하고 펌프에 연결한다. 펌프를 이용해 대수층에서 물을 끌어올려 근처에 미리 만들어 놓은 급수탑에 저장한다. 급수탑의 물이 필요하면 중력을 이용해 마을 곳곳의 목적지까지 물을 공급한다.

마을 주민의 입장에서 깨끗한 물을 공급받는 것만큼 중대한 관심은 충분한 식량을 확보하는 일이므로, 이노베이션 아프리카의 송수관은 태양열 전지판과 동시에 설치한 점적 관수 시스템에도 연결돼 있다. 현지 주민은 점적기 근처에 씨를 뿌리기만 하면 된다. 수확을 제외한 다른 모든 일은 수천 마일 떨어진 이스라엘에서 처리한다.

이노베이션 아프리카의 기술 담당 최고 책임자인 마이어 야아코비 Meir Ya'acoby는 미국 주요 기술 기업의 이스라엘 R&D센터에서 근무했던 전기 기술자이며, 지금은 자신이 설립한 기술 스타트업의 운영과 이노베이션 아프리카의 업무를 병행하고 있다. 그는 단순한 부품들을 활용해 아프리카에 설치한 물 시스템 각각을 이노베이션 아프리카의 텔아비브 사무실에서 감시하고 관리할 수 있는 장치를 개발했다. 데이터 무선 송신 서비스나 휴대폰 무선 서비스(야아리의 말에 따르면 "아프리카 성인들이 신발은 없어도 휴대폰은 갖고 있다"고 한다)를 활용해 탱크에 물이 얼마나 남아 있는지, 펌프나 점적 관수 장비 또는 태양열 전지판에 무슨 문제가 있는지 등과 같은 주요 정보를 업데이트하는 메시지가 수시로 전달된다.

야아코비는 아프리카에서 정보를 송신하는 기능에 현지 기상 상태에 관한 정보를 지속적으로 제공해 주는 기능을 추가했다. 날씨가 평소보다 더 많이 더워지거나 며칠 동안 구름이 끼면서 태양광을 막아 전기 생산이 어려워질 것으로 예상되면, 야아코비는 이에 대비해 펌프로 더 많은 물을 양수하고 탱크에도 저장해야 한다는 것을 알 수 있다. 비가 올 것으로 예상하면, 어떤 작물을 기르고 그 작물이 어느 성장주기에 있느냐에 따라 점적 관수의 물 공급을 언제 중단하고 언제 다시 시작해야 할지 알 수 있다. 시스템의 어떤 부분에서라도 기계적 문제가 발생하면 단 몇 분 만에 알 수 있으며, 시스템은 자동으로 현지 기술자에게 고장 난 부분의 수리에 필요한 상세한 정보를 담은 메시지를 보낸다. 야아코비는 시스템의 모든 부분을 자동화할 수 있기 때문에 기능을 무한 확장할 수 있다고 말한다.

점적 관수 시스템은 마을 주민들에게 더 많은 식량을 제공하며, 굶주림에서 벗어나게 하는 일을 넘어 기대하지 않았던 효과도 발휘한다. 야아리는 우간다 푸티 마을에서 일어난 일을 대표적인 연구 사례로 인용하며 이렇게 말한다. "마을 주민들은 필요한 만큼만 먹고 남는 식량은 시장에 내다 팝니다. 점적 관수로 생산한 잉여 수확물을 판매해 번 돈으로 주민들은 닭을 사서 양계장을 만들었습니다. 이는 주민들의 영양 상태를 개선할 뿐만 아니라 주민들이 경제적으로도 안정될 수 있게 했습니다. 이 시스템으로 절약한 물은 경제적 발전의 도구가 될 수 있습니다. 그리고 마을이 이렇게 성공한 것은 제대로 작동하는 물 시스템 덕분이므로 모든 주민은 이 시스템을 확실히 보호하려 합니다."

현재 아프리카에서 이노베이션 아프리카의 시스템을 사용하고 있는 마을은 수십 개에 이르며, 그 결과는 곧바로 알 수 있다. 이를 두고 야아리는 이렇게 설명한다.

"일단 물이 공급되기 시작하면, 아이들은 기름통에 흙탕물을 채워 옮길 필요도 없고, 씻을 수 있기 때문에 위생 상태도 좋아집니다. 또한 많은 아이들이 깨끗하지 못한 물을 마신 탓에 병에 걸렸기 때문에 깨끗한 물은 아이들의 건강을 지켜 줍니다."

또 다른 변화는 주민들이 하루를 보내는 방식에서 나타난다. 야아리의 설명이 이어진다. "아이들, 특히 여자 아이들은 물을 길어 오기 위해 하루에 2~3시간씩 걸었고, 돌아왔을 때에는 매우 지치고 불결한 상태였습니다. 이제 펌프로 물을 끌어올리기 때문에 아이들은 학교에 갈 수 있습니다. 물을 길어 와야 할 의무가 사라졌습니다. 아이들에게 이제 물은 마시고 수영하기 위한 것입니다."

11 | 캘리포니아주의 풍족함에 따른 부담

사람들은 우리가 새로운 시대에 있다는 사실을 깨달아야 한다.
아담하고 멋진 잔디밭에 매일 물을 주는 시대는 지나갔다.

- 제리 브라운(캘리포니아 주지사)

우리가 어떤 일이 지금 상태 그대로 머물러 있기를 바란다면,
그 일은 변해야 한다.

- 주세페 토마스 디 람페두사, 소설《표범The Leopard》중에서

최근까지 이스라엘의 거의 모든 해외 물 프로젝트는 경제적 어려움에 처해 있거나 미개발된 곳에서 진행됐다. 하지만 이스라엘 발명가와 기업가가 새로운 기술을 개발하면서 이스라엘의 글로벌 물 프로젝트는 부유하고 물이 풍부한 국가와 공동체까지 그 지경을 넓혔다. 현재 많은 이스라엘 물 기술 기업이 경제적으로 부유하고 물 자원마저 넘쳐나는 국가에 물

관련 솔루션을 제공하며 세계 곳곳에서 비즈니스 활동을 펼치고 있다.

이와 같은 이스라엘 혁신 기업들은 해수 담수화와 정교한 관수 기법, 하수 처리의 선진 개념, 첨단 계량 및 누수 감지 시스템, 그리고 시스템 전체가 보다 높은 신뢰성과 에너지 효율성을 갖출 수 있게 만드는 여러 효율적인 신기술 등, 물에 관한 거의 모든 사항을 다룬다. 미개발 국가에서 그랬던 것처럼 부유한 국가의 물 절약 부문이나 물 시스템의 운영비용과 에너지 절감 부문 등에서도 이스라엘의 영향력은 점점 더 커졌다.

하지만 이스라엘은 제품이나 서비스보다 더 많은 것을 부유한 국가에 제공할 수 있다. 공유할 수 있는 물 관련 경험이 풍부하며, 무엇보다도 혁신하는 자세와 어떤 일이 문제로 발전하기 전에 해결에 나서는 특성을 갖추고 있기 때문이다.

일반적으로 부유한 사회의 물 관련 공익 기업과 농민들은 보유한 물을 관리하고 활용하는 방법을 좀처럼 혁신하려 들지 않는다. 마찬가지로, 정부 지도자가 이미 몇 년 전에 희미하게나마 물 문제의 첫 징조를 봤다고 하더라도 물 부족 위기를 미리 방지할 만한 의미 있는 변화를 강력히 시도하는 지도자는 거의 없었다. 모든 일이 예전과 어느 정도 비슷하게 작동하는 것처럼 보이는 한, 어느 누구도 물 가격을 실제 비용과 거의 비슷한 수준으로 인상하고, 심지어 시민과 기업 경영자의 적절한 희생을 요구해야 한다고 느끼는 사람은 아무도 없다. 시민과 산업계가 변화를 추구하고 또 그렇게 해야 할 이유를 이해하는 데 관심이 없으면, 선출직 공무원도 변화를 실행하는 데 관심을 두지 않는다.

서구 국가 모두가 정교한 물 관련 사회기반시설과 필요할 때마다 사용 가능한 안전한 상수도 시스템을 갖추고 있기는 하지만, 이들 국가 대부분은 물이 풍부한 현상을 당연한 것으로 여겨 왔다. 많은 국가가 아무 생각 없이 비생산적인 법률과 규제 체계 속에 빠져드는 한편, 시민과 농업 부문, 산업계는 낭비적이며 심지어 파괴적이기까지 한 소비 형태를 아무 생각 없이 채택해 왔다.

물에 대한 변화된 접근 방식이 거의 모든 곳에서 필요하며, 부유한 국가는 개발도상국에는 없는 방식으로 변화를 일으킬 수단을 갖고 있다. 부유한 국가의 농민과 소비자는 물의 실제 가격을 지불할 수 있는 능력을 갖추고 있으며, 국가 기반시설은 보다 정교하다. 통치 방식은 더 유연하며 시민들은 적극적인 행동주의에 보다 잘 적응돼 있다. 무엇보다도 교육 수준이 높은 광범위한 대중 계층은 변화가 필요한 이유를 이해시키기에 용이하다. 물이 유한한 자원이라는 현실을 생각하지 않고, 지금 바로 물 사용을 적절히 제한해야 한다는 사실을 받아들이지 않으면, 소비자와 농민은 얼마 못 가서, 그리고 어쩌면 갑작스럽게, 자신들의 물 소비에 엄격한 규제가 가해지는 상황을 맞이할지도 모른다. 풍부함에 따른 이점도 있지만, 그렇다고 해서 다가오는 전 세계 물 부족 위기에서 벗어날 수는 없다.

1950년대 이스라엘이 가난한 국가의 물 사용에 대한 모델 역할을 했듯이, 선진 물관리 방식과 정책을 갖춘 오늘날의 풍족한 이스라엘 사회는 부유한 국가와 지역의 본보기로서 역할을 할 수 있다. 지금까지 물 부족 문제의 고통을 느껴보지 못했으며 아직까지는 지평선 너머에 있는 염려거리를 극복할 시간적 여유가 있는 국가와 지역들이 여기에 포함된다. 물이 제한된 지역에 자리 잡은 이스라엘에서 인구와 경제가 성장하고 동시에 물이 남아도는 상황을 만들어 냈다는 사실은 충분한 시간과 자금을 투입하고 변화된 자세를 갖추면 어느 누구라도 물에 관한 풍족한 미래를 확보할 수 있다는 희망을 모든 곳에 전해 준다.

　하지만 최악의 상황에 대비하는 계획을 수립하지 않으면 물이 풍부한 국가에서도 충분한 경고 없이 상황이 역전될 수 있다. 브라질이 그에 딱 들어맞는 사례다.

브라질의 악몽

급격한 경제 성장 시대를 경험하면서 브라질은 수천만 명의 국민을 빈곤에서 안락한 중산층 삶으로 끌어올리는 한편, 남아메리카의 위대한 경제적 성공 스토리로 떠오르며 투자자에게 가장 매력적인 국가 중의 하나로 자리매김했다. 브라질은 또 전 세계에서 흐르는 강 중 단연코 규모가 가장 큰 아마존강의 본고장이기도 하다. 하지만 어쩌면 이 사실은 아마존강과 동떨어진 국토 반대편에 자리 잡은 브라질의 경제 수도 상파울로에 거주하는 시민들에게는 역설적으로 들릴지도 모른다. 가뭄과 형편없는 물 정책이 복합적으로 작용하면서, 현재 상파울로는 고층 오피스 타워, 고급 호텔, 엘리트로 넘쳐나는 도시 지역과 전혀 어울리지 않을 것처럼 보였던 물 부족 사태로 고통받고 있다.

　브라질 인구 2억 명 중 10%는 상파울로시에 거주하며, 20%는 상파울로시가 속한 상파울로주에 살고 있다. 상파울로는 브라질 GDP의 3분의 1과 전체 산업 생산의 40%를 차지한다. 하지만 현재 상파울로가 직면한 물 부족 위기는 이 문제가 곧바로 해결되지 않으면 세계적 금융센터로 역할하는 이 도시와 주변 지역의 물에 관한 미래가 어떻게 될지 의문스럽다.

　2015년 초 상파울로의 가장 큰 저수지 수위가 저수 용량의 약 5%까지 낮아졌다. 지역 내 전력 생산 대부분이 수력발전으로 이뤄지는 상황에서 전력 생산용 터빈을 돌릴 물이 충분하지 않았다. 이에 따라 상파울로와 인근 8개 주는 지역별로 돌아가면서 정전을 실시할 수밖에 없었고, 이는 수천만 명의 건강과 안전, 경제에 영향을 미쳤다. 펌프를 돌릴 전력이 부족하고 이에 따라 상수도로 사용할 물의 양이 줄어들면서 많은 가정에 한 번에 며칠씩 수돗물 공급이 중단되고, 그 이후로도 가능한 경우에 한해 간헐적으로 공급됐다. 식당은 접시를 씻을 물이 없었기 때문에 식사를 접시에 담아 제공할 수 없었다. 사람들은 샤워할 물과 심지어 변기에 사용할 물조차 부족했다. 미국 주요 도심지와 다르지 않게 물 부족 공포가 브라질 대도시 일상생활의 가장 중요한 부분이 됐다.

이와 같은 물 부족 사태에 대응해 지역 주민들은 허가 없이 지역 내 대수층을 굴착하기 시작하며 지하수원을 앞으로 오랜 기간 동안 오염될 위험에 빠트렸다. 절도범들은 이미 누수 현상이 일어나고 있는 송수관에 침입해 가져갈 수 있는 모든 물을 훔치며 물 공급량을 더욱 감소시켰다. 사람들은 어쩌다 내릴 수도 있는 빗물을 조금이라도 더 모으고 가끔씩 수도꼭지에서 흘러나올지도 모르는 수돗물을 확보하기 위해 자신의 주택과 아파트 내에 임시 저장 탱크를 만들었지만, 이는 한 가지 문제를 해결하기 위해 또 다른 문제를 만드는 꼴이 됐다. 바로 일부 탱크에서 모기가 번식을 시작하고, 이 때문에 뎅기열 발병 사례가 보고되기 시작한 것이었다.

시민 사회가 무너지지 않았으면, 당시 정부와 지역 내 물 관련 공익 기업을 향해 폭넓게 확산된 분노는 문제를 미리 예측하고 사회기반시설을 제대로 고치고 8년 동안의 가뭄이 있기 전과 가뭄 기간 동안에 적절한 물관리 방식을 확립하는 데 실패한 것을 이유로 크게 표출됐을 것이다.

하지만 상파울로에서 대규모 탈출을 예상하는 암울한 소식이 들려왔고, 그 지역을 이미 떠난 사람들은 '물 난민'으로 불렸다.

이스라엘에 도움을 요청하다

미국 주요 도시는 상파울로 물 부족 상황과 위기에 견줄 만한 상황을 겪은 적이 없었다. 하지만 미국 서부에 단 몇 년 동안만 가뭄이 발생하고 나면, 브라질에서 인구가 가장 많은 도시와 주에 닥친 것만큼 (최소한 아직까지는) 그렇게 끔찍하지 않더라도 미국에서 물 공급을 제한하고 삶의 방식에 변화가 일어나는 미래를 상상하는 것도 더 이상 불가능한 일도 아니다.

하지만 브라질과 상파울로가 그랬듯이, 미국에서 가장 인구가 많은 주는 단 몇 년 전만 하더라도 자신들이 물 부족 사태에 취약하다고 생각해 본 적이 없었다. 캘리포니아주를 생각하면 물을 흠뻑 준 잔디와 반짝반짝 빛나도록 자주하는 세차, 거품이 부글부글 올라오는 자쿠지 욕조와 함께 뒤뜰에 설치한 수영장의 이미지가 떠오른다.

캘리포니아주의 일부, 특히 주에서 가장 큰 도시 로스앤젤레스 시막지대에 인접했을 수도 있다. 하지만 캘리포니아의 화려하고 비범한 삶은 모든 것이 풍부하다는 의미였으며, 여기에는 물도 포함돼 있었다. 세계 최고의 농산물 재배자이며 다른 모든 지역과 마찬가지로 물을 가장 많이 쓰는 계층인[1] 캘리포니아 농민들은 멸종 위기 어종 보호를 위해 오랫동안 강물 사용을 제한받았지만, 그 대신 다른 지표수 수원과 인근 대수층의 물을 사용할 수 있도록 보장받았다.

현재 예비용으로 제공했던 대수층 물을 너무 많이 양수한 탓에 별다른 경고도 없이 이 대수층 물이 이미 말라버릴 지경에 이르면서 캘리포니아주는 아주 다른 형태의 미래에 대비하는 계획을 세우고 있다. 한때 물만큼은 확실히 보장됐던 주가 점점 더 악화될지도 모를 가뭄으로부터 자신들을 보호하기 위해 최근 물 사용을 제한하는 일련의 조치를 발표했다. 주 정부가 시행한 가정용수의 극적인 감축 이후 농민들은 보다 큰 규모의 의무적 감축 조치를 피하려고 농업용수 사용 제한 방안을 자체적으로 발표했다. 이와 비슷하게 주 곳곳에 있는 휴양지들은 자신들이 운영하는 골프장과 분수대, 유명 테마파크에 재활용된 물을 사용하는 비중을 더 높였다. 캘리포니아주는 전 세계에서 물 부족 문제를 겪고 있는 국가들이 지난 수십 년 동안 해 왔던 일도 시행했다. 바로 이스라엘과 협력 관계를 맺고 그들의 도움을 요청하는 일이었다.

경제적 유대 관계 강화를 놓고 이스라엘과 몇 년 동안 논의가 진행된 이후, 캘리포니아주의 가뭄 상황이 양측의 대화에 긴박감을 더했다. 2014년 1월 제리 브라운Jerry Brown 주지사는 캘리포니아주에 가뭄 비상사태를 선포하며 이렇게 말했다. "우리가 비를 내리게 할 수는 없지만, 우리는 현재 캘리포니아주를 덮친 가뭄이 위협하는 끔찍한 결과에 훨씬 더 잘 대비할 수는 있습니다." 당시 상황이 얼마나 심각한지 명확히 알리기 위해 브라운 주지사는 농업과 일상생활에 사용할 물이 '엄청나게 부족해지는' 위험을 얘기했다. 주지사의 선포는 가뭄 탓에 그 위험성이 더 커진 화재 발생과 심지어 식수 부족에 주 전체가 대비해야 한다는 사실을 캘리포니아 주민에게 상기시키며, 모든 상황을 있는 그대로 드러냈다.[2]

오랜 기간에 걸쳐 논의되기도 했지만, 이후 두 달이 채 지나지 않아 브라운 주지사는 실리콘밸리에서 열린 양해각서MOU 서명식에 참가한 베냐민 네타냐후 이스라엘 총리를 맞이하며 "경제적 유대 관계 강화를 위한 전략적 동반자 관계"를 구축하는 과정에 들어섰다. MOU에 명시된 목표의 배후에는 물 문제를 최우선에 두고 이스라엘의 혁신을 공유하는 데 집중하는 것도 포함돼 있었다.

자신의 차례에 연단에 오른 브라운 주지사는 캘리포니아주가 전 세계적 우려 사항을 함께 다루기 위해 유대 관계를 구축하는 첫 번째 국가로 이스라엘을 원하는 몇 가지 이유를 밝혔다. 하지만 그는 캘리포니아주 자체의 물 부족 문제를 열거하는 것으로 연설을 시작했다.

"우리는 현재 엄청난 가뭄의 한가운데에 놓여 있으며, 이 상황은 우리에게 효율적이고 현명한 물관리의 중요성을 일깨워 줍니다." 그러고 나서 브라운 주지사는 자신들이 해야 할 일뿐만 아니라 직면한 도전도 인정하며 이런 말을 했다. "우리는 물의 보존과 재활용, 담수화 시설 활용, 지표수와 지하수 모두에 대한 관리 부문에서 갈 길이 아직 많이 남아 있습니다. 이스라엘은 한 국가가 이런 부문을 얼마나 효율적으로 관리할 수 있는지 증명했으며, 나는 협력할 수 있는 좋은 기회가 바로 여기에 있다고 생각합니다."

이 연설에 대한 답으로 네타냐후 이스라엘 총리는 호기심을 불러일으키는 질문을 제시했다. "이스라엘에는 물 부족 문제가 없습니다. 여러분은 그게 어떻게 가능한지 궁금하지 않으십니까?" 이 질문에 이어 그는 이스라엘의 강우량이 건국 당시에 비해 절반으로 줄었으며, 인구는 열 배 늘었고, 일반적으로 물 소비의 확실한 척도로 여기는 GDP가 일곱 배 증가했다는 사실을 나열했다. 그러면서 이스라엘의 비결은 농업용수를 위한 하수 재활용, 점적 관수, 누수 방지, 담수화에 있다고 말했다. "이스라엘에 물 부족 문제가 없다"는 사실을 거듭 강조하며 네타냐후 총리는 연설을 이어갔다. "캘리포니아주는 물 부족 문제를 겪지 않아도 됩니다. 우리와 협력하며 극복할 수 있다고 생각합니다. 이스라엘은 이미 증명했습니다. 하나의 가능성이 아니라 구체적인 결과를 말하는 것입니다."

이 MOU는 공무원들의 후속 조치에 의존하는 다른 정부 대 정부 협정과 달리, 이스라엘과 캘리포니아주의 기업과 대학의 협력 구조를 촉진하는 형태였다. 또한 캘리포니아주의 도시들이 물 문제와 여러 다른 문제를 해결하기 위해 이스라엘과 협력 방안을 모색하도록 촉구했다.

MOU가 체결되고 곧바로 캘리포니아주립대학 시스템에 속한 UCLA와 버클리대학교를 포함한 상위 대학들이 MOU 협정 내용에 따라 이스라엘 대학교 및 교수들과 협력할 수 있는 프로젝트를 찾아 나섰다. 도시 일부의 식수원으로 사용하는 대수층의 오염 문제 해결을 위해 이스라엘에서 도움을 구하려는 로스앤젤레스를 포함한 캘리포니아주의 두 도시는 특정 문제에 이스라엘의 해결 방안을 활용하기 위한 테스크포스를 구성했다.

키쉬 라잔Kish Rajan은 브라운 주지사의 수석보좌관이다. 국가 단위로 비교하면 세계에서 8번째 경제 대국에 해당하는 캘리포니아주의 주정부 사업과 경제 개발 업무를 이끌고 있는 라잔은 이런 말을 한다. "캘리포니아주에서 물 문제에 관련되지 않은 산업 부문은 거의 없습니다. 유일하지는 않지만 가장 확실히 영향을 받는 부문은 농업입니다." 캘리포니아주의 농업 부문은 700억 달러 규모의 산업이다. 라잔은 이렇게 덧붙여 말한다. "전 세계에서 중산층이 늘어나고 이들에게 필요한 고품질 식품의 수요도 함께 증가하면서, 캘리포니아주는 농산물 매출을 늘릴 수 있는 기회가 있습니다. 단, 우리가 물을 관리하고 수확량을 늘릴 수 있는 경우에만 말입니다."

비록 해외 소비자는 과일이나 채소 또는 견과류를 구입한다고 생각할지 모르겠지만, 농산물 수출은 어떤 의미에서 보면 물을 수출하는 것과 같다. 물을 고갈되지 않는 무료 자원으로 여기면, 농민들은 수출 원가에 물 비용을 포함시킬 이유가 없다. 하지만 물 공급량이 줄어들면, 최소한 새로운 수원을 찾아내고 확보할 수 있을 때까지는 수출용 농산물 재배가 의미가 있는지 생각해 봐야 할 정책적인 문제가 생긴다. 이미 지나치게 많은 물을 양수한 대수층에서 수출 판매에 따른 단기적 혜택을 얻기 위해 대부분 재활용 불가능한 물을 더 많이 퍼 올림으로써 주와 지역 또는 국가 전체의 물 미래를 위태롭게 하는 것은 이치에 맞지 않다. 그런데도 현재 캘리포니아주 일부와 전 세계에서 이런 일이 실제로 일어나고 있다.

캘리포니아주의 또 다른 주요 산업 부문으로 주 전체 경제에 1천억 달러 규모의 수익을 기여하는 관광산업은 수출 집약적 산업인 농업과 사정이 다르다. 라잔은 이를 두고 이렇게 설명한다. "우리 관광산업의 핵심은 관광객과 이곳에 거주하는 주민 모두에게 중요한 캘리포니아 특유의 생활 방식입니다. 여기에는 다양한 레크리에이션 활동과 골프, 수영, 나무와 풀이 무성한 풍경 등이 포함돼 있습니다. 이들 모두는 물이 많이 필요합니다."

캘리포니아주가 특유의 생활 방식을 유지하고 더욱 향상시키는 데 이스라엘과의 관계가 중요한 가치를 지니고 있다. 라잔은 이런 말을 한다. "이스라엘은 물을 지능적으로 관리할 수 있는 시스템을 갖추고 있습니다. 물 가격을 어떻게 책정할지 알고 있으며 효율적인 물 사용을 위해 기술을 어떻게 활용할지 이해하고 있습니다. 이 모든 것을 통해 이스라엘은 지금과 같은 성공을 이룰 수 있었습니다. 캘리포니아주민에게는 새로운 시대를 여는 것이지만 그들은 이 일을 오랫동안 해 왔습니다. 이 모든 부분에서 이스라엘은 우리에게 많은 것을 가르쳐 줄 수 있습니다."

라잔이 언급했을 법한 캘리포니아주의 물 재생 프로그램에 이스라엘이 기여한 한 가지 프로젝트는 소송과 허가 문제로 10년간 연기된 후 현재 이스라엘 담수화 기업 IDE 테크놀로지가 건설 중인 샌디에이고 근처 칼스배드Carlsbad의 최첨단 담수화 시설이다. 이 시설은 IDE가 이스라엘과 전 세계에서 건설하고 관리한 담수화 시설을 통해 개발한 모든 최신 기술을 사용한다. 완공 후 운영되면 칼스배드 시설은 하루 5천만 갤런 또는 캘리포니아주민 30만 명이 사용할 수 있는 물을 생산하며, 서반구에서 가장 큰 담수화 시설이 된다. 극심한 가뭄의 영향과 주 전체에 걸친 막대한 물 사용으로 수년 동안 축적된 물 부족 현상을 완전히 뒤집기에 충분하지 않다 하더라도, 이 시설은 상당한 진전을 이룬 것이며, 저절로 사라지지 않는 문제를 해결하는 데 필요한 많은 방안 중의 하나다.

물 부족으로 고통받는 40개 주

현재 캘리포니아주가 물 부족 상황을 극복하기 위해 자체적으로 또는 이스라엘과 협력해 진행하는 일들은 미국 내 다른 주들과 전 세계 여러 선진국에 폭넓게 관련돼 있다. 캘리포니아주의 문제가 언론의 관심을 많이 받기는 했지만, 캘리포니아주만 물 공급 축소로 도전받는 것은 아니다. 텍사스주 대부분이 최근 너무나 극심한 가뭄으로 피해를 입었기 때문에, 미국 기상청의 한 관리는 가뭄에 따른 제한 조치가 일부 해제된다 하더라도 "텍사스주가 예전 상태로 돌아갈 수 있을지 의문스럽다"고 말했다. 텍사스주의 지역 공동체 수십 곳은 여전히 만성적인 농업용수 부족에 직면해 있으며, 일부는 생활용수마저 부족한 상태다.

캘리포니아주와 마찬가지로 텍사스주의 경제 호황도 극심한 가뭄으로 위협받아 왔고, 2011년 최고로 심했으며, 그 여파는 지금까지도 계속되고 있다. 텍사스주는 2011년 한 해에만 농업과 여러 다른 부문의 실패로 거의 120억 달러에 이르는 손해를 입었다. 당시 3만 그루 이상의 나무가 말라 죽었다. 물이 완전히 고갈될 때까지 몇 주밖에 남지 않은 상태에 이른 지역 공동체가 많았으며, 이들 중 50여 곳은 지금까지도 회복하지 못하고 있다.

2013년 10월 릭 페리Rick Perry 텍사스 주지사는 이스라엘 정부 관리들을 만나 캘리포니아주와 비슷한 협력 관계를 구축하고 텍사스가 최악의 물 부족 사태를 헤쳐 나가는데 도움을 얻기 위해 이스라엘을 방문했다. 이스라엘에 있는 동안 이에 못지않게 중요한 것으로 페리 주지사는 텍사스주가 당시 약화되기 시작한 가뭄의 충격을 제한할 뿐만 아니라 필연적으로 또 다시 닥쳐올 다음 가뭄에 대비할 필요가 있다는 발언을 했다. 페리 주지사의 발언이 시사한 대로 가뭄으로 인한 경제적 손실과 수백만 텍사스 주민의 고통은 적절한 계획과 사회기반시설에 대한 조기 예산 집행으로 줄이거나 미리 피할 수도 있을 것이다.

캘리포니아주와 텍사스주가 겪었던 그런 가뭄만 미국 내 많은 주의 토지 경작자의 성공과 삶을 위협하는 것은 아니다. 거대한 하이 플레인즈 High Plains 대수층 위에 자리 잡은 사우스다코타, 와이오밍, 네브래스카, 콜로라도, 오클라호마, 캔자스, 텍사스, 뉴멕시코 8개 주의 모든 농민은 공통된 염려거리를 안고 있다. 그들은 대수층에서 물을 무분별하게 끌어올려 알팔파alfalfa, 옥수수, 밀과 같은 작물에 무한정으로 관수하던 시절은 이제 끝났다는 사실을 잘 안다. 이 작물들을 지난 수십 년간 해 오던 방식 대로 재배한다면 물이 고갈되는 것은 시간문제일 것이다. 대륙이라 해도 될 만큼 거대한 대수층에 수천 년에 걸쳐 채워진 물이 단 몇십 년 만에 이미 상당한 수준으로 줄어들었다.

이 지역 농민들에게 필요한 해답은 적은 물로도 잘 자라는 품종 개발과 대수층을 오염시키는 비료를 덜 사용하고도 더 많이 수확할 수 있는 기술에서 찾을 수 있다. 이스라엘 농민처럼, 하이 플레인즈 대수층을 사용하는 농민은 물 한 방울도 소중히 여기고, 대수층의 물이 먼 미래까지 유지될 수 있도록 마지막 한 방울까지 재활용하는 방법을 찾아야 한다.

다른 주들의 농업과 산업 또한 고통을 겪고 있다. 네바다, 뉴멕시코, 애리조나주는 만성적인 물 부족 문제에 계속 시달리고 있다. 약 1백 년 전에 시작된 강물 물줄기 전환 사업 이후로 미 서부 지역의 많은 부분을 따라 흐르며 물을 공급해 온 콜로라도 강은 가뭄과 과도한 양수, 적절하지 못한 계획 때문에 강물 유량이 역사상 가장 낮은 수준에 이르렀다. 이제 아이다호, 오리건, 워싱턴주 또한 가뭄으로 인한 어려움에 영향받고 있다.

미국 회계감사원GAO: Government Accountability Office이 발표한 보고서에 따르면, 미국 전체 50개 주의 물 담당 관리자 가운데 지금까지 간략하게 설명하거나 언급한 15개 주를 포함한 40개 주의 물 관리자가 앞으로 10년 이내에 자신이 관리하는 주에서 민물 부족 현상을 겪을 것으로 예측한다. 예상되는 지리적 범위와 물이 부족한 정도는 주별로 다르겠지만, 모든 주에 공통적으로 해당하는 사항은 데이터가 충분하지 않고, 분명히 닥

처울 물 문제에 대응할 최상의 방법이 불확실하며, 국가적 차원의 일관된 계획이 없다는 것이다.

이 모든 주가 나아가야 할 길을 가로막는 또 다른 주체는 물을 어떻게 관리해야 한다는 말만 많고 의무적으로 따라야 할 지침은 거의 없는 규제 체계다. 수천에 달하는 기관으로 구성된 방대한 관료주의적 구조에서 의사 결정을 조정하는 일은 거의 불가능하다. 각종 물 이사회, 물관리청, 물 위원회, 그리고 물에 관련된 정부 기관은 어느 관료주의 사회에서나 그렇듯이 자신의 특권을 보호하려 들고, 이렇게 많은 관리 주체의 존재는 미리 계획을 세우고, 각 기관의 힘이 미치는 지리적 범위를 넘어선 현안까지 해결하며, 사회기반시설 구축에 필요한 자금을 채권이나 세금으로 조성하는 능력을 발휘하지 못하게 방해한다.

미국의 물 부족 해결 방안

현재 캘리포니아주와 물 부족 문제가 생길 것으로 예측되는 40개 주, 그리고 물에 대한 수요와 공급 사이의 차이를 감지하기 시작한 전 세계 부자 국가에서 이런 나쁜 소식들이 들려오는 가운데, 모든 물 부족 문제를 해결할 방안이 있다는 희망적인 소식도 있다. 이스라엘은 자체 경험과 그동안의 시행착오와 실패, 그리고 이들을 통해 발견한 궁극적인 해결 방안을 바탕으로 모든 경우의 물 부족 문제에서 모델로 역할할 수 있다.

이스라엘이 물을 사용하는 과정에서 마주한 도전 과제를 극복했던 몇몇 사례를 살펴보며, 이런 사례가 농민과 소비자, 환경을 위해 수자원 수준을 향상시키려는 미국에 어떤 의미를 줄 수 있는지 살펴보자.

이스라엘은 물을 대는 경작지의 75%에 점적 관수 방식을 사용해 물 사용을 줄이면서도 수확량은 늘리고 있다. 이를 볼 때, 미국 내 강수량이 충분하지 않은 지역에서 점적 관수 사용은 더욱 늘어나야 한다. 지난 몇 년 동안 캘리포니아주에서 점적 관수 사용이 크게 늘었고, 그 효과는 매우 긍정적이었다. 캘리포니아주와 다른 모든 주에서도 더 많이 사용할 수 있다. 그러므로 정부 정책은 장비 비용 때문에 점적 관수 방식을 채택하지 못하는 일이 절대 없도록 해야 한다. 장비 감가상각에 대한 특별 과세 혜택과 정부 대출 프로그램은 물을 절약하는 농민들의 능력을 배가할 수 있으며, 이에 따라 경작지에 물을 가득 채우는 담수 관수 방식이 국가적 표준이 아니라 이례적인 것으로 바뀔 수 있다.

이스라엘 농민에게 처리된 하수는 이제 소중한 자원이며, 이스라엘 전체에서 배출되는 하수의 87%가 처리 후 재활용하기 위해 수집된다. 현재 목표는 이 비율을 5년 내에 90%로 끌어올리는 것이다. 미국은 전국에서 배출되는 하수 대부분을 처리하지만, 처리한 하수의 거의 모두가 호수와 강과 바다에 버려지고 있으며 8%만 재활용된다. 한참 전에 집행했어야 했지만, 지금이라도 사회기반시설에 대한 현명한 자금 지출로 새로운 물 공급원을 개발하면, 이를 통해 농민의 민물 수요를 낮출 수 있으며, 로스앤젤레스와 같은 인구 집중 지역에서 배출되는 하수를 처리해 만든 재생수는 골프장과 공원에 더 많이 사용될 수 있다.

이스라엘은 상대적으로 짧은 해안을 따라 5개의 담수화 처리 시설을 건설했으며 이 중에는 세계에서 가장 크고 에너지 효율적인 처리 시설도 있다. 또한 담수화하지 않으면 전혀 쓸모가 없는 내륙 염수를 활용하는 담수화 시설 몇 곳도 추가로 건설했다. 이스라엘이 해안 담수화 시설들을 건설하는 데 걸린 시간은 캘리포니아주가 칼스배드 담수화 시설 하나를 짓기 위한 법적 쟁점을 극복하는 데 소비한 시간보다 짧다. 미국의 많은 주들이 담수화 처리된 물을 사용하기에 너무 먼 내륙에 있지만, 캘리포니아와 오리건, 워싱턴을 비롯해 해안에 접한 주들은 더 많은 담수화 시설을 건설함으로써 자신들의 물 부족 문제를 부분적이나마 해결할 수 있다. 주 정부와 연방 정부는 법적 소송을 제한하고 인위적으로 생산된 민물을 자연에서 얻은 민물 공급량에 추가할 수 있도록 허가 절차를 신속히 처리하는 기준을 설정할 수도 있다.

이스라엘의 물관리는 물 사용을 극대화하기 위한 법적 규제 체계를 바탕으로 이뤄진다. 미국에서는 주 정부와 연방 정부의 물에 관한 규제와 관리 방식의 엉킨 매듭을 푸는 일이 거의 불가능할 정도로 복잡해 보이기는 하지만, 그래도 주 의회와 연방 의회에서 취할 수 있는 몇몇 조치는 미국의 물에 관한 미래 전반에 매우 긍정적인 영향을 미치게 될 것이다.

이스라엘은 물 관련 시스템의 모든 부분에서 혁신과 기술 개발을 장려한다. 이스라엘보다 훨씬 더 부유하고 기술적으로 더 앞서가는 미국 과학계는 물과 에너지 절감 기술을 도입하기 위해 주 정부와 지방자치 정부, 농민, 물 관련 공공 기업과 협력 관계를 맺을 수 있다.

마지막으로, 이스라엘은 물 절약을 일상생활의 일부로 수용하고 심지어 존중까지 하면서도 안락한 중산층의 삶을 영위할 수 있는 문화를 조성하고 계속 강화해 왔다. 미국에는 이스라엘처럼 절약이 고통스럽지 않다는 점을 강조할 만한 대중적인 사고방식이 존재하지 않는다. 물이 제한된 세계에서는 오늘의 물 절약이 내일의 편안한 삶을 보장한다는 사실을 각인시킬 필요가 있다.

이스라엘은 이미 충분한 사회기반시설을 더욱 강화할 필요가 있으면,

그에 필요한 자금은 물의 실제 비용을 사용료로 부과함으로써 충당했다. 그렇게 하는 과정에서 농장과 도시를 비롯한 국가 전체의 물 소비는 상당한 수준으로 급감했다. 물 사용료 인상의 원래 목적은 물 절약이 아니었지만, 결과적으로 장기적 소비 행태의 변화로 이어지는 긍정적인 효과가 일어났다. 캘리포니아주와 다른 모든 주의 합리적이고 보편적인 물 사용료 책정은 분명히 더 나은 농업 정책과 보다 많은 혁신, 더 적극적인 시민 참여, 무분별한 물 사용 중단으로 이어질 것이다.

이미 미국과 다른 여러 풍족한 국가들을 휘감고 있으며, 곧 다가올 글로벌 물 부족 위기에 따른 최상의 결과가 이스라엘의 물에 관한 장기적 계획과 절약, 가격 책정, 물 사용 방식에서 모든 사람이 영감을 받는 것이라고 하면, 최악의 결과는 관료주의적 타성과 기득권 세력의 이기심, 선출직 공무원의 소심함, 공공 기업의 위험회피 성향, 혼란스러운 대중 탓에 알려진 물 문제의 일부 또는 전부에 대한 처리를 다른 날로 미루는 행위일 것이다.

이스라엘이 물의 세계에 변화를 일으킨 많은 해결 방안을 발명했지만, 이스라엘을 돋보이게 만드는 요소는 이미 알려져 있고 모든 사람이 이용 가능한 기술이 아니라, 이스라엘이 이 기술들을 적용하는 '정도'라 할 수 있다. 이스라엘 어디를 가더라도 시민과 방문객에게 물 한 방울도 소중하게 여길 것을 촉구하는 안내 포스터를 볼 수 있다. 이런 사고방식이 물 부족 세계를 위한 가장 중요한 해결 방안일지도 모르겠다.

미국의 물 부족 문제는 어쩌면 멀리 떨어진 브라질의 문제보다 더 충격적이고 비현실적으로 보일 수도 있으며, 저개발 국가의 물 부족 현상보다는 분명 더 놀랍고 믿기 힘든 일이다. 미국은 오랫동안 풍요로운 땅으로 자처해 왔기 때문이다. 자원은 항상 태양광이나 공기처럼 무궁무진한 것처럼 보였고, 풍부함은 미국인의 타고난 권리 중의 일부였다. 하지만 물 부족 위기가 이미 시작되고 갈수록 더 심해지면서 미국의 선택은 이스라엘이 1930년대에 시작했던 것처럼 최악의 경우가 닥치기 전에 대비하거나, 정확히 알 수는 없지만, 분명히 엄청나게 심각할 것 같은 결말에 따른 고통을 그저 받아들이는 것이다. 지금 실행한 행동들은 대부분 10년 또는 그 이상이 지난 뒤에 그 효과가 나타날 것이다. 글로벌 물 부족 위기가 더욱 가속화되는 상황을 볼 때, 허비할 시간은 거의 없다.

12 | 물에 관한 이스라엘의 철학, 12요소

가려는 곳이 어디인지 모르면, 어떤 길을 택하든 소용없다.

– 루이스 캐럴,《이상한 나라의 앨리스》중에서

이스라엘은 새로운 세기가 시작된 직후부터 약 10년 만에 물 부족과 가뭄의 두려움에서 벗어나 풍족하고 기후 조건에 영향 받지 않는 상태에 이르렀다. 이와 같은 극적인 변화는 그 이전 70년 동안 흔히들 일컫는 뛰어난 엔지니어와 과학자, 정책 입안자들이 이스라엘의 물 관련 전문성과 기술, 사회기반시설을 개발했기 때문에 가능했다. 실용적인 물 철학 또한 뒤따르는 자들에게 나아갈 길을 제시한 이런 지도자와 선지자에게서 비롯됐다.

이스라엘은 오래된 민족인 동시에 젊은 국가이며, 이렇게 상반된 특성이 각각 국가의 안정과 성공에 기여했다. 수세기 동안 내려온 전통과 이스라엘의 영토에 대한 애착은 황량하고 냉혹한 지형과 지역에 뿌리를 내리려는 이스라엘인의 강한 의지를 뒷받침한다. 참신한 아이디어와 파

괴적인 사고를 높이 평가하는 신생 국가라는 이스라엘의 현대적 정체성
은 끊임없는 실험과 변화를 불편해하지 않는 결과를 낳았다. 이스라엘 대
통령을 역임한 시몬 페레스는 대통령 재임 시절 한 인터뷰 진행자에게
"세계를 향한 유대인의 가장 큰 기여는 불만족"이라고 하며, 이렇게 덧붙
여 말했다. "이런 태도는 국가 지도자에게는 안 좋지만, 과학과 발전에는
좋은 것입니다."

　'현실에 안주하지 않고 끊임없이 노력하는 이스라엘'은 물을 가장 잘
관리하는 데 필요한 중요한 원칙들을 폭넓게 수용했다. 이와 같은 공감대
형성은 이스라엘이 오늘날 물에 관해서 이렇게 성공한 이유 중 하나다.
이스라엘은 군사와 기술, 사회, 경제를 포함한 여러 부분에서 놀랄 만한
업적을 이뤄냈다. 하지만 물 부분에서도 이에 못지않게 놀라운 업적을 달
성했다. 히브리대학교 하임 거츠만Haim Gvirtzman 수문학 교수는 이런 말을
한다.

　"오늘날 전 세계 70억 인구 중 약 10억 명만 정말 안전하고 언제나
이용 가능한 양질의 물을 사용하고 있습니다. 이들 대부분은 북아메리카
나 유럽처럼 습한 지역에 거주합니다. 놀라운 사실은 건조 지대에 있는
이스라엘이 안전한 물과 신뢰할 수 있는 물 시스템 모두를 갖추고 있다는
것입니다. 이는 생각보다 달성하기가 훨씬 더 어려운 일입니다."

　물과 관련해 이스라엘이 했던 모든 일이 비록 성공했다 하더라도, 이
론적으로는 모든 국가에 적용할 수 있는 것은 아니다. 자연에서 얻는 물
이나 강우량이 충분한 일부 국가는 담수화 처리를 하거나 순식간에 끝나
는 우기 때 내리는 빗물을 가둬 놓기 위한 저수지를 건설할 필요가 없다.

반면에 이스라엘처럼 빠르게 발전하며 물 문제에 집중할 수 있는 현대적 국가가 도입한 모든 요소를 감당하지 못하는 가난한 국가들도 있다. 하지만 현재 이스라엘이 채택한 기법과 사회기반시설, 기술이 모든 국가에 맞지는 않더라도, 이스라엘의 물관리 방식을 뒷받침하는 철학은 맞을 수도 있다.

다른 모든 국가와 마찬가지로 이스라엘에는 그들만의 독특한 민족 정체성이 있다. 그러므로 한 국가나 지역의 물에 관한 세계관을 이스라엘의 물 철학 전부 또는 일부로 뒷받침한다고 해서 이스라엘의 문화와 역사까지 채택할 필요는 없다. 그 대신 이스라엘의 아이디어는 다양한 경제적, 사회적 상황에 적용될 수 있다.

다음에 소개하는 열두 가지 요소들은 각각, 그리고 모두 함께, 물에 관한 이스라엘의 철학과 성공을 이해하는 데 필요한 핵심이다.

1. 물은 국가 소유 자산이다

이스라엘인은 역동적이고 자유 시장을 추구하는 국가에 살면서도 물의 공공 소유와 정부 관리가 모두를 위한 최상의 결과를 달성한다고 믿는다. 1930년대부터 이스라엘에서 발견되는 모든 물은 공공 자산이며, 이 사실은 1959년 제정한 진보적인 이스라엘 물 관련법으로 성문화됐다. 이를 통해 이스라엘은 이용 가능한 모든 수원을 감안해서 사회 전체에 필요한 최대 물 수요에 대한 계획을 세울 수 있다.

물에 대한 통제권을 정부에 넘기려는 자신들의 의지와 일관되게 경제적, 정치적 분야에 속한 이스라엘인은 물에 대한 (혼란스런) 자유시장주의적 접근 방식을 의아해한다. 히브리대학교 교수이며 캘리포니아주 스탠

포드대학교의 선행 연구에도 참여했던 하임 거츠만은 이렇게 말한다.

"미국에서 물은 자기만의 이익을 내세우는 무한 경쟁 상태에 놓여 있습니다. 그래서 그 결과는 어떤가요? 한 가지 예를 들면, 캘리포니아주와 애리조나주의 도시들은 물을 충분히 확보하지 못하고 있는데도, 작물 재배를 위한 농업용수로 엄청난 양의 물이 사용됩니다. 이 작물들을 물이 충분한 다른 주에서 재배할 수 있는데도 말입니다. 강 하류에 있는 로스앤젤레스와 여러 도시의 주민들은 물 사용에 제한을 받는데도 농장에서는 담수 관수 방식으로 물을 낭비하는 행태는 이치에 맞지 않습니다. 이스라엘에서는 물이 국가 소유이며 우리는 최대의 선을 위한 최상의 물 활용 방안을 결정합니다."

이스라엘 물 철학의 이런 측면에는 일반적으로 자유 시장주의에 바탕을 둔 해결 방안을 높이 평가하는 국가이지만, 물에 관한 한 정부 주도의 계획 수립을 중요하게 여기는 특성이 내포돼 있다. 어느 수원에서 얼마만큼의 물을 생산하고 어디에 어떤 가격으로 물을 공급할지 조정하고 허가하는 독립 정부 기관인 이스라엘 물관리청의 청장을 지낸 유리 샤니 교수는 이런 말을 한다.

"우리는 물의 첫 방울부터 마지막 사용에 이르기까지 물의 모든 순환 과정을 관리합니다. 물관리는 완전히 중앙 집중화돼 있습니다. 모든 펌프와 시추공, 모든 물의 배분은 허가를 받아야 합니다. 우리가 소유한 물의 한 방울 한 방울에 대한 계획을 수립하고 마지막 한 방울까지 그 계획에 따라 배분해 온 것이 우리가 성공에 이른 열쇠였습니다."

2. 낮은 물 가격은 물 낭비를 불러온다

소비자는 가격이 낮을수록 더 만족스럽다는 생각에 익숙해져 있다. 일반
적으로는 옳은 생각이다. 상품이나 서비스에 지불한 가격은 이윤이 더해
진 실제 비용을 반영하기 때문이다. 판매자와 구매자 모두에게 혜택이 돌
아간다. 물은 이와 같은 경제학의 기본 원리를 따르지 않는 국제적인 예
외 사항이다. 전 세계에서 정부 보조금은 너무나 일반적이기 때문에 자신
들이 사용하는 것, 특히 식량 생산에 필요한 물의 실제 비용을 지불하는
사람은 거의 없다. 하지만 이스라엘에서는 물을 사용하는 자가 비용 전부
를 부담해야 하며 정부 보조금은 전혀 없다.

경제학자이자 이스라엘 물관리청의 고위 관료인 길라드 페르난데스
Gilad Fernandes는 이렇게 설명한다. "물의 실제 비용은 수원을 개발하고,
물 수송에 필요한 사회기반시설을 건설하며, 식수로 안전하게 사용하기
위한 실험과 처리 과정을 거치고, 각 가정까지 일상용수로 공급하며, 강
이나 대수층을 훼손하지 않도록 하수를 제거하고 처리하는 비용을 포함
해야 합니다." 몇몇 다른 국가도 실제 비용을 바탕으로 한 물 가격 정책
을 시행하지만, 전 세계 대부분 국가에서는 소비자가 물 사용료를 지불한
다 하더라도 가정에 공급되는 양수 비용 정도만 지불하거나 매월 고정 사
용료만 내는 실정이다.

물과 하수의 비용을 실제 비용으로 책정하는 가장 중요한 이유는 시
장의 힘이 작용하도록 만드는 데 있다. 실제 비용이 가격으로 책정되면,
소비자는 필요한 양만큼만 사용하며 쓸데없이 낭비하지 않는다. 이스라
엘은 실제 가격이 가장 효과적인 물 절약 수단임을 증명했다.

이스라엘에서 시장의 힘이 작용함에 따라 물을 가장 많이 사용하는

농민들은 재배할 작물의 종류를 결정할 때 실제 재배 비용을 고려한다. 불필요한 비용과 낭비를 피하기 위해 농민들은 물 절약에 가장 좋은 기술을 사용하려 한다. 모든 사용자에게 발생하는 물 비용에 대응해 물 절약 아이디어를 다루는 시장이 이스라엘에 형성되면서 보다 많은 창업 기업가가 물을 더 많이 절약할 방법을 개발하는 데 자본을 투자하고 아이디어를 집중하기 시작했다. 이에 따라 물 절약과 기술 혁신의 선순환 현상이 일어났으며, 모든 국가에서 실제 비용을 물 사용료로 책정하면 이 현상은 더욱 확대될 것이다.

병에 담아 파는 생수의 지나치게 비싼 가격을 잘 아는 소비자에게 생활용수로 쓰는 민물의 제대로 된 가격은 큰 부담으로 다가오며, 생활용수에 그렇게 높은 가격을 지불하는 것을 두려워할지도 모르겠다. 하지만 현실 세계에서 물의 실제 가격은 대부분의 사람들이 상상하는 것만큼 높지 않다. 아주 낮다고 하더라도, 실제 가격은 물 소비 행태에 장기적으로 큰 영향을 미친다.

이스라엘은 과거 오랫동안 물 보조금을 지급했었다. 최근에는 물에 제대로 된 가격을 책정하기 위해 보조금 지급을 없앴다. 그러나 대부분의 가정에서 물 사용료는 갤런 당 1페니 이하이며, 보통 샤워 한 번에 25센트도 채 들지 않는다. 사용량이 아주 많은 가구의 물 사용료는 갤런 당 약 1.5페니로 높아지며, 물을 덜 사용하는 사람에게는 낮은 가격을 적용하는 가격 구조다. 전면적인 보조금 지급을 중단하고 이처럼 매우 저렴한 가격을 적용하는데도 이스라엘 전체의 물 수요에 큰 전환이 일어났고, 물 사용량이 20% 가까이 줄어들었다.

이스라엘 정부 관리들은 종종 물 가격 시스템을 설명할 때, 정말 무료이고 무한한 것으로 볼 수 있는 햇빛과 대조한다. 물에 제대로 된 가격을 책정하는 것은 물을 아무런 제한 없이 무료로 쓸 수 있는 물품에서 사용 한도가 있는 일용품으로 전환하는 데 도움을 준다.

3. 국가 통합에 물을 활용한다

이스라엘의 국토가 작다는 사실이 많은 혜택을 주지는 않지만, 물관리에 관한 한 축복이었다. 필요한 곳에 물을 보내는 일은 이스라엘 건국 전부 터 물 관련 국가 공기업이었던 메코로트가 담당해 왔다. 현재 중국계 이 스라엘 물 기업 허치슨 워터의 경영자 중 한 명이며 일반적으로 비즈니스 의 경쟁을 지지하는 로넨 울프만은 이런 말을 한다. "경쟁은 가격을 낮출 수 있습니다. 하지만 물관리 공공기업이 복수로 있으면, 서로 비슷하게 서비스 질을 낮추거나 비용을 올릴 수도 있습니다. 이와 달리 메코로트는 모든 지역에 있는 대중의 이익만을 생각하며 운영할 수 있습니다."

이스라엘에서 공급하는 물은 여러 원천에서 나온 물을 혼합한 형태이 며, 어느 누구도 물의 질에 관해 특별 대우를 받거나 보다 많은 물에 접근 할 권리를 부여받지 않는다. 물 사용료를 지불할 의사가 있는 사람은 누 구라도 자신이 원하는 만큼 물을 공급받는다. 가난한 사람의 물 사용료는 빈곤층에 주거 임대료와 식비, 의료비용을 지원하는 사회복지기관이 지 불한다. 어쨌든 모든 물 한 방울까지 누군가가 비용을 지불하는 시스템이다.

이와 비슷하게 모든 소비자는 사는 지역에 상관없이 동일한 물 사용 료를 지불한다. 집에서 가까운 곳에 우물이 있는 지역에 살든, 송수 비용 이 많이 드는 산악지대에 살든 물 사용료는 동일하다. 이처럼 전국적으로 평균 가격을 책정하면 모든 사람이 자신의 물 사용량에 대한 실제 비용을 지불하는 것은 아니지만, 동일한 사용료를 지불하는 모든 사람이 물의 절약과 혁신에 공동 이해관계를 갖는 결과로 이어진다.

물은 국가를 통합하는 데 또 다른 방식으로 역할한다. 즉 이스라엘인에게 자신의 국가가 모든 장애물을 극복하고 지역 내에서 가장 정교한 물 시스템을 구축했고, 세계에서 가장 부유하며 대부분 물이 풍부한 지역에 자리 잡은 국가들과 최소한 동일한 수준의 물 관련 사회기반시설을 갖췄다는 자부심을 느끼게 해준다.

메코로트가 운영하는 거대 규모의 물 시설 중 하나를 관리하는 임원인 요시 슈마야Yossi Shmaya는 많은 사람의 생각을 대변하며 이렇게 말한다. "나는 우리가 물 분야에서 이룬 업적을 매우 자랑스럽게 생각합니다. 이스라엘에서 물에 관한 일에 종사하는 모든 사람이 같은 말을 할 것입니다. 이는 그냥 한 사람의 일이 아니라 국가적 사명입니다. 이웃 국가뿐만 아니라 전 세계 모든 국가와 비교해 보더라도 물 분야에서 이스라엘만큼 성공한 국가는 없습니다."

정부 고위 관료이며 물 관련 기업을 운영했던 오리 요게브는 "우리가 물 분야에서 거둔 승리는 두 번째 독립전쟁을 이긴 것과 같다"고 말했다.

전 세계 많은 지역에서 물은 분열의 근원이다. 하지만 이스라엘은 물을 국가 통합의 수단으로 활용하는 방법을 찾아냈다.

4. 정치인이 아니라, 규제 담당 기관에 맡긴다

물에 관한 의사 결정은 정치적 영향을 받기 쉽다. 정치인들은 일상적으로 사회에서 어느 계층이 무엇을 받을지 결정한다. 최소한 이론적으로 보면, 자원을 잘못 배분한 정치인은 선거에서 낙마하고 새롭게 선출된 관료가 문제를 해결하게끔 돼 있다. 하지만 이스라엘은 물을 정말 소중하게 여기므로 정치인의 변덕스러운 성향에 맡겨 두지 않는다.

선거 제도의 현실적 속성 때문에 전 세계 선출직 관료들은 일반적으로 물에 많은 비용을 지출하지 않으려 한다. 새롭게 구축한 사회기반시설의 혜택은 선출된 관료가 완전히 은퇴한 이후 또는 최소한 그 직책에서 물러나고 많은 세월이 지난 먼 미래에 가서야 느낄 수 있기 때문이다. 비용이 많이 드는 물 관련 사회기반시설 건설 비용을 위해 지금 세금을 인상하거나 채권을 발행하는 결정은 그 공로가 후임자에게 돌아가는 터라 정치적으로 전혀 의미가 없다. 그 대신 공적 자금은 공원과 학교, 병원처럼 대중의 지지로 즉시 이어질 가능성이 높은 보다 가시적인 프로젝트에 사용될 수 있다. 물 사용료와 하수 처리 비용으로 징수한 자금은 물과 상관없는 부분의 정부 예산 부족분을 충당하는 데 사용될 수 있다.

하지만 환경 운동을 필두로 시민이 주도하는 여러 다른 정치적 운동에서 보듯이 정치인의 우선순위는 광범위하게 참여하는 대중의 이해관계를 따라가기 마련이다. 그런 날이 올 때까지 정치인들은 물에 관한 문제를 무시하거나, 물에 관심을 둔 정치적 지지자들에게 물을 우선적으로 배분할 가능성이 매우 높다.

선출된 관료와 특별한 이해관계에 놓인 집단과 지인들이 특혜를 받지 못하게 하고 사회기반시설과 기술, 혁신에 대한 자금 지원을 늘리기 위해 이스라엘은 정치적 동기와 정치인을 물에 관한 의사 결정에서 제외하기로 결정했다. 이에 따라 중앙집권적이며 기술자를 중심으로 한 규제 체제인 이스라엘 물관리청이 탄생하고, 이 관리청은 물 분야를 관장하는 다수의 각료들에게서 권한을 이양받았다.

중앙 정부의 전국적인 규제 체제를 본떠 각 도시와 자치단체는 비정치적인 지역별 물관리 공기업을 두고 있다. 시장이 이사회를 구성하지만, 이사회 후보는 특별한 기능을 갖춰야만 후보로 지명될 수 있다. 각 지역별 목표도 중앙 정부와 동일하다. 즉 정치와 정치인을 물 관련 의사 결정에서 배제하는 것이다.[1]

5. 물 존중 문화를 조성한다

소비자에게 물 절약을 상기시키는 광고판은 이스라엘 전역에서 볼 수 있다. 물을 절약하기 위한 시민의 역할은 학교에 입학하면서부터 배우기 시작하며, 그 원칙은 몸에 배어 든다. 대중은 물 제한 조치나 샤워 할 때 물줄기를 약하게 하는 장치를 싫어할지 모르겠지만, 그런 것이 필요한 이유를 이해한다.

이스라엘의 물을 존중하는 문화가 불러온 긍정적인 효과는 정부와 정부의 통치를 받는 시민 사이에 동반자 관계가 조성된다는 데 있다. 주기적으로 가뭄이 닥칠 때마다 시민들은 무엇을 해야 할지 잘 알고 있다. 물 사용을 줄이려는 노력에 동참하는 행동은 크게 존중받는다.

이처럼 지속적으로 이뤄지는 물 절약 훈련은 물이 부족하지 않은 시기에도 전 국가가 항상 물에 관심을 두게 만든다. '우리 모두가 한 배를 타고 있다'는 사고방식은 시민들이 물을 절약하고 낭비하지 않는 새로운 방식을 찾아 나서게 만든다.

이스라엘에서 물은 정부가 관리하는 영역에 속한다. 하지만 물에 관련된 혁신은 늘 새로운 개념을 갈구하는 시장에서 혁신할 의지를 갖춘 이스라엘의 모든 개인이나 기업 또는 조직체가 담당하는 영역이 됐다.

6. 다양한 접근 방식을 추구한다

이제 이스라엘이 깨끗하고 안전하며 언제나 사용 가능한 물을 얻기 위해
어떤 일을 하는지 살펴보자.

- 대수층과 우물, 강, 갈릴리호에서
  자연적으로 생성되는 물을 끌어올려 정제한다.
- 바닷물을 담수화 처리한다.
- 우물을 깊게 파서 내륙 염수를 얻는다.
- 염분이 높은 물에서도 잘 자라는 종자를 개발한다.
- 배출되는 거의 모든 하수를 높은 수준으로 정제한 뒤
  작물 재배에 재활용한다.
- 빗물을 모아 재사용한다.
- 공원이나 가정의 조경에 민물 사용을 자제시킨다.
- 강수량을 늘리기 위해 인공 강우용 구름 씨를 살포한다.
- 모든 가정용 기기(특히 수세식 변기)가 높은 수준의
  물 효율성을 갖추도록 한다.
- 누수 현상이 일어나기 전에 송수관을 비롯한
  사회기반시설을 교체하며, 누수가 발생하면 곧바로 정비한다.
- 학생들에게 물 절약의 가치를 교육한다.
- 물 사용의 효율성을 장려하는 물 가격을 책정한다.
- 물을 절약하는 기술에 재정적 혜택을 제공한다.
- 증발을 감소시키는 아이디어를 실험한다.
- 물 효용성이 높은 작물을 재배하는 방향으로 농업을 전환시킨다.

□ 대부분의 농업에서 점적 관수 방식을 사용한다.

이 리스트를 매우 특별하게 만드는 요소는 그 깊이나 광범위함이 아니다. 하나의 해법만으로는 이스라엘의 물 문제를 해결할 수 없다는 이스라엘 사람들의 신념을 잘 보여준다는 데 있다. 물론 일부 기술은 다른 기술보다 물을 더 많이 만들어 내고 절약해 준다. 하지만 담수화 처리로 충분한 물을 쉽게 확보했는데도 이스라엘 물 전문가들은 의식적으로 이용 가능한 모든 수원과 물 절약 기술을 통합하며 '다양한' 접근 방식 모두를 추구해 왔다.

최근 이스라엘 물위원회 위원장이었던 시몬 탈은 이렇게 설명한다.

"중복되고 서로 겹치는 물 공급 시스템을 국가 전체에 의도적으로 건설하면 비용이 많이 들고 많은 분야의 전문성도 갖춰야 합니다. 이는 보다 좁은 범위에 집중할 때보다 우리의 관료 체제가 더욱 확대돼야 한다는 의미입니다. 하지만 다른 한편으로 보면, 이처럼 다양한 접근 방식은 우리를 보다 자유롭게 해 줍니다. 이를 통해 이스라엘은 시민들이 원하는 어느 때라도 양질의 물을 공급할 수 있고, 경제와 농업을 성장시킬 수 있으며, 새로운 이민자와 수백만의 관광객을 맞이할 수 있고, 전 세계 사람들과 특히 우리가 속한 중동 지역 곳곳의 사람들이 염려하는 물 부족 문제를 걱정할 필요가 없다는 사실을 잘 알기 때문입니다. 담수화 처리 시설이 전쟁으로 파괴되거나 대수층이 가뭄으로 마르는 등 우리가 마련한 물 공급 프로그램 중 어느 하나가 망가지더라도 물 공급을 받지 못하는 사람은 아무도 없을 것입니다."

7. 물 사용료는 물에 투자한다

이스라엘 전체에 지방별 물관리 공기업이 설치되면서 각 지역의 물관리 통제권은 시 정부에서 물과 하수 관리에만 집중하는 기술자 중심의 위원회로 넘어갔다. 새로운 관리 방식 체제에서 물 사용료와 하수 요금은 지방과 국가에 탁월한 물 시스템을 확실히 구축하려는 원래 목적을 위해 100% 사용된다.

예측 가능한 수익을 충분히 확보한 이스라엘 물관리청은 두 가지 핵심 목표에 자금을 지원할 수 있게 됐다. 첫째 목표는 누수 현상이 발생한 지역 사회기반시설을 정비하는 한편, 지중해 바닷물을 담수화 처리한 물을 송수하는 전국적 시스템을 건설하는 데 충분한 자금을 지원하는 것이었다. 둘째는 지역별 물관리 공기업이 보다 많은 기술을 활용하며 혁신하는 데 지원하려는 목표였다.

이제 이스라엘 물관리청은 두 가지 목표 모두에 더 많은 자금을 집행하며 기대했던 결과를 이루고 있다. 누수 현상을 막으면서 매년 수십억 갤런에 달하는 물이 국가 물 공급 시스템에 다시 더해졌다. 물관리 공기업은 신뢰할 만한 아이디어로 탄생한 첨단 기술의 실험장이 됐다. 새로운 기술이 한 도시의 물 시스템에서 그 효용성을 입증하면, 다른 지역의 물관리 공기업이 신기술을 곧바로 채택한다. 이와 같은 접근 방식으로 이스라엘의 모든 도시는 물 관련 혁신의 실험장이 될 가능성이 있으며, 물 관련 창업 기업가들은 새로운 형태의 정부-민간 협력 관계를 맺을 수 있다.

대부분 국가에서 물관리 공기업은 급격한 혁신이나 신기술을 맨 먼저 받아들이는 조직으로 알려져 있지 않다. 반면 이스라엘 공기업은 위험을 회피하는 전통주의자에서 혁신의 중심으로 탈바꿈했다. 이스라엘 소비자

도 물 사용료가 이스라엘의 물 공급이 물 수요보다 항상 앞서게 만드는
데 투입된다는 사실을 알고 있다.

8. 늘 혁신을 추구한다

이스라엘의 물관리 부문은 많은 사람의 동의에 힘입어 가격 책정과 분배,
계획 수립이 기술자를 중심으로 한 정부 기관의 관리를 받는 중앙 집중적
통제 방식으로 운영된다. 하지만 이런 상황에서도, 정부는 민간 주도의
혁신과 정부와 민간의 협력 관계를 장려하는 정책을 유지하고 있다.

지난 10여 년간 200개 이상의 물 관련 스타트업이 이스라엘에서 운
영을 시작했으며, 이 숫자는 같은 기간 동안 전 세계에서 탄생한 물 관련
스타트업 전체의 10%에 해당한다. 이들 중 몇몇은 물과 하수를 활용하는
완전히 새로운 방식에 연계된 획기적인 아이디어를 제시하지만, 대부분
은 기존 기술에 대한 혁신을 바탕으로 한다. 이스라엘 정부는 1960년대
와 1970년대 키부츠에서 산업을 만들어 내도록 장려했던 것과 마찬가지
로, 새로운 아이디어를 적극 수용하고 실패를 비난하지 않는 국민적 사고
방식을 통해 이처럼 수많은 벤처가 창업될 수 있도록 박차를 가했다. 예
전처럼 이 스타트업 세대에도 종종 재정적 혜택을 제공한다.

이스라엘에는 혁신기술을 찾아내고 창업 기업가의 아이디어가 순조
롭게 출발할 수 있도록 정부 지원을 요청하며 인큐베이터 역할을 하는 특
별한 형태의 지주회사가 존재한다. 이와 비슷하게, 정부 소유의 국가 물
관리 공기업인 메코로트도 장래성 있는 아이디어를 보유한 스타트업에
자금을 지원할 뿐만 아니라 민간 기업의 제품을 위해 공기업 고위 임원의
소중한 재능을 거의 수천 시간에 걸쳐 기부하며 이들의 제품 개발에도 도

움을 준다. 이스라엘의 물관리 지방 공기업은 정부 보조금을 받아 메코로
트와 비슷하게 새로운 아이디어를 실제 현장에서 실험하며, 공기업 소속
엔지니어를 무상으로 파견한다. 정부는 이들이 실험한 최고 아이디어를
다른 지방 공기업과 공유하도록 장려한다.

물을 규제하는 국가 기관은 민간 부문을 이스라엘의 수준 높은 물 경
제를 함께 개발하는 협력자로 생각함으로써 세계 곳곳의 다른 정부나 권
위주의적 체제에서 흔히 보는 일부 장애물이 생기지 않게 미리 방지한다.
물에 관한 참신한 아이디어와 다른 관료 조직의 아이디어를 배척하게 만
드는 "여기서 개발한 것이 아니야"라는 증후군(NIH 신드롬)과 같은 영역 다
툼은 이스라엘의 물 혁신 분야에서 거의 보기 힘들다.

이스라엘은 최상의 방안이라 판단되면 정부 자체 자산을 활용하고,
가격 인하나 더 나은 혁신을 이룰 수 있으면 민간 부문에 해결 방안을 의
뢰하기도 한다. 메코로트의 담수화 기술이 매우 정교한데도 정부는 민간
부문이 더 낮은 가격에 물을 공급할 수 있다고 믿었기 때문에 대부분의
이스라엘 해수 담수화 시설 건설을 민간 컨소시엄에 발주했다. 그러면서
도 최상의 결과를 얻기 위해 메코로트를 참여시켜 민간 건설 기업과 첨단
기술을 공유하게 했다.

일반적으로 물은 정부가 관리하는 영역이기는 하지만, 민간 부문의
역할을 장려하는 형태는 매우 현명한 산업 정책이다.

9. 광범위한 측정과 감시 체제를 갖춘다

1950년대 중반 이스라엘은 어떤 물도 계량기를 거치지 않고는 우물에서
퍼 올리거나 가정이나 기업체 또는 농장으로 공급할 수 없는 법을 제정

했다. 빅 데이터가 흔한 일이 되기 훨씬 전, 그리고 런던과 같은 대도시가 월정 사용료 방식 대신 수도 계량기를 채택하기 수십 년 전, 이스라엘은 물 사용 형태에 관한 자세한 정보를 수집하고 물 소비 경향을 파악하기 위해 사용 형태를 분석하기 시작했다.[2] 이처럼 높은 수준의 데이터베이스를 바탕으로 한 접근 방식 덕분에 이스라엘의 물 계획 설계자들은 물 탐사와 수원 개발, 관련 시설 건설을 해야 할지, 한다면 언제 해야 할지 결정하는 데 필요한 실제 데이터를 오래전부터 확보해 왔으며, 이 모든 결정을 일반 대중이 그런 활동의 필요성을 인지하기도 전에 내릴 수 있었다.[3]

메코로트 소속 수문학자 디에고 버거Diego Berger 박사는 이런 말을 한다. "수원을 관리하려면, 소비자의 물 소비 형태를 알아야 합니다. 이스라엘은 얼마나 많은 물이 어떤 용도로 소비되는지 정확히 알고 있습니다. 계획 입안자는 이런 정보를 바탕으로 현명한 결정을 내릴 수 있습니다."

물 탐사 확대와 같은 중요한 결정 외에도 이스라엘 물관리 공기업은 물 소비 형태를 통해 누수를 연상시키는 이례적인 물 사용을 감지할 수 있었다. 의심스러워 보이는 사용 형태가 나타나면, 데이터 센터에 곧바로 경고가 울린다. 만약 주택 소유주나 임대인이 물탱크나 수영장에 물을 채우느라 발생한 현상이라면, 경고 상황은 종료된다. 물이 원래 의도대로 사용되기 때문이다. 하지만 정당한 이유를 모를 경우에는 정비 요원이 현장에 즉시 출동할 수 있다. 이는 소비자의 물 사용료를 줄여줄 뿐만 아니라 누수로 인한 물 낭비를 최소화할 수 있다.

이스라엘은 물 사용량만 추적하는 것이 아니라 수질에 관한 일련의 정보도 광범위하게 추적하며 수집했다. 이를 두고 메코로트의 고위 임원인 요시 슈마야는 이렇게 설명한다. "우리 시스템에서 제공하는 물에 관해 현재 확보한 모든 데이터를 통해 우리는 문제가 실제로 발생하기 전에 예측할 수 있습니다. 한 해의 특정 시기나 특정 온도에서 어떤 소비 형태가 정상인지 알고 있습니다."

슈마야는 이스라엘이 물의 안전을 관리하는 방식을 두고 입을 굳게 다물지만, 이런 말은 한다. "이스라엘은 물을 목표로 삼은 공격을 걱정해야 할 유일한 국가가 아닙니다. 독성 물질은 테러리스트뿐만 아니라 많은 경로를 통해 물에 유입될 수 있습니다. 모든 국가는 이런 위협을 확인할 수 있는 시스템을 제대로 갖춰야 합니다. 또한 오염된 물이 흘러나가지 않게 곧바로 조치를 취하고 안전한 곳으로 확인된 수원에서 나오는 물로 대체해 소비자들이 물의 안전에 대해 두 번 다시 생각하지 않도록 해야 합니다."

디에고 버거 박사는 다른 국가도 물 사용량을 측정하고 감시한다고 말하며 이렇게 덧붙인다. "이 부분에서 이스라엘이 독특한 이유는 광범위하고 통합적인 데이터 축적에 있습니다. 더 많은 데이터를 확보할수록, 그리고 보다 빠른 조기 경보 시스템을 갖출수록, 물 공급 시스템의 모든 부분을 통합하기가 더욱 수월합니다."

10. 미래를 보며 현재 계획을 수립한다

물을 다 채우려면 수천 년, 아니 어쩌면 수백만 년이 걸릴지도 모를 세계 곳곳의 대수층이 지난 수십 년 사이에 과도한 양수로 고갈되거나 화학 물질로 오염됐다. 이와 같은 지하수 저수지에 의존하는 농민과 도시는 그에 따른 경제적 비용을 감수하더라도 곧 취수량을 상당한 수준으로 줄이거나 다른 수원을 찾아야 할 것이다.

이런 대수층은 장기 계획이 부족한 탓에 이제 위험에 처해 있다. 하지만 이스라엘은 단계별로 추진하는 종합 계획을 1930년대부터 수립했으며, 2050년을 향한 물 계획을 이미 몇 년 동안 실행해 왔다. 이스라엘 물관리청에서 전략적 계획 수립 부문을 이끌고 있는 미카엘 '미키' 자이드Michael 'Miki' Zaide는 이런 말을 한다. "이스라엘에서는 모든 사람이 종합 계획에 따라 조직적으로 움직여야 합니다. 전 세계 많은 국가가 종합 계획을 수립합니다. 그런 면에서 보면 우리가 특별하지는 않지만, 종합 계획을 법에 따라 의무적으로 시행해야 하는 국가는 거의 없습니다. 우리 이스라엘은 계획을 수립하고 이를 엄격히 시행합니다."

메코로트에서 담수화 부서를 이끌고 있는 메나쳄 프리엘Menachem Priel은 이렇게 말한다. "이스라엘은 탁월한 계획을 수립하는 데 열중합니다. 하지만 계획만으로는 부족합니다. 우리는 우리의 첨단 기술을 활용할 수 있는 방법도 계획에 포함시킵니다. 계획과 새로운 접근 방식과 아이디어를 한데 묶는 것입니다. 우리는 아주 먼 미래에 관한 계획까지 수립하기 때문에, 지금은 존재하지 않지만, 앞으로 필요할지도 모를 기술과 사회기반시설까지 생각할 수 있습니다. 수십 년을 내다보며 계획을 세움으로써 우리는 이런 아이디어들을 개발하고 통합할 수 있는 시간을 벌 수 있습니다."

앞으로 예상하지 못한 일이 벌어질 가능성은 항상 있다. 장기간에 걸친 가뭄이나 인구 증가 또는 새로운 물 집약적 기술이 물 부족 상황을 심화시킬 수 있으며 때로는 이런 현상이 갑자기 일어날 수도 있다. 하지만 적절한 계획 수립을 통해 주기적인 충격에 대처하면 예기치 못한 상황으로 인한 고통을 덜 수 있다. 물이 어느 정도까지 고갈돼도 괜찮을 수 있는지 계획을 세우지 않고는 풍부한 물 공급은 그저 환상에 불과할 수 있다. 마찬가지로 수질 기준을 확정하지 않고, 기준이 있더라도 이를 준수하기 위한 감독을 지속적으로 하지 않으면 물 공급은 갑자기 단절될 수도 있다.

개인은 몇 달과 몇 년을 기준으로 생각하는 반면, 물에 관한 계획을 수립하는 사람은 주로 수십 년에 걸친 행동 계획을 세워야 한다. 대수층이나 호수가 한두 해 사이에 말라 버리지는 않지만, 오염이나 과도한 양수, 기후 변화는 물 공급 원천에 회복할 수 없는 재앙의 그림자를 몇 세대에 걸쳐 드리울 수 있다. 보다 향상된 물 자원을 후손에게 물려주기 위해서는 세밀하고 엄격한 규칙에 바탕에 둔 장기 계획이 필요하다.

11. 앞장서서 주장하는 자들이 필요하다

대부분의 세계에서 물은 언론이나 대중의 관심을 거의 받지 못하고 있다. 송수관이 터져 엄청난 물이 솟구쳐 오르거나 장기간에 걸친 가뭄과 같은 위기가 일어나지 않는 한 언론은 일반적으로 물 문제에 관심을 보이지 않으며, 그런 위기가 발생하더라도 마치 물 부족 사태가 아무런 사전 경고 없이 닥쳐온 것처럼 보도하기 일쑤다. 마찬가지로 물 문제가 대중의 관심을 끄는 주제인 경우는 거의 없다. 기업과 공동체의 지도자와 적극적인 언론을 포함해 사정을 잘 알고 있는 시민들이 물 부족에 대한 계획을 수립하고 해결 방안을 찾는 데 참여해야 한다. 미국 라스베이거스와 주변 지역의 물관리 책임자로 오랫동안 근무했던 팻 멀로이Pat Mulroy는 이를 두고 이렇게 설명한다. "에너지 문제는 정부의 주요 관심사입니다. 에너지 기업이 자신들의 요구 사항을 정치인들에게 잘 알려줄 수 있었기 때문입니다. 물은 공기업이나 정부 기관이 관리하는데, 이들 중에 앞으로 생길 물 문제를 정치인들에게 알려 줄 수 있는 곳이 아무도 없습니다."

그 결과, 기업은 에너지 생산과 달리 물에 관한 예산 지출과 계획에 크게 관심을 두지 않으며, 이 문제를 해결하려면 물 분야에도 정부 내에서 앞장서서 주장할 수 있는 자들이 있어야 한다고 멀로이는 말한다.

이스라엘에는 오래전부터 정부 고위층에서 물 문제를 주창하는 자가 있어 왔다. 이스라엘 건국 초기 물 정책에 관한 최고 주창자는 다비드 벤구리온 총리 자신이었다. 이스라엘 3대 총리 레비 에슈콜은 이스라엘 국가 수자원 관리 공기업인 메코로트의 공동 설립자이며 오랫동안 이 기관을 이끌었다.

오늘날 이스라엘 물관리청과 메코로트와 같은 막강한 국가 기관과 농민 단체는 정부 내 여러 의사 결정 기관에 접근할 수 있으며, 이스라엘 내 50여 곳 이상의 도시와 타운에 속한 지방 물관리 공기업도 마찬가지다. 이에 덧붙여 대중의 물에 관한 관심은 정부 고위 관리가 공식적으로 물 문제에 집중하게 만들었다. 즉 총리가 이끄는 내각의 각료 한 명이 물관리 문제를 담당하고 있다. 이들 기관과 단체, 공기업들은 각각 책임 있는 물 정책 수립을 주장하는 한편, 이들 모두가 한데 모여 물에 관한 적절한 자금 지원과 계획 수립에 집중하는 강력하고 잘 연결된 옹호 단체를 형성한다. 다른 단체들과 달리 제도상으로 강력하고 서로 연결된 물 관련 엘리트 계층은 국가가 물 부족 위기가 닥칠 때까지 물 문제에 대한 대처를 기다리는 일이 절대 없도록 만든다. 이스라엘 내 유명 언론 기관들은 물에 관한 스토리를 다루며 대중은 일반적으로 물 문제에 관해 잘 알고 있다.

이처럼 물 문제에 목소리를 드높이는 훌륭한 주창자들에 힘입어 물 관련 사회기반시설은 관심과 필요한 자금 지원을 받고, 기업가는 물에 관한 기술 개발에 따른 적절한 인센티브를 받을 수 있다. 이 주창자 그룹은 물 문제가 항상 정부 고위층의 사회 정책 결정 과정에서 최우선에 놓이게 함으로써 이스라엘이 물 기술과 관리, 통제 방식에서 세계 일류가 되는 데 일조했다.

12. 바로 지금이 행동에 나설 때다

전 세계 물 부족 위기가 눈앞에 다가오는 상황에서 과감한 조치를 취하는 이스라엘인의 성향은 물이 점점 더 부족해지는 전 세계에 자신들의 물 철학을 전달하는 가장 중요한 요소일 수 있다. 종종 위험은 보이지 않는 지평선 너머에 도사리고 있다는 사실을 인식하며, 위기에 앞서 조치를 취하는 것이 이스라엘 통치 방식의 핵심이다. 이런 사고방식은 이스라엘의 물 분야에도 배어 있다. 그 결과 최소한 1930년대부터 이스라엘은 물 문제가 위기로 바뀌기 전에 먼저 조치를 취해 왔다.

각 지역에서 이용하는 수원만 있을 때부터 유대인 공동체는 물이 있는 곳에서 물이 필요한 곳으로 송수할 수 있는 전국 네트워크를 계획하고 구축하기 시작했다. 처리한 하수를 농업에 활용하는 국내 시장이 생기기도 전에 이스라엘은 이에 관한 국가 기반시설 구축에 착수하며 훗날 세계 최고의 재생수 활용 국가로 성장할 토대를 갖추기 시작했다. 영향력 있는 반대 세력이 담수화 시설 건설에 강력히 반대하고 물에 관한 기존 정책을 유지하는 것이 가장 손쉬운 방안이었던 상황에서도, 이스라엘은 비용이 많이 드는 담수화 시설을 건설하기로 결정했고, 잇달아 네 곳을 더 건설했다. 이처럼 과감한 행동은 전 세계 물 부족 문제를 다루는 데 필요한 조치의 본보기다.

이스라엘 물관리청의 고위 관리이며 담수화와 하수처리 권위자인 아브라함 테네는 이런 말을 한다. "이스라엘의 경험에서 얻을 수 있는 중요한 교훈을 하나 꼽자면, 모든 해답을 얻을 때까지 기다리지 않는다는 것입니다. 우리는 시작하기 전에 충분히 파악하고 각 프로젝트에 돌입하지만, 완벽할 수 없다는 사실을 알고 있습니다. 사실 완벽할 필요도 없습니다. 추진 과정에서 고쳐 나갈 수 있기 때문입니다."

테네는 모든 것이 완벽할 때까지 기다리는 자세는 일을 오래 지연시킬 뿐이라며, 이렇게 덧붙여 말한다. "보다 나쁜 상황은 그런 자세 때문에 어떤 일도 시작하지 못하는 경우가 자주 발생하는 것입니다. 물에 대한 수요는 점점 더 늘어나고, 자연에서 얻는 물 자원은 더욱 고갈되며, 끔찍한 환경적 재앙이 일어날 가능성이 커지고 있습니다. 아무런 행동을 취하지 않는 것도 행동의 한 방법입니다만, 그럴 경우 현재 상태를 있는 그대로 받아들일 수밖에 없습니다."

물 부족 위기가 눈앞에 닥친 상황에서 행동에 나서야 할 때는 바로 지금이다. 이스라엘은 그 방법을 잘 보여 줬다.

344 ●●●

감사의글 | 이스라엘 물 번영의 자취를 따라가며

나는 곧 다가올 세계 물 부족 위기와 세계가 이 위기로 인한 최악의 상황을 피할 수 있게 도와주는 이스라엘의 역할을 배우고 얘기하는 데 정말 많은 사람의 도움을 받은 것을 매우 다행으로 생각한다.

이 책을 쓰기 위해 220명 이상을 인터뷰했으며, 이들 중 다수와 한 번 이상의 인터뷰를 진행했다. 이들이 일부러 시간을 내서 내 질문에 답하고 나를 기꺼이 다른 사람들에게 소개해 주는 친절한 모습에 나는 언제나 놀라움을 금할 수 없었다. 인터뷰 대상은 관료와 규제 담당자, 공기업 임원, 교수, 기업가, 창업가, NGO 리더, 엔지니어 등 대부분 이스라엘 물 전문가들이었다. 이들이 지닌 공통점은 이스라엘이 물의 자급자족성을 확립하고 축적된 전문성을 전 세계와 공유하는 역할을 한 데 대한 큰 자부심이었다. 이에 따른 그들의 기쁨과 위상은 고무적이었다.

내가 인터뷰한 모든 이들이 이 책을 쓰는 데 많은 도움을 줬지만, 특히 몇몇은 두드러졌다. 시몬 탈은 1년이 넘는 기간에 걸쳐 아홉 번 인터뷰에 응하며 이스라엘 물 분야의 모든 면을 찬찬히 설명했다. 그의 친절함과 인내심, 겸손함은 내게 롤 모델이 됐다. 모세 가브링거 박사는 이스라엘 공기업 타할TAHAL을 통해 세계를 돌아다니며 경험한 놀라운 스토리를 들려줬을 뿐만 아니라, 지질학과 물에 관한 다른 과학 분야를 내게 가르쳐 주는 개인 교사 역할도 했다. 유리 샤니 교수는 내가 다른 많은 분야 중에서도 특히 토양학과 이스라엘, 팔레스타인, 요르단 3국의 복잡한 관계를 이해하는 데 많은 도움을 줬다. 나티 바락은 점적 관수 기술 발전의 모든 부분에 관련돼 있었으며 자신이 아는 모든 것을 열정적으로 알려 줬다. 이 과정에서 우리 두 가족은 친구가 됐다. 이네즈 로더밀크와 월터 클레이 로더 밀크의 딸인 웨스터 헤스는 이 비범한 부부의 삶에 관한 스토리를 정리하는 데 많은 도움을 줬다. 이츠하크 블라스는 자신의 아버지이자 현대 이스라엘의 물 관련 첫 번째 천재인 심카 블라스에 대해 보다 자세한 정보를 제공했다.

여러 다른 방법으로 도움을 준 사람들도 많다. 이스라엘의 뉴욕 총영사인 이도 아하로니와 북미 담당 경제 각료인 닐리 샤레브는 이스라엘 물 분야의 핵심 인물 몇몇을 소개해 줬다. 다비드 굿트리는 이스라엘에서 열린 물 관련 세미나에 나를 초대해, 고위 관료들을 만나고 주요 물 관련 사회기반시설을 방문할 수 있게 해 줬다. 아사프 샤리브는 많은 관리들을 만나는 기회를 제공했을 뿐만 아니라 시몬 페레스 이스라엘 대통령과 나의 인터뷰를 주선해, 내가 오전 시간 내내 인터뷰를 진행할 수 있게 했다. 이스라엘에서 물에 관련된 기업가 모두를 알고 있는 듯한 오데드 디스텔 덕분에 많은 기업가들을 만날 수 있었다.

유대민족기금JNF 미국 지부의 러셀 로빈슨과 제비 카하노브는 이스라엘의 물 문제에 관한 통찰을 끊임없이 얻을 수 있는 원천이었다. 매우 안타까운 일이지만, 내가 이 책을 쓰는 중간에 제비 카하노브는 세상을 떠났다. 벤구리온대학교의 도론 크라코우는 여러 학과 교수들을 내게 연결해 줬다.

　메코로트의 문서 보관 담당자인 오스낫 마론은 1950년대 초에 작성된 보고서를 포함해 읽을거리로 가득한 문서 보관함과 이 보고서들에 생기를 불어넣어 줄 수십 장의 사진을 보내왔다. 마론의 동료 우디 주커만은 메코로트의 비범한 전문가들을 내게 연결해 주는 창구와 통역 역할을 했을 뿐만 아니라, 자신도 내 인터뷰의 대상이 되기도 했다. 이와 비슷하게 올가 슬레프너는 내가 이스라엘 물관리청 이곳저곳을 방문할 수 있게 도와줬으며 나의 수많은 정보와 설명 요청에도 쾌활함을 잃지 않았다. 이스라엘의 LA 총영사관에 근무하는 딜론 호지어는 이스라엘-캘리포니아주의 관계를 뒷받침하는 배경을 알려, 주고 양측 정부 관계자들을 내게 소개했다. 캐롤린 스타맨 헤셀은 매우 중요한 단계에서 현명한 조언을 해 줬다. 단 닥토로프, 테리 카셀, 필 러너, 단 리버, 야나 루크맨, 마이크 페브즈너, 단 세노르, 마이클 손넨펠트, 알론 탈, 아론 타르타코스브스키, 패트리샤 우델은 각자 의미 있는 방식으로 이 책 프로젝트에 일조했다. 내 딸 탈리아 시겔은 책 디자인의 방향을 잡아 줬다.

　내가 인터뷰를 한 정말 많은 사람들은 이 이야기들이 중요하다는 영감을 내게 줬다. 여기에는 슈무엘 아버바흐, 로템 아라드, 디에고 버거, 일란 코헨, 쇼샨 하란, 아리 이사르, 유진 칸델, 부키 오렌, 후아겡 판, 케미 페레스, 산드라 샤피라, 요시 슈마야, 타미 쇼어, 아브라함 테네, 로넨 울프만, 시반 야아리 등이 포함된다.

　나는 또한 몇몇 자원봉사자들이 먼저 이 책을 읽고 논평을 해 주는 운도 따랐다. 샘 아델스버그, 로레인 그린바움, 올리버 헤르츠펠드, 단 폴리사르, 피터 럽, 그리고 내 아들이 소중한 논평을 해 준 덕분에 나는 집필

a

에 사용된 전제를 다시 생각하고, 한 부분 또는 한 장 전체를 새로 쓰며 책의 흐름을 재구성할 수 있었다. 이들 여섯 명이 이 책 원고에 투입한 시간과 집중력에 나는 경외심을 느낀다. 이들의 아이디어와 기여에 힘입어 이 책은 훨씬 더 좋은 내용으로 나올 수 있었다.

이 책의 원고 전체를 읽은 사람들 외에도 각 주제별 전문가들이 특정 장에 대한 비평을 해 줬다. 투비아 프릴링 교수는 국가 대수로에 관한 장을 읽고 논평했으며, 론니 프리드만 교수와 나티 바락은 점적 관수 부분, 토목기술자인 엘리 그린버그와 테디 피셔는 하수 처리와 재활용 부분, 라피 세미엣 교수는 담수화 부분, 다비드 파르가멘트 박사와 클라이브 립친 박사는 강에 관한 부분을 읽고 논평했다. 이들은 각자 표현상의 미묘한 차이를 지적하고, 책 내용을 더욱 명확하게 만드는 데 도움을 줬다.

이스라엘학學 박사과정에 있는 도나 헤르조그는 역사적 자료가 포함된 거의 모든 장을 읽은 뒤 심오하고 통찰력 있는 지적을 해 줬다. 그는 수집된 기록물을 내게 알려 주고, 이들을 활용하는 방법까지 가르쳐 줬다. 또한 히브리어로 작성된 많은 중요한 문서들을 영어로 번역해 주기도 했다. 현명한 대학이라면 분명히 그를 교수진으로 초빙할 것이다.

이스라엘과 팔레스타인의 문제를 둘러싼 정치적 환경을 감안해 나는 이스라엘과 팔레스타인 양측의 주장과 불만, 그리고 무엇보다 상호 협력의 기회를 알기 위해 많은 노력을 기울였다. 팔레스타인 자치정부의 살람 파야드 전 수상은 친절하게도 나와 세 번에 걸친 인터뷰를 허용했다. 팔레스타인 물관리청의 알모타즈 아바디는 많은 질문에 답하고 보고서를 내게 참고로 제시했을 뿐만 아니라, 팔레스타인 교수, 물 관련 관리, NGO 리더 들과 나의 인터뷰를 주선했다. 나는 가자 지구에 거주하는 유세프 아부 마이라 교수를 한 번도 직접 만난 적이 없었지만 이메일을 통해 여러 번에 걸쳐 대화를 나눴다. 그는 팔레스타인에 관한 장의 초안들을 읽고 나서 나의 이해도를 크게 향상시킨 논평을 모두 수십 번에 걸쳐 제공하는 친절을 베풀었다. 이스라엘 부분에 관해서는 여러 사람들 중에서 특히 아일론 아다르 교수와 기돈 부룸버그, 나다스 코헨 대사, 클라이브 립친 박사가 끊임없이 이어지는 나의 질문에 각자 여러 번에 걸쳐 모두 대답해 줬다. 필요한 부분에 대한 도움과 공유해 준 통찰에 대해 데이브 하든에게도 많은 감사의 뜻을 전한다.

처음 책을 쓰는 어떤 저자라도 나보다 더 운이 좋을 수는 없었다고 생각한다. 나의 출판 대리인으로 일한 윌리엄 모리스 인데버 소속 멜 버거는 책에 대한 설명문만으로도 책 출간 프로젝트에 매우 들떴으며, 곧바로 출판권을 판매하는 데 성공했다. 이 책의 편집자이자 출판권을 인수한 마르시아 마크랜드는 이 프로젝트의 열렬한 지지자였으며, 자신의 출간 스케줄에 분명히 대혼란을 일으키는데도 불구하고 한 부분을 통째로 다시 쓰겠다는 나의 결정을 신뢰했으며, 우리는 친구가 됐다. 토마스 던 북스와 세인트 마틴 프레스의 직원들에게는 어떤 좋은 말로도 충분히 감사하지 못할 것이다. 나에게 그렇게 훌륭한 경험을 안겨 준 제프 켑슈와 로라 클락, 톰 던, 트레이시 게스트, 알라스테어 헤이즈, 케써린 휴, 퀘레샤 로빈슨, 피트 울버턴에게 감사의 말을 전한다.

제이미 블랙을 연구 보조원으로 채용할 때만 하더라도 나는 이 책에 대해 나 자신만큼 주인 의식을 느낄 사람이 있을 거라고는 상상조차 못했다. 특출한 지적 능력을 타고난 청년인 제이미는 조직과 기술 부분에 통달한 자로서 자신의 기능들을 이 프로젝트에 일상적으로 활용했다. 끈질

기고 늘 완벽을 추구하는 제이미는 우리가 원고나 연구의 일부분을 끊임없이 다시 생각할 수 있도록 자신과 나를 독려하곤 했다. 나는 앞으로 오랫동안 그와 함께 일할 수 있기를 기대한다.

마지막으로 내 가족 모두에게 감사의 말을 전하고 싶다. 특히 지난 수년 동안 물에 관한 수많은 스토리를 지겹도록 들어왔던 내 아내에게 더 고맙다는 말을 하고 싶다. 우리 아이들 알라나, 샘, 탈리아는 그 어떤 요소들보다 더 많은 즐거움을 우리 삶에 가져다 준다. 내 아내이자 아이들의 엄마인 라헬 링글러는 나의 친구이자 파트너이며, 내게 영감을 주는 존재다. 매일 나는 그녀의 지혜와 친절, 아름다움에 경의를 표한다. 그에 대한 감사의 뜻으로 이 책을 내 아내에게 바친다.

부록

| 연대표 |

1920년	지금의 이스라엘과 웨스트뱅크, 가자 지구를 관할하는 영국의 팔레스타인 위임 통치가 시작됐다.
1937년	훗날 이스라엘의 물 관련 국영 공기업으로 성장하는 메코로트Mekorot가 설립됐다.
1938년	나사렛 남부 제즈릴 벨리에 물을 공급하는 송수관을 설치했다. 이는 현대 이스라엘의 영토에서 처음으로 실행된 물 관련 대규모 사회기반시설 프로젝트였다.
1939년 5월	유대인의 팔레스타인 이주를 극도로 제한하는 영국 정부 백서가 발간됐다. 영국 위임 통치 관리들은 부족한 물 자원 때문에 영국 위임 통치하의 팔레스타인은 인구 성장을 억제해야 한다는 주장을 처음으로 제기했다.
1939년 7월	백서 내용에 대응해 시온주의자들은 수자원에 관한 계획 수립과 관리를 정교하게 통합하는 국가적 물관리 계획을 수립했다.
1947년	땅속 깊은 곳을 시추하는 방법을 통해 새로운 사막 농장에 물을 대는 수원으로 활용할 수 있는 물을 네게브 사막에서 발견했다.
1948년 5월 14일	영국의 팔레스타인 위임 통치가 끝나고 이스라엘 국가가 독립을 선언했다.
1955년 7월	야르콘강과 네게브를 잇는 송수관이 개통되며, 이스라엘 중심부에서 남부 사막지대의 농장으로 물을 송수했다.
1959년 8월	포괄적인 물 관련법이 통과되며 이스라엘 정부는 모든 물의 원천과 사용을 통제할 수 있게 됐다. 이와 함께 강력한 규제기관인 이스라엘 물위원회가 설립됐다.
1964년 6월 1일~2일	이스라엘의 첫 미국 공식 방문 기간 동안 린든 존슨 미국 대통령과 레비 에슈콜 이스라엘 총리는 회담을 갖고 담수화에 관해 깊이 논의했다.

1964년 10월	국가 대수로가 개통되며 국가적 물관리 시스템이 완성됐다.
1966년	점적 관수 장비가 처음으로 판매되기 시작했다.
1969년	샤프단 하수 처리 시설이 완공됐다.
1989년	샤프단 하수 처리 시설에서 네게브 농장에 처리된 하수를 공급하는 송수관이 개통됐다.
1995년	이스라엘과 팔레스타인 자치정부 간의 2차 오슬로 협정의 한 부분에 따라 팔레스타인 물관리청이 설립됐다.
2000년	이스라엘에 새롭게 설치되는 모든 변기에 이중 물내림장치를 의무적으로 부착하는 조치가 시행됐다.
2005년~2016년	지중해 연안을 따라 다섯 곳의 대규모 해수 담수화 시설이 건설되면서 이스라엘 식수의 대부분을 공급했다.
2006년	막강한 영향력을 지닌 이스라엘 물위원회의 후임 기관으로 정치와 무관한 기술자 중심의 이스라엘 물관리청이 설립됐다.
2010년	이스라엘 전역에서 실제 비용을 반영한 물 가격 정책이 실시됐다. 각 지방별로 물 관련 공기업이 설립되며 물과 하수의 통제권이 지방자치단체장에서 이 공기업으로 이전됐다.
2013년 10월	이스라엘 정부는 이스라엘의 물 사정이 기후에 영향받지 않는다고 공표했다.
2013년 12월	이스라엘과 요르단, 팔레스타인 자치정부는 홍해-사해 송수 프로젝트에 관한 협정을 발표했다.
2014년 3월	이스라엘과 캘리포니아주의 물 협력 협정이 발표됐다.
2017년	극심한 가뭄에 대응해 이스라엘 유일의 담수호 염분화를 막기 위해 갈릴리 해에서 1만 7천 톤의 소금을 제거했다.
2018년	이스라엘 수자원국은 더 많은 인구와 가뭄 지속 가능성에 대비하여 갈릴리 서쪽에 두 개의 담수화 발전소를 추가로 개발한다는 계획을 밝혔다.

| 미주 |

서문: 전 세계에 닥쳐올 물 부족 위기

1 글로벌 물 안보와 이에 관련된 정보기관의 평가에 대한 보다 폭넓은 논의는 Marcus DuBois King의 *Water, U.S. Foreign Policy and American Leadership* (Washington DC: Elliot School of International Affair, George Washington University, October 2013) 참조.

2 하이 플레인즈 대수층이 메말라 버렸다는 것을 보여 주는 사례는 한때 물이 가득했던 지하 대수층에서 더 이상 물을 양수할 수 없는 텍사스주 애머릴로 시의 농장들에 관한 NBC 뉴스 보도에서 볼 수 있다.

3 2014년 2월 애리조나주 윌리엄스시는 공중 보건이나 응급 상황을 제외한 다른 목적에 대한 식수나 천연수 사용 금지를 포함해 매우 엄격한 물 사용 제한 조치를 시행했다.

4 향후 40년 동안 세계 인구는 20억 명이 늘어나 2050년에는 90억 명에 이를 것으로 예상된다. UN식량농업기구FAO의 최근 예측에 따르면, 인구 증가에 따른 수요를 충족하기 위해서는 전 세계 농업 생산이 2005년~2007년의 수준에 비해 60% 증가해야 한다.

5 2014년 UN의 한 보고서에 따르면, 석유를 원료로 한 연료 1갤런을 추출하고 정제하는 모든 과정에 일반적으로 2갤런에서 4갤런의 물이 필요하다. 천연가스의 경우에는 원유 1갤런당 약 5갤런에서 13갤런의 물이 필요하다. …수력 파열을 이용해 우물을 굴착할 때 일반적으로 주입되는 물의 양은 한 우물당 2백만 갤런에서 8백만 갤런에 이른다.

6 미국의 5대호The Great Lakes 지표수의 온도 상승은 더 많은 증발로 인한 물 손실의 원인임을 보여주는 좋은 예다.

7 한 가지 예를 들면, 노스캐롤라이나주의 미 해병대 기지인 캠프 레쥰Camp Lejeune에 주둔하는 500여 명에 달하는 군인과 민간인은 기지 외부의 드라이클리닝 회사 및 다른 곳에서

흘러들어온 발암 물질에 오염된 물을 30년이 넘는 기간 동안 사용했을 수도 있다.

8 1986년부터 2004년까지 암만 지역의 평균 물 손실 비율은 53%였다. 터키에서 다섯 번째로 큰 도시 아다나Adana의 손실률은 69%에 이른다.

9 2014년 말 이스라엘 인구는 830만 명이었다. 1948년 5월 15일, 이스라엘 인구는 80만 6천 명이었다.

10 세계은행에 따르면, 현재 US 달러 기준 이스라엘의 GDP는 2005년 이후 두 배 이상 증가했다.

11 2016년 3월 15일 아론 탈 교수가 보내온 전자메일. 이스라엘의 연간 평균 강수량이 최대 50% 감소했다는 주장이 제기됐다.

12 2014년 세계자원연구소World Resources Institute는 이스라엘을 세계에서 21번째로 물이 부족한 국가로 발표했다. 이는 최상위 계층에 속하는 순위다.

13 이스라엘은 팔레스타인 자치 정부에 속한 웨스트뱅크에 150억 갤런, 가자 지구에 26억 갤런의 물을 공급한다. 또한 최근에는 요르단에 매년 140억 갤런을 제공한다. 더 나아가, 2015년 2월 이스라엘과 요르단은 이스라엘이 요르단에 대한 물 공급량을 280억 갤런으로 두 배 늘리는 대신, 요르단의 아카바에 새롭게 들어설 담수화 처리 시설에서 처리된 물 90억 갤런을 구매하는 협정을 맺었다.

1. 물을 존중하는 문화

1 비와 물에 관련된 유대 종교적 자료의 일부 목록은 Wolf Gafni, Pinhas Michaeli, Ahouva Bar- Lev, Yerahmiel Barylka, and Edward Levin, *Beside Streams of Waters: Rain and Water in the Prayers and Ceremonies of the Holiday* (Jerusalem: Jewish National Fund, Keren Kayemeth LeYisrael, Religious Organizations Department, 1990) 참조.

2 테오드로 헤르츨에 관한 보다 자세한 사항은 Amos Elon, *Herzl* (New York: Holt, Rinehart and Winston, 1975) and Shlomo Avineri, *Herzl: Theodor Herzl and the Foundation of the Jewish State*, trans. Haim Watzman (London: Weidenfeld &

Nicolson, 2013) 참조.

3 안무가 더해진 물에 관한 다른 노래로 *"Yasem Midbar Le'gam Mayim"*[A Desert Shall Be Turned to a Lake], 1944, and *"Etz HaRimon"*[The Pomegranate Tree], 1948 등이 있다.

4 아논 소퍼 교수와 저자가 2013년 5월 2일 하이파에서 한 인터뷰. "정글 속 마을"이란 표현은 에후드 바락 이스라엘 전 총리가 이라고 쓴 이후 유명해졌지만, 아논 소퍼 교수는 다른 맥락에서 바락 전 총리의 표현을 빌려 물에 관한 자신의 설명에 사용했던 것 같다.

2. 국가 대수로

1 무슬림의 폭동이나 인도, 파키스탄 등 영국이 통치하는 다른 지역의 "제5열 a fifth column(지역 내에서 이적 행위를 하는 자들)"에 대한 두려움 외에도 영국은 다가오는 전쟁의 필수 물자인 원유의 많은 양이 이라크를 비롯해 무슬림 인구가 대다수인 지역에 있다는 사실에도 신경을 썼다.

2 1939년 영국 정부 백서의 사본은 Charles D. Smith, *Palestine and the Arab- Israeli Conflict*, 6th ed. (Boston: Bedford/St. Martin's, 2007), 165-169에서 볼 수 있다.

3 팔레스타인의 '경제적 흡수 역량' 문제에 관한 보다 포괄적인 연구는 Shalom Reichman, Yossi Katz, and Yair Paz, "The Absorptive Capacity of Palestine, 1882-948," *Middle Eastern Studies 33*, no. 2 (1997): 338-361 참조.

4 건국 전에 활동한 조직의 몇몇 예를 들면, 1920년 설립된 히스타드루트 노동자 총연합 Histardrut Labor Federation이 있었으며, 병원과 학교 같은 국가 시설을 건립할 자금을 모으기 위해 설립된 조직, 케런 하예소드Keren Hayesod도 1920년 활동을 시작했다. 도로 포장과 경비 타워 건설을 담당하는 솔렐 보네Solel Boneh는 1921년 설립됐으며, 근로자 은행인 하포알림 뱅크Bank Hapoalim도 같은 해 탄생했다. 히브리대학교는 1925년 개교했으며, 유대인 이민자의 이주를 도울 목적으로 1929년 팔레스타인 유대인 기구Jewish Agency for Palestine가 출범했다.

5 메코로트Mekorot로 이름을 지은 데에는 약간 희극적인 요소가 포함돼 있었다. 당시 이슈

브 유대인 공동체에서 흔히 하던 일처럼, 설립자들은 성경적 이름을 활용해 시온주의자 기업을 자신들의 고대 기원에 연관시키고 싶어 했다. 이에 따라 기업 이사회 임원들은 〈시편〉 93장 4절에 나오는 "여호와의 목소리Mekolot는 물보다 크다"라는 구절을 찾아냈다. 하지만 Mekolot를 Mekorot로 잘못 옮겼다. '원천'이라는 뜻을 지닌 Mekorot가 물 탐사 기업에 잘 어울리는 이름이기 때문이었다. 이후 기업 이사회 회의에서 성경 문구에 밝은 임원들이 단어를 잘못 옮겼다고 지적하자 수석 임원이 자신의 최초 제안을 고수하며 논쟁을 끝냈다.

6 로더밀크가 미국 농무부 소속으로 이스라엘을 방문한 보다 자세한 내용은 Walter Clay Lowdermilk, *Conquest of the Land through Seven Thousand Years* (Washington, DC: U.S. Department of Agriculture, 1948) 참조.

7 하퍼Harper & 브라더스Brothers는 로더밀크의 저서 《약속의 땅, 팔레스타인》을 1944년 처음 출간했다.

8 〈뉴욕 헤럴드 트리뷴〉에 실린 《약속의 땅, 팔레스타인》 서평 발췌문: "로더밀크는 시온주의자가 앞으로 해 나갈 일에 관한 아주 흥미로운 보고서를 제시한다. 로더밀크의 특별한 관점 덕분에 이 보고서는 더욱 흥미롭다. 그는 유대인 문제에 관해 평범한 인도주의적 본능을 지닌 사람이 지닐 정도의 동정심을 가진 유대인으로서가 토양 보호주의자의 입장으로 팔레스타인에서 실시되는 실험을 검토했다.…로더밀크의 대담한 논지는 팔레스타인 실험에 대한 보다 지속적인 지원, 즉 전폭적인 격려와 실험의 확장이 유대인을 동경할 기회를 제공하는 동시에 중동 지역 전체에 걸쳐 궁극적으로 큰 혜택을 안겨 준다는 것이다."

9 1945년 팔레스타인에 대한 영국의 입장은 이랬다. "영국 제국의 안전을 위해서는 반드시 팔레스타인을 하나의 완전체로 영국이 관리해야 한다. …팔레스타인과 트랜스요르단(요르단의 옛 이름)은 영국의 중동 지역 안보 시스템의 핵심이 돼야 한다. …중동 지역 국방위원회는 군사적 관점에서 볼 때 팔레스타인의 분리가 치유할 수 없는 재난을 불러올 것이라는 의견에 만장일치로 동의한다."

10 영국의 지배에 어떻게 대항할지를 두고 여러 시온주의자 그룹에서 몇 가지 방식을 시도했다. 벤구리온과 노동 시온주의자들은 일반적으로 협상과 정치적 수단을 선호했다. 유

대인 민간 무장조직인 이르군(Irgun, 혹은 IZL)과 스테른 갱(Stern Gang, 혹은 Lehi라고도 함)은 보다 폭력적인 대결을 선택했다. 대결 방식에 관한 보다 자세한 내용은 Howard M. Sachar, *A History of Israel: From the Rise of Zionism to Our Time* (New York: Knopf, 1976), 249~278 참조.

11 1931년 팔레스타인 인구조사 기록에 따르면, 베르셰바 지역 인구는 51,082명이었으며, 이 중 47,981명은 유목민이고 3,101명은 정착 공동체에서 생활하고 있었다. 1948년의 인구는 70,000명에 이른 것으로 추정되며, 이들 중 대부분은 베두인족이었다. 그러므로 1947년 실제 인구수는 이 수치들 중간쯤이었을 것이다. 1948년의 인구 수치와 4,700제곱마일에 이르는 네게브 지역의 면적을 감안할 때, 1948년 네게브 지역 인구밀도는 제곱마일당 15명이었다.

12 비록 블라스가 결국에는 옳았던 것으로 드러났지만, 테크니온 공대 교수이자 수문학자인 유리 샤미르는 블라스의 증언을 엔지니어링이나 과학보다 더 이념적인 "시온주의 수문학"으로 묘사했다.

13 이스라엘 건국 초기 3년 반 동안 전체 이민자 수는 1948년 101,828명, 1949년 239,954명, 1950년 170,563명, 1952년 175,279명이었다.

14 국가 대수로 건설을 시작한 지 2년이 지난 1961년 베르셰바 대도시 지역의 인구는 97,200명이었고, 현재는 664,000명이다.

15 아론 위너Aaron Wiener(1912~2007)도 뛰어난 물 엔지니어였다. 위너의 딸과 사위인 루티와 우지 아라드와 한 인터뷰에서, 자신을 잘 드러내지 않고 내성적인 위너가 괴팍한 블라스 밑에서 일하며 많은 어려움을 겪었다는 사실을 분명히 알 수 있었다.

3. 국가 물 시스템 관리

1 지방자치단체장들과 그들의 정치적 지지자들이 지방의 물에 관한 통제권을 자치 단체장에게 넘기려 시도하면서 지방 물 관련 공기업의 운영권을 두고 논쟁이 계속되고 있다.

2 원인을 알 수 없는 물 손실이 40% 이상인 세계 도시들로 델리(53%), 더블린(40%), 글래스고(44%), 하이데라바드(50%), 자카르타(51%), 몬트리올(40%), 소피아(62%) 등이 있다.

4. 농장에서 일어난 혁명

1 고대 중동 지역의 관수 역사에 관한 보다 자세한 내용은 Sandra Postel, *Pillar of Sand: Can the Irrigation Miracle Last?* (New York: W. W. Norton & Com pany, 1999), 13-39 참조.

2 1962년 이스라엘 농업 부문은 전체 물 공급량 중 78%를 소비했다.

3 학자로서의 경력을 더 이상 이어 갈 수 없다는 사실을 인식한 단 골드버그는 카리브 해와 남아메리카 지역 국가에서 바나나 재배를 위한 점적 관수 활용 부문의 컨설턴트로 일했다. 골드버그는 일생 동안 점적 관수 전도사로 활동하며 이 주제에 관한 저서를 공동 집필하기도 했다.

4 1970년대 점적 관수 기업을 설립해 네타핌과 경쟁한 키부츠 세 곳은 게바트Gvat 키부츠(플라스토로Plastro 설립), 난Na'an 키부츠(난Na'an 설립), 단Dan 키부츠(단Dan 설립)다. 난과 단은 2001년 합병한 후 난단NaanDan이라는 기업명으로 사업을 이어 갔다. 이외에도 대부분 키부츠에서 설립한 몇몇 다른 기업이 비록 크게 성공하지는 못했지만, 점적 관수 사업에 뛰어들었다. 이와 같은 차상위 기업 계층 중에서는 메처 키부츠가 설립한 메처플라스Metzerplas가 가장 성공했으며, 이 기업은 현재도 점적 관수 사업을 하고 있다.

5 플라스트로는 미국 기업 존 디어John Deere에 매각된 후 존 디어 워터라는 이름으로 사업을 계속하다 사모펀드 기업에 다시 매각됐다. 난단은 현재 인도 대기업 제인 이리게이션Jain Irrigation이 소유하고 있다.

6 특별한 경우를 제외하고 이스라엘에서 군복무는 누구에게나 해당된다. 18살이 되면 남자는 3년, 여자는 2년 동안 군복무를 한다.

7 히브리대학교 아론 프리드만 교수는 식물 생리학과 그에 따른 수확량을 이렇게 설명한다. "식물은 빨아들일 물이 있으면, 호흡과 광합성을 유지하는 동안 숨구멍을 통해 물이 증발되면서 사라져도 괜찮기 때문에 더 잘 자랍니다. 물이 없으면 식물의 숨구멍이 열려 있는 시간은 더 짧아지고, 이에 따라 호흡과 이산화탄소 고정화가 줄어들며, 성장 속도 저하와 수확량 감소로 이어집니다."

8 2013년 4월 24일 예루살렘에서 저자가 진행한 아리 이사르 교수와의 인터뷰. 네게

브 사막 중심부 아라바의 수원 개발에 관한 더 많은 정보는 Government of Israel, *The Central Arava: Proposals for the Development of Water Resources*, Report 69-093(Jerusalem: Government of Israel, September 1969) and Government of Israel, The Central Arava: Irrigation Water Development Scheme, Report 69-173 (Jerusalem: Government of Israel, November 1969) 참조.

9 관수 방식을 사용하는 경작지 중 15%는 스프링클러 방식을 사용하지만, 경작지 전체에 물을 가득 채우는 담수 방식은 농민에게 거의 공짜에 가까운 물 사용료가 주어지는 한 계속될 것 같다. 관수 장비 구입 비용 지출에 대한 인센티브가 없으며 물을 많이 낭비하는 담수 방식은 물 부족 문제에 시달리는 지역에서도 계속 이어질 것이다. 예를 들어 텍사스주 물 자원 연구소에 따르면, 텍사스주 농민들은 주 전체에서 재배하는 작물 중 3%에만 점적 관수를 사용한다. 농민이 농업용수의 실제 비용을 고려해야 할 시점까지는 이런 현상이 계속될 것이다.

10 캘리포니아주가 국가라면, 점적 관수를 가장 많이 활용하는 국가일 것이다. 현재 캘리포니아주는 포도밭 중 75%를 포함해 관수 경작지 중 39%에서 점점 관수 방식을 채택하고 있다.

11 세계은행에 따르면, "공공재 소비자에게 지급하는 보조금은 전 세계 물과 전기 공급 부문에서 흔한 현상이다. 일부 경우, 자본 투자나 공공재 공급 기업의 수익 감소를 충당하기 위한 일반 전용의 형태로 일반 세수에서 많은 부분을 보전하기 때문에 이런 보조금 지급이 가능하다. …또 다른 경우, 공공재 기업은 일반 보조금 또는 특정 보조금으로 인한 재정적 손실을 단순히 떠안으면서 자본금을 점점 더 잠식하고 수선유지비 집행을 연기한다."

12 인도에서는 점적 관수가 물 사용을 통제하고 수확량을 늘리며 빈곤을 해결할 수 있는 최상의 도구라는 데 보편적으로 동의하지만, 점적 관수에 지급하는 보조금의 효과와 최상의 경제적 결과를 이루는 방식에 대한 논쟁이 있다.

5. 버려지는 하수를 물로 바꾸다

1 지방 하수 처리 시설 탄생에 따른 놀라운 효과는 Steven Solomon, Water: *The Epic Strug gle for Wealth, Power and Civilization* (New York: Harper Perennial, 2010),

249~265. See also: James Salzman, *Drinking Water: A History* (New York: Overlook Duckworth, 2010), 85~97 참조.

2 샤프단 시설은 매일 약 9500만 갤런의 하수를 처리하고 여과한다.

3 네게브에 이르는 송수관 건설이 완공되기를 기다리는 동안, 보건부는 샤프단의 모래 대수층 처리SAT 과정을 거친 물의 제한된 양을 식수로 사용해도 안전하다고 확신했다. 1980년대 대부분의 기간 동안 보건부는 국가 전체 식수의 5%를 샤프단의 SAT 물로 공급할 수 있게 허용했다. 네게브 송수관이 개통된 1989년 보건부는 처리된 하수와 민물을 구분하는 것이 최상의 방법이라 결정하며 샤프단의 SAT 물을 식수로 활용하는 방식은 종료됐다.

4 2010년 이스라엘의 농업 부문 수출은 21억 달러에 이르렀다.

5 이스라엘이 하수 처리 사회기반시설을 건설하기 시작하면서, 전 소비에트 연합을 떠나온 많은 이주민들이 이스라엘에 정착했다. 하수 처리 국가 기반시설을 위한 용도로만 제공한 것은 아니지만, 미국은 이민자 흡수를 돕기 위해 대출 보증을 제공했으며, 이 대출 보증들 중 일부가 하수 처리 시스템 건설을 위한 저금리 융자를 지원하는 데 활용될 것으로 이해했다. 하지만 이스라엘에 대출을 제공한 어떤 기관도 미국의 대출 보증을 통해 대출금 상환을 받을 필요가 없었기 때문에 이스라엘은 결국 미국 납세자에게 전혀 비용을 발생시키지 않고 저금리 자금 지원을 받은 셈이었다.

6 세계 어디서나 요리를 할 때 더해진 소금 때문에 하수의 염분 함량이 높지만, 이스라엘에서는 더 높을 수도 있다. 유대인 음식 규정은 요리하기 전 모든 육류에 소금을 뿌리는 의식을 포함하고 있다. 이때 뿌린 소금이 씻겨 나가면서 이스라엘의 하수로 흘러들어 간다.

7 사막화가 전 세계에 미치는 영향에 관한 분석은 Anton Imeson, *Desertification, Land Degradation, and Sustainability* (Hoboken, NJ: Wiley, 2012) 참조.

6. 담수화: 과학, 엔지니어링, 연금술

1 린든 존슨이 특히 담수화 요소가 포함된 물 관련 법안을 지원한 한 예는 뉴멕시코 주 클린턴 앤더슨 상원의원이 처음 제안한 *Demonstration Plants Act of 1958, Public Law 85~883* 참조.

2 벤구리온이 기록한 일기 중 특히 1954년 8월 16일, 8월 20일, 1956년 2월 7일, 1957년 6월 11일, 1961년 4월 8일 자 내용 참조.

3 자르킨과 그의 이론에 관한 보다 자세한 당시 기록은 Yaakov Morris, *Masters of the Desert: 6000 Years in the Negev* (New York: G. P. Putnam's Sons, 1961), 240~252 참조.

4 다비드 벤구리온의 1955년 9월 30일자 일기 내용. 다비드 벤구리온은 자르킨의 담수화 방식(동결) 또는 여러 단계의 온수풀을 통해 바닷물을 정제하는 방식을 실행하는 비용에 관한 내용도 일기에 기록했다.

5 알렉산터 자르킨은 정부가 고려하는 다른 방식보다 자신의 담수화 과정이 훨씬 뛰어나다고 단호히 주장하며, 1963년 11월 20일 이스라엘 최고 일간지 〈하아레츠Haaretz〉에 "국가 대수로를 대신할 물 정제 방식"이라는 제목으로 장문의 글을 기고했다. 이 글은 자르킨이 건설 중인 국가 물시스템에 반대하는 편지를 정부 각료들에게 보냈다는 사실을 밝히며 국가 대수로를 신랄하게 비판하는 내용을 담고 있었다. 자르킨은 상대적 비용과 염분 함유도, 환경 악화 문제를 제기하며 국가 대수로 건설 계획을 폐기하고, 그 대신 네게브 지역에 해수 정제 시설을 건설해야 한다고 주장했다. 비록 몇 십 년이 지난 뒤의 일이기는 하지만, 그의 접근 방식은 어느 정도 결실을 맺었다.

6 Editorial Note, Foreign Relations of the United States, 1964~1968, Volume XXXIV, Energy Diplomacy and Global Issues, Document 130 참조. 또한 레비 에슈콜의 미망인 미리암 에슈콜은 저자와 한 인터뷰에서 자신의 남편이 종종 "국가와 물의 관계는 인간과 혈액의 관계와 같다"라는 말을 했다고 전했다.

7 저자와 한 인터뷰에서 나단 버크만은 린든 존슨이 바이츠만 연구소 기금 모금 행사에서 했던 연설을 전혀 기억하지 못하지만, 1964년 에슈콜 총리가 미국 방문을 마치고 이스라엘에 돌아왔을 때, 이스라엘 담수화 단체에 속한 모든 사람들이 자금 지원 조건에 맞는 프로그램을 개발하는 데 집중했다고 말했다. 버크만은 1964년 에슈콜의 워싱턴 DC 방문 후 미국이 시설 건설을 위해 1억 달러의 자금을 제공하고 이스라엘은 바닷물을 제공할 것이라는 우스갯소리가 자신의 부서 내에 나돌았다고 전했다. 그는 또 이런 농담에도 불구하고 모

든 사람들은 이스라엘이 획기적인 아이디어를 찾아 낼 때에만 자금 지원을 받을 수 있다는 사실을 알고 있었다고 말했다.

8 IDE는 1980년대에 이스라엘 케미컬Israel Chemical과 합병했다. 이스라엘 코퍼레이션에 속한 이스라엘 케미컬은 1999년 오페르 브라더스 그룹Ofer Brothers Group에 매각됐다. 델렉 그룹Delek Group는 2000년 IDE 지분 50%를 인수했다.

9 이스라엘 물관리청의 고위 관리인 타미 쇼어는 저자와 한 인터뷰에서 폐쇄된 우물을 다시 개방하고 비용이 많이 들더라도 오염된 수원에 대한 정제 수준을 높이는 등 물 생산을 증가시키기 위한 단기적 방안은 늘 있었다고 언급했다. 그녀의 지적에 따르면 이런 방안은 단기간에 걸쳐 긍정적인 혜택을 얻는다 하더라도 지속가능한 접근 방식은 아니다.

10 콜린가라는 이름은 이 도시의 첫 번째 기능의 흔적에서 나온 것이다. 1880년대에 캘리포니아 철도 시스템이 건설됐을 때, 모든 기차는 석탄을 이용한 증기기관차에 의해 운영됐다. 콜린가는 증기기관차가 기차에 동력을 전달하기 위해 석탄을 공급받는 역들 중 첫 번째 역이었기 때문에 이곳은 석탄 공급을 뜻하는 영어 단어를 따 콜링Coaling A라고 이름 지어졌고, 그 다음 역들은 콜링 B, 콜링 C로 이름 붙였다. 철도가 석유를 이용하는 시스템으로 바뀐 후 이 조그만 도시는 그 관련성을 잃었지만 이름이 이미 지어진 후였다. 이후 콜링 A가 콜린가Coalinga로 된 것이다.

11 Fredi Lokiec, *South Israel 100 Million m3/Year Seawater Desalination Facility: Build, Operate and Transfer(BOT) Project*(Kadima, Israel: IDE Technologies Ltd., March 2006) 참조. 2015년까지 아슈켈론 담수화 시설은 2천 500억 갤런 이상의 정제된 물을 생산하며 세계 기록을 수립했다.

12 담수화 산업계 전문가인 톰 판크라츠는 이렇게 말했다. "담수화 부문에서 이스라엘의 뛰어난 점은 이스라엘이 일관되고 신뢰할 수 있는 담수화 시설을 건설하며 높은 수질의 물을 생산해 왔다는 것이다. 이스라엘은 전기 사용 요율의 다양성을 탁월하게 활용해 주로 밤이나 전기 사용료가 낮은 시간대에 담수화 시설을 가동했다. 전 세계에서 전력 사용량이 낮은 시간대의 전기를 이스라엘만큼 잘 사용하는 국가는 없다. 쉬운 일처럼 들리지 모르겠지만, 시설을 지속적으로 운영하면서 어느 시점의 전기를 활용할지 계획을 세우려면 시설

운영 방식에서 놀랄 정도로 균형을 잘 잡아야 한다.

13 담수화 전문가 다니엘 호프만은 이런 전자메일을 보내왔다. "높은 수질의 담수 처리된 물과 대수층과 갈릴리호에서 취수한 자연수를 혼합하는 데에서 얻는 주요 건강 혜택은 염화물과 나트륨의 감소가 아니라 현재 대수층에 들어 있으며 대수층 위에서 일어나는 인간의 활동 때문에 계속 늘어날 질산염과 산업 오염물질을 감소시키는 데 있다고 생각합니다. 예를 들어, 현재 연안 대수층에 있는 대부분의 우물에 포함된 질산염의 수준은 유럽 제한 기준이 45~50ppm을 넘으며, 미국 기준 10ppm은 분명이 넘어섭니다. 이스라엘의 현재 식수 표준은 70ppm입니다. 질산염 수준이 높으면 임산부에 위험하며, 질산이 많이 든 물 때문에 산소가 부족해지면서 질식사에 이르는 '청색 유아 증후군'을 일으킬 수 있습니다."

7. 이스라엘의 물을 새롭게 하다

1 히브리 성서(구약성서)에는 땅과 그에 속한 생물을 숭배하는 많은 본보기들이 나온다. 몇몇 예를 들면, 레위기 25:23-24, 이사야서 24:4-6, 43:20-21, 예레미야 2:7, 에스겔 34:2-4, 시편 96:10-13 등이다.

2 시온주의 선구자들이 유대인의 본국 영토에서 자연과 노동으로 돌아갈 것을 촉구하며 "유대인들은 자연과 완전히 분리되고 2천 년 동안 도시 성곽 속에 갇혀 있었다.…우리에게는 노동의 습관이 필요하다…. 사람들을 자신이 속한 땅과 국가 문화에 결속 시키는 것은 노동이기 때문이다"라는 내용이 담긴 A.D. Gordon의 《Our Task Ahead (1920)》 참조.

3 이 강의 정식 이름은 헤브론-브솔-베르셰바 강이다. 강이 흐르는 지역에 따라 이 세 이름 중 하나로 부르지만, 세 강 모두 동일한 수계에 속한다.

4 이와 같은 환경 법안의 한 예는 "The Food Quality Protection Act Background," U.S. Environmental Protection Agency, accessed on December 1, 2014: www.epa.gov/pesticides/regulating/laws/fqpa/backgrnd.html에서 볼 수 있다.

5 "존스턴의 임무"에 관한 보다 자세한 내용은 Jeffrey Sosland, Cooperating Rivals: The Riparian Politics of the Jordan River Basin (Albany: State University of New York Press, 2007), 37~61 참조.

6 호수를 관찰하며 최근 밝혀진 이스라엘 특유의 문제일 것 같은 염려거리 한 가지는, 현미 경으로만 식별할 수 있는 외래종 달팽이의 존재였다. 호수의 건강 상태나 갈릴리호에서 취 수한 물을 마시는 사람들에게 위협적이지는 않지만, 갑각류는 유대인 식단 규정을 지키는 사람들에게 금지된 음식이다. 이스라엘에서 종교적 규율을 엄격히 준수하는 유대인들이 수돗물을 아무런 거리낌 없이 마실 수 있도록, 이런 작은 달팽이를 잡아먹는 특별한 외래어 종이 호수에 투입됐다.

7 비구름 씨뿌리기 과정은 소설가 커트 보네거트Kurt Vonnegut의 형인 버나드가 발명했으며, 동생의 종말론적 소설 《고양이 요람Cat's Cradle》의 바탕이 됐다. 이 소설에서 요오드화 은Silver iodide은 기억하기 쉬운 "아이스 나인Ice-nine"이라는 이름으로 불렸다.

8. 물 비즈니스의 세계화

1 1948년 5월 15일, 이스라엘 인구는 80만 6천명이었으며, 1952년에는 163만 명이었다.

2 당시 서독의 배상금과 대외 원조, 기부가 이스라엘 경제에서 한 역할에 관한 보다 많은 정 보는 Bruce Bartlett, "The Crisis of Socialism in Israel," *Orbis* 35 (1991): 53~61 참조.

3 세계은행에 따르면, 2013년 이스라엘은 GDP의 5.6%를 방위비로 지출했으며, 이는 OECD 에 속한 어느 국가보다 높은 비율이었다. 중앙통계청의 연구에 따르면, 2009년 이스라엘이 국가 예산 중 방위비에 지출한 비율은 영국보다 세 배, 독일보다는 다섯 배 많은 18.7%였다.

4 워터프런트Waterfront 지원 조직에는 저명한 인사들이 참여했다. 여기에 참여한 사람들은 히 브리대학교 애브너 아딘 교수, 총리실 사무총장 일란 코헨, 상공부 라아난 디누르 국장, 이 스라엘 시드 파트너스Israel Seed Partners의 벤처 파트너인 칼만 카우프만, 메코로트 회장 부키 알렌, 화이트워터WhiteWater 미라 라슈티 COO, 마케팅 컨설턴트 밥 로젠바움, IDE 다 비드 왁스만 전 CEO, 어플라이드 메티리얼Applied Material 창업자 단 윌렌스키, 화이트워터 오리 요게브 회장 등이었다(직함은 2005년경 기준).

5 유대인 공동체 이슈브의 지도자 아서 루핀Arthur Ruppin은 이런 말을 했다. "문제는 집단의 정착이 개인별 정착보다 더 나은가 아닌가에 대한 것이 아니었습니다. 오히려 집단별 정착이 아니면 어떤 정착도 할 수 없다는 것이었습니다."

6 펠렉의 기업 야데이터YaData의 매각 가격은 공개되지 않았지만, 마이크로소프트가 수천만
   달러를 지불하고 매입한 것으로 알려져 있다. 아미르 펠렉은 이 기업의 지분 60%를 소유
   하고 있었다.

9. 이스라엘, 요르단, 팔레스타인의 물 문제 해결 방안

1 메코로트에 따르면, "메코로트가 도시 구역까지 식수를 공급하는 비용(취수, 정수, 감
   시, 양수, 송수, 시설 건설, 운영 관리 비용 포함)은 평균 4.16NIS(쉐캐림, 이스라엘 화폐
   단위)/CM(U$1.2/CM)인 반면, 웨스트뱅크 소비자들은 메코로트에서 공급받는 물에 평균
   2.85NIS/CM(U$0.8/CM) 지불한다."

2 이스라엘의 웨스트뱅크 민정장관을 지냈고 이후 이스라엘 국방차관을 두 번 역임했던 에
   프라임 스네Ephraim Sneh는 웨스트뱅크에서의 물관리 방식이 처음에는 높은 수질의 물을
   대량으로 공급하는 데에만 초점을 맞췄지만, 정착 활동이 엄청나게 늘어난 1970년대 말과
   1980년대 초에는 팔레스타인의 물을 끌어오는 데 관심을 두었다고 말한다. 또한 이와 같
   은 시도는 항상은 아니지만, 종종 정치적 반대진영과 언론, 중앙 정부 통제권의 변화에 의
   해 좌절됐다고 말한다. 하지만 이 모든 경우에도 불구하고 이스라엘이 팔레스타인의 물을
   끌어오는 데 관심을 둔 결과, 웨스트뱅크가 이스라엘의 물 공급망에 포함된 이후에야 내
   부 논의가 끝났다고 에프라임 스네는 말한다. 또 다른 의견으로, 웨스트뱅크에 거주하며
   수문학 박사과정을 밟고 있는 독일 국적의 클레멘스 메서슈미트는 웨스트뱅크 점령에 대
   한 이스라엘의 주요 관심은 안전 보장이 아니라 팔레스타인의 수원을 관리하고 활용하는 데
   있다고 확신한다.

3 Palestinian Water Authority, *Annual Status Report on Water Resources, Water
   Supply, and Wastewater in the Occupied State of Palestine*-2011(Ramallah:
   Palestinian Water Authority, 2012), 44. 이 장을 쓰기 위해, 타당성에 관한 이견에도 불
   구하고 팔레스타인 공식 인구 통계를 있는 그대로 인용했다. 여러 연구 보고서는 팔레스타
   인 중앙통계청이 보다 많은 원조를 확보하고 가구 당 생활수준 상태를 낮추기 위해 인구
   수를 부풀렸다고 주장하며 이의를 제기한다.

4 팔레스타인 물관리청에 따르면, "웨스트뱅크 물 공급은 이스라엘의 물 관련 국가 공기업인 메코로트에서 들여오는 물에 크게 의존하고 있으며, 여기서 공급받는 물이 웨스트뱅크 내 물 공급의 55% 이상을 차지한다."

5 텔아비브 주재 미국 대사관에 따르면, 2008년 6월 "팔레스타인 자치정부 내 하마스와 파타Fatah 사이의 갈등 상황이 팔레스타인 물관리청에도 나타나기 시작했지만, 관리청은 지금까지 정치화에 반대해 왔다.

6 '내용을 공개해도 좋다는 전제'에서 진행했던 인터뷰에서 나온 발언을 이후에 인용하는 것에 대해 확인할 기회가 주어졌을 때, 인터뷰 당사자는 이 발언을 한 것에 대해서는 인정하면서도 원래 인터뷰할 때 없었던 단서 조항을 추가했다. 즉 자신은 1993년부터 1995년까지의 기간과 당시 실행 중이던 기술적 논의에 대해서만 언급한 것이라고 했다. 또한 이렇게 단서 조항을 단 발언에 대해서도 자신의 이름은 밝히지 말아 달라고 했다. 원래했던 인터뷰에서 이 팔레스타인 물관리자는 이렇게 말했다. "나는 양측의 정치 세력이 지원 환경을 조성할 수 있으면 기술적 수준에서 협력하는 것이 적절한 해결 방안을 찾는 일을 쉽게 해 줄 수 있다고 확신합니다."

7 팔레스타인 중앙통계청의 추정에 의하면, 2014년 가자 시티의 인구는 606,749명이며, 가자 지구 전체 인구는 1,760,037명이었다.

8 이스라엘은 2005년 가자 지구 정착지에서 철수한 이후에도 계속 가자 지구에 매년 13억 갤런의 물을 공급했으며, 2015년 물 공급량을 두 배 늘려 매년 26억 갤런씩 공급하겠다고 발표했다.

9 CINADCO와 MEDRC 프로그램 외에도 이스라엘과 팔레스타인, 그리고 이스라엘-팔레스타인-요르단 3국의 물 협력 관계를 강화했지만, 지면 문제로 본문에서 언급하지 못한 다양한 가치 있는 프로그램들이 있었다. 예를 들면, EXACT 프로그램은 이스라엘과 팔레스타인, 요르단의 물 전문가들이 공동 사용을 목적으로 구축한 데이터베이스를 만들어 내는 데 도움을 줬다. MERC는 이스라엘과 팔레스타인이 주요 물 문제에 관한 대화를 용이하게 이끌어 나갈 수 있도록 했다. 그리고 홍해-사해 송수 프로젝트는 이스라엘, 팔레스타인, 요르단의 물 전문가들이 한데 모일 수 있게 했다.

10 일부 환경주의자들은 엄청난 양의 소금물을 사해로 배출하는 것이, 여전히 이론적이기는 하지만, 많은 환경 문제 중 하나를 일으킬 수 있다는 우려를 나타냈다. 소금물이 더해진 새로운 사해의 물은 예상보다 더 빨리 증발하며 지표면과 가까운 좁은 지역에 습한 기후를 조성하는 예기치 못한 결과로 이어질 수 있다. 또는 농도가 다른 소금물이 사해에 원래 있던 물과 섞이지 않아 호수에 층이 형성되는 알려지지 않은 영향을 미칠 수도 있다. 제기된 또 다른 두려움은 앞으로 몇 년 뒤 소금물 배출이 대대적으로 이뤄지면 벌어질 수도 있는 일, 특히 사해의 물에 새롭게 더해진 미네랄이 시간이 지나면서 호수 수면을 하얗게 만들어버릴지도 모른다는 염려와 관련돼 있다. 하얗게 변하지 않는다 하더라도, 사해의 염도가 낮아진 탓에 조류algae가 크게 번식하며 사해의 붉은색 혹은 녹색으로 변할 수 있다고 염려하는 사람들도 있다.

11 아다르 교수의 말은 갈등 해소에 도움을 주는 물 가격 책정에 관한 중요한 작업에 바탕을 두고 있을 수도 있다.

12 팔레스타인은 하수 처리 시설 건설 허가를 이미 받았지만, 지금까지 건설된 것은 거의 없다.

13 2009년 세계은행의 연구 보고서에 묘사된 상황이 이후 몇 년 동안 많은 측면에서 변했지만, 연구 내용은 C 구역에서의 개발을 여전히 제한하는 것처럼 보이는 사항들을 강조한다.

10. 이스라엘의 물 외교

1 소비에트 연합이 잠시 이스라엘을 지지하며 UN에서 이스라엘의 국가 지위를 인정하는 투표를 했지만, 소비에트 연합은 얼마 지나지 않아 이스라엘을 서방 진영의 전초 기지로 인식하며 이스라엘에 확고히 적대적인 입장으로 돌아섰다. 소비에트 연합과 이스라엘 간의 역사와 소비에트 연합의 중동 지역 정책에 관한 내용은 Galia Golan, *Soviet Policies in the Middle East: From World War Two to Gorbachev* (Cambridge: Cambridge University Press, 1990) 참조.

2 2014년 10월 3일과 13일 요시 샬헤벳과 전화 인터뷰. 샬헤벳 박사는 너그럽게도 자신의 중국 생활을 담은 회고록의 영어 번역본 한 권을 내게 건네줬다. 이 책의 영어 제목은 *China and Israel: Science in the Ser vice of Diplomacy*이다.

3 2000년에서 2010년 사이에 이란에서 취수된 물의 92%는 농업용수로 쓰였다.

4 아리 이사르 교수는 이란이 물 시스템을 구축하고 확장하는 데 도움을 주며 몇 번에 걸쳐 이란에 재임했다. 대규모 지진으로 큰 피해를 입은 카즈빈 주의 물 시스템을 복원하는데 힘을 보태며 오랫동안 머물렀던 첫 번째 재임 기간을 마친 후, 이사르 교수는 이란의 물과 전력을 관장하는 정부 부처의 차관인 이라즈 바히디 박사(Dr. Iraj Vahidi)에게서 따뜻한 편지 한 통을 받았다. 1965년 7월 28일 편지에는 이렇게 적혀 있었다. "물과 전력 부는 당신이 이란에 머무는 동안 수문지리학 부분에서 행한 소중한 서비스에 감사할 수 있어 영광으로 생각합니다. 모든 이란인에게 분명히 영향을 미친 당신의 긴밀하고 진심 어린 협력을 결코 잊지 않을 것입니다. 당신의 출국에 즈음하여 이란에서 머물렀던 시간을 기억나게 해 줄 따뜻한 선물을 전할 수 있어 매우 기쁘게 생각합니다." 선물은 투르크멘 양탄자였다.

5 네타핌을 비롯한 이스라엘 점적 관수 기업들은 전 세계와 특히 인도의 가난한 농민들의 삶을 크게 바꿔 놓은 반면, TAHAL은 많은 국가에서 점적 관수 시스템을 통해 물을 공급할 수 있는 인프라를 설계하고 구축했다.

6 인도는 이스라엘 군사 장비의 최대 수입국이다. 2014년 10월 인도는 5억 2천만 달러의 이스라엘 미사일을 구매하는 계약을 체결했다. 2014년의 처음 9개월 동안 양국 간 교역 규모는 기록적인 34억 달러에 이르렀다.

7 타할의 임무는 인도 라자스탄 주의 수원에 대한 종합 계획을 수립하는 것이었다.

8 MVV의 홈페이지에 기록된 내용을 보면, "MVV Water Utility Pvt Ltd.는 SPML Infra와 타할 컨설팅 엔지니어와 이스라엘에서 가장 규모가 큰 물 관련 지방 공기업인 하기온 예루살렘 워터 앤드 웨이스트워터 웍스가 인도의 메라울리Mehrauli와 바산트 비하르Vasant Vihar 프로젝트 지역에서 물 공급 서비스 수준을 개선하는 일을 수행하기 위해 구성한 컨소시엄이다.

11. 캘리포니아주의 풍족함에 따른 부담

1 환경적 사용을 제외하고 캘리포니아주의 물 중 80%는 농업용수로 사용되며, 이는 OECD 국가의 평균보다 높은 비율이다.

2 에드먼드 G. 브라운 캘리포니아 주지사는 2014년 1월 17일 가뭄 비상사태를 선포했다.

12. 물에 관한 이스라엘의 철학, 12요소

1 국가와 지방의 물 시스템을 정치와 무관하게 만들려는 노력에도 불구하고 여전히 남아 있는 약점이 있다면, 그것은 정치인과 각료들이 아직도 물관리청의 청장을 결정하고, 지방자치단체장들이 물 관련 지방 공기업의 이사회 멤버들을 결정한다는 것이다. 두 경우 모두 이론상이기는 하지만, 정치적 개입과 편파적 결정이 일어날 가능성이 있다. 하지만 최소한 지금까지는 물관리청과 많은 지방 공기업들이 일반적으로 기능을 잘 수행하고 미래를 내다보며 성과를 기반으로 한 민간 서비스 조직으로 운영되고 있다.

2 2장에서 언급한 1994년 발간 《약속의 땅, 팔레스타인》의 저자이자 세계 여러 곳을 돌아다니며 경험이 풍부한 미국의 물과 토양 전문가 월터 클레이 로더밀크는 1960년대 말 이런 글을 썼다. "이스라엘 국가는 내가 알고 있는 어떤 다른 나라보다도 자국의 땅과 수원을 철저하고 완벽하게 분석했다."

3 사용 패턴을 공들여 모니터링하는 것 외에도 이스라엘은 강우나 대수층 또는 다른 원천에서 나오는 자연수의 이용 가능한 양을 파악하는 작업을 반복적으로 시도했다. 이와 같은 계획 수립 수단은 유리 샤니 교수가 이스라엘 물관리청의 청장으로 재직할 때 새롭게 강조한 것이었다. 이스라엘의 자연수 원천이 앞서 가정한 것보다 적다는 사실을 파악함으로써 자연수를 대체할 인공 물 생산을 보다 긴급하게 추구할 수 있었다.

| 찾아보기 |